Springer-Lehrbuch

Christian Armbrüster

Examinatorium BGB AT

Über 700 Prüfungsfragen
und 3 Übungsfälle

2. Auflage

 Springer

Christian Armbrüster
FB Rechtswissenschaft
FU Berlin
Berlin
Deutschland

ISSN 0937-7433
ISBN 978-3-642-45122-5   ISBN 978-3-642-45123-2 (eBook)
DOI 10.1007/978-3-642-45123-2
Springer Heidelberg NewYork Dordrecht London

Die Deutsche Nationalbibliothek verzeichnet diese Publikation in der Deutschen Nationalbibliografie; detaillierte bibliografische Daten sind im Internet über http://dnb.d-nb.de abrufbar.

Gedruckt auf säurefreiem und chlorfrei gebleichtem Papier

Springer ist Teil der Fachverlagsgruppe Springer Science+Business Media (www.springer.com)

Vorwort

Ist ein nichtiges Rechtsgeschäft anfechtbar? Welche Rechtsfolgen hat ein Missbrauch der Vertretungsmacht? Wann sind per E-Mail oder SMS übermittelte Willenserklärungen zugegangen?

Dies sind nur drei von vielen Fragen, an denen sich zeigt: Der Allgemeine Teil des BGB ist der Schlüssel zur Anwendung des gesamten Privatrechts. Wer mit ihm richtig umzugehen versteht, kann punkten. Dies gilt nicht nur im Pflichtfachbereich, sondern auch für viele Schwerpunktprüfungen.

Trotz jener „Schlüsselstellung" des Allgemeinen Teils zeigen auch ansonsten überdurchschnittliche Studierende in Prüfungen auffallend oft Unsicherheiten in diesem Bereich. An diesem Befund setzt das vorliegende Buch an. Es ermöglicht, das eigene Wissen systematisch zu überprüfen und es anhand kurzer Beispielsfälle praktisch anzuwenden. Zudem werden schwierigere Themen vertieft. Einbezogen sind auch solche Fragen, die an der Grenze zu Schwerpunktbereichen liegen, sofern sie in der Prüfungspraxis noch als Pflichtfachstoff angesehen werden können, was namentlich bei handels-, gesellschafts- oder arbeitsrechtlichen Bezügen bisweilen der Fall ist. Auch einige bedeutsame europarechtliche Fragen werden erörtert; sie spielen nicht zuletzt in mündlichen Prüfungen eine zunehmende Rolle. In einem Annex wird das AGG thematisiert. Eingestreute Übersichten dienen der zusätzlichen Verdeutlichung. Abgerundet wird das Werk durch drei Übungsfälle auf Examensniveau und durch ein Prüfungsschema für vertragliche Ansprüche. Auf Schrifttums- oder Rechtsprechungshinweise wurde verzichtet, da es sich nicht um ein Lehrbuch handelt, sondern um ein anwendungsbezogenes Examenstraining. Eine Literaturliste findet sich im Anhang.

Juristische Prüfungsaufgaben verlangen solides Fachwissen, kombiniert mit der Fähigkeit zu eigenständiger rechtlicher Argumentation. Überzeugend ist eine Argumentation dann, wenn sie nicht auswendig Gelerntes reproduziert, sondern sich als Ergebnis einer eigenen Auseinandersetzung mit der Rechtsfrage darstellt. Aus diesem Grund bietet das Buch bei Streitfragen einen Überblick zum Meinungsspektrum und den wesentlichen Argumenten, hält sich mit eigenen Ansichten jedoch eher zurück. Wer sich auf dieser Grundlage jeweils unbefangen eine eigene Meinung bildet, dem wird auch eine schlüssige und zugleich auf die Besonderheiten des Falles eingehende Problemlösung gelingen.

Bei der Aktualisierung für die 2. Auflage haben vom Lehrstuhlteam *Norman Roguhn, Stephanie Reinhardt, Elin Reiter* und *Carsten Stempel* tatkräftige Hilfe geleistet. Ihnen sei an dieser Stelle herzlich gedankt.

Ein Werk wie dieses lebt in ganz besonderer Weise davon, dass es den Bedürfnissen seiner Adressaten bestmöglich gerecht wird. Der Autor freut sich daher auf Anregungen (c.armbruester@fu-berlin.de).

Berlin, im Juni 2014   Christian Armbrüster

Inhaltsverzeichnis

1 Einführung 1

2 Grundlagen des Handelns im Rechtsverkehr: Rechtssubjekte,
   Rechtsobjekte 9
   A. Rechtssubjekte 9
      I. Natürliche Personen 10
      II. Personenvereinigungen 11
         1. Die Gesellschaft bürgerlichen Rechts (GbR) 12
         2. Der Verein 14
         3. Stiftung 17
   B. Rechtsobjekte 17
      I. Sachen 17
      II. Rechte 20
   C. Wohnsitz und Namensrecht 23
   D. Verbraucher und Unternehmer 25

3 Geschäftsfähigkeit (§§ 104–113 BGB) 33
   A. Grundlagen 33
   B. Geschäftsunfähigkeit 38
      I. Geschäftsunfähigkeit nach § 104 Nr. 2 BGB 38
      II. Exkurs Vormundschaft und Betreuung 40
      III. § 105a BGB 41
      IV. Nichtigkeit der Willenserklärung nach § 105 II BGB 43
   C. Beschränkte Geschäftsfähigkeit 44
      I. Der lediglich rechtliche Vorteil 45
      II. §§ 112, 113 BGB 50
      III. § 110 BGB – der „Taschengeldparagraph" 51
      IV. Einwilligung und Genehmigung des gesetzlichen Vertreters 56

4 Willenserklärung 65
   A. Tatbestand der Willenserklärung 65
      I. Objektiver Tatbestand der Willenserklärung 66
      II. Subjektiver Tatbestand der Willenserklärung 73
   B. Auslegung 76
   C. Abgabe und Zugang der Willenserklärung 82

D. Widerruf der Willenserklärung 91

E. §§ 116, 117, 118 BGB 92

5   Anfechtung 97

A. Irrtumsanfechtung 97

   I. § 119 I BGB 98

   II. § 119 II BGB 103

   III. § 120 BGB 105

B. Anfechtung wegen arglistiger Täuschung und widerrechtlicher
Drohung (§ 123 BGB) 107

C. Ausübung des Anfechtungsrechts: Anfechtungserklärung,
Anfechtender, Anfechtungsgegner, Anfechtungsfrist 115

D. Rechtsfolgen der Anfechtung, Konkurrenzen 116

6   Formvorschriften 127

A. Allgemeines 127

B. Gesetzliche Formvorschriften 127

C. Gewillkürte Form 134

D. Umfang des Formerfordernisses 136

E. Rechtsfolgen von Formverstößen 139

7   Gesetzliche Verbote und Sittenwidrigkeit 143

A. Gesetzliche Verbote (§ 134 BGB) 143

B. Verfügungsverbote (§§ 135–137 BGB) 151

C. Sittenwidrigkeit (§ 138 BGB) 154

   I. Voraussetzungen 154

   II. Spezialfall Wucher 157

   III. Sittenwidriges Verhalten gegenüber dem Vertragspartner 160

      1. Wucherähnliches Geschäft 160

      2. Nahbereichsbürgschaften 163

      3. Knebelungsverträge 169

   IV. Sittenwidrigkeit infolge Benachteiligung Dritter 173

   V. Sittenwidriges Verhalten gegenüber der Allgemeinheit 176

   VI. Rechtsfolgen der Sittenwidrigkeit 178

   VII. Verhältnis zu anderen Vorschriften 180

**8   Teilnichtigkeit, Umdeutung, Bestätigung
(§§ 139–141, 144 BGB)** 185

9   Vertrag (§§ 145–157 BGB) 189

A. Allgemeines 189

B. Angebot/Antrag 191

C. Annahme 195

D. Konsens und Dissens (§§ 154 f. BGB) 203

E. Vertragsschluss bei Versteigerung (§ 156 BGB) 206

10   Bedingung und Zeitbestimmung (§§ 158–163 BGB) 209

11 Vertretung und Vollmacht 213
   A. Allgemeines 213
      I. Abgrenzung zur mittelbaren Stellvertretung 214
      II. Abgrenzung zur Botenschaft 216
      III. Zurechnungsaspekte, § 166 BGB 218
   B. Offenkundigkeitsprinzip 222
   C. Vollmacht 227
   D. Rechtsscheinhaftung 237
   E. Willensmängel bei Erteilung der Vollmacht 243
   F. Insichgeschäft, besondere Beschränkungen der Vertretungsmacht 248
   G. Vertretung ohne Vertretungsmacht 253

12 Einwilligung und Genehmigung (§§ 182–185 BGB) 259

13 Fristen, Termine (§§ 186–193 BGB) 267

14 Verjährung (§§ 194–218 BGB) 271

15 Ausübung der Rechte, Selbstverteidigung, Selbsthilfe;
Sicherheitsleistung 281

16 Annex: AGG 285
   A. Grundlagen 285
   B. Schutz vor Ungleichbehandlung im Zivilrecht 290
   C. Schutz vor Ungleichbehandlung im Privatversicherungsrecht 299

17 Examsfälle 303
   A. Fall 1 303
      I. Angebot 304
      II. Annahme 304
         1. Zugang... 304
         2. Zugangsfiktion gem. § 242 BGB 305
         3. Rechtzeitigkeit der Annahme............................ 306
   B. Fall 2 307
   C. Fall 3 310
      I. Zustandekommen 310
      II. Wirksamkeit.. 310
         1. Unwirksamkeit des Darlehensvertrags nach § 177 I BGB 310
         2. Unwirksamkeit des Darlehensvertrags gem.
            § 3 RDG iVm. § 134 BGB............................... 314
      III. Ergebnis 314

18 Prüfungsübersicht: Anspruchsaufbau 315
   A. Einführung 315
   B. Prüfungsübersicht: vertraglicher Erfüllungsanspruch 316
      I. Anspruch entstanden 316
      II. Anspruch nicht erloschen (keine rechtsvernichtenden
          Einwendungen) 319
      III. Anspruch durchsetzbar (keine rechtshemmenden Einreden) 321

Literatur 323

Sachverzeichnis 325

Einführung

1

▶ Bedeuten „Bürgerliches Recht", „Zivilrecht" und „Privatrecht" dasselbe oder be-   **1**
stehen Unterschiede?

Die Bezeichnungen Bürgerliches Recht und Zivilrecht gehen auf den Begriff „ius
civile" aus dem römischen Recht zurück („civis"=Bürger; „civilis" = bürgerlich).
Das Bürgerliche Recht umfasst das allgemeine, d. h. für jedermann geltende Privatrecht. Daneben haben sich immer mehr Sonderrechtsgebiete entwickelt, die
für bestimmte Personengruppen besondere ergänzende Normen enthalten, bspw.
das Handelsrecht als Sonderprivatrecht der Kaufleute (insbesondere HGB, AktG,
GmbHG, WG, ScheckG), das Wirtschafts-, insbesondere Wettbewerbsrecht, das
Immaterialgüterrecht (Urheberrecht und gewerbliche Schutzrechte), das Arbeitsrecht und das Privatversicherungsrecht; manche rechnen auch das Verbraucherrecht
zu diesen Sonderrechtsgebieten. Der Begriff Privatrecht wird als Oberbegriff für sie
verwendet. Uneinheitlich wird der Begriff Zivilrecht verstanden: er wird meist mit
Privatrecht, teils freilich auch mit Bürgerlichem Recht gleichgesetzt (vgl. etwa das
Zivilgesetzbuch [ZGB] der Schweiz).

▶ Wann wurde das BGB verabschiedet, wann trat es in Kraft?   **2**

Das 1896 verabschiedete Gesetzbuch trat am 1.1.1900 in Kraft.

▶ Was galt zuvor?   **3**

Das BGB war die erste einheitliche Kodifikation des Bürgerlichen Rechts im Deutschen Reich. Zuvor waren nur Teile des Handelsrechts nach und nach vereinheitlicht worden, weil hier die meisten Probleme mit der Rechtszersplitterung auftraten;
zuerst durch inhaltsgleiche Gesetze in den Ländern, nach Gründung des Deutschen
Reichs (1871) durch Kodifikationen wie das HGB oder das GmbH-Gesetz. Im Bereich des Bürgerlichen Rechts galten in einigen Ländern eigene Kodifikationen wie
das „Allgemeine Landrecht für die preußischen Staaten", der „Codex Maximilia-
neus Bavaricus" bis hin zum französischen Code Civil in den linksrheinischen Ge-

C. Armbrüster, *Examinatorium BGB AT,* Springer-Lehrbuch,   1
DOI 10.1007/978-3-642-45123-2_1, © Springer-Verlag Berlin Heidelberg 2015

bieten, die Partikularrechte und subsidiär das „Gemeine Recht", das seit dem 15. Jh. rezipierte und fortentwickelte römische Recht.

4 ▶ Findet sich etwas von diesen geschichtlichen Hintergründen im BGB wieder?

Durch das BGB sollte kein neues bürgerliches Recht geschaffen, sondern bestehendes Recht vereinheitlicht werden, so dass das Gesetzbuch stark von den seinerzeit geltenden Rechtsordnungen geprägt wurde. Der römisch-rechtliche Hintergrund findet sich v. a. in der Systematik und der Abstraktion der Allgemeinen Teile des BGB und des Schuldrechts. Das Gewohnheitsrecht deutsch-rechtlichen Ursprungs findet sich z. B. im Sachenrecht in der Unterscheidung zwischen Mobilien und Immobilien und im Familienrecht wieder. Teils sind dabei kompromisshalber sowohl römisch-rechtliche als auch deutsch-rechtliche Rechtsinstitute aufgenommen worden, wie im Fall der nebeneinander stehenden Hypothek und Grundschuld.

5 ▶ Welche neuen Entwicklungen prägen oder beeinflussen das Privatrecht insgesamt?

Besonderen Einfluss auf das Privatrecht hat das Europarecht durch die Umsetzung unionsrechtlicher Richtlinien, zunächst in Form von Sondergesetzen, dann zur Vermeidung einer Zersplitterung im Rahmen der Schuldrechtsmodernisierung 2002 im BGB selbst. Die Richtlinien betreffen u. a. das Verbraucherrecht, aber z. B. auch Fragen der Gleichbehandlung (Antidiskriminierung). Mittelbar über das europäische Recht finden auch internationale Quellen wie das UN-Kaufrecht (als völkerrechtliches Übereinkommen) oder die Principles of European Contract Law (PECL) der sog. Lando-Kommission, einem von Rechtswissenschaftlern der Mitgliedstaaten gemeinsam erarbeiteten, freilich keine Rechtsqualität aufweisenden „Modell" eines europäischen Vertragsrechts, Eingang in das deutsche Recht, wenn bei der Ausarbeitung der Richtlinien deren Systematik oder Rechtsgedanken zugrunde gelegt werden.

Über die Regelung von einzelnen Fragen des Verbrauchervertragsrechts hinaus wurde unter dem Titel „Draft Common Frame of Reference" (DCFR) auch ein europäischer Vertragsrechtsentwurf erarbeitet, der aber de lege lata mangels hinreichender Gesetzgebungskompetenz der Gemeinschaft und aufgrund des Subsidiaritätsprinzips (Art. 5 I, III EUV) allenfalls als Mustergesetz oder als optionales Instrument eingesetzt werden könnte. Unter letzterem versteht man ein zu den Rechtsordnungen der EU-Mitgliedstaaten hinzutretendes, von den Parteien alternativ zu dem kollisionsrechtlich für ihr Vertragsverhältnis berufenen nationalen Recht wählbares Regelwerk. Das Konzept eines optionalen Instruments verfolgt auch der Vorschlag der EU-Kommission für ein Gemeineuropäisches Kaufrecht (Common European Sales Law – CESL), der im Jahr 2011 veröffentlicht worden ist. Mit dem Kaufrecht wurde ein Gebiet als „Vorreiter" für ein künftiges gemeineuropäisches Vertragsrecht gewählt, das bereits durch die Kaufrechtsrichtlinie (1999/44/EG) eine gewisse Vereinheitlichung erfahren hat. Freilich ist trotz solcher Initiativen unübersehbar, dass inhaltlich erhebliche Differenzen zwischen den nationalen Privatrechtsordnungen der EU-Mitgliedstaaten bestehen, besonders zwischen dem kontinentaleuropäischen und dem anglo-amerikanischen Recht. Auch die Rechtsordnungen römisch-rechtlichen Ursprungs haben sich in der Anpassung an die Bedürfnisse der modernen Gesellschaft im Laufe der Jahrhunderte erheblich auseinander entwickelt, so dass ein gemeinsames Recht erst neu entwickelt werden muss.

▶ Welches fundamentale Prinzip liegt dem Zivilrecht, insbesondere dem BGB, zugrunde?   **6**

Zentraler Grundsatz des BGB ist die Privatautonomie. Sie überlässt es dem Einzelnen, seine Lebensverhältnisse in den Grenzen der Rechtsordnung eigenverantwortlich zu gestalten, und zwar sowohl hinsichtlich des Abschlusses als auch der inhaltlichen Ausgestaltung von Rechtsgeschäften. Das wichtigste Mittel hierzu ist der Vertrag; in ihm legen die Parteien gemeinsam fest, was zwischen ihnen rechtens sein soll. Die Privatautonomie ist als Teil der allgemeinen Handlungsfreiheit (Art. 2 I GG) verfassungsrechtlich gewährleistet, unterliegt aber den Schranken der verfassungsmäßigen Rechtsordnung.

▶ In welchen Fällen und aus welchen Gründen wird die Privatautonomie eingeschränkt?   **7**

Wenn zwei Parteien ihre Rechtsbeziehungen mittels eines Vertrags frei untereinander gestalten, ist grundsätzlich davon auszugehen, dass bei gegenläufigen wirtschaftlichen Interessen wechselseitige Zugeständnisse zu einem für beide Seiten ausgewogenen Vertrag führen (sog. materielle Richtigkeitsgewähr). Vor diesem Hintergrund sah das BGB von 1900 einen Schutz der (schwächeren) Vertragsparteien zunächst nur durch Formvorschriften und die Nichtigkeit in den Fällen des Verstoßes gegen gesetzliche Verbote oder der Sittenwidrigkeit vor; die einseitige Lösung vom Vertrag sollte allein bei Vorliegen besonderer Gründe (Anfechtungsgrund, gesetzlicher Rücktrittsgrund, außerordentlicher Kündigungsgrund) möglich sein. Ansonsten galt der Grundsatz „pacta sunt servanda" (Verträge sind einzuhalten).

Insb. in zwei Fällen ist die Richtigkeit, besonders der inhaltlichen Vertragsgestaltung, jedoch nicht immer gewährleistet: Zum einen in Fällen wirtschaftlicher Übermacht, die zu einer Drucksituation oder auch nur zu einer Informationsasymmetrie zwischen beiden Seiten führen kann und zur Folge hat, dass die „schwächere" Vertragspartei nicht über die gleiche Einwirkungsmöglichkeit auf den Inhalt der Vereinbarung verfügt. Für solche Fälle hat der Gesetzgeber (halb-) zwingendes Recht geschaffen, das die Vertragsfreiheit einschränkt und den Grundsatz „pacta sunt servanda" teils durchbricht. Ein Beispiel hierfür ist das Arbeitsrecht, wo die wirtschaftliche Abhängigkeit des Arbeitnehmers dessen besonderen Schutz gebietet. Aber auch im Verbraucherrecht, das in weiten Teilen auf europarechtlichen Vorgaben beruht, sind zahlreiche Informationspflichten (Beispiel: Verbraucherkredit), Widerrufsrechte (Beispiel: Haustürgeschäfte) und inhaltliche Vorgaben (Beispiel: AGB-Kontrolle, Verbrauchsgüterkauf) eingeführt worden.

Das freie Verhandeln der Parteien bietet auch dann keine Richtigkeitsgewähr, wenn Rechte und Interessen Dritter betroffen sind. Das ist insbesondere bei wettbewerbsbehindernden Maßnahmen der Fall. Beeinträchtigungen dieser Art sollen durch das Wettbewerbsrecht verhindert werden.

8 ► In welchen Fällen begrenzen Diskriminierungsverbote die Privatautonomie und aus welchen Gründen?

Diskriminierungsverbote enthalten die durch das Allgemeine Gleichbehandlungsgesetz umgesetzten sog. Antidiskriminierungsrichtlinien der EU. Die arbeitsrechtlichen Richtlinien 2000/78/EG und 2002/73/EG verbieten Diskriminierungen wegen der „Rasse" oder ethnischen Herkunft, der Religion oder Weltanschauung, einer Behinderung, des Alters oder der sexuellen Ausrichtung im Bereich des Arbeitsrechts. Die allgemein-zivilrechtlichen Richtlinien 2000/43/EG und 2004/113/EG untersagen hingegen für die meisten Verträge außerhalb des Arbeitsrechts lediglich eine Diskriminierung aufgrund der „Rasse" oder ethnischen Herkunft sowie des Geschlechts (sog. Allgemein-zivilrechtliches Gleichbehandlungsgebot). Anders als in den in Frage 7 genannten Fällen soll kein Macht- oder Informationsgefälle ausgeglichen werden, um eine materiell ausgewogene vertragliche Vereinbarung zu ermöglichen. Vielmehr geht es darum, die freie Wahl des Vertragspartners und des Vertragsinhalts zu beschränken, um Benachteiligungen aufgrund diskriminierender Unterscheidungskriterien zu verhindern. Dieses Ziel ist anerkennenswert und wird in anderen europäischen Rechtsordnungen wie im Vereinigten Königreich oder in den nordischen Ländern bereits seit langem verfolgt. Freilich entsteht durch das Antidiskriminierungsrecht ein Begründungserfordernis, ein Legitimationszwang für Private, der dem durch die Privatautonomie geprägten Zivilrecht (im Gegensatz zu staatlichen Entscheidungen) grundsätzlich fremd ist (vgl. auch Fragen 481 f. zum Kontrahierungszwang). Die „überschießende Umsetzung" der Richtlinien durch die Einbeziehung aller Diskriminierungskriterien, also auch der des Alters, der Religion etc. auf das allgemeine Zivilrecht für sog. Massengeschäfte und private Versicherungen und die Rechtsfolgenregelung in Form eines Kontrahierungszwangs, wie sie in Gesetzesentwürfen vorgeschlagen wurde, sind deshalb auch auf Kritik gestoßen. Für die in den Richtlinien vorgegebenen Regelungen besteht eine Umsetzungspflicht aus Art. 288 AEUV; freilich steht den Mitgliedstaaten dabei insbesondere hinsichtlich der Sanktionen ein eigener Entscheidungsspielraum zu.

Für Einzelheiten des AGG s. den Annex zum Fragenkatalog.

9 ► Welche sind die beiden Prinzipien des BGB, die die Systematik der deutschen Rechtsgeschäftslehre besonders prägen?

Das Trennungsprinzip und das Abstraktionsprinzip. Das Abstraktionsprinzip hat sich im 19. Jh. unter starkem Einfluss von Friedrich Carl v. Savigny (u. a. preußischer Justizminister) im Rahmen der Rezeption des römischen Rechts trotz erheblicher Kritik durchgesetzt und ins BGB Eingang gefunden.

▶ Was besagt das Trennungsprinzip? **10**

Nach dem Trennungsprinzip sind Verpflichtungsgeschäft (dasjenige Rechtsgeschäft, das einen Anspruch auf eine Leistung begründet, z. B. Kaufvertrag i. S. von § 433 BGB) und Verfügungsgeschäft (das – dingliche – Rechtsgeschäft, durch das ein Recht unmittelbar übertragen, geändert, belastet oder aufgehoben wird, z. B. Übereignung nach § 929 S. 1 BGB) getrennt voneinander zu betrachten. Die dingliche Zuordnung (z. B. die Eigentumslage an der Kaufsache) ändert sich also nicht bereits mit dem Verpflichtungsgeschäft, sondern erst mit dem dinglichen Rechtsgeschäft, dem Verfügungsgeschäft.

▶ Was besagt das Abstraktionsprinzip? **11**

Das Abstraktionsprinzip besagt insbesondere, dass der Bestand des Verfügungsgeschäfts regelmäßig nicht von der Wirksamkeit des kausalen Verpflichtungsgeschäfts abhängt und umgekehrt (sog. Fehlerunabhängigkeit), also beide Rechtsgeschäfte abstrakt voneinander sind. Ist bspw. der Kaufvertrag unwirksam, so hat dies keine Auswirkungen auf den Eigentumsübergang durch Verfügung gem. §§ 929 ff. BGB. Hiervon gibt es Ausnahmen etwa bei der sog. Fehleridentität (vgl. Fragen 275 ff., 458).

▶ Was ist der Hintergrund für Trennungs- und Abstraktionsprinzip? Worin liegt die Kritik? **12**

Hintergrund des Trennungsprinzips ist in erster Linie das Bedürfnis der Parteien, die Wirkungen ihrer Geschäfte selbst zu bestimmen, und hierbei auch nach dem Verpflichtungsgeschäft und dem Verfügungsgeschäft zu unterscheiden. Dies gilt etwa, wenn der Vertragsgegenstand eine Gattungsschuld (vertretbare Sachen wie Kartoffeln, aber auch Geld) darstellt und daher noch individualisiert werden muss, bevor das Eigentum daran übergehen kann. In anderen Fällen wie dem Verkauf unter Eigentumsvorbehalt (vgl. ausführlicher bei Frage 654) wollen die Parteien gerade, dass das Verfügungsgeschäft seine Wirkungen erst später entfaltet als der zugrunde liegende Kaufvertrag. Bei Grundstücksgeschäften muss aufgrund der Eintragungsbedürftigkeit von Verfügungen zwischen letzteren und Verpflichtungsgeschäften unterschieden werden, da die Wirksamkeit etwa einer Übereignung allein aufgrund eines Verpflichtungsgeschäfts vor Eintragung dem Publizitätsgebot des Grundbuchrechts widerspräche.

Das Abstraktionsprinzip soll vor allem der Rechtssicherheit und dem Verkehrsschutz dienen, indem die Verfügungen von den Mängeln des zugrunde liegenden Verpflichtungsgeschäfts unabhängig gemacht und die Nichtigkeitsgründe für Verfügungen auf diese Weise vermindert werden. Das ist insbesondere dort wichtig, wo kein gutgläubiger Erwerb stattfinden kann (etwa bei Forderungen). So wird im Verhältnis beider Parteien über die §§ 812 ff. BGB ein Ausgleich geschaffen; Dritte sind aber dinglichen und grundsätzlich auch bereicherungsrechtlichen Ansprüchen des vormaligen Eigentümers oder Anspruchsinhabers nicht ausgesetzt.

Hieran entzündet sich jedoch auch die Kritik, dass der rechtsgrundlos Verfügende im Falle der Weiterveräußerung an Dritte, der Zwangsvollstreckung oder der Insolvenz des Verfügungsempfängers nicht ausreichend geschützt wird. Zudem entsprechen die Rechtsfolgen des Trennungs- und des Abstraktionsprinzips kaum den Vorstellungen des juristischen Laien von Alltagsgeschäften. Eine Aufspaltung des Erwerbs einer Zeitung in drei Geschäfte: einen verpflichtenden Kaufvertrag und zwei verfügende Eigentumsübertragungen von Zeitung und Geld (wenn er nicht passend zahlen kann, kommt noch die Übereignung von Wechselgeld hinzu), ist für ihn nur schwer nachvollziehbar. Auch glaubt er im Allgemeinen bei einem unwirksamen Kaufvertrag sein Eigentum nicht verloren zu haben. Verwiesen wird zudem darauf, dass Probleme für die Rechtssicherheit gerade auch durch den Gutglaubensschutz gelöst werden. Gibt es für bestimmte Fälle keinen solchen Schutz, so sei eben kein Verkehrsschutz gewollt. Die meisten kontinentalen, auf dem römischen Recht basierenden Rechtsordnungen gehen anstelle des Trennungs- hingegen von einem Einheitsprinzip aus.

13 ► Welche rechtlichen Konstruktionen sind denkbar, um die Wirkungen des Abstraktionsprinzips im Einzelfall auszuschließen?

Durch die Annahme eines einheitlichen Geschäfts iSd. § 139 BGB, bestehend aus Verpflichtungs- und Verfügungsgeschäft, könnte die Nichtigkeit des Verpflichtungsgeschäfts auf das Verfügungsgeschäft erstreckt werden. Dadurch würde jedoch das Abstraktionsprinzip umgangen. § 139 BGB ist daher grds. nicht anzuwenden.

Denkbar wäre allenfalls die Vornahme des dinglichen Geschäfts unter der Bedingung, dass das zugrunde liegende Verpflichtungsgeschäft wirksam ist. Dies wird aber in den seltensten Fällen ausdrücklich geschehen. Eine konkludente Bedingung ist nur anzunehmen, wenn es hierfür Anhaltspunkte gibt, wenn also etwa die Parteien Zweifel an der Gültigkeit des Verpflichtungsgeschäfts haben. Anderenfalls würde man wiederum das Abstraktionsprinzip umgehen.

Keine Umgehung des Abstraktionsprinzips stellt dagegen die Fehleridentität dar, da hier nicht ein Geschäft auf das andere Einfluss nimmt, sondern beide nur an demselben Mangel leiden, vgl. Fragen 275 ff.

14 ► Welche Bedeutung hat das subjektive Recht im Privatrecht?

Das subjektive Recht ist die dem Einzelnen vom objektiven Recht durch Gesetz oder Rechtsgeschäft verliehene Rechtsmacht. Sie dient als „Willensmacht" dazu, dass der Berechtigte in Ausübung seiner Privatautonomie nach seinem Willen und Interesse tätig werden kann. Ein Beispiel für ein subjektives Recht ist das Eigentum, das sowohl Herrschaftsrechte umfasst als auch andere von der Beherrschung und Benutzung der Sache auszuschließen erlaubt. Auch aus einem Kaufvertrag ergeben sich subjektive Rechte in Gestalt der Ansprüche des Käufers und des Verkäufers (insbesondere: auf Übereignung und Übergabe der Kaufsache und auf Kaufpreiszahlung).

▶ Steht einer Pflicht immer ein subjektives Recht eines anderen gegenüber?   **15**

Pflichten haben regelmäßig das Recht eines anderen als Kehrseite. Es gibt aber auch Rechtspflichten, ohne dass jemand anders ein Recht auf Erfüllung dieser Pflicht hätte. Dies kann etwa bei Auflagen für Erben gem. § 1940 BGB der Fall sein, wenn die Erben bspw. nach dem Testament des Erblassers einen Teil der Erbschaft Dritten zuwenden sollen, ohne dass letztere einen Anspruch haben. Des Weiteren gibt es Obliegenheiten. Bei ihnen handelt es sich um „Verhaltensanforderungen geringerer Intensität", deren Einhaltung nicht vom anderen Teil eingefordert werden kann, deren Nichteinhaltung aber Nachteile für die eigene Rechtsposition nach sich ziehen kann. Sie kommen bei vielen Vertragsarten vor; hervorzuheben sind das Arbeitsrecht und insbesondere das Privatversicherungsrecht. Beispiele hierfür bieten Anzeigeobliegenheiten des Versicherungsnehmers vor und nach Vertragsschluss (z. B. im Hinblick auf Vorerkrankungen oder auf den Wert der bei einem Brand zerstörten Sachen), deren Nichtbeachtung zur Kürzung der Versicherungsleistung oder zur vollständigen Leistungsfreiheit des Versicherers führen kann.

▶ Was ist am Allgemeinen Teil „allgemein"?   **16**

Im Ersten Buch des BGB sind Regeln, die für viele andere Regelungsbereiche gelten, vorangestellt, bspw. Fragen der Geschäftsfähigkeit in §§ 104 ff. BGB, die für die verschiedenen Vertragsarten des Besonderen Schuldrechts, aber auch für das Sachen-, das Familien- und das Erbrecht gelten. Diese Regelungstechnik – das sog. Klammerprinzip – taucht auch in den folgenden Büchern (Beispiel aus dem Zweiten Buch: „Allgemeines Schuldrecht") auf. Sie erfordert ein hohes Maß an Abstraktion, vermeidet aber andererseits unnötige Doppelungen oder Verweisungen und trägt zur Herausbildung übergreifender Grundregeln bei. Von den allgemeinen Regeln im AT wird ggf. in den dann vorrangigen Spezialregeln abgewichen. In der Prüfung ist daher stets von der speziellen zur allgemeinen Norm zu gehen.

Grundlagen des Handelns im Rechtsverkehr: Rechtssubjekte, Rechtsobjekte

A. Rechtssubjekte

▶ Was bedeutet Rechtsfähigkeit?   17

Rechtsfähigkeit ist die Fähigkeit, Träger von Rechten und Pflichten und damit Rechtssubjekt zu sein.

▶ Wer ist rechtsfähig?   18

Rechtsfähig ist nach § 1 BGB jeder Mensch mit Vollendung der Geburt. Rechtsfähig sind auch solche rechtlichen Gebilde, denen die Rechtsordnung Rechtsfähigkeit zubilligt, insbesondere juristische Personen.

▶ Wovon ist die Rechtsfähigkeit abzugrenzen?   19

Sie ist von der Geschäftsfähigkeit gem. §§ 104 ff. BGB abzugrenzen, d. h. der Fähigkeit, wirksam Rechtsgeschäfte vorzunehmen und damit Rechte und Pflichten zu begründen, zu ändern oder aufzuheben (vgl. Fragen 72 ff.). Außerdem ist sie von der Deliktsfähigkeit zu unterscheiden, also der Fähigkeit, eine zum Schadensersatz verpflichtende unerlaubte Handlung zu begehen (vgl. §§ 827 ff. BGB). Die Deliktsfähigkeit fehlt bis zur Vollendung des siebten Lebensjahres. Zudem ist sie bei fehlender Einsichtsfähigkeit bis zum 18. Geburtstag ausgeschlossen (Ausnahme Straßenverkehr: völliger Ausschluss für Kinder bis zehn Jahren). Daneben gibt es noch die Testierfähigkeit nach § 2229 BGB, die mit der Vollendung des 16. Lebensjahres eintritt (bis zur Volljährigkeit nur durch öffentliches Testament), und die Ehefähigkeit nach § 1303 I BGB, die grundsätzlich erst mit 18 Jahren beginnt. Geschäfts-, Delikts- und Testierfähigkeit sind auf natürliche Personen beschränkt. Personenvereinigungen und juristische Personen können nur über natürliche Personen als ihre Organwalter handeln; sie müssen sich deren rechtgeschäftliche (Beispiel § 26 II 1 BGB) und deliktische Handlungen (Beispiel § 31 BGB) zurechnen lassen.

C. Armbrüster, *Examinatorium BGB AT,* Springer-Lehrbuch,
DOI 10.1007/978-3-642-45123-2_2, © Springer-Verlag Berlin Heidelberg 2015

20 ► Gibt es ein Pendant im Zivilprozessrecht?

Ja, die Parteifähigkeit, also die Fähigkeit, in einem Rechtsstreit Partei zu sein. Nach § 50 I ZPO ist parteifähig, wer rechtsfähig ist. Von der Parteifähigkeit zu unterscheiden ist die Prozessfähigkeit, d. h. die Fähigkeit, einen Prozess selbst oder durch einen selbst bestellten Vertreter zu führen, die gem. §§ 51 I, 52 I ZPO iVm. §§ 104 ff. BGB der vollen Geschäftsfähigkeit entspricht. Beschränkt Geschäftsfähige müssen im Prozess grundsätzlich durch ihre gesetzlichen Vertreter vertreten werden.

I. Natürliche Personen

21

> **Beispiel**
>
> M ist mit der von ihm schwangeren F verheiratet. Er stirbt noch vor der Geburt seines Sohnes S bei einem Autounfall. Kann S erben?

Gem. § 1923 I BGB kann nur erben, wer zum Zeitpunkt des Erbfalls lebt. Vorher oder nachher ist er noch nicht oder nicht mehr rechtsfähig. Das Erbrecht macht in § 1923 II BGB bei gezeugten, aber noch nicht geborenen Kindern (sog. nasciturus) allerdings eine Ausnahme. S erbt also, als wäre er schon zum Zeitpunkt des Todes des M geboren gewesen.

Zusatzfrage: Auch S überlebt nicht. Hat es erbrechtliche Auswirkungen, ob S tot geboren wird oder kurz nach der Geburt stirbt?

Ja. Wenn S lebte, ist er – neben seiner Mutter F, die hier (vorbehaltlich einer abweichenden letztwilligen Verfügung) gem. §§ 1931, 1371 BGB die Hälfte des Nachlasses erbt – Erbe geworden, so dass seine Mutter F gem. § 1925 BGB seinen Anteil und damit alles erbt. Wurde S schon tot geboren, konnte er nicht erben, so dass F sich das Erbe gem. §§ 1925 I, II, 1931 BGB mit den gesetzlichen Erben zweiter Ordnung (dies sind, sofern noch lebend, die Eltern des M) teilen muss.

22 ► Kann ein noch ungeborenes Kind (sog. nasciturus) Inhaber von Ansprüchen sein, z. B. von Schadensersatzansprüchen, wenn er im Mutterleib durch eine unerlaubte Handlung wie den Behandlungsfehler eines Arztes oder einen Autounfall geschädigt wurde?

Nach dem Wortlaut des § 1 BGB ist der nasciturus nicht rechtsfähig, weil er noch nicht geboren wurde. Trotzdem wird aus Sonderbestimmungen, die ihm in bestimmten Fällen Schutz gewähren, wie § 1923 II oder § 844 II 2 BGB, teilweise eine beschränkte Rechtsfähigkeit hergeleitet. Der BGH lässt die Frage offen. Er bejaht aber einen Schadensersatzanspruch wegen vorgeburtlicher Schädigung, sobald das Kind lebend geboren wurde, auch wenn es zum Zeitpunkt der Schädigung noch nicht rechtsfähig war.

▶ **Wann endet die Rechtsfähigkeit?**   **23**

Sie endet mit dem Tod des Menschen, medizinisch gesehen mit dem Hirntod. Dann gehen Rechte und Pflichten des Verstorbenen auf den Erben über, §§ 1922 I, 1967 I BGB. Ist der Tod nicht nachweisbar, aber bestehen aufgrund konkreter Umstände ernstliche Zweifel daran, dass die Person noch lebt, gibt es grundsätzlich nach zehn Jahren der Verschollenheit, bei zuvor bestehender Lebensgefahr auch früher (Beispiel Flugzeugabsturz), die Möglichkeit einer Todeserklärung nach dem Verschollenheitsgesetz.

▶ **Ergibt sich etwas anderes aus der Anerkennung des postmortalen Persönlichkeits-   24
rechts?**

Das ist umstritten. Der Verstorbene ist nach überwiegender Ansicht nicht mehr rechtsfähig. Es geht demnach nur darum, wer Persönlichkeitsrechtsverletzungen für den Verstorbenen geltend machen kann, z. B. bei verleumderischen Presseberichten, und zudem darum, inwieweit Bestandteile des allgemeinen Persönlichkeitsrechts vererblich sind. Da es sich um ein höchstpersönliches Recht handelt, kann es grundsätzlich nicht von Dritten, etwa dem Erben, geltend gemacht werden. Insbesondere Bild und Name können aber einen Marktwert haben, der vor unbefugter Vermarktung geschützt werden soll. Bestimmte vermögenswerte Bestandteile sind daher vererblich. So konnte die Tochter und Alleinerbin von Marlene Dietrich vom Produzenten eines Marlene-Musicals Schadensersatz in Höhe der fiktiven Lizenzgebühr verlangen, weil dieser einem Autohersteller die Benutzung eines Bildes und des Schriftzugs „Marlene" gestattet hatte.

II. Personenvereinigungen

▶ **Welche zwei Arten von Personenvereinigungen gibt es und worin unterscheiden   25
sie sich?**

Zu unterscheiden ist zwischen Personengesellschaften und Kapitalgesellschaften. Bei letzteren handelt es sich um Körperschaften. Die Körperschaften (deren Grundform der Verein ist, auf dem GmbH und AG aufbauen) sind juristische Personen. Sie besitzen aufgrund gesetzlicher Anordnung (z. B. § 1 I AktG, § 13 I GmbHG) eine eigene Rechtspersönlichkeit und sind daher rechtsfähig und selbstständig von ihren Mitgliedern, die grundsätzlich nicht persönlich für Verbindlichkeiten des Vereins haften, allerdings vermögensrechtlich (z. B. durch Gewinnansprüche) und organisationsrechtlich (z. B. durch Einflussnahme auf die Willensbildung) an der juristischen Person beteiligt sind. Die Körperschaften handeln durch ihre Organe; sie entstehen erst mit der Eintragung ins Handelsregister und nicht schon mit Abschluss des Gesellschaftsvertrages. Im Zeitraum zwischen Vertragsschluss und Eintragung besteht ggf. eine sog. Vorgesellschaft, die eine Gesellschaft eigener Art (sui generis) ist und im Wesentlichen bereits analog den Regeln der mit der Eintragung entstehenden Gesellschaft folgt.

Die Personengesellschaften, deren Grundform die GbR ist, sind dagegen keine juristischen Personen, sondern Gesamthandsgesellschaften. Nach der traditionellen Gesamthandsdoktrin erschöpft sich die Gesamthand darin, dass diese ein gebundenes Sondervermögen der an der Gesamthand Beteiligten (Gesamthänder) ist. Rechtsträger des Vermögens sind und bleiben nach dieser Lehre die Gesamthänder. Trotzdem ist die Gesamthand selbst mittlerweile als teilrechtsfähig anerkannt. Dies folgt für die Personengesellschaften des Handelsrechts (OHG und KG) aus den §§ 124 I, 161 II HGB, gilt aber nach heute ganz h.M. auch für die GbR. Die Rechtssubjektivität ist insofern auf Tätigkeiten nach außen beschränkt. Stets muss mindestens ein Gesellschafter unabhängig von der Mitwirkung Dritter (Nichtgesellschafter) zur Vertretung befugt sein (Grundsatz der Selbstorganschaft). Auch besteht gem. § 128 S. 1 HGB (für die GbR: analog) grundsätzlich eine persönliche, unbeschränkte und unmittelbare Haftung der Gesellschafter (Ausnahme: Kommanditisten, § 171 I HGB). Da dies größtenteils Fragen des Gesellschaftsrechts sind, wird im Folgenden nur ein Überblick geboten.

Abzugrenzen von den Personenvereinigungen ist die Stiftung, eine rechtsfähige Vermögensmasse, §§ 80 ff. BGB. Daneben können auch die juristischen Personen des öffentlichen Rechts (Gebiets-/Personalkörperschaft, Anstalt und Stiftung) Rechtssubjekte im Privatrechtsverkehr sein.

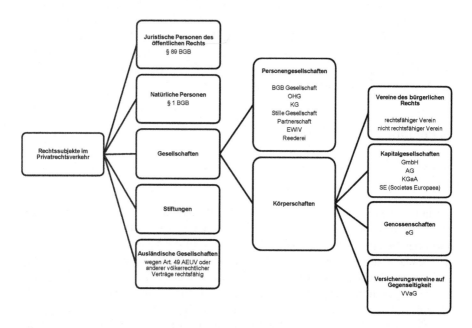

1. Die Gesellschaft bürgerlichen Rechts (GbR)

26 ▶ Ist die GbR rechtsfähig?

Dies ist seit Inkrafttreten des BGB im Jahre 1900 umstritten. Die früher herrschende und auch vom BGH vertretene individualistische Gesamthandslehre lehnte eine

Rechtsfähigkeit ab. Neben dem beschriebenen Charakter der Gesamthand wurden hierfür ein Gegenschluss zu § 124 I HGB, der Wortlaut des § 714 BGB, wonach die anderen Gesellschafter (also nicht die Gesellschaft) vertreten werden, und § 736 ZPO angeführt, nach dem für die Zwangsvollstreckung in das Gesellschaftsvermögen ein gegen alle Gesellschafter ergangenes Urteil erforderlich ist. Seit 2001 vertritt aber auch der BGH und mit ihm die h.L. für sog. Außengesellschaften die Lehre von der Teilrechtsfähigkeit. Damit kann die GbR vertraglich, aber z. B. auch deliktisch Rechte und Pflichten erwerben und ist prozessfähig. Ihre Grundbuchfähigkeit ist aufgrund der fehlenden Publizität (keine Handelsregistereintragung) lange streitig gewesen (s. dazu Frage 28).

Dem Wandel der Rspr. liegen v. a. praktische Erwägungen zugrunde, denn die sog. Außen-GbR (im Unterschied zur sog. Innen-GbR, z. B. Fahrgemeinschaft mit Beitragspflichten; stille Gesellschaft gem. §§ 230 ff. HGB) nimmt heute ganz selbstverständlich am Rechts- und Wirtschaftsverkehr teil, so dass eine von OHG und KG abweichende Sicht insoweit nicht mehr überzeugend erscheint. Die dogmatischen Probleme bei Gesellschafterwechseln und der Begründung der Ablehnung einer beschränkten Haftung der Gesellschafter (sog. GbR mbH) sind viel leichter zu lösen, wenn die Gesellschaft Zuordnungssubjekt ist. Zudem geht auch der Gesetzgeber seit 1994 von einer Teilrechtsfähigkeit aus; vgl. §§ 14 I, 1059a II BGB, § 191 II Nr. 1 UmwG, § 7 Nr. 3 MarkenG und § 11 II Nr. 1 InsO.

▶ Welche Voraussetzungen muss die GbR erfüllen, um teilrechtsfähig zu sein?   **27**

Die Gesellschaft muss ein Gesamthandsvermögen bilden und am Rechtsverkehr teilnehmen. Darüber hinaus ist eine eigene Identität erforderlich, die sich insbesondere in einem eigenen Namen ausdrücken kann. Dabei handelt es sich vor allem um Freiberufler und Kleingewerbetreibende, die mangels kaufmännisch eingerichteten Geschäftsbetriebs oder Eintragung (zur konstitutiven Wirkung der Eintragung in solchen Fällen s. § 105 II 1 HGB) keine OHG sind. Bei reinen Innengesellschaften (z. B. Wettgemeinschaft mit regelmäßigen Beitragspflichten oder Urlaubsreise mehrerer Personen mit gemeinsamer Reisekasse) bedarf es hingegen keiner die schuldrechtliche Beziehung der Gesellschafter überlagernden Organisation und keiner selbstständigen Rechtspersönlichkeit.

▶ Welche Bereiche sind von der Teilrechtsfähigkeit umfasst?   **28**

Die GbR kann grundsätzlich jede Rechtsposition einnehmen, soweit nicht spezielle Gesichtspunkte entgegenstehen. Sie ist uneingeschränkt vermögensfähig, aktiv und passiv parteifähig und befugt, Verfassungsbeschwerde wegen Eigentumsverletzungen zu erheben. Spätestens seit der Einfügung des § 899a BGB steht fest, dass die GbR selbst grundbuchfähig ist. Dem von der früheren oberlandesgerichtlichen Rechtsprechung vorgebrachten Einwand, ohne hinreichende Publizität des Mitgliederbestandes könne der GbR trotz Anerkennung ihrer Teilrechtsfähigkeit eine Grundbuchfähigkeit nicht zugestanden werden, hat der Gesetzgeber durch die Einführung von § 47 II 1 GBO zum 18.08.2009 abgeholfen. Soll ein Recht für eine GbR im Grundbuch eingetragen werden, so müssen neben der Gesellschaft selbst auch deren Gesellschafter dort verzeichnet werden. Auch die Erbfähigkeit ist umstritten. Bislang legte die h.M. solche Verfügungen so aus, dass die Gesellschafter mit der Auflage erben, das Vermögen in die Gesellschaft einzubringen.

29   ▶ Ist auch die Erbengemeinschaft teilrechtsfähig?

Nein. Die Erbengemeinschaft ist zwar wie die GbR Gesamthandsgemeinschaft, sie ist aber auf Auseinandersetzung gerichtet und nicht auf die Verfolgung eines dauerhaften Zwecks. Daher bedarf sie auch keiner rechtlichen Verselbstständigung.

2. Der Verein

30   ▶ Warum sind die Vorschriften über den Verein (§§ 21–79 BGB) über die Organisation von sog. Geselligkeitsvereinen hinaus von Bedeutung?

Als Grundform aller Körperschaften finden die Vorschriften über den Verein ergänzende Anwendung, wo besondere gesetzliche Regelungen für AG, GmbH etc. fehlen, z. B. die Organhaftung nach § 31 BGB.

31   ▶ Wie definiert sich der Verein?

Der Verein ist eine
1. auf Dauer begründete Vereinigung
2. einer größeren Anzahl von Personen,
3. die der Erreichung eines selbst gesetzten gemeinsamen nichtwirtschaftlichen Zwecks dient
4. und körperschaftlich organisiert ist, d. h. einen Vorstand hat, einen Gesamtnamen führt und auf einen wechselnden Mitgliederbestand angelegt ist.

32   ▶ Was sind die wichtigsten Unterschiede zu den Personengesellschaften?

Der Verein ist typologisch durch seine regelmäßig größere Mitgliederzahl geprägt. Daraus folgen die Notwendigkeit seiner Unabhängigkeit vom Bestand seiner Mitglieder (vgl. § 39 I BGB im Gegensatz zur GbR, die beim Ausscheiden eines Gesellschafters grundsätzlich aufgelöst wird, vgl. §§ 723, 727 BGB), der Mehrheitsgrundsatz bei der Beschlussfassung in der Mitgliederversammlung (§ 32 I 3 BGB) und die Geschäftsführung und Vertretung durch einen Vorstand, der nicht zwingend Mitglied sein muss (§ 26 BGB, sog. Fremdorganschaft) im Gegensatz zur notwendigen Selbstorganschaft bei der GbR.

33   ▶ Wofür ist die Mitgliederversammlung zuständig, wofür der Vorstand?

Das oberste Organ des Vereins ist die Mitgliederversammlung und nicht etwa der Vorstand. Die Mitgliederversammlung ist für alle Vereinsangelegenheiten zuständig, soweit nicht der Vorstand oder ein anderes Organ zuständig ist (§ 32 I 1 BGB). Ihre wichtigsten Aufgaben sind die Bestellung und Abberufung des Vorstands (§ 27 I BGB) und die Kontrolle seiner Arbeit. Dafür kann sie ihm auch Weisungen erteilen. Außerdem ist sie für Grundlagengeschäfte wie die Satzungsänderung, § 33 I 1 BGB, und die Auflösung des Vereins, § 41 BGB, sowie in den satzungsmäßig vorgesehenen Fällen zuständig. Die Satzung kann weitere Zuständigkeiten festlegen, z. B. zur Aufnahme von Mitgliedern, aber auch dispositive einschränken, z. B. zur Satzungsänderung, letzteres freilich nur unter Beachtung der durch die §§ 134, 138, 242 BGB gesteckten Grenzen. Für bestimmte Beschlüsse braucht die Mitgliederversammlung die Zustimmung von bestimmten Mitgliedern, z. B. beim Entzug von Sonderrechten (§ 35 BGB).

Dem Vorstand obliegt die Geschäftsführung. Nach außen vertritt er den Verein gerichtlich und außergerichtlich; er hat die Stellung eines gesetzlichen Vertreters (§ 26 II BGB).

▶ Ist der Vorstand in seiner Handlungsmacht beschränkt oder beschränkbar? **34**

Sofern es um die Handlungsmacht im Außenverhältnis gegenüber Dritten geht, betrifft diese Frage den Umfang der Vertretungsmacht. Der gesetzliche Umfang der Vertretungsmacht des Vorstands ist grundsätzlich unbeschränkt (arg. § 26 II 2 BGB). Die Grenze verläuft dort, wo der Vorstand in die Zuständigkeit der Mitgliederversammlung eingreifen würde, etwa den Kassenwart durch einen anderen ersetzt und mit diesem einen entsprechenden Dienstvertrag abschließt. Außerdem hat der Vorstand nach h. M. keine Vertretungsmacht für Geschäfte, die für einen Dritten erkennbar völlig außerhalb des Vereinszwecks liegen (sog. „ultra vires"-Lehre, str.), etwa wenn die Vorstandsmitglieder eines kleinen örtlichen Jugendfußballvereins eine Reise nach Mallorca buchen, um dort – angeblich – Angebote für ein Trainingslager ihrer Mannschaft zu erkunden, obwohl dies das Budget des kleinen Vereins übersteigt. Darüber hinaus kann die Vertretungsmacht des Vorstands durch die Satzung mit Wirkung gegen Dritte beschränkt werden, § 26 I 3 BGB. Dies muss aber ins Vereinsregister eingetragen werden, § 70 BGB. Der Verkehrsschutz ist also geringer als z. B. bei AG und GmbH, deren Vorstand bzw. Geschäftsführer nach außen unbeschränkbare Vertretungsmacht hat. Von der Handlungsmacht nach außen (Vertretungsmacht; rechtliches Können) ist diejenige nach innen (Geschäftsführungsbefugnis; rechtliches Dürfen) zu unterscheiden. Im Rahmen der Geschäftsführung ist der Vorstand befugt, alle Handlungen vorzunehmen, die auf eine Förderung des Vereinszwecks gerichtet sind und im Interesse des Vereins liegen. Dabei hat er Gesetz, Satzung und auch Weisungen der Mitgliederversammlung zu beachten und deren Beschlüsse durchzuführen.

▶ Für wessen Verhalten haftet der Verein? **35**

Gem. § 31 BGB haftet der Verein für alle Schäden, die seine Organe in Ausübung ihrer Tätigkeit Dritten zufügen (sog. Organhaftung). Dies betrifft in erster Linie den Vorstand, der den Verein nach außen vertritt. Die Rspr. fasst dies aber sehr viel weiter. Als verfassungsmäßig berufener Vertreter gilt danach jeder, dem nach der Betriebsübung bedeutsame Funktionen der juristischen Person zur selbstständigen, eigenverantwortlichen Erfüllung zugewiesen sind und der die juristische Person auf diese Weise repräsentiert. Dies können ehrenamtliche oder angestellte Mitarbeiter mit Leitungsaufgaben sein, nicht aber etwa die Sekretärin im Vereinsbüro. Für solche untergeordneten Mitarbeiter besteht indessen eine Verschuldenszurechnung nach § 278 BGB, soweit sie als Erfüllungsgehilfen im Rahmen von bestehenden Schuldverhältnissen tätig werden, und eine Haftung nach § 831 BGB, die freilich eine Exkulpationsmöglichkeit bietet. Zu beachten ist, dass § 31 BGB – wie § 278 BGB und im Gegensatz zu § 831 BGB – nur eine Zurechnungsnorm ist, es bedarf also einer vertraglichen oder gesetzlichen Haftungsgrundlage. Seine große Bedeutung erhält § 31 BGB dadurch, dass er – mangels eigener Regelung – auch auf AG und GmbH sowie OHG und KG und seit neuestem auch auf die GbR analog angewendet wird.

36 ▶ Haften auch die Vereinsmitglieder?

Grundsätzlich haftet nur der Verein mit seinem Vereinsvermögen. Darin liegt ein grundlegender Unterschied zu Personengesellschaften, wo die Gesellschafter für die Schulden des Verbands akzessorisch mit ihrem Privatvermögen haften. Nur in Ausnahmefällen, die selten beim Verein und eher bei AG und GmbH vorkommen, besteht eine Durchgriffshaftung. Diese greift namentlich dann ein, wenn die Mitglieder den Verein bewusst nicht mit den nötigen finanziellen Mitteln ausgestattet haben.

37 ▶ Was ist ein wirtschaftlicher und was ist ein Idealverein?

Ein wirtschaftlicher Verein (oder Handelsverein) ist ein Verein, dessen Zweck auf einen wirtschaftlichen Geschäftsbetrieb gerichtet ist, § 22 BGB, also darauf, für sich oder seine Mitglieder wirtschaftliche Vorteile zu erlangen. Er bedarf einer staatlichen Konzession oder muss eine spezialgesetzliche Rechtsform wie die GmbH wählen. Fehlt die wirtschaftliche Zweckrichtung wie bei religiösen, geselligen, gemeinnützigen oder Sportvereinen, ferner bei politischen Parteien und Gewerkschaften, so handelt es sich um einen nichtwirtschaftlichen Verein, einen sog. Idealverein gem. § 21 BGB. Im Rahmen seines Nebenzweckprivilegs kann aber auch er wirtschaftlich tätig sein, solange es sich um eine dem ideellen Hauptzweck untergeordnete Nebenbetätigung handelt (problematisch z. B. bei Bundesliga-Vereinen oder den Nebenbetätigungen von Automobilclubs im Bereich Versicherungen).

38 ▶ Was ist, wenn der Verein nicht ins Vereinsregister eingetragen wurde?

Der nicht eingetragene Verein ist keine juristische Person. Gem. § 54 S. 1 BGB soll er nicht rechtsfähig sein und es sollen die Vorschriften über die GbR Anwendung finden, d. h. die Mitglieder haften persönlich. Nach S. 2 besteht eine Handelndenhaftung, die nicht nur Erfüllungs-, sondern auch Schadensersatzansprüche umfasst.

Entstehungsgeschichtlicher Hintergrund ist der Versuch, insbesondere Gewerkschaften und Parteien zwecks besserer Kontrolle zur Eintragung zu zwingen, was heute nicht mehr mit Art. 9 und 21 GG in Einklang stünde. In richterlicher Rechtsfortbildung werden daher die Vorschriften über den eingetragenen Verein angewendet, soweit sie nicht gerade die Eintragung voraussetzen. Unpassende Regelungen des Gesellschaftsrechts gelten als abbedungen. Die Rechtsfähigkeit muss sich seit Anerkennung der Teilrechtsfähigkeit der GbR zumindest aus § 54 S. 1 BGB ergeben. Prozessrechtlich ist seit der Vereinsrechtsreform von 2009 in § 50 II ZPO nunmehr auch die aktive Parteifähigkeit des nicht rechtsfähigen Vereins gesetzlich anerkannt.

3. Stiftung

▶ Gibt es auch andere Arten von Vereinigungen als Personenvereinigungen?   **39**

Auch Vermögensmassen können Rechtspersönlichkeit haben, so die Stiftung gem. §§ 80 ff. BGB. Sie ist eine geeignete Rechtsform, wenn jemand einen Teil seines Vermögens einem bestimmten, z. B. künstlerischen oder karitativen Zweck widmen, aber nicht selbst berechtigt oder verpflichtet werden will oder er das Vermögen erst nach seinem Tod dafür verwandt haben möchte. Sie ist zu unterscheiden von einer Zuwendung an eine bereits bestehende Person für einen bestimmten Zweck (sog. unselbstständige Stiftung) und von einem Vermögen, das durch eine Sammlung entsteht und regelmäßig im Eigentum des Sammlers steht (sog. Sammelvermögen).

B. Rechtsobjekte

▶ Was ist ein Rechtsobjekt?   **40**

Rechtsobjekt ist jeder Gegenstand, auf den sich die rechtliche Herrschaftsmacht des Rechtssubjekts erstrecken kann. Dies sind Sachen und Rechte. Bedeutung hat diese Unterscheidung z. B. für die verschiedenen Vorschriften zur Übertragung (§§ 929 ff., 873 ff. bzw. § 398 BGB). Sie spielt daher eine besondere Rolle im Sachenrecht.

I. Sachen

▶ Was ist eine Sache? Sind Strom, Gas, Wasser, Geldmünzen, ein Roman oder Software   **41**
  Sachen? Wie ist die Sacheigenschaft von Tieren zu beurteilen?

Sachen sind gem. § 90 BGB nur körperliche Gegenstände, also Mobilien und Immobilien (d. h. Grundstücke sowie dem Grundstück gleichgestellte Rechte wie das Erbbaurecht, ferner Grundstücksbestandteile). Sie müssen abgrenzbar und beherrschbar sein. Mangels einer festen Begrenzung ist Elektrizität daher keine Sache;

Gas und Wasser dagegen schon, weil sie in einem Behältnis gefasst werden können. Bei Geldmünzen und -scheinen handelt es sich ungeachtet ihrer Zahlungsfunktion um Sachen. Geistige Werke wie Romane oder Software sind nur in ihrer Verkörperung (z. B. einem Buch oder einer CD) Sachen, ansonsten besteht an ihnen ein Recht (z. B. Urheberrecht oder Patent). Tiere sind gem. § 90a BGB keine Sachen; allerdings finden die Vorschriften über Sachen auf sie entsprechende Anwendung.

42   ▶ Sind der implantierte Zahn, das Organ und die „plastinierte" Leiche Sachen?

Der Körper ist der „materielle Träger" des Menschen, der als Rechtssubjekt nicht Gegenstand fremder Rechte und damit kein Rechtsobjekt sein kann. Damit kann auch an fest in den Körper eingefügten künstlichen oder natürlichen Sachen (also nicht Prothesen und herausnehmbare Gebisse) keine fremde Herrschaftsmacht bestehen, so dass Implantate ihre Sacheigenschaft verlieren. Zu Transplantationszwecken entnommenen Organen wird aus praktischen Gründen Sachqualität zugestanden. Beim menschlichen Leichnam wirkt die Persönlichkeit des Toten über den Tod hinaus, so dass Leichen nach wohl h.M. grundsätzlich keine Sachen sind. Allerdings werden Mumien und Anatomieleichen, und wohl auch „plastinierte" (für die Ausstellung haltbar gemachte) Körper als soweit „entpersönlicht" angesehen, dass sie als Sachen gelten.

43   ▶ Welche Funktion haben die §§ 93–96 BGB?

Sachen sind häufig nicht aus einem Stück (sog. Einheitssache, z. B. Löffel) sondern aus mehreren Einzelbestandteilen zusammengesetzt, die erst zusammen der Gesamtsache ihre Brauchbarkeit, ihren Sinn oder ihren Wert geben und dadurch eine wirtschaftliche Einheit bilden (Beispiel Gebäude). Würde man einzelne Bestandteile wieder entfernen, so würde die Sache entwertet, unbrauchbar oder gar zerstört, etwa wenn die Dachziegel oder die Mauersteine entfernt würden, weil die Lieferanten sie mangels Bezahlung aufgrund eines Eigentumsvorbehalts zurückfordern. Die §§ 93–96 BGB sollen ein solches Auseinanderreißen und damit die nutzlose Zerstörung wirtschaftlicher Werte verhindern, indem sie wesentlichen Bestandteilen die eigenständige Verkehrsfähigkeit nehmen und damit eine Vindikation nach § 985 BGB ausschließen.

44 | Beispiel |

M hat sich für sein Auto einen neuen Motor gekauft und einbauen lassen, der aber unter Eigentumsvorbehalt des Kfz-Meisters K steht. Ist M Eigentümer des Motors geworden?

M hat gem. § 947 II BGB Eigentum an dem Motor erlangt, wenn dieser wesentlicher Bestandteil des Autos geworden und das Auto als Hauptsache anzusehen ist. Bestandteile sind Teile einer zusammengesetzten aber einheitlichen Sache, die durch die Verbindung ihre Selbstständigkeit verloren haben. Kriterien sind die Art und Dauer der Verbindung, der Grad der Anpassung der Sachen aneinander und der wirtschaftliche Zusammenhang, aber auch die Verkehrsauffassung. Wesentlich ist ein Bestandteil gem. § 93 BGB, wenn er nicht von einem anderen Bestandteil getrennt werden kann, ohne dass einer von ihnen zerstört oder in seinem Wesen verändert wird. Es kommt also nicht darauf an, ob der Bestandteil zwingend erforderlich für das Funktionieren der Gesamtsache ist, sondern darauf, ob die einzelnen Teile auch nach ihrer Trennung noch funktionieren würden und brauchbar wären. Beim Einbau des Motors wird zwar durch das Verschrauben etc. eine Verbindung hergestellt, die dem wirtschaftlichen Zweck nach dauerhaft sein soll. Der Motor kann aber unter Beschädigung weder des Motors noch des Kfz ausgebaut werden. Er ist daher kein wesentlicher Bestandteil des Autos geworden und verbleibt aufgrund des Eigentumsvorbehalts im Eigentum des K.

▶ Ist eine Briefmarkensammlung eine Sache?   **45**

Eine Briefmarkensammlung besteht aus vielen einzelnen Briefmarken, die nicht fest miteinander verbunden und daher keine Bestandteile, sondern selbstständige Sachen sind. Die Sammlung ist daher keine Sache und damit kein Rechtsobjekt. Sie ist vielmehr eine Sachgesamtheit, da sie im Verkehr unter einer einheitlichen Bezeichnung zusammengefasst und ihr Wert und ihre Funktionsfähigkeit durch ihre Vollständigkeit und funktionelle Verbindung mitbestimmt werden. Ähnliches gilt für das Inventar eines Geschäfts, ein Warenlager, eine Bibliothek oder eine Couchgarnitur, nicht dagegen für Sand- oder Getreidehaufen, die als natürliche Mehrheit von Sachen und damit als einheitlicher Gegenstand angesehen werden. Sachgesamtheiten können als wirtschaftliche Einheit Objekt eines schuldrechtlichen Vertrags (z. B. Kaufvertrag gem. § 433 BGB) sein, nicht aber eines dinglichen (z. B. Übereignung nach § 929 S. 1 BGB). Vielmehr handelt es sich um eine Vielzahl einzelner Verfügungen.

▶ Was ist Zubehör und was ist der Unterschied zu Bestandteilen?   **46**

Zubehör sind bewegliche Sachen, die dazu bestimmt sind, dem wirtschaftlichen Zweck der Hauptsache zu dienen, und zu ihr in einem entsprechenden räumlichen Verhältnis stehen. Beispiele werden in § 98 BGB für landwirtschaftliches und gewerbliches Inventar aufgezählt. Kein Zubehör sind Warenvorräte, die zum Verkauf bestimmt sind. Im Unterschied zu Bestandteilen ist Zubehör rechtlich selbstständig, nach §§ 311 c, 926 I 2 BGB erstrecken sich aber Grundstückskaufvertrag und Auflassung im Zweifel auch auf das Zubehör und nach § 1120 BGB gehört es zum hypothekarischen Haftungsverband, kann also nicht einzeln nach §§ 803 ff. ZPO gepfändet werden.

▶ Was sind Nutzungen?   **47**

Nutzungen sind nach § 100 BGB Früchte und Gebrauchsvorteile. Gebrauchsvorteile können sich aus dem Gebrauch von Sachen oder der Ausübung von Rechten ergeben, z. B. das Fahren mit einem Auto, nicht aber die Veräußerung oder anderweitige Verwertung einer Sache. Früchte sind nach § 99 BGB Erzeugnisse und Erträge, wobei zwischen Sach- und Rechtsfrüchten (Beispiel Kälber einer Kuh bzw. die Dividende einer Aktie) und unmittelbaren und mittelbaren (d. h. durch ein Rechtsverhältnis vermittelten) Früchten (z. B. Pachtzinsen) unterschieden wird. Relevant ist dies z. B. beim Rücktritt nach §§ 346 I, 347 BGB, im Bereicherungsrecht nach § 818 I BGB und beim Eigentümer-Besitzer-Verhältnis nach §§ 987, 988 BGB.

II. Rechte

48 ▶ Welche Arten von Rechten gibt es?

> Es gibt
> - Herrschaftsrechte, die dem Berechtigten die absolute und unmittelbare Herrschaft über einen Gegenstand geben (Beispiel: Eigentum);
> - Ausschließungsrechte, die dem Inhaber die Rechtsmacht eröffnen, andere von der Nutzung etc. auszuschließen (Beispiel: ebenfalls Eigentum, Besitz, bei dem der Schwerpunkt auf der Ausschließungsfunktion liegt, vgl. Besitzschutzrechte in §§ 859 ff. BGB);
> - Persönlichkeitsrechte (Beispiel: körperliche Integrität, Namensrecht, Recht am eigenen Bild gem. §§ 22 ff. KunstUrhG, allgemeines Persönlichkeitsrecht);
> - Mitgliedschaftsrechte (Beispiel Verein);
> - Gestaltungsrechte, die es dem Inhaber ermöglichen, einseitig die Rechtslage zu verändern (s. Frage 53, Beispiel Kündigungs-, Rücktritts-, Anfechtungsrechte) und
> - Ansprüche, die dem Inhaber das Recht geben, von einer anderen Person ein Tun oder Unterlassen zu verlangen (§ 194 I BGB, Beispiel Forderungen).

49 ▶ Sind Anwartschaft und Erwerbsaussicht ebenfalls subjektive Rechte?

Sowohl bei der Anwartschaft als auch bei der Erwerbsaussicht geht es um die Aussicht, ein subjektives Recht zu erwerben. Während es sich bei der Erwerbsaussicht aber um die bloße Möglichkeit oder Chance handelt (Beispiel Erbeinsetzung durch Testament, die jederzeit vom Erblasser rückgängig gemacht werden kann und auf die gerade kein „Recht" besteht), sind bei der Anwartschaft von einem mehrstufigen Erwerbstatbestand schon so viele Tatbestandsvoraussetzungen für den Erwerb des Rechts erfüllt, dass der Veräußerer durch einseitige Erklärung den Erwerb des Erwerbers nicht mehr verhindern kann (Beispiel: Eigentumsvorbehalt, bei dem die Übereignung unter der aufschiebenden Bedingung der Kaufpreiszahlung erfolgt; zahlt der Käufer entsprechend der Vereinbarung, hat der Verkäufer keine Möglichkeit, den Rechtserwerb zu verhindern). Es wird daher auch von einem Anwartschaftsrecht als „Minus" zum Vollrecht gesprochen. Im Gegensatz zur Erwerbsaussicht ist das Anwartschaftsrecht daher ein subjektives Recht.

▶ Was ist der Unterschied zwischen absoluten und relativen Rechten?   **50**

Während absolute Rechte vom Berechtigten gegenüber jedermann geltend gemacht werden können (Beispiel: Eigentum, Rechte iSd. § 823 I BGB), sind relative Rechte nur gegen eine bestimmte Person gerichtet, bspw. der Anspruch, wie er in § 194 I BGB als „Recht, von einem anderen ein Tun oder Unterlassen zu verlangen" definiert wird (Beispiel: Ansprüche aus Kaufvertrag). Solche relativen Rechte werden nur ausnahmsweise auch gegen Dritte geschützt (§§ 138 I, 566, 816 I, II, 826, 883 II, 888 BGB). Allerdings können aus der Beeinträchtigung von absoluten Rechten relativ wirkende Ansprüche entstehen, z. B. der Herausgabeanspruch aus § 985 BGB und ein Schadensersatzanspruch aus § 823 I BGB.

▶ Was ist der Unterschied zwischen Anspruch und Forderung?   **51**

Ein Anspruch ist das subjektive Recht, von einem anderen ein Tun oder Unterlassen zu verlangen (§ 194 I BGB). Eine Forderung ist ein schuldrechtlicher Anspruch iSv. § 241 I BGB, d. h. ein Schuldverhältnis im engeren Sinne, aus dem der Gläubiger berechtigt ist, von dem Schuldner eine Leistung zu fordern. Der Begriff „Anspruch" ist also weiter als derjenige der „Forderung"; er umfasst z. B. auch den Herausgabeanspruch aus § 985 BGB. Allerdings wird die terminologische Unterscheidung selbst im BGB nicht konsequent durchgehalten, so dass die h.M. keinen sachlichen Unterschied zwischen Anspruch und Forderung sieht.

▶ Was kann Gegenstand eines Herrschaftsrechts sein?   **52**

Herrschaftsrechte können zunächst an Sachen (s. o. Fragen 41 ff.) bestehen. In diesem Fall bezeichnet man sie als dingliche Rechte: Eigentum als Vollrecht; beschränkt dingliche Rechte, die dem Berechtigten einen Teil der Eigentümerbefugnisse einräumen und in Sicherungs- und Verwertungsrechte (Pfandrecht, Hypothek und Grundschuld) und Nutzungsrechte (Nießbrauch und Grunddienstbarkeit) unterschieden werden. Auch an Rechten können Herrschaftsrechte bestehen, z. B. das Pfandrecht an einer Forderung, §§ 1273 ff. BGB. Herrschaftsrechte an geistigen Schöpfungen wie Patente und Urheberrechte heißen Immaterialgüterrechte.

▶ Wodurch wird im Fall der Gestaltungsrechte die einseitige Gestaltungsmacht einer   **53**
  Partei begründet bzw. gerechtfertigt? Wie wird die andere Seite geschützt?

Die Gestaltungsrechte gewähren einer Person das Recht, einseitig auf ein Rechtsverhältnis einzuwirken. Soweit dieses nicht ausschließlich den Erklärenden betrifft wie bei der Aneignung einer herrenlosen Sache, können dadurch Interessen anderer am Bestand der Rechtslage ohne deren Zutun beeinträchtigt werden. Die Gestaltungsrechte müssen daher zuvor vertraglich vereinbart werden (vertragliches Rücktritts-, Kündigungsrecht) oder gesetzlich vorgesehen sein: Gesetzliche Rücktrittsrechte werden durch die vorherige Vertragsverletzung der anderen Seite begründet (Beispiel § 437 Nr. 2 BGB bei Mangelhaftigkeit der Kaufsache), Kündigungsrechte durch die andernfalls unbegrenzte Bindung an Dauerschuldverhältnisse (Beispiel §§ 542 f., 620 ff. BGB für Miete und Dienstvertrag, eingeschränkt in Fällen), und die Anfechtungsregeln der §§ 119 ff. BGB zum Schutz des irrenden, getäuschten oder bedrohten Erklärenden. Für Fälle sozialer Schutzbedürftigkeit sind sie teilweise gesetzlich beschränkt, z. B. durch längere Kündigungsfristen oder Begründungserfordernisse (vgl. etwa KSchG). Auch die Verbraucherwiderrufsrechte sind als besonders ausgestaltete Rücktrittsrechte Gestaltungsrechte. Bei ihnen muss im Einzelfall aber gerade kein „Widerrufsgrund" vorliegen, hier genügt die typische abstrakte Schutzbedürftigkeit von Verbrauchern in einer entsprechenden Situation. Zum Schutz vor Rechtsunsicherheit sind Gestaltungsrechte grundsätzlich bedingungsfeindlich (vgl. auch zur Ausnahme Potestativbedingung Frage 522).

54 ► Was ist das Vermögen?

Das Vermögen einer Person sind deren Sachen und geldwerten Rechte, wobei sich seine genaue Zusammensetzung aus der jeweiligen Norm ergibt (z. B. §§ 311b II–IV, 1363 ff., 1922 BGB, § 803 ZPO, § 1 InsO). Es handelt sich also um eine Rechtsgesamtheit und damit nicht um ein Rechtsobjekt.

55 ► Kann auch ein Unternehmen Rechtsobjekt sein?

Anders als das Vermögen bildet das Unternehmen mit den vielfältigen bestehenden Rechtbeziehungen (z. B. Eigentum am Betriebsgrundstück, Urheberrechte für hergestellte Produkte, Forderungen gegen Käufer) als Teilvermögen einer Person eine wirtschaftliche Einheit. Daher kann es Gegenstand eines schuldrechtlichen Vertrags sein. Auf Grund des sachenrechtlichen Bestimmtheitsgrundsatzes kann aber auch hier ein absolutes Recht nur an den einzelnen Gegenständen bestehen, die zum Unternehmen gehören. Bloße tatsächliche Vermögenswerte wie Geschäftsbeziehungen und Kundenstamm können überhaupt nicht Gegenstand von Herrschaftsrechten sein. Das Unternehmen ist somit kein Rechtsobjekt und kann nicht als Ganzes dinglich übertragen werden. Jeder Gegenstand muss einzeln nach den jeweils einschlägigen Vorschriften übertragen werden (z. B. §§ 929 ff. BGB für bewegliche Sachen, §§ 873, 925 BGB für Grundstücke, §§ 398 BGB für Forderungen).

56 ► Welche Möglichkeit gibt es, diese aufwendige Übertragung der einzelnen Rechte zu umgehen?

Das Unternehmen kann in eine juristische Person (insbesondere: GmbH) eingebracht werden. Dann ist die Übertragung der einzelnen Rechte (sog. asset deal) nicht erforderlich, sondern es kann die Gesellschaft als Ganzes durch Abtretung aller Anteile (§§ 413, 398 ff. BGB) übertragen werden (sog. share deal). Allerdings ist bei der Einbringung des Unternehmens in die Gesellschaft der Bestimmtheitsgrundsatz einzuhalten. Die Erleichterung besteht also erst bei der späteren Übertragung der Gesellschaft.

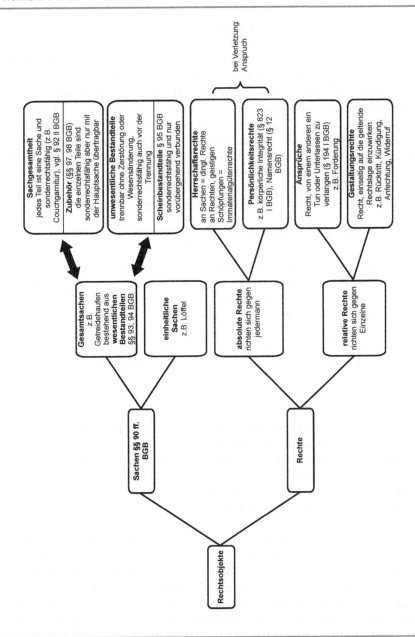

C. Wohnsitz und Namensrecht

► Wofür ist der Wohnsitz von Bedeutung?   **57**

Der Wohnsitz einer natürlichen Person ist v. a. im Zivilprozessrecht von Bedeutung (Wohnsitz als allgemeiner Gerichtsstand, § 13 ZPO), aber auch im Schuldrecht Anknüpfungspunkt z. B. für den Leistungsort nach § 269 I BGB.

58 ▶ Wo ist der Wohnsitz einer natürlichen Person?

Grundsätzlich ist der (gewillkürte) Wohnort nach § 7 I BGB der Ort der ständigen Niederlassung, d. h. der räumliche Schwerpunkt der gesamten Lebensverhältnisse einer Person. Gem. Abs. 2 kann er an mehreren Orten bestehen, ist aber vom bloßen Aufenthaltsort zu unterscheiden, etwa bei einem Studenten dessen Universitäts- stadt. Obwohl die Begründung oder Aufhebung des Wohnortes mangels notwendi- gen Rechtsfolgewillens einen Realakt darstellt, bedarf es hierzu eines sog. Domizil- willens, der nur bei voller Geschäftsfähigkeit gebildet werden kann. Daher können Geschäftsunfähige oder beschränkt Geschäftsfähige den Wohnsitz grundsätzlich nicht eigenständig ändern. Ansonsten haben Minderjährige den gesetzlichen Wohn- sitz gem. § 11 BGB bei ihren Eltern bzw. dem Sorgeberechtigten.

59 ▶ Was ist ein Name iSv. § 12 BGB?

Der Name ist ein äußeres Kennzeichen einer Person, das der Unterscheidung von anderen Personen dient. Er muss der Öffentlichkeit bekannt sein. § 12 BGB um- fasst nicht nur den bürgerlichen Namen einer natürlichen Person; vielmehr können darunter auch Pseudonyme, den Domain-Namen (Internet-Adresse) sowie die Na- men von juristischen Personen und Unternehmen fallen. Vorrangige Spezialregeln bestehen zum Schutz der Firma, d. h. des Namens, unter dem ein Kaufmann seine Geschäfte betreibt, nach §§ 17 ff., 37 HGB und der Marke nach §§ 14 ff. MarkenG.

60 | **Beispiel**

> Internet-Fan M benutzt bei seinen Aktivitäten das Pseudonym „Maxem". Unter der Domain www.maxem.de betreibt er eine private Homepage. Dies bemerkt Rechtsanwalt Maxem (R), als er seine Kanzlei im Internet unter derselben Ad- resse registrieren lassen möchte. Kann er von M Unterlassung verlangen? Än- dert sich etwas, wenn M seit einigen Jahren unter dem Namen „Maxem-Möbel" einen florierenden kleinen Möbelladen betreibt?

R hat einen Unterlassungsanspruch gegen M aus § 12 BGB, wenn M unbefugt den Namen des R gebraucht und dadurch dessen Interessen verletzt. Als bürgerlicher Name des R ist Maxem von § 12 BGB umfasst. § 12 BGB schützt vor einem Be- streiten des Namensrechts (Namensleugnung, Fall 1) und vor dem unbefugten Ge- brauch des Namens gegenüber Dritten (Namensanmaßung, Fall 2). Hier kommt ein unbefugter Gebrauch in Betracht. Der Name Maxem wird von M in einer Weise gebraucht, dass es zu einer Verwechslung mit R kommen könnte (auch ähnliche Na- men können genügen; entscheidend ist, ob eine Verwechslungsgefahr besteht oder der Eindruck entsteht, zur Führung des Namens berechtigt zu sein). Unbefugt ist der Gebrauch, wenn kein eigenes Namensrecht oder keine Einwilligung des Berechtig- ten (z. B. im Rahmen eines Lizenzvertrages) besteht. Der Gebrauch des Pseudo- nyms durch M ist seinerseits nur dann von § 12 BGB geschützt, wenn M darunter im Verkehr bekannt ist, da sonst bereits die Aufnahme einer entsprechenden Nut- zung ausreichen und ein extremes Missbrauchsrisiko bestehen würde. M ist aber noch nicht unter „Maxem" bekannt, der Gebrauch daher unbefugt. Die Interessen des R an einer Internetadresse mit seinem Namen erfordern somit die Beseitigung und das Unterlassen der Benutzung der Domain durch M. Als Recht iSd. § 823 BGB ist – bei entsprechendem Verschulden und Vorliegen eines Schadens – auch an einen Schadensersatzanspruch zu denken. In der Abwandlung ist dagegen auch auf Seiten des M durch den längeren Gebrauch ein Namensrecht entstanden, das wegen der verschiedenen Branchen, Möbelhandel und Rechtsanwaltschaft, auch nicht kollidiert. Beide hatten daher ein gleiches Recht auf Nutzung der Domain, das M schneller genutzt hat.

D. Verbraucher und Unternehmer

▶ Welche Funktion hat die Bestimmung eines Verbraucherbegriffs?   **61**

Die Einführung des Verbraucherbegriffs in das Zivilrecht beruht auf Richtlinien der Europäischen Union. Auf Grund der Rechtsangleichungskompetenz zur Verwirklichung des Binnenmarkts in Art. 114 AEUV, die auch auf ein hohes Verbraucherschutzniveau abzielt, hat die EU Richtlinien über Haustür-, Verbraucherkredit- und Fernabsatzgeschäfte sowie Allgemeine Geschäftsbedingungen (AGB) und den Verbrauchsgüterkauf erlassen, die Verträge zwischen Verbrauchern und Unternehmern betreffen (andere Richtlinien wie die Pauschalreiserichtlinie oder die E-Commerce-Richtlinie sind trotz ihres in erster Linie verbraucherschützenden Charakters in ihrem Anwendungsbereich nicht auf Verbraucher beschränkt). Neben Informationspflichten wurden insbesondere Widerrufsrechte zugunsten des Verbrauchers eingeführt. Der deutsche Gesetzgeber hat die Richtlinien zunächst in Spezialgesetzen umgesetzt, diese aber insbesondere im Zuge der Schuldrechtsmodernisierung 2002 in das BGB überführt und bereits im Jahr 2000 die Definition von Verbraucher und Unternehmer in den §§ 13, 14 BGB „vor die Klammer gezogen".

▶ Wer ist Verbraucher?   **62**

Verbraucher sind gem. § 13 BGB nur natürliche Personen und dies auch nur dann, wenn das Rechtsgeschäft nicht ihrer gewerblichen oder selbstständigen beruflichen Tätigkeit zuzuordnen ist. Definiert wird also nicht der Verbraucher als Status einer Person, sondern wann es sich um ein Verbrauchergeschäft handelt. Die Entscheidung, ob die fragliche Person ein Verbraucher ist, wird für jedes seiner Geschäfte einzeln geprüft. Der Einzelkaufmann, der ein Darlehen für seine Wohnungseinrichtung aufnimmt, kann sich somit auf sein Widerrufsrecht nach § 495 I BGB berufen. Hat er es für sein Unternehmen aufgenommen, steht ihm kein Widerrufsrecht zu. Andererseits wird der Verbraucher in Bezug auf seine Schutzbedürftigkeit typisierend definiert, da es nicht darauf ankommt, ob im Einzelfall auch bei einem privaten Tätigwerden tatsächlich Fachwissen besteht (so auch der EuGH im Fall di Pinto). Daher gehört auch der Kauf einer Computeranlage für den Handwerksbetrieb trotz fehlender Fachkenntnisse zur beruflichen Tätigkeit des Handwerkers, während der Rechtsanwalt den privaten PC-Kauf an der Haustür widerrufen kann.

63 ▶ Wer ist Unternehmer?

Unternehmer ist nach § 14 BGB, wer das Rechtsgeschäft in Ausübung seiner gewerblichen oder selbstständigen beruflichen Tätigkeit abschließt. Keine Unterneh-
merin ist z. B. eine Zahnärztin, die ihren Pkw veräußert, weil er nicht ihrer selbstständigen beruflichen Tätigkeit zuzuordnen ist, auch wenn er steuerlich zu ihrem
Betriebsvermögen gehört. Hingegen entfällt etwa die Unternehmereigenschaft
eines Händlers nicht schon deshalb, weil das in Rede stehende Rechtsgeschäft nicht
dem von ihm betriebenen Gewerbe zugehört (branchenfremdes Nebengeschäft,
z. B. Kreditvergabe).

64 ▶ Ist der Arbeitnehmer bei Abschluss eines Aufhebungsvertrages an seinem Arbeitsplatz Verbraucher, so dass er den Vertrag als Haustürgeschäft nach §§ 355, 312 I 1
Nr. 1 BGB widerrufen kann?

Die Verbrauchereigenschaft von Arbeitnehmern ist umstritten. Teilweise wird argumentiert, ein Arbeitnehmer konsumiere nichts und sei daher auch kein Verbraucher.
Andererseits gehört das Kriterium des Konsumierens nicht zur Verbraucherdefini-
tion. Vielmehr kommt es für die Unternehmereigenschaft darauf an, ob das Rechtsgeschäft der gewerblichen oder selbstständigen beruflichen Tätigkeit zugerechnet
werden kann (anders übrigens die Definition in den Verbraucherrichtlinien, wonach
eine Zurechnung zur beruflichen Tätigkeit ausreicht). Da der Arbeitnehmer abhängig beschäftigt ist, gehört der Aufhebungsvertrag nicht zu einer derartigen Tätigkeit, so dass er nach § 13 BGB als Verbraucher anzusehen ist.

Das Widerrufsrecht ist jedoch aus anderen Gründen abzulehnen. Zwar wurde
der Aufhebungsvertrag am Arbeitsplatz iSv. § 312 I 1 Nr. 1 BGB abgeschlossen und
der Arbeitnehmer kann im Einzelfall überrascht worden sein, so dass eine gewisse Überrumpelungssituation vorliegt. Allerdings ist der Arbeitsplatz der sinnvolle
und übliche Ort für den Abschluss eines Aufhebungsvertrages, so dass ein Haustürgeschäft gem. § 312 BGB und folglich ein Widerrufsrecht abzulehnen ist. Beim
Erwerb von Arbeitsmitteln ist der Arbeitnehmer (auch der Scheinselbstständige,
str.) als Verbraucher geschützt. Auswirkungen hat die Einordnung des Arbeitnehmers insbesondere auch auf die Klauselkontrolle von Arbeitsverträgen nach den
§§ 305 ff. BGB.

65 ▶ Kann eine Gesellschaft bürgerlichen Rechts Verbraucher sein?

Dies ist problematisch, da § 13 BGB nur von natürlichen Personen spricht. Eine
Personenvereinigung ist freilich im Gegensatz zu einer juristischen Person nicht
selbstständig von ihren Mitgliedern, sondern setzt sich gerade aus (natürlichen oder
juristischen) Personen zusammen. Andererseits ist die Außen-GbR als teilrechtsfähig anerkannt und insofern eigenständig zu beurteilen (Frage 26). Nachdem die
Teilrechtsfähigkeit nun auch für die Wohnungseigentümergemeinschaft anerkannt
wurde, hat die Frage zusätzlich an Brisanz gewonnen. Eine dogmatische Betrachtung spricht eher gegen die Einordnung als Verbraucherin, da die rechtsfähige

Personenvereinigung einer juristischen Person näher steht als einer natürlichen. Von der Schutzbedürftigkeit her betrachtet wird die Gesellschaft zwar häufig im Rahmen einer (klein-)gewerblichen Tätigkeit handeln, so dass schon deshalb die Verbrauchereigenschaft abzulehnen ist. Nimmt aber eine Vereinigung natürlicher Personen etwa ein Darlehen mit privater Zweckrichtung auf, so kann sie ebenso schutzwürdig sein, als hätte jeder Gesellschafter einzeln gehandelt. Um in solchen Fällen wie demjenigen der Darlehensaufnahme Schutz gewähren zu können, bietet sich eine analoge Anwendung von § 13 BGB an. Einschränkend wird im Schrifttum vorgeschlagen, dies nur dann anzunehmen, wenn jeder einzelne Gesellschafter für sich betrachtet bei dem durch die Gesellschaft geschlossenen Geschäft die Voraussetzungen des Verbraucherbegriffs erfüllt hätte.

▶ Ist derjenige als Verbraucher anzusehen, der privat einen Pkw erwirbt, sich dabei **66**
    aber als Unternehmer ausgibt?

Das hängt davon ab, ob die Verbrauchereigenschaft wie bei der Auslegung (Frage 176 f.) nach dem objektiven Empfängerhorizont, also aus der Sicht des Autohändlers, oder nach dem tatsächlich verfolgten Zweck zu bestimmen ist. Nach letzterer Ansicht erfüllt der private Käufer des Pkw die Voraussetzungen des § 13 BGB und ist damit Verbraucher, ohne dass es auf eine Erkennbarkeit der Verbrauchereigenschaft ankäme. Der BGH lässt offen, ob nach objektiven oder subjektiven Kriterien zu entscheiden ist. Demnach steht der Geltendmachung von auf die Verbrauchereigenschaft gestützten Rechten (z. B. die nach den Vorschriften über den Verbrauchsgüterkauf in § 475 I 1 BGB unabdingbaren Mängelgewährleistungsrechte) das Verbot widersprüchlichen Verhaltens (venire contra factum proprium) entgegen, so dass sie gem. § 242 BGB nicht durchsetzbar sind. Der Verbraucherschutz wird nicht umgangen, er muss – anders als z. B. der Minderjährigenschutz – hinter dem auch unionsrechtlich anerkannten Grundsatz von Treu und Glauben zurückstehen.

▶ Wie ist derjenige zu behandeln, der einen eigenen privaten Pkw über einen Ge-   **67**
    brauchtwagenhändler verkaufen lässt, dabei selbst aber als Verkäufer auftreten
    soll?

Das ist problematisch. Formal veräußert er zu Zwecken, die nicht seiner gewerblichen oder selbstständigen beruflichen Tätigkeit zuzurechnen sind. Er nutzt jedoch einen Gebrauchtwagenhändler (der beim Verkauf im eigenen Namen ein Unternehmer wäre) als Vertreter, der gem. § 164 I BGB in fremdem Namen handelt und daher gar nicht Vertragspartei wird. Das Agenturgeschäft wird daher teilweise als Umgehung der Verbrauchsgüterkaufsvorschriften iSd. § 475 I 2 BGB gesehen.
    Allerdings wird diese Form des Agenturgeschäfts gerade auch deshalb gewählt, weil der Erwerber aufgrund des Gewährleistungsausschlusses nur einen geringeren Preis zahlen muss. Von dieser Art der Gestaltung profitiert daher auch der erwerbende Verbraucher. Grundsätzlich ist daher nicht von einer Umgehung auszugehen. Diese ist allenfalls dann zu befürchten, wenn die tatsächliche wirtschaftliche Risikoverteilung zwischen dem privaten Veräußerer des Wagens und dem vermitteln-

den Händler derjenigen bei einem Eigengeschäft des Händlers (d. h. einer Käufer-
kette) entspricht und die wahre Identität des Veräußerers durch die Gestaltung ver-
schleiert wird. Das ist etwa bei einer Verlagerung des Risikos der Verkäuflichkeit
des Wagens auf den Händler oder einer Preisgarantie gegenüber dem Alteigentümer
der Fall. Problematisch ist ferner, wenn der Käufer nicht eindeutig erkennen kann,
ob er von Privat oder vom Händler kauft und er sich daher nicht frei zwischen Gewährleistung und günstigerem Preis entscheiden kann. Für diese Fälle ist streitig,
ob der Kaufvertrag zwischen Voreigentümer und Käufer nach § 134 BGB nichtig
ist und der Händler als Vertragspartner fingiert wird (dann eindeutig Verbraucher-
vertrag), ob diesem gegenüber ohne Bestehen einer vertraglichen Verbindung nur
die Gewährleistungsansprüche geltend gemacht werden können, oder ob dem privaten Veräußerer die Unternehmereigenschaft des Händlers zugerechnet wird, so dass
ihm gegenüber Gewährleistungsansprüche bestehen und ggf. ein Regress gegen den
Händler ermöglicht wird.

68 ▶ Ist der Existenzgründer Verbraucher?

Dies ist heftig umstritten. Dem Wortlaut des § 13 BGB nach dürfte er kein Verbraucher sein, da er die Geschäfte zum Zweck der künftigen gewerblichen oder
selbstständigen beruflichen Tätigkeit vornimmt. Die typisierende Betrachtung (vgl.
Frage 62) stellt gerade nicht auf die Schutzwürdigkeit im Einzelfall wie das Vor-
handen- oder Nichtvorhandensein geschäftlicher Erfahrung ab. Es kommt allein
auf die Zuordnung zum privaten oder zum gewerblich-beruflichen Bereich an. Bei
Geschäften, die der Existenzgründung dienen, liegt aber eindeutig eine gewerbliche Zwecksetzung vor. Auch die Spezialregelung in §§ 655e II, 512 BGB, die
den Existenzgründer für Darlehen einem Verbraucher gleichstellt, wäre nicht erforderlich, wenn der Existenzgründer bereits unter § 13 BGB fallen würde. Die
Rspr. lehnt deshalb eine Verbrauchereigenschaft ab, denn der Existenzgründer gebe
dem Rechtsverkehr mit seiner Tätigkeit zu erkennen, dass er sich dem Recht für
Unternehmer unterwerfen und dieses seinerseits auch in Anspruch nehmen will.
Andererseits wurde die Regelung des § 512 (507 a. F.) BGB aus dem Verbraucher-
kreditgesetz übernommen, wo sie bereits vor Einführung von § 13 BGB existierte.
Zwingende Folgerungen für die Auslegung des Verbraucherbegriffs ergeben sich
aus der Vorschrift daher nicht. Die Gegenansicht betont außerdem, dass Existenzgründer typischerweise noch keine geschäftliche Erfahrung haben und daher ähnlich schutzwürdig seien wie zu privaten Zwecken Handelnde.

Auch der Blick auf die europarechtlichen Vorgaben spricht nicht zwingend gegen
den Schutz der Existenzgründer. Das ergibt sich schon daraus, dass das Unions-
recht für von der Richtlinie nicht erfasste Bereiche weiter gehende Schutzregeln
nicht verbietet, soweit sie mit den Grundfreiheiten vereinbar sind. Zudem lassen die
meisten Verbrauchervertragsrichtlinien Abweichungen von den Mindeststandards
„nach oben" zu. Die Bejahung der Verbrauchereigenschaft ist daher ebenfalls vertretbar.

Beispiel **69**

M ist Geschäftsführer und Alleingesellschafter der G-GmbH, Träger eines mittelständischen Familienunternehmens. Die Geschäfte laufen nicht sonderlich gut, gegen eine persönliche Mithaftungsübernahme durch M ist die Bank B aber noch einmal bereit, ein Darlehen iHv. 50.000 € zu geben. Die Vereinbarung wird zwar schriftlich, aber ohne die in § 492 II BGB iVm. Art. 247 §§ 6–13 EGBGB geforderten Angaben (Gesamtkosten, effektiver Jahreszins) abgeschlossen. Nach einem halben Jahr ist G wirtschaftlich am Ende und meldet Insolvenz an. B kündigt aufgrund von Zahlungsrückständen das Darlehen und verlangt nun von M Rückzahlung der 50.000 €. Zu Recht?

In Betracht kommt ein Rückzahlungsanspruch aus Darlehensvertrag (vgl. § 488 I 2 Hs. 2 BGB). Der Schuldbeitritt, durch den M neben G als weiterer Schuldner tritt, bewirkt eine Gesamtschuldnerschaft. Dies bedeutet, dass B nach seiner Wahl auch gegen M vorgehen kann.

Der Schuldbeitritt kann aber wegen Verstoßes gegen die Anforderungen des § 492 II nach § 494 I Fall 2 BGB nichtig sein. Zwar ist der Schuldbeitritt selbst kein Darlehen. Er wird diesem aber nach überwiegender Ansicht gleichgestellt, da Informationsbedürfnis und Übereilungsschutz, die den verbraucherrechtlichen Mindestangaben und Formerfordernissen zugrunde liegen, auch beim Schuldbeitretenden vorliegen.

Fraglich und streitig ist, ob M als Geschäftsführer und Alleingesellschafter als Verbraucher angesehen werden kann. Die Tätigkeit als Geschäftsführer ist nicht selbstständig. Vielmehr ist M bei G angestellt. Das Halten von Gesellschaftsanteilen ist grundsätzlich als Vermögensverwaltung und nicht als gewerbliche Tätigkeit zu qualifizieren. Die GmbH ist verselbstständigte juristische Person; die Tätigkeit ihrer Organe ist von privaten Handlungen der Personen, die die Organstellung ausfüllen, zu unterscheiden. Auch auf die geschäftliche Erfahrung des M kommt es nicht an, da den Verbraucherschutzvorschriften, insbesondere § 13 BGB eine typisierte Schutzbedürftigkeit zu Grunde liegt (Frage 62). Die Rspr. geht daher von einer Verbrauchereigenschaft aus und würde hier einen Zahlungsanspruch der B wegen Nichtigkeit nach § 494 I Fall 2 BGB ablehnen.

Andererseits kann M als Alleingesellschafter und Geschäftsführer der M die GmbH genauso beherrschen und leiten wie ein Einzelkaufmann sein Handelsgeschäft. Seine Beteiligung dient nicht allein der Kapitalanlage, sondern er ist alleiniger Inhaber der GmbH. Die Zwecke, die M auch als Privatmann und nicht nur als Geschäftsführer der G mit der Darlehensaufnahme verfolgt, sind unternehmerischer Art: Die 50.000 € sollen für Investitionen des Unternehmens, das Bezahlen von Rechnungen o.ä. verwendet werden und nicht für private Zwecke. Deshalb lehnen Teilen des Schrifttums die Verbrauchereigenschaft ab.

Beispiel **70**

Makler M kauft ein Auto „auf Kredit", das er sowohl geschäftlich als auch privat nutzen möchte. Hat er ein Widerrufsrecht?

Auch auf Verträge, durch die ein Unternehmer einem Verbraucher einen entgelt-
lichen Zahlungsaufschub gewährt, sind gem. § 506 I BGB die Regeln über den
Verbraucherkredit, darunter das Widerrufsrecht nach § 495 BGB anwendbar. Fraglich ist, ob M den Vertrag als Verbraucher schließt. Er handelt sowohl zu Zwecken,
die seiner Maklertätigkeit zuzurechnen sind, als auch aus privaten Gründen. Die
Behandlung solcher Fälle des sog. Dual-use sind umstritten. Eine Ansicht sieht
die Schutzbedürftigkeit als Privater als überwiegend an; andere meinen, die Pro-
fessionalität aufgrund der selbstständig-beruflichen Tätigkeit erstrecke sich auch
auf den privaten Teil. Wieder andere wollen nach dem Schwerpunkt des Geschäfts
entscheiden. Eine Aufspaltung des Geschäfts in einen privaten und einen unter-
nehmerischen Teil, wie es beim Kauf von Bauteilen für den Handwerksbetrieb und
zugleich das Eigenheim theoretisch möglich wäre, erscheint zumindest für unteil-
bare Gegenstände wie ein Auto als unbrauchbar. Der EuGH hat in der Rechtssache
Gruber (unmittelbar nur auf das EuGVÜ – das seit 1.3.2002 durch das EuGVVO
abgelöst wurde – bezogen, aber ausdrücklich auch aus Gründen der Rechtssicherheit und der Vorhersehbarkeit des zuständigen Gerichts durch einen zukünftigen
Beklagten) eine Verbrauchereigenschaft abgelehnt und eine Ausnahme nur für den
Fall vorbehalten, dass der beruflich-gewerbliche Zweck derart nebensächlich ist,
dass er im Gesamtzusammenhang des Geschäfts nur eine ganz untergeordnete Rolle
spielt. Ein Überwiegen des nicht beruflich-gewerblichen Zwecks genüge nicht.

Das Problem der Vorhersehbarkeit für den Vertragspartner ist auch beim Verbraucherdarlehen bedeutsam, da er auch hier z. B. wissen können muss, ob der
Gegenseite ein Widerrufsrecht zusteht, über das er sie belehren muss. Dazu dient
auch die typisierende Definition des § 13 BGB, die nur danach fragt, ob der Zweck
des Geschäfts überhaupt der gewerblichen oder selbstständigen beruflichen Tätigkeit zugerechnet werden kann. Ist dies zumindest zum Teil der Fall, kann M nicht
mehr als Verbraucher angesehen werden. Mangels Anwendbarkeit der Verbraucher-
darlehensvorschriften besteht daher kein Widerrufsrecht des M (a. A. vertretbar).

71 ▶ Warum kommt es diesen Fällen überhaupt auf Entscheidungen des EuGH an?

Die Verbraucherschutzvorschriften in §§ 312 ff., 474 ff., 491 ff. BGB etc. sind aufgrund von Richtlinien der Europäischen Union eingeführt worden. Richtlinien sind
durch das Europäische Parlament und den Rat verabschiedete Normen, die grundsätzlich nicht unmittelbar gegenüber und zwischen Privaten wirken, sondern regelmäßig der Umsetzung durch den nationalen Gesetzgeber bedürfen. Aber nicht
nur der nationale Gesetzgeber ist nach Art. 288, 291 AEUV (ggf. iVm. Art. 4 III
EUV) zur Umsetzung verpflichtet, sondern auch die Rechtsanwender, insbesondere
die Zivilgerichte, soweit dies durch richtlinienkonforme Auslegung des nationalen
Rechts möglich ist. Erlaubt hier die Auslegung nach den nationalen Regeln (Wortlaut, Systematik, Historie, aber insbesondere auch die teleologische Auslegung)
verschiedene Ergebnisse oder ist eine Analogie möglich, so ist die durch Richtlinien
vorgegebene Lösung aufgrund des Vorrangs des Gemeinschaftsrechts vorzuziehen.
Dabei ist nach der Rspr. des EuGH das gesamte nationale Recht zu berücksichtigen und soweit wie möglich anhand des Wortlauts und des Zwecks der Richtlinie
auszulegen, um das mit der Richtlinie verfolgte Ziel zu erreichen. Das Gericht soll
im Rahmen seiner Zuständigkeiten die volle Wirksamkeit des Gemeinschaftsrechts

garantieren, indem es jede möglicherweise entgegenstehende Bestimmung des nationalen Rechts unangewendet lässt. Was die Richtlinien selbst vorgeben, ist wiederum durch Auslegung zu ermitteln, bei Zweifeln durch Vorlage an den EuGH, der nach Art. 267 AEUV zentrale Instanz zur Auslegung des Europarechts ist. So sind die Entscheidungen des EuGH bindende Vorgabe für die nationale Auslegung auch im Privatrecht.

Anders ist dies bei der sog. quasi-richtlinienkonformen Auslegung: Sie kommt dann in Betracht, wenn gemeinschaftsrechtliche Begriffe wie der Verbraucherbegriff auch in rein national geregelten Bereichen verwendet werden. Dann ist – ohne eine gemeinschaftsrechtliche Bindung – nach nationalen Auslegungsmethoden (Wortlaut, Systematik, Historie und Zweck) herauszufinden, ob der Begriff einheitlich für Umsetzungs- und rein nationales Recht gehandhabt und daher „quasi" richtlinienkonform ausgelegt werden soll, oder ob etwas anderes gelten und daher „gespalten" ausgelegt werden soll.

Prüfung der europarechtlichen Grundfreiheiten

1. **Anwendungsbereich**
   a) keine Spezialregelung im Sekundärrecht (Verordnungen und Richtlinien)
   b) unmittelbare Anwendbarkeit der Grundfreiheiten (da hinreichend bestimmt und unbedingt)
   c) **grenzüberschreitender Sachverhalt** (räumlicher Anwendungsbereich)
   d) **sachlicher** Anwendungsbereich
      – Art. 34 AEUV, Ware = bewegliche Sache, die einen Geldwert hat und Gegenstand von Handelsgeschäften sein kann
      – Art. 45 AEUV, Arbeitnehmer = dauerhafte, unselbstständige, entgeltliche Tätigkeit im Empfangsstaat; Bereichsausnahme für die öffentliche Verwaltung, Art. 45 IV AEUV
      – Art. 49 AEUV Niederlassung = dauerhafte, selbstständige entgeltliche Tätigkeit im Empfangsstaat; Bereichsausnahme für die Ausübung öffentlicher Gewalt, Art. 51 AEUV
      – Art. 56 AEUV Dienstleistung = vorübergehende, selbstständige entgeltliche Tätigkeit (subsidiär gegenüber anderen Grundfreiheiten, Art. 57 AEUV); Bereichsausnahme für die Ausübung öffentlicher Gewalt, Art. 62, 51 AEUV
      – Art. 63 AEUV Kapitalverkehr für alle Kapitalanlagen (Besonderheiten iRd. Anwendbarkeit – auch Drittstaaten – und iRd. Rechtfertigung), Zahlungsverkehr als Annex (Gegenleistung) der anderen Grundfreiheiten
   e) **persönlicher** Anwendungsbereich (grds. Staatsangehörigkeit vgl. Art. 20 AEUV; Ausnahme etwa bei Warenverkehrsfreiheit Art. 28 II AEUV: alle natürlichen und juristischen Personen)
2. **Beeinträchtigung** = Diskriminierung oder Beschränkung (letzteres noch str. bei Arbeitnehmerfreizügigkeit und Niederlassungsfreiheit)
   a) Warenverkehrsfreiheit: **Dassonville-Formel**:
      – Beeinträchtigung = jede mitgliedsstaatliche Regelung, die geeignet ist, den innergemeinschaftlichen Handel unmittelbar oder mittelbar, tatsächlich oder potentiell zu behindern

- Einschränkung nach **Keck-Rechtsprechung**: für bestimmte **Verkaufsmodalitäten** (im Gegensatz zu produktbezogenen Vorschriften, z. B. zu Inhaltstoffen und Verpackung), die nicht geeignet sind, den innergemeinschaftlichen Handel zu beschränken, sofern sie den Absatz inländischer Erzeugnisse und von Erzeugnissen aus anderen Mitgliedstaaten rechtlich wie tatsächlich in gleicher Weise berühren (d. h. **weder formell noch materiell diskriminierend** sind); Beispiel: Ladenschluss

b) ausgehend von der Niederlassungsfreiheit, übertragen auf alle anderen Grundfreiheiten: **Gebhard-Formel**:

    - beschränkend sind Maßnahmen, die die Ausübung der Grundfreiheiten unterbinden, behindern oder weniger attraktiv machen; str. ob Keck-Rechtsprechung entsprechend anwendbar ist

3. **Rechtfertigung**

a) **geschriebene Rechtfertigungsgründe**, insbesondere Gründe der öffentlichen Sicherheit und Ordnung (restriktiv auszulegen), Art. 36, 52, 62, 65 AEUV

b) **zwingende Erfordernisse des Allgemeinwohls(Cassis-Formel)**,

insbesondere Gesundheit, Lauterkeit des Handelsverkehrs, Verbraucherschutz, Umweltschutz;

nicht für **Diskriminierungen** aufgrund der Staatsangehörigkeit (formelle Diskriminierungen)

c) **Verhältnismäßigkeit**, insbesondere Eignung und Erforderlichkeit der Maßnahme (milderes Mittel)

Geschäftsfähigkeit (§§ 104–113 BGB)

3

A. Grundlagen

▶ Was bedeutet Geschäftsfähigkeit?

72

Geschäftsfähigkeit ist die Fähigkeit, durch eigene Handlungen wirksam Rechtsgeschäfte vorzunehmen und damit Rechte und Pflichten zu begründen, zu ändern, zu übertragen oder aufzuheben. Der Geschäftsfähige kann durch die Abgabe von Willenserklärungen seine Rechtsverhältnisse eigenverantwortlich gestalten. Die Vorschriften über die Geschäftsfähigkeit sind auf natürliche Personen beschränkt. Personenvereinigungen und juristische Personen handeln durch ihre Organe, letztlich stets durch natürliche Personen, die geschäftsfähig sein müssen. Unterfälle der Geschäftsfähigkeit sind die Ehefähigkeit (§ 1303 BGB) und die Testierfähigkeit (§ 2229 I BGB), die den Zeitpunkt der Mündigkeit für die erwähnten Rechtsgeschäfte bei Erfüllung bestimmter Voraussetzungen vorverlegen.

▶ Wer ist geschäftsfähig? Gibt es verschiedene Stufen der Geschäftsfähigkeit?

73

Die Teilnahme am Rechtsverkehr und die eigenverantwortliche Gestaltung von Rechtsverhältnissen durch eigene Willenserklärungen setzen die Fähigkeit zu vernünftiger Willensbildung voraus. Die Geschäftsfähigkeit hängt daher – im Gegensatz zur Rechtsfähigkeit, die jedem Menschen zuerkannt wird – von persönlichen Voraussetzungen ab, wobei das Gesetz überwiegend typisiert. Es wird unterschieden zwischen

- Geschäftsunfähigkeit, § 104 BGB: bei unter Siebenjährigen nach Nr. 1 und aufgrund von Geisteskrankheit gem. Nr. 2,
- beschränkter Geschäftsfähigkeit bei Minderjährigen (§§ 2, 106–113 BGB) und
- voller Geschäftsfähigkeit, im Hinblick auf die Privatautonomie der gesetzliche Regelfall (nicht normiert).

C. Armbrüster, *Examinatorium BGB AT,* Springer-Lehrbuch,
DOI 10.1007/978-3-642-45123-2_3, © Springer-Verlag Berlin Heidelberg 2015

74 ▶ An welcher Stelle bei der Prüfung eines Anspruchs kann die Geschäftsfähigkeit von
Bedeutung sein?

Bei der fehlenden Geschäftsfähigkeit handelt es sich um eine rechtshindernde Einwendung. Daher wird die Geschäftsfähigkeit üblicherweise im Prüfungspunkt „Anspruch entstanden" bedeutsam (s. Prüfungsübersicht S. 316), z. B. wenn die Einigung eines Minderjährigen mit einem anderen vorliegt und es darum geht, ob ein
wirksamer Vertrag besteht. Eine Rolle kann die Geschäftsfähigkeit aber auch beim
Prüfungspunkt „Anspruch erloschen" spielen, wenn es bspw. um die Wirksamkeit
der Anfechtungserklärung eines beschränkt Geschäftsfähigen geht (s. S. 317).

75 ▶ Welche Unterschiede bestehen zwischen der Abgabe einer Willenserklärung durch
einen Geschäftsunfähigen und durch einen beschränkt Geschäftsfähigen?

Die Willenserklärung eines Geschäftsunfähigen ist nach § 105 I BGB per se nichtig.
Ein beschränkt Geschäftsfähiger dagegen kann wirksam Willenserklärungen abgeben. Das gilt nicht nur dann, wenn er die Einwilligung seiner gesetzlichen Vertreter
hat (vgl. § 107 BGB) oder das Rechtsgeschäft für ihn lediglich rechtlich vorteilhaft ist. Auch wenn die erforderliche Einwilligung fehlt, berührt das – wie sich aus
§§ 108, 111 BGB ergibt – nicht die Wirksamkeit der Willenserklärung. (Schwebend) unwirksam (d. h. von der Genehmigung durch den gesetzlichen Vertreter abhängig) ist vielmehr allein das Rechtsgeschäft (regelmäßig der Vertrag). Deshalb
ist die beschränkte Geschäftsfähigkeit im Klausuraufbau bei der Wirksamkeit des
Rechtsgeschäfts (und nicht schon beim Zustandekommen) anzusprechen. (Hinweis:
In Falllösungen wird § 107 BGB verbreitet bereits im Zusammenhang mit der Willenserklärung des beschränkt Geschäftsfähigen geprüft. Auch dieser Aufbau, der
sich auf den Wortlaut des § 107 BGB stützen kann, ist vertretbar.) Beim Zugang von
Willenserklärungen gem. § 131 BGB wird in ähnlicher Weise zwischen Geschäftsunfähigen und beschränkt Geschäftsfähigen differenziert; vgl. Frage 209.

76 ▶ Wie kann ein Geschäftsunfähiger am Rechtsverkehr teilnehmen?

Durch seinen gesetzlichen Vertreter. Dies sind bei Minderjährigen gem. § 1629 I
1 iVm. § 1626 I BGB regelmäßig die Eltern, bei volljährigen Geschäftsunfähigen
gem. § 1902 BGB ist es der Betreuer, sofern er nach § 1896 BGB bestellt wurde.
Der gesetzliche Vertreter hat – außer bei höchstpersönlichen Geschäften (vgl. Frage
531) – die Möglichkeit, selbst mit Wirkung für und gegen den Geschäftsunfähigen
zu handeln. Dies gilt übrigens auch für beschränkt Geschäftsfähige (s. bei Frage
103). Dabei muss der gesetzliche Vertreter im Namen des Kindes handeln. Gerade
bei Geschäften der Eltern wird eine unmittelbare Berechtigung des Kindes häufig
nicht erforderlich sein, da die Eltern das Kind über die Unterhaltsgewährung an den
rechtsgeschäftlich erworbenen Gegenständen teilhaben lassen. Daneben kommt ein
Vertrag zugunsten des Kindes (§ 328 BGB) oder ein Vertrag mit Schutzwirkung für
das Kind (z. B. bei Arztverträgen) in Betracht.

▶ Ist der gesetzliche Vertreter gänzlich frei beim Abschluss von Rechtsgeschäften in   **77**
Vertretung des (beschränkt) Geschäftsunfähigen?

Für bestimmte für den Vertretenen besonders gefährliche Geschäfte bedarf der gesetzliche Vertreter der Genehmigung des Familiengerichts, z. B. für Grundstücksgeschäfte und die Kreditaufnahme, § 1643 I bzw. § 1908i I 1 iVm. §§ 1821 Nr. 1, 5, 1822 Nr. 8 BGB. Auch Gesellschaftsverträge, die zum Betrieb eines Erwerbsgeschäfts eingegangen werden (Beispiel: Beteiligung an GbR und OHG, nicht dagegen Erwerb von GmbH-Anteilen; str. für Beteiligung an KG als Kommanditist) sind nach § 1822 Nr. 3 BGB genehmigungsbedürftig, also die Begründung der Gesellschaft, der Beitritt und fundamentale Änderungen des Gesellschaftsvertrages, nicht dagegen nur unwesentliche Änderungen, die auch konkludent durch entsprechende Praxis erfolgen könnten (Verkehrsschutz).

Wenn die Eltern oder der Betreuer in einen Interessenkonflikt geraten, können sie den Geschäftsunfähigen gem. § 1629 II 1 bzw. § 1908i I 1 iVm. § 1795 BGB schon nicht wirksam vertreten. Nach § 1795 II iVm. § 181 BGB ist insbesondere ein Insichgeschäft, bei dem der Vertreter auf beiden Seiten des Rechtsgeschäfts tätig wird, nämlich für sich selbst und auf Seiten des Vertretenen, grundsätzlich unzulässig (vgl. hierzu und zur ungeschriebenen Ausnahme bei lediglich rechtlich vorteilhaften Geschäften in Anlehnung an § 107 BGB Frage 622). In solchen Fällen ist gem. § 1909 BGB ein Ergänzungspfleger einzuschalten. Im Übrigen ist der gesetzliche Vertreter nur im Innenverhältnis verpflichtet, auf das Wohl des Vertretenen zu achten, §§ 1627, 1901 BGB, wobei die Eltern bei dessen Auslegung freier sind und der Staat nur auf die Einhaltung von Mindeststandards achten kann, während der Betreuer z. B. auch den Wünschen des Betreuten zu entsprechen hat, § 1901 III BGB. Dieser Unterschied spiegelt sich auch bei der Haftung gem. § 1908i I 1 iVm. § 1833 bzw. § 1664 BGB wider, wonach die Eltern nur für die Sorgfalt in eigenen Angelegenheiten (vgl. § 277 BGB) einzustehen haben.

▶ Was bewirkt die Regelung des § 1629a BGB?   **78**

§ 1629a BGB – nach einem Urteil des BVerfG von 1986 zum Persönlichkeitsrecht des Minderjährigen eingeführt – ändert nichts an der Wirksamkeit der Stellvertretung durch die Eltern des Minderjährigen. Allein die Haftung für Verbindlichkeiten, die die Eltern für den Minderjährigen begründet haben und die nicht zu einem selbstständigen Erwerbsgeschäft gehören (§ 112 BGB) oder der Befriedigung persönlicher Bedürfnisse dienen, ist entsprechend der Erbenhaftung auf das bei Eintritt der Volljährigkeit vorhandene Vermögen beschränkt.

▶ Kann ein Elternteil allein die Zustimmung zu einem Rechtsgeschäft des Minder-   **79**
jährigen erteilen?

Grundsätzlich sind beide Eltern nach §§ 1626 I, 1629 I 2 BGB gemeinschaftlich für das Kind vertretungsbefugt, außer ein Elternteil übt die elterliche Sorge allein aus oder ihm wurde in einer wichtigen Angelegenheit, über die sich die Eltern nicht einigen konnten, die Entscheidung vom Familiengericht übertragen, §§ 1628, 1629 I 3 BGB, oder bei Gefahr in Verzug, § 1629 I 4 BGB, z. B. bei Krankheit oder auf Reisen. Für Alltagsgeschäfte werden sich die Eltern häufig (konkludent aufgrund der Aufgabenteilung bei der Personensorge) gegenseitig bevollmächtigen oder ermächtigen (Rechtsnatur str.: Vollmacht oder wie bei der handelsrechtlichen Gesamtvertretung Ermächtigung zur Alleinvertretung, § 125 II 2 HGB analog). Die Vertretungsmacht des ermächtigten Gesamtvertreters erstarkt damit zur Alleinvertretungsmacht, ohne dass er im Namen des anderen Gesamtvertreters handeln muss (vgl. Beispiel Frage 626). Unter Umständen kommt auch eine Zurechnung entsprechend der Anscheins- oder Duldungsvollmacht in Betracht (s. Frage 601 ff.), was aufgrund des Minderjährigenschutzes aber restriktiv zu handhaben ist. Ggf. darf sich der Vertragspartner (z. B. der Kinderarzt) auch auf eine Ermächtigung des einen durch den anderen Elternteil verlassen. Bei wesentlichen oder finanziell umfangreicheren Geschäften wie einem Fitnessstudiovertrag ist dies aber nicht anzunehmen, so dass der Vertrag gem. § 177 I BGB schwebend unwirksam ist und der unbeteiligte Elternteil ihn genehmigen kann. Eine dem Kind gegenüber abzugebende Willenserklärung entgegennehmen kann dagegen jeder Elternteil allein, § 1629 I 2 Hs. 2 BGB.

80 ▶ Kann die Willenserklärung einer geschäftsunfähigen Person durch deren gesetzlichen Vertreter genehmigt werden?

Nach § 105 I BGB ist die Willenserklärung eines Geschäftsunfähigen nichtig, ungeachtet dessen, ob sie im konkreten Fall vernünftig oder gar lediglich rechtlich vorteilhaft ist, da der Geschäftsunfähige komplett vor den Folgen seines Handelns geschützt werden soll. Sie stellt ein rechtliches nullum dar, ist also nicht existent und kann daher nicht genehmigt werden. Allerdings kann die „Genehmigung" des Betreuers unter Umständen als Bestätigung iSd. § 141 I BGB anzusehen sein, wenn der Betreuer im Zeitpunkt der Genehmigung davon ausging, dass das Geschäft unwirksam war. Dies gilt dann als Neuvornahme (s. Fragen 476 f.).

81 ▶ Kann sich der Geschäftspartner eines Geschäftsunfähigen oder beschränkt Geschäftsfähigen darauf berufen, dass er sich bei Vornahme des Rechtsgeschäfts in gutem Glauben bezüglich der Geschäftsfähigkeit oder – bei Minderjährigen – einer Einwilligung des gesetzlichen Vertreters befand?

Nein, denn eine den §§ 932, 892 BGB vergleichbare Vorschrift existiert nicht. Hier hat der Gesetzgeber den Schutz der Geschäftsunfähigen und beschränkt Geschäftsfähigen über den des Rechtsverkehrs gestellt. Auch § 366 HGB greift nicht ein.

82 ▶ Kann der Vertragspartner unter Umständen Schadensersatz verlangen, z. B. aus c.i.c. oder Delikt?

Eine Haftung wegen Verschuldens bei Vertragsverhandlungen (c.i.c.) gem. §§ 280 I, 311 II, 241 II BGB setzt nach h. M. Geschäftsfähigkeit bzw. bei beschränkt Geschäftsfähigen die Eingehung des geschäftlichen Kontakts mit Einwilligung seines gesetzlichen Vertreters voraus. Dies wird aus dem Rechtsgedanken der §§ 104 ff. BGB hergeleitet, wonach jede vertragliche Bindung ausgeschlossen sein soll. Mit Bejahung quasi-vertraglicher Ansprüche würde dieser Schutzzweck ausgehöhlt. Dies gilt selbst dann, wenn etwa der Minderjährige arglistig über sein Lebensalter täuscht. In Betracht zu ziehen ist in solchen Fällen nur noch eine deliktische Haftung (z. B. wegen Betrugs nach § 823 II BGB iVm. § 263 StGB), bei der es grundsätzlich auf Alter und Einsichtsfähigkeit des Minderjährigen (§ 828 BGB) oder auf die Strafmündigkeit nach § 823 II BGB iVm. §§ 263, 19 StGB ankommt. Regelmäßig möchte der Minderjährige jedoch durch die falsche Altersangabe nur den Vertrag zustande bringen und er bedenkt nicht die wirtschaftlichen Folgen, wenn die Eltern die Genehmigung verweigern, weshalb eine Haftung namentlich wegen des Vorsatzerfordernisses in § 263 StGB auch hier fraglich wäre.

▶ Wann liegt eine Durchbrechung des Schutzes von Geschäftsunfähigen und Min-   **83**
derjährigen zugunsten des Verkehrsschutzes vor?

Der Geschäftsunfähigen- und Minderjährigenschutz ist auf Fälle begrenzt, in denen der Geschäftsunfähige oder Minderjährige durch sein eigenes Verhalten einen rechtlichen Verlust erleiden würde. Mangels (unbeschränkter) Geschäftsfähigkeit können sie daher grundsätzlich keinen zurechenbaren Rechtsschein setzen.
Anders ist es bei Rechtsscheintatbeständen, die der Minderjährige nicht selbst zurechenbar veranlasst haben muss. Auf persönliche Eigenschaften in der Person des Betroffenen wie fehlende Geschäftsfähigkeit kommt es dann nicht an. In diesem Fall wirkt der Rechtsschein auch zulasten des Minderjährigen. Insoweit wird der Geschäftsunfähigen- und Minderjährigenschutz durchbrochen. Dies gilt nach § 892 BGB z. B. für unrichtige oder fehlende Grundbucheintragungen zulasten des nicht eingetragenen Minderjährigen, der dann zugunsten des gutgläubigen Erwerbers sein Recht verliert.
Nach überwiegender Ansicht geht der Verkehrsschutz auch bei der Übertragung des Eigentums an beweglichen Sachen gem. §§ 929, 932 I BGB vor, wenn der Minderjährige als beschränkt Geschäftsfähiger willentlich den Besitz auf einen anderen übertragen hat und dieser die Sache an einen gutgläubigen Dritten weiterveräußert. Die Frage des Abhandenkommens iSd. § 935 I BGB hängt von der Fähigkeit zur natürlichen Willensbildung, nicht aber von der Geschäftsfähigkeit ab.

| Beispiel | **84** |

G verstirbt im Jahre 2012, nachdem er in einem Testament von 2008 seinen Sohn V, in einem jüngeren Testament von 2011 aber seinen 8-jährigen Enkel E als Alleinerben eingesetzt hat. Das Testament, in dem E als Alleinerbe eingetragen ist (und das nach § 2258 BGB das frühere aufhebt, soweit es ihm widerspricht), wird erst 2014, also zwei Jahre nach dem Tod des G gefunden. Zwischenzeitlich hat V unter Vorlage des Erbscheins Nachlassgegenstände an D veräußert. Hat D daran Eigentum erlangt?

Ursprünglich war G Eigentümer der Gegenstände. Sein Eigentum ist durch Universalsukzession auf den E übergegangen (§ 1922 BGB). D könnte durch die Übereignung des V Eigentum erlangt haben. Ein Eigentumserwerb nach § 929 S. 1 BGB scheitert an der fehlenden Berechtigung des V zur Veräußerung des Eigentums des E. Auch ein gutgläubiger Erwerb gem. § 932 I 1 BGB scheitert grundsätzlich am Abhandenkommen des Nachlassgegenstands, § 935 I 1, 857 BGB. V ist aber im Erbschein als Erbe bezeichnet. Damit gilt der Inhalt des Erbscheins zugunsten des Erwerbers als richtig, sofern dieser keine Kenntnis von der Unrichtigkeit oder einer Rückforderung durch das Nachlassgericht hat. Sein öffentlicher Glaube ermöglicht dem D einen gutgläubigen Erwerb nach §§ 2366, 929 S. 1 BGB und durchbricht den Minderjährigenschutz.

B. Geschäftsunfähigkeit

I. Geschäftsunfähigkeit nach § 104 Nr. 2 BGB

85 ▶ In welchen Fällen liegt eine Geschäftsunfähigkeit nach § 104 Nr. 2 BGB vor? Welcher Gedanke steht dahinter?

Erforderlich ist eine dauerhafte krankhafte Störung der Geistestätigkeit gleich welchen Ursprungs, die die freie Willensbildung ausschließt. Sie ist zu bejahen, wenn der Betroffene aufgrund einer geistigen Anomalie nicht in der Lage ist, seinen Willen frei und unbeeinflusst von der Störung auf Grund einer sachlichen Prüfung der in Betracht kommenden Gesichtspunkte und einer Abwägung des Für und Wider, d. h. aufgrund von vernünftigen Erwägungen zu bilden, z. B. weil die Willensbildung durch unkontrollierte Triebe und Vorstellungen ähnlich einer mechanischen Verknüpfung von Ursache und Wirkung ausgelöst wird oder den Einflüssen Dritter unterliegt. Dasselbe gilt für die Unfähigkeit, nach einer zutreffend gewonnenen Einsicht zu handeln (vgl. die Unterscheidung zwischen Einsichtsfähigkeit und Steuerungsfähigkeit bei der Testierunfähigkeit nach § 2229 IV BGB). Die Dauerhaftigkeit dient der Abgrenzung von § 105 II Fall 2 BGB als vorübergehender Störung, z. B. bei Trunkenheit ab einem Blutalkoholgehalt von ca. 3 Promille.

86 ▶ Kann die Geschäftsunfähigkeit auf bestimmte Bereiche beschränkt sein?

In Fällen des § 104 Nr. 2 BGB kann die Geschäftsunfähigkeit im Interesse der Verhältnismäßigkeit auf einen Teilbereich von Geschäften beschränkt sein, z. B. auf die Prozessführungsbefugnis beim sog. Querulantenwahn (partielle Geschäftsfähigkeit). Notwendig ist auch hier der Ausschluss der freien Willensbestimmung, d. h. der Betroffene darf in dem betroffenen Lebensbereich nicht mehr in der Lage sein, seine Entscheidung von vernünftigen Erwägungen abhängig zu machen. Willenserklärungen einer hiervon betroffenen Person in anderen Lebensbereichen sind aber voll wirksam. Eine generelle Verneinung der Geschäftsfähigkeit wäre dann unverhältnismäßig.

▶ Gibt es auch eine relative Geschäftsunfähigkeit für besonders schwierige Geschäfte? **87**

Dies wird teilweise angenommen, wenn der Handelnde nach seinem individuellen Geisteszustand für subjektiv einfache Rechtsgeschäfte die nötige Einsichts- und Steuerungsfähigkeit besitzt, für subjektiv schwierige jedoch nicht. Abgrenzungsschwierigkeiten seien wie beim Vorliegen eines lichten Augenblicks (s. Frage 89) in Kauf zu nehmen. Dagegen spricht jedoch das Bedürfnis nach Rechtssicherheit, da sonst bei jedem Rechtsgeschäft zu ermitteln wäre, ob es noch vom Umfang der Geschäftsfähigkeit gedeckt ist. Nach § 104 Nr. 2 BGB kommt es in erster Linie auf die freie Willensbestimmung und nicht auf intellektuelle Fähigkeiten an. Für die Frage, wie eine einsichts- und steuerungsfähige Person das konkrete Rechtsgeschäft abgeschlossen hätte, besteht kein Maßstab. Zudem könnte sich dann jeder darauf berufen, seine Verstandeskräfte hätten für genau dieses Geschäft nicht ausgereicht. Nach überwiegender Ansicht erfolgt die Abgrenzung daher nur sektoral wie bei der partiellen Geschäftsfähigkeit.

Beispiel **88**

Der 85jährige S leidet unter fortschreitender Senilität. Zwar kann er seinen Alltag gerade noch allein bewältigen, jedoch ist sein geistiges Leistungsvermögen sehr gering. Die Angestellte A seiner Hausbank B kann ihn in einem Beratungsgespräch dazu bewegen, sein bislang auf einem Tagesgeldkonto angelegtes Vermögen iHv. 50.000 € in Aktien- und Immobilienfonds zu investieren, wofür Abschlusskosten und Depotgebühren anfallen. Die Tochter T des S, die das Geld für die Pflege des S gerne flüssig haben möchte, möchte wissen, ob S sich daran festhalten lassen muss.

Die von S abgegebenen Willenserklärungen sind nach § 105 I BGB unwirksam, wenn S bei ihrer Abgabe gem. § 104 Nr. 2 BGB geschäftsunfähig war. Nach dem Sachverhalt liegt eine Störung der Geistestätigkeit, die vernünftige Erwägungen für die Entscheidungsfindung und damit eine freie Willensbildung ausschließt, noch nicht vor. Eine relative Geschäftsunfähigkeit ist abzulehnen. Dass ein konkretes Rechtsgeschäft – hier: die Fondsanteilskäufe – für S zu schwierig sein mag, beeinflusst daher die Wirksamkeit seiner Willenserklärung nicht. Wenn man S vor der hierdurch für ihn entstehenden Überforderungssituation schützen wollte, wäre dies nur durch die Bestellung eines Betreuers gem. §§ 1896 ff. BGB für bestimmte Rechtsgeschäfte möglich. Die Geschäftsfähigkeit des S ist daher zu bejahen; seine Willenserklärungen sind somit wirksam. Für den Fall, dass A die schwächere Situation des S ausgenutzt hätte, um ungewöhnlich risikoreiche oder gebührenträchtige Anlagegeschäfte abzuschließen, kämen Schadensersatzansprüche wegen Beratungsfehlern und ggf. auch eine Nichtigkeit der Verträge wegen Sittenwidrigkeit nach § 138 II BGB in Betracht (zu letzterem Thema s. Fragen 396 f.).

▶ Kann die Willenserklärung eines Geisteskranken ausnahmsweise voll wirksam sein? **89**

Ja, wenn dieser sich während der Abgabe der Willenserklärung gerade in einem so genannten „lichten Moment" (lucidum intervallum) befindet. Hierunter wird eine zeitliche Unterbrechung der geistigen Störung verstanden, während der das Urteils- und Motivationsvermögen normal ist. Dies wird aus dem Wortlaut des § 104 Nr. 2 BGB hergeleitet, der von „wer sich in einem…Zustand…befindet" spricht. Für das Vorliegen eines solchen lichten Augenblicks ist allerdings nach der allgemeinen Beweislastregel derjenige beweispflichtig, der sich darauf beruft.

II. Exkurs Vormundschaft und Betreuung

90 ▶ Kann für volljährige Geschäftsunfähige ein Vormund bestellt werden?

Nein. Es ist zwischen den drei Kategorien Vormundschaft, rechtliche Betreuung und Pflegschaft zu unterscheiden. Der Vormund wird gem. § 1773 I BGB für Minderjährige bestellt, die nicht unter elterlicher Sorge stehen oder deren Eltern nicht vertretungsberechtigt sind, d. h. regelmäßig wenn die Eltern keine Sorgeberechtigung haben. Für volljährige Geschäftsunfähige kann keine Vormundschaft angeordnet werden; für sie gibt es vielmehr die Betreuung gem. §§ 1896 ff. BGB. Die Entmündigung wurde mit der Reform des Betreuungsrechts zum 1.1.1992 abgeschafft. Die Pflegschaft, insbesondere die Ergänzungspflegschaft für Minderjährige nach § 1909 BGB, verleiht für bestimmte begrenzte Situationen gesetzliche Vertretungsmacht für den Fall, dass der eigentlich Berechtigte verhindert ist.

91 ▶ Wann wird ein Betreuer bestellt? Was ist das Besondere an der rechtlichen Betreuung?

Das Betreuungsgericht bestellt auf Antrag des Betroffenen oder von Amts wegen einen Betreuer, wenn ein Volljähriger wegen einer psychischen Krankheit oder körperlichen, geistigen oder seelischen Behinderung seine Angelegenheiten ganz oder teilweise nicht besorgen kann (§ 1896 I 1 BGB). Diese Voraussetzungen stimmen nicht mit dem Tatbestand der Geschäftsunfähigkeit gem. § 104 Nr. 2 BGB überein. Auch ein Geschäftsfähiger kann – soweit erforderlich – unter rechtliche Betreuung gelangen, was etwa bei schwereren körperlichen Behinderungen und auch schon bei Analphabetismus der Fall sein kann. Die Betreuung wird auf jene Aufgabenkreise beschränkt, für die eine Betreuung notwendig ist. Sie kann z. B. auch bei der partiellen Geschäftsunfähigkeit für die entsprechenden Bereiche gelten. In seinem Aufgabenkreis ist der Betreuer der gesetzliche Vertreter des Betreuten. Er kann Willenserklärungen mit Wirkung für und gegen den Betreuten abgeben und empfangen.

92 ▶ Kann der Betreute noch selbst Rechtsgeschäfte in Bereichen vornehmen, die dem Aufgabenkreis des Betreuers unterliegen?

Wenn der Betreute nicht gleichzeitig geschäftsunfähig ist, grundsätzlich ja. Anders ist es aber, wenn gem. § 1903 BGB ein Einwilligungsvorbehalt angeordnet wird. Auch wenn der Betreute nicht geschäftsunfähig ist, kann er dann nur noch mit Einwilligung des Betreuers Willenserklärungen abgeben. Gem. § 1903 I 2 iVm. § 108 I BGB ist aber eine Genehmigung möglich. Voraussetzung für die Anordnung eines Einwilligungsvorbehalts ist, dass dies zur Abwendung von Gefahren für den Betreuten oder sein Vermögen notwendig ist. Damit kann die Betreuung auf den Einzelfall zugeschnitten werden. Sie soll so wenig wie möglich in die Autonomie des Betreuten eingreifen.

▶ Was geschieht bei einander widersprechenden Erklärungen von Betreutem und **93**
   Betreuer?

Ist der Betreute (partiell) geschäftsunfähig, können einander widersprechende Erklärungen nicht auftreten, da jene des Geschäftsunfähigen stets nichtig ist. Ist der Betreute geschäftsfähig und widersprechen sich die beiden Erklärungen, so sind sie, wenn sie sich auf Verpflichtungsgeschäfte beziehen, beide wirksam. Bei Verfügungsgeschäften ist nach dem sachenrechtlichen Prioritätsgrundsatz nur die erste wirksam. Wurde ein Einwilligungsvorbehalt angeordnet, so gelten gem. § 1903 I 2 BGB einige Regeln zur beschränkten Geschäftsfähigkeit entsprechend, insbesondere jene zur Genehmigung von Verträgen.

▶ Kann der Betreute Einfluss auf die Auswahl seines Betreuers ausüben? **94**

Nach § 1897 IV 1 BGB ist dem Vorschlag des Betreuten zu entsprechen, wenn dies nicht seinem Wohl zuwiderläuft. Der Vorschlag kann auch vorsorglich durch eine sog. Betreuungsverfügung zu gesunden Zeiten vorweggenommen werden. Davon ist die sog. Vorsorgevollmacht zu unterscheiden. Dabei handelt es sich um eine rechtsgeschäftliche Vollmacht, die zu Zeiten bestehender Geschäftsfähigkeit für den Fall erteilt wird, dass der Vollmachtgeber insbesondere wegen alters- oder krankheitsbedingter Geschäftsunfähigkeit nicht mehr für sich selbst sorgen kann. Sie ist entweder auf den Eintritt eines solchen Zustands aufschiebend bedingt oder es gibt eine entsprechende interne Vereinbarung, dass die Vollmacht erst dann ausgeübt werden soll. Sie dient v. a. dazu, eine Betreuung ganz zu vermeiden, denn § 1896 II 2 BGB räumt ausdrücklich einer rechtsgeschäftlichen Vollmacht den Vorrang gegenüber einer Betreuung ein. Daneben existieren noch rechtsgeschäftliche Patientenverfügungen, die aber nur medizinische Fragen betreffen.

III. § 105a BGB

▶ Kann der Geisteskranke nicht einmal ein Brötchen wirksam erwerben? **95**

Doch. Für volljährige Geschäftsunfähige besteht nach dem (im Juli 2002 eingeführten) § 105a BGB die Möglichkeit, Geschäfte des täglichen Lebens wie den Erwerb von Zahnpasta und gewöhnlicher Nahrungsmittel, die mit geringwertigen Mitteln bewirkt werden können, wirksam abzuschließen.

96 ► Gilt dasselbe für einen Minderjährigen, z. B. einen fünfjährigen Jungen, der von seinen Eltern Geld für den Kauf von Bonbons erhält?

Nein, diese Möglichkeit steht nur volljährigen Geschäftsunfähigen offen. Auf Kinder ist § 105a BGB nicht anwendbar. Der Junge selbst kann daher keinen wirksamen Vertrag für sich abschließen. Allerdings wird das Kind als Bote der Willenserklärung seiner Eltern angesehen, wofür es nicht geschäftsfähig sein muss. Diese Konstruktion wird auch dann angenommen, wenn das Kind sich frei aussuchen kann, was es mit dem Geld kaufen möchte.

97 ► Führt § 105a BGB zu einer Teilgeschäftsfähigkeit?

Nein. § 105a S. 1 BGB ändert nichts an der Nichtigkeit der Willenserklärung des Geschäftsunfähigen. Er modifiziert lediglich die Rechtsfolge und bestimmt, dass der geschlossene (nichtige) Vertrag mit Wirkung ex nunc als wirksam fingiert wird, wenn sowohl Leistung als auch Gegenleistung erbracht sind. § 105a S. 2 BGB wiederum bestimmt den Ausschluss dieser Fiktion in Fällen, in denen eine erhebliche Gefahr für die Person oder das Vermögen des Geschäftsunfähigen entsteht. Das wäre z. B. der Fall, wenn Alkohol an den Geschäftsunfähigen verkauft würde. Dogmatisch wird die Regelung aufgrund vieler verbleibender Unklarheiten als misslungen angesehen.

98   **Beispiel**

Der aus der Psychiatrie entwichene geisteskranke G lässt sich von Taxifahrer T zum Flughafen fahren. Auf dem Weg dorthin legt er ein völlig normales Verhalten an den Tag. T bemerkt deshalb nichts von G's Geisteskrankheit. Am Flughafen angekommen, kann G nicht bezahlen. Es stellt sich heraus, dass G aufgrund seiner Geisteskrankheit unter Betreuung des B steht. Allerdings lehnt B es ab, die Taxirechnung zu bezahlen. Hat T einen Zahlungsanspruch?

Als Grundlage eines Zahlungsanspruchs des T gegen G kommt der zwischen beiden geschlossene Beförderungsvertrag in Betracht. Allerdings war G zum Zeitpunkt des Vertragsschlusses gem. § 104 Nr. 2 BGB geschäftsunfähig, so dass seine Willenserklärung nach § 105 I BGB nichtig war. Hier könnte allerdings die Regelung des § 105a BGB eingreifen. Dann müsste die Taxifahrt ein Geschäft des täglichen Lebens sein und dieses müsste mit geringwertigen Mitteln bewirkt werden können. Bei kürzeren Fahrten innerhalb einer Ortschaft wäre beides wohl noch zu bejahen. Das Geschäft des täglichen Lebens gilt aber erst dann als wirksam, wenn die beiderseitigen Leistungen bewirkt sind. G hat noch nicht gezahlt, so dass die Anwendung des § 105a BGB scheitert. Auch dass T die Geschäftsunfähigkeit des G nicht erkennen konnte, ist hier unerheblich: Das BGB schützt nicht den guten

Glauben an die Geschäftsfähigkeit des Vertragspartners, sondern es gewährt dem Schutz des Geschäftsunfähigen bzw. beschränkt Geschäftsfähigen Vorrang vor dem des Rechtsverkehrs.

Denkbar wäre ein Anspruch aus ungerechtfertigter Bereicherung gem. §§ 812 I 1 Fall 1, 818 II BGB. G hat die Beförderungsleistung ohne Rechtsgrund erlangt. Er müsste für diese Dienstleistung, die nicht herausgegeben werden kann, Wertersatz nach § 818 II BGB leisten. Jedoch hat er keine anderweitigen Aufwendungen erspart, und G ist gem. § 818 III BGB nicht mehr bereichert. Auch die Saldotheorie ist zulasten Geschäftsunfähiger wegen des weitreichenden Schutzgedankens der §§ 104 ff. BGB nicht anwendbar. Für die verschärfte Bereicherungshaftung gem. §§ 818 IV, 819 I BGB kommt es auf die Kenntnis des Vertreters (also hier des Betreuers nach § 1902 BGB) von den die Haftung begründenden Umständen an und nicht auf diejenige des Geschäftsunfähigen. B hatte hier aber keine Kenntnis. T kann somit keine Bezahlung verlangen.

IV. Nichtigkeit der Willenserklärung nach § 105 II BGB

▶ Worin liegt der Unterschied zwischen § 104 Nr. 2 und § 105 II BGB?   **99**

Während § 104 Nr. 2 BGB eine dauerhafte Störung der Geistestätigkeit verlangt, betrifft § 105 II BGB nur eine die freie Willensbestimmung ausschließende vorübergehende Störung der Geistestätigkeit oder Bewusstlosigkeit. Entsprechend ist der Betroffene auch nicht generell geschäftsunfähig, sondern nur die in diesem Zustand abgegebene konkrete Willenserklärung ist nichtig.

▶ Wie ist der Begriff der Bewusstlosigkeit in § 105 II BGB zu verstehen?   **100**

Nicht iSv. Ohnmacht, wie dies der Alltagssprachgebrauch nahe legt (in diesem Zustand ist die Abgabe von wirksamen Willenserklärungen schon mangels Handlungswillens nicht möglich, vgl. Frage 170). Gemeint ist ein die freie Willensbildung ausschließender Zustand wie z. B. Volltrunkenheit, Hypnose, Fieberdelirium oder Drogenrausch.

Beispiel   **101**

Student S feiert seinen 25. Geburtstag mit Freunden im Club des C. Nach neun starken Cocktails lässt er sich von einigen Gästen überreden, eine Lokalrunde auszugeben. Als C die Rechnung präsentiert, kann S diese nicht begleichen, da er nicht genügend Geld dabei hat und zahlt daher zunächst nur die neun Cocktails. C verlangt zwei Tage später von dem inzwischen ausgenüchterten S die Bezahlung des noch ausstehenden Betrages von 336 € für die ausgegebene Runde. S erwidert, er könne sich an nichts erinnern, da er schon völlig betrunken gewesen sei. In der Tat hatte er eine Blutalkoholkonzentration von 2,5 Promille. Muss er trotzdem zahlen?

Ein Anspruch des C setzt einen wirksamen Kaufvertrag über die Getränke voraus. S hat eine Lokalrunde bestellt, was als Angebot zu werten ist, das C durch Auslieferung der Getränke angenommen hat. Die Willenserklärung des S könnte aber gem. § 105 II BGB nichtig sein. Eine Bewusstlosigkeit iSd. § 105 II BGB kann bei extremer Alkoholisierung vorliegen; regelmäßig geht man von einer solchen aber erst ab einem Blutalkoholwert von 3 Promille aus (vergleichbar der Schuldunfähigkeit aufgrund Volltrunkenheit im Strafrecht).

Allerdings kommt eine vorübergehende Störung der Geistestätigkeit infolge der Trunkenheit in Betracht. Diese liegt dann vor, wenn die freie Willensbestimmung ausgeschlossen ist. Für das tatsächliche Vorliegen einer so hochgradigen Trunkenheit trägt der Vorbringende, also S, die Beweislast. Gelingt ihm der Nachweis nicht, muss von einer Wirksamkeit des Vertrages ausgegangen werden und S muss bezahlen. Bei Nachweis ist der Kaufvertrag unwirksam und auch aus §§ 812 I 1 Fall 1, 818 II BGB kann wegen § 818 III BGB keine Zahlung verlangt werden (sog. Luxusaufwendungen).

C. Beschränkte Geschäftsfähigkeit

102 ▶ Welchen Zweck verfolgen die §§ 106 ff. BGB?

Sie sollen dem Minderjährigen ermöglichen, sich im Schutz dieser gesetzlichen Regelungen an die Wirkungsweise und Mechanismen des Rechtsverkehrs zu gewöhnen.

103 ▶ Kann ein beschränkt geschäftsfähiger Minderjähriger ein wirksames Rechtsgeschäft abschließen?

Ja, in folgenden Fällen:

- wenn das Geschäft lediglich rechtlich vorteilhaft ist (§ 107 BGB);
- wenn die Willenserklärung in einen Bereich fällt, für den dem Minderjährigen eine Generalermächtigung gem. §§ 112, 113 BGB erteilt wurde;
- wenn der gesetzliche Vertreter konkludent durch Überlassung von „Taschengeld" in ein bestimmtes Rechtsgeschäft oder in Rechtsgeschäfte einer bestimmten Art einwilligt (§ 110 BGB);
- wenn der gesetzliche Vertreter in die Vornahme des Rechtsgeschäfts durch den Minderjährigen einwilligt (§ 107 BGB);
- wenn ein schwebend unwirksames Rechtsgeschäft des Minderjährigen vom gesetzlichen Vertreter genehmigt wird (§ 108 BGB).

Allein kann der Minderjährige also nur bei lediglich rechtlich vorteilhaften Geschäften handeln, im Übrigen bedarf er der Mitwirkung seines gesetzlichen Vertreters, also regelmäßig der Eltern, sei es im Voraus mit einer generellen oder speziellen Einwilligung, sei es im Nachhinein durch die Genehmigung des Geschäfts.

Daneben kann freilich auch der gesetzliche Vertreter für den Minderjährigen Willenserklärungen abgeben.

I. Der lediglich rechtliche Vorteil

▶ Wann ist ein Geschäft für den Minderjährigen lediglich rechtlich vorteilhaft?   **104**

Lediglich rechtlich vorteilhaft sind solche Geschäfte, die die Rechtsstellung des Minderjährigen ausschließlich verbessern. Maßgeblich sind die unmittelbaren rechtlichen Wirkungen des Rechtsgeschäfts. Dabei sind Verpflichtungs- und Verfügungsgeschäft streng zu trennen und einzeln zu beurteilen. Belastend ist ein Rechtsgeschäft dann, wenn es eine Pflicht für den Minderjährigen begründet oder zu einem Verlust vertraglicher oder dinglicher Rechte führt. Zu berücksichtigen sind nicht nur die Haupt-, sondern auch die Nebenpflichten. Rechtlich vorteilhaft sind insbesondere der dingliche Erwerb von Rechten wie der Eigentums- und Forderungserwerb (zu Grundstücken s. sogleich) sowie als Verpflichtungsgeschäft die Schenkung an den Minderjährigen (im Gegensatz zur Übertragung von Rechten des Minderjährigen an einen anderen und zu solchen Schenkungen, bei der der Minderjährige durch die Hauptleistung, vertragliche Auflagen oder Rückgabepflichten verpflichtet wird). Ebenfalls vorteilhaft ist die Annahme eines Schuldversprechens nach § 780 BGB sowie eines Schuldanerkenntnisses gem. § 781 BGB.

▶ Kann ein Minderjähriger ohne Einwilligung des gesetzlichen Vertreters einen wirk-   **105**
samen gegenseitig verpflichtenden Vertrag schließen? Wie ist es bei einseitig den
anderen Teil verpflichtenden Verträgen? Kann der Minderjährige wirksam ein Buch
entleihen?

Da gegenseitig verpflichtende Verträge immer auch eine rechtlich nachteilige Gegenleistungspflicht begründen, sind sie ohne Einwilligung schwebend unwirksam. Auch einseitig den anderen Teil verpflichtende Verträge beinhalten meist nachteilige Nebenpflichten, wie Herausgabe- oder Obhutspflichten. So ist z. B. auch die Leihe rechtlich nachteilhaft, da der Entleiher auch Pflichten hat: Er muss die Sache nach § 601 BGB erhalten und sie nach § 604 BGB wieder zurückgeben (str., da der Minderjährige auch bei Nichtigkeit des Leihvertrags zur Herausgabe und sogar zum Nutzungsersatz nach §§ 812 I 1 Fall 1, 818 I BGB verpflichtet ist und damit nicht besser als nach §§ 604, 601 BGB steht).

▶ Gilt das auch, wenn es sich bei dem Geschäft, um ein „Schnäppchen" handelt?   **106**

Ja. Für die Vorteilhaftigkeit des § 107 BGB kommt es allein darauf an, ob der Minderjährige rechtlich verpflichtet wird, nicht auf einen etwaigen Ausgleich durch Gegenleistungen und auch nicht auf wirtschaftliche Vorteile.

▶ Wird der Erwerb des Eigentums an einem Grundstück dadurch rechtlich nachteilig,   **107**
dass der Minderjährige öffentliche (z. B. Grundsteuer) Lasten zu tragen hat?

Dies ist streitig. Während eine Ansicht darauf abstellt, ob nach Art und Umfang der mit dem Rechtsgeschäft verbundenen Nachteile eine Kontrolle durch den gesetzlichen Vertreter geboten ist, verneint die h. M. dies, und zwar mit folgender Argumentation: Da die Nachteile sachbezogen sind und jeden Eigentümer treffen, werden sie nicht unmittelbar durch das Rechtsgeschäft hervorgerufen. Sie entstehen nur mittelbar kraft öffentlichen Rechts. Zudem lassen sie sich regelmäßig aus den Erträgen des Grundstücks finanzieren. Solche mittelbaren Nachteile sind demnach nicht zu berücksichtigen. Das Rechtsgeschäft bleibt also lediglich rechtlich vorteilhaft. Beim Erwerb einer Eigentumswohnung wird hingegen teils deshalb, weil den Minderjährige kraft seiner Eigentümerstellung Zahlungspflichten gegenüber der Gemeinschaft treffen (z. B. anteilige Tragung der Verwalterkosten), eine Anwendung von § 107 BGB verneint.

108 | **Beispiel**

G, der am 9.6.2007 um 23.00 geboren ist, bekommt von seinem Großvater am Morgen des 9.6.2014 einen 20 €-Schein als Geburtstagsgeschenk überreicht. Ist der Vertrag wirksam und G Eigentümer des Geldscheines geworden, wenn seine Eltern nicht wissen, dass er den Schein erhalten hat?

Die Schenkung des Geldscheins wie der Eigentumserwerb daran könnten als für den minderjährigen G lediglich rechtlich vorteilhaft wirksam sein. Mit Beginn des 9.6.2014 hat G sein siebentes Lebensjahr vollendet (auch wenn er erst um 23.00 Uhr geboren wurde, zählt beim Alter der Beginn des Geburtstags, § 187 II 2 BGB) und ist damit beschränkt geschäftsfähig. § 107 BGB ist mithin anwendbar. Schuldrechtlich handelt es sich um eine (Hand-) Schenkung nach § 516 I BGB. Diese begründet für den Beschenkten keine Pflichten, sondern lediglich ein Recht zum Behalten und ist daher für ihn lediglich rechtlich vorteilhaft (das gilt sowohl für die hier erfolgte Handschenkung als auch für die sog. Versprechensschenkung nach § 518 BGB, bei der ausschließlich Pflichten des Schenkers begründet werden). Für Schenkungen unter Auflagen nach § 525 BGB würde dies allerdings nicht gelten, da der Minderjährige durch sie unter Umständen in eine Position einträte, die ihn rechtlich verpflichten würde (zur Schenkung eines belasteten Grundstücks vgl. Frage 623 f.). Der Erwerb des Eigentums am Geldschein nach § 929 S. 1 BGB ist als Rechtserwerb für G rechtlich lediglich vorteilhaft. Im Beispielsfall sind damit sowohl der schuldrechtliche Vertrag als auch das Verfügungsgeschäft nach § 107 BGB wirksam.

109   ▶ Anschlussfrage: Kann G die 20 € ohne Zustimmung seiner Eltern ausgeben?

In Betracht kommt, dass hier der sog. Taschengeldparagraph (§ 110 BGB) eingreift. Danach muss das Geld aber zumindest mit Zustimmung des gesetzlichen Vertreters zur freien Verfügung gegeben werden (zu § 110 BGB s. sogleich). Die Verpflichtungs- und Verfügungsgeschäfte, die G mit dem Geld abschließt, sind daher unwirksam, mit Ausnahme solcher Verfügungsgeschäfte, die für ihn ausschließlich rechtlich vorteilhaft sind, z. B. durch die er Eigentum erwirbt.

▶ Kann die Leistung, die einem Minderjährigen geschuldet wird, mit befreiender **110**
Wirkung an ihn erbracht werden, etwa wenn der mit Einwilligung der Eltern abgeschlossene Kaufvertrag über ein Fahrrad für M ohne deren Kenntnis durch Übereignung an M erfüllt werden soll oder wenn sein Fahrrad verkauft wurde und er das
Geld in Empfang nimmt?

Ob die Erfüllung gem. § 362 I BGB gegenüber einem beschränkt Geschäftsfähigen
ohne Einwilligung der Eltern möglich ist, ist problematisch. Einerseits ist der Eigentumserwerb lediglich rechtlich vorteilhaft und daher wirksam, der Verlust des
Anspruchs stellt jedoch einen rechtlichen Nachteil dar. Insoweit werden verschiedene Lösungsansätze vertreten.

Teilweise wird für die Erfüllung ein Vertrag (Zweckvereinbarung zwischen
Gläubiger und Schuldner) als notwendig angesehen („Theorie der Erfüllungsver-
einbarung" bzw. „Vertragstheorie"), den der Minderjährige aufgrund des nachteil-
haften Erlöschens der Forderung ohne Einwilligung der Eltern gem. § 107 BGB
nicht wirksam schließen kann.

Nach überwiegender Ansicht ist diese Vertragskonstruktion jedoch gekünstelt
und ein besonderer Erfüllungsvertrag nicht notwendig (Lehre von der realen Leis-
tungserbringung). Es ist aber streitig, ob und wie zwischen Eigentumserwerb und
Erfüllungswirkung getrennt werden muss. Teils wird vertreten, dass die Annahme
der Leistung im Ganzen dem Minderjährigen lediglich einen rechtlichen Vorteil
bringe (oder zumindest rechtlich neutral sei), da in seinem Vermögen der (in der
Regel höher zu bewertende) Leistungsgegenstand an die Stelle der Forderung trete.
Daher erfolgten sowohl der Eigentumserwerb als auch die Erfüllung. Der Minderjährige sei dadurch ausreichend geschützt, dass er über den empfangenen Gegenstand nur mit Zustimmung des gesetzlichen Vertreters verfügen kann.

Dagegen spricht jedoch, dass weder der Schutz des Minderjährigen noch das
Abstraktionsprinzip in ausreichendem Maße berücksichtigt werden. Selbst wenn
man keinen „Erfüllungsvertrag" fordert und §§ 107, 131 II 2 BGB analog anwen-
det, muss maßgeblich sein, dass der Minderjährige durch die Erfüllung seinen Anspruch verliert. Es besteht die Gefahr, dass der Minderjährige den empfangenen
Gegenstand ohne Überlegung verbraucht, aufgrund unsachgemäßer Verwendung
zerstört oder auch nur vorhandene Mängel nicht erkennt und deshalb seine Rechte
nicht geltend macht. Vor solch unvernünftigen Handlungen sollen aber beschränkt
Geschäftsfähige gerade durch die Zustimmungsbedürftigkeit geschützt werden.
Deshalb wird zwischen Erfüllung und Eigentumserwerb getrennt: Der Eigentumserwerb ist – selbstständig betrachtet – lediglich rechtlich vorteilhaft und wirksam;
dem Minderjährigen fehlt aber die Zuständigkeit für die Annahme der Leistung
(obwohl er Gläubiger ist); die „Empfangszuständigkeit" kommt allein dem gesetzlichen Vertreter zu. Demnach ist bei fehlender Einwilligung der Eltern die Erfüllungswirkung abzulehnen.

Der Geschäftspartner, der trotz fehlender Einwilligung an den Minderjährigen
selbst leistet, hat gegen diesen einen bereicherungsrechtlichen Anspruch aus § 812 I
1 Fall 1 BGB (condictio indebiti). Hat der Minderjährige z. B. das empfangene Geld
ausgegeben, kann er entreichert sein, § 818 III BGB (sog. Luxusaufwendungen).

111   ▶ Würde dies auch im Fall der Schenkung des Großvaters an seinen Enkel (Frage 108) gelten?

Bei einer Handschenkung gem. § 516 BGB entsteht kein Anspruch auf Übereignung der geschenkten Sache (dies würde die notarielle Beurkundung des Schenkungsversprechens verlangen; § 518 I 1 BGB), der Handschenkungsvertrag gibt nur ein Recht zum Behalten, stellt die causa für die Übereignung dar. Daher besteht hier kein Anspruch auf Übereignung der Sache, der durch die Übereignung, d. h. Erfüllung untergegangen sein könnte. Wurde die versprochene Leistung jedoch bewirkt, ist damit der Formmangel geheilt (§ 518 II BGB).

112   ▶ Was versteht man unter einem für den Minderjährigen neutralen Geschäft? Ist dieses wirksam?

Ein rechtlich neutrales Geschäft ist ein Rechtsgeschäft, das dem Minderjährigen weder rechtlichen Vorteil noch Nachteil bringt. Der Sinn und Zweck des § 107 BGB besteht im Schutz des Minderjährigen vor nachteiligen rechtlichen Folgen eines Rechtsgeschäfts. Dieser Schutz, der zulasten der Sicherheit und Leichtigkeit des Rechtsverkehrs geht, ist aber auch bei neutralen Geschäften entbehrlich. Deshalb ist nach überwiegender Ansicht das Rechtsgeschäft wirksam (teleologische Reduktion von § 107 BGB). Ein Beispiel hierfür ist die Stellvertretung durch einen beschränkt Geschäftsfähigen, die nach § 165 BGB ausdrücklich zulässig ist, da die Folgen aus dem Geschäft den Vertretenen und nicht den Vertreter treffen und der beschränkt Geschäftsfähige nach § 179 III 2 BGB selbst dann nicht haftet, wenn er als Vertreter ohne Vertretungsmacht gehandelt hat, es sei denn, er wurde mit Zustimmung seines gesetzlichen Vertreters tätig. Ein weiteres klassisches Beispiel ist die Übereignung fremder Sachen durch den Minderjährigen, etwa im Rahmen des gutgläubigen Erwerbs gem. §§ 932 ff. BGB.

113   **Beispiel**

Der Minderjährige M leiht sich von seinem 18-jährigen Freund F dessen MP3-Player. D, ein anderer Freund des M, sieht das Gerät bei M und bietet ihm einen angemessenen Kaufpreis. M stimmt zu und übergibt dem D den MP3-Player. Kann F das Gerät von D herausverlangen?

In Betracht kommt ein Anspruch aus § 985 BGB. Dazu muss F noch Eigentümer des MP3-Players sein. Durch den Leihvertrag hat F sich nur verpflichtet, dem M zeitweise den Besitz zu überlassen; das Eigentum hat er nicht verloren. Ein solcher Verlust könnte aber durch die Übereignung von M an D gem. §§ 929 S. 1, 932 I 1 BGB eingetreten sein.

Dazu muss zunächst eine wirksame Einigung vorliegen. Zwar haben M und D sich über den Eigentumsübergang geeinigt, jedoch ist diese Einigung auf Grund der beschränkten Geschäftsfähigkeit des M gem. § 108 I BGB mangels Einwilligung der Eltern möglicherweise schwebend unwirksam. Fraglich ist, ob es einer Zustimmung bedarf. Dies ist nicht der Fall, wenn ein für M lediglich rechtlich vorteilhaftes Geschäft iSd. § 107 BGB vorliegt. Zwar birgt die Übereignung fremder Sachen für M keinen unmittelbaren Vorteil (das Erlangen des Kaufpreises ist nur eine mittelbare wirtschaftliche Folge der Übereignung). M hat mangels Eigentum an dem Gerät aber auch keinen Rechtsverlust erlitten. Evtl. Ersatzansprüche des Verleihers gegen den Minderjährigen werden zum einen durch den Minderjährigenschutz im Delikts- und Bereicherungsrecht (§§ 828 f., 818 III, 819 BGB) abgefedert und folgen zum anderen nicht aus dem konkreten Rechtsgeschäft, sind also keine unmittelbaren, sondern nur mittelbare rechtliche Nachteile. Die Übereignung fremder Sachen ist folglich weder rechtlich vorteilhaft noch nachteilig. Für rechtlich neutrale Geschäfte verlangt der Normzweck des Minderjährigenschutzes aber keine Einwilligung des gesetzlichen Vertreters. Die Einigung ist danach gem. § 107 BGB wirksam.

M hat D den MP3-Player auch übergeben. Da M nicht Eigentümer war, müssen für eine wirksame Übereignung die Voraussetzungen des § 932 I 1 BGB erfüllt, muss D also gutgläubig gewesen sein. D war nicht bekannt, dass das Gerät nicht dem M gehörte. Es deutet auch nichts darauf hin, dass seine Unkenntnis auf grober Fahrlässigkeit beruhte. Gegen den guten Glauben spricht aber, dass der gutgläubige Erwerber durch § 932 BGB nur so gestellt werden soll, wie er stünde, wenn seine Vorstellung der Wirklichkeit entspräche. In diesem Fall, wenn also M tatsächlich Eigentümer gewesen wäre, wäre die Einigung nach § 108 I BGB schwebend unwirksam. Der Erwerber ist nach einer Meinung daher nicht schutzwürdig und soll kein Eigentum erwerben. Die h. M. lehnt diese Ansicht mit der Begründung ab, § 107 BGB solle dem Minderjährigenschutz dienen, nicht Dritte vor dem Verlust ihres Eigentums bewahren. Danach ist D Eigentümer geworden; F kann nicht Herausgabe nach § 985 BGB verlangen.

▶ Ist eine Mahnung oder eine Fristsetzung nach § 281 BGB durch den Minderjährigen **114** ohne elterliche Einwilligung wirksam?

Bei Mahnung und Fristsetzung handelt es sich um geschäftsähnliche Handlungen. Für sie gelten die §§ 104 ff. BGB freilich entsprechend. Durch die Mahnung kommt der Schuldner in Verzug. Es werden somit die Voraussetzungen für eine weitere Wahrnehmung von Rechtspositionen des Minderjährigen geschaffen. Die Mahnung ist daher lediglich rechtlich vorteilhaft, so dass der Minderjährige nach überwiegender Ansicht seinen Schuldner mahnen kann. Eine Fristsetzung nach §§ 281 I 1, 326 I BGB lässt den Erfüllungsanspruch aus dem Vertrag nicht erlöschen, sondern erweitert wie die Mahnung die Handlungsmöglichkeiten des Gläubigers auf Rücktrittsrecht und Schadensersatzanspruch. Auch sie kann der Minderjährige folglich ohne Einwilligung des gesetzlichen Vertreters vornehmen. Anders verhält es sich mit der Geltendmachung des Schadensersatzverlangens oder dem Rücktritt selbst, da hierdurch gem. § 281 IV BGB der Erfüllungsanspruch untergeht.

II. §§ 112, 113 BGB

115 ▶ Können Minderjährige für bestimmte Arten von Geschäften Teilgeschäftsfähigkeit
erlangen?

Ja. Partielle Geschäftsfähigkeit oder Teilgeschäftsfähigkeit liegt vor, wenn der Minderjährige von seinem gesetzlichen Vertreter zum selbstständigen Betrieb eines Erwerbsgeschäfts gem. § 112 BGB (nur möglich mit Genehmigung des Familiengerichts) oder zur Begründung eines Arbeitsverhältnisses gem. § 113 BGB ermächtigt
wird. Es handelt sich um gesetzlich normierte Fälle des sog. beschränkten Generalkonsenses. Der Minderjährige kann dann alle mit diesem Teilbereich zusammen-
hängenden Rechtsgeschäfte ohne Mitwirkung seines gesetzlichen Vertreters vornehmen, d. h. er ist in diesem Sektor unbeschränkt geschäftsfähig.

116 | Beispiel |

Die 16-jährige A nimmt mit Billigung ihrer Eltern eine Stelle als Verkäuferin
bei dem Supermarkt S an. A lässt sich von den Kolleginnen dazu animieren, der
Gewerkschaft beizutreten, findet nun aber die Mitgliedsbeiträge zu hoch. Ist der
Beitritt wirksam?

Der Gewerkschaftsbeitritt verpflichtet A zur Zahlung der Beiträge und ist daher für
sie nicht lediglich rechtlich vorteilhaft. Daher brauchte A die Einwilligung ihrer
Eltern. Diese ist nicht ausdrücklich erklärt worden, sie liegt aber möglicherweise in
der Zustimmung zur Aufnahme ihres Arbeitsverhältnisses bei S (§ 113 I 1 BGB).
Damit erlangte A für Geschäfte, die die Eingehung eines Dienst- oder Arbeitsverhältnisses der gestatteten Art oder die Erfüllung der sich aus einem solchen Verhältnis ergebenden Verpflichtungen betreffen, unbeschränkte Geschäftsfähigkeit. Zu
diesen Rechtsgeschäften gehören auch diejenigen, die dem minderjährigen Arbeitnehmer die Möglichkeit geben, auf den Inhalt seines Arbeitsverhältnisses einzuwirken. Dies ist für den Beitritt zu einer Gewerkschaft anzunehmen, weil hier der
Inhalt des Arbeitsvertrages mit dem gewerkschaftlich organisierten Mitglied weitgehend durch den Tarifvertrag bestimmt wird und der Beitretende hierdurch einen
Anspruch auf tarifliche Leistungen erlangt. Deshalb war der Beitritt der A nach
§ 113 BGB wirksam. Freilich ist A in der Lage auszutreten. Als actus contrarius, der
wiederum die sich aus dem Arbeitsverhältnis ergebenden Verpflichtungen betreffen
würden, wäre auch der Austritt von der Zustimmung umfasst und ohne Einwilligung der Eltern wirksam.

117 ▶ Was wäre, wenn die A eine Ausbildung als Arzthelferin bei Mediziner M annehmen
würde?

Es ist streitig, ob § 113 BGB auch auf Ausbildungsverhältnisse Anwendung findet.
Die wohl h. M. lehnt dies ab, weil bei diesen nicht die Arbeit, sondern der Ausbil-
dungszweck im Vordergrund stehe.

> **Beispiel**   **118**
>
> Der 16-jährige K arbeitet nach seinem Hauptschulabschluss als Bedienung in einem Restaurant. Die Eltern des K möchten gerne Kontrolle über dessen Finanzen haben und fordern von seinem Chef C, dass dieser ihnen den Arbeitslohn ihres Sohnes auf ihr Konto überweist. K ist dagegen. Wem muss C den Lohn überweisen?

K ist nach § 611 I BGB Gläubiger der Lohnforderung. Fraglich ist allerdings, ob er auch Empfangszuständigkeit (vgl. Frage 110) für den geschuldeten Lohn besitzt. Eine Empfangszuständigkeit besteht dann, wenn der Minderjährige für den fraglichen Bereich unbeschränkt geschäftsfähig ist (§ 113 BGB). In diesem Fall bestünde für den konkreten Bereich auch keine gesetzliche Vertretungsmacht der Eltern mehr, so dass diese nicht die Überweisung an sich verlangen könnten. Die Entgegennahme des Arbeitslohns ist eines der typischen Geschäfte, die der Eingehung oder Aufhebung des Arbeitsverhältnisses oder der Erfüllung von Pflichten aus dem Arbeitsverhältnis dienen. Auf das erlangte Arbeitsentgelt selbst hingegen bezieht sich die Teilgeschäftsfähigkeit nicht. Diesbezüglich muss der Minderjährige weiterhin vor unvernünftigen Rechtsgeschäften geschützt werden. Die Verwaltungs- und Verfügungsbefugnis hierfür steht vielmehr gem. §§ 1626, 1793 BGB dem gesetzlichen Vertreter zu. Indem die Eltern die Zahlung auf ihr Konto verlangen, verhindern sie schon die Entgegennahme des Arbeitslohns, obwohl dies dem K durch die Einwilligung in den Arbeitsvertrag nach § 113 I BGB grundsätzlich gestattet und die Eltern damit ausgeschlossen wären. Jedoch kann die Ermächtigung iSv. § 113 I BGB gem. § 113 II BGB eingeschränkt oder zurückgenommen werden. Mit dem Verlangen, dass der Arbeitslohn des K auf ihr Konto überwiesen werden möge, nehmen die Eltern eine solche Einschränkung vor. Daher muss C den Lohn des K auf das Konto der Eltern überweisen.

▶ Was versteht man unter einem beschränkten Generalkonsens?   **119**

Das ist eine generelle Zustimmung der gesetzlichen Vertreter zu Geschäften, die mit einem bestimmten klar umrissenen Vorhaben verbunden sind, wie z. B. Ausbildung, Studium oder Reise. Ein beschränkter Generalkonsens ist mit dem Schutzzweck der §§ 107 ff. BGB vereinbar und im Gegensatz zu einem sog. unbeschränkten Generalkonsens (vorherige Erklärung in alle Geschäfte des Minderjährigen – gleich welcher Art – einzuwilligen) zulässig.

III. § 110 BGB – der „Taschengeldparagraph"

▶ Wie ist § 110 BGB systematisch einordnen und wo ist er zu prüfen?   **120**

§ 110 BGB ist nach überwiegender Ansicht ein gesetzlich normierter Fall des sog. beschränkten Generalkonsenses, d. h. eine generelle Einwilligung in eine Reihe zunächst nicht näher individualisierter, aber hinreichend bestimmter oder bestimmbarer Geschäfte, damit ein Spezialfall der Einwilligung nach § 107 BGB und deswegen vor diesem zu prüfen. Bedeutsam ist der Unterschied zwischen beiden Regelungen vor allem in Fällen, in denen der Minderjährige die Leistung nicht vollständig bewirken kann. Liegt hier eine Einwilligung nach § 107 BGB vor, so kann der Minderjährige einen wirksamen Vertrag schließen und Schulden eingehen. Im Fall des § 110 BGB ist der Vertrag unwirksam, wenn die vertragsgemäße Leistung nicht vollständig bewirkt worden ist. Daher ist aus Gründen des Minderjährigenschutzes im Zweifel eine Einwilligung nach § 110 BGB anzunehmen.

Die Einwilligung iSd. § 110 BGB erfolgt durch Überlassung von Mitteln und umfasst – nach Bewirkung der Leistung – sowohl das Verfügungsgeschäft über die Mittel als auch das Verpflichtungsgeschäft. Im Gegensatz zu §§ 112, 113 BGB erweitert er nach h. M. allerdings nicht die Geschäftsfähigkeit des Minderjährigen. Nach der Gegenansicht handelt es sich lediglich um die Einwilligung in das Verfügungsgeschäft über die Mittel, das Verpflichtungsgeschäft wird – wie der Wortlaut „ohne Zustimmung des gesetzlichen Vertreters geschlossener Vertrag" zeige – nicht von der Einwilligung erfasst, sondern erst nach Bewirken der Leistung als wirksam fingiert („gilt als von Anfang wirksam").

121 ▶ § 110 BGB verlangt, dass die Leistung vom Minderjährigen „bewirkt" wurde. Was bedeutet das?

Der Vertrag wird erst dann wirksam, wenn der Minderjährige seine Verpflichtung aus dem Geschäft vollständig iSv. § 362 BGB erfüllt hat. Der zuvor schwebend unwirksame Vertrag wird dann aber ex tunc, also von Anfang an wirksam. Bis dahin ist die Einwilligung des gesetzlichen Vertreters widerruflich, § 183 BGB. Diese Regelung folgt aus dem Gedanken, dass die Ermächtigung iSd. § 110 BGB nur Geschäfte mit den tatsächlich zur Verfügung stehenden Mitteln umfasst. Der Minderjährige soll sich nicht bzw. allenfalls mit einer Einwilligung nach § 107 BGB verschulden können.

122   Beispiel

Die 16-jährige M möchte sich ein Piercing machen lassen. Die Eltern willigen unter der Bedingung ein, dass sie in ein seriöses Studio geht, und geben ihr 50 €. Als die Studioinhaberin S die Piercings durchgeführt hat, bemerkt M, dass sie den Geldschein verloren hat. Kann S die Zahlung der 50 € verlangen?

In Betracht kommt ein Anspruch der S aus dem (gemischten Dienst- und Kauf-) Vertrag mit M. Dieser ist aufgrund der Zahlungspflicht der M nicht lediglich rechtlich vorteilhaft und bedarf daher für seine Wirksamkeit der Einwilligung der Eltern. In Betracht kommt hier eine Einwilligung nach § 107 BGB, aber auch eine solche nach § 110 BGB. Im Fall des § 107 BGB wäre M verpflichtet, unabhängig davon, ob die vorgesehenen Mittel tatsächlich zur Erfüllung des Vertrags verwendet werden, während bei § 110 BGB eine Verschuldung des Minderjährigen ausgeschlossen ist. Welche Art von Einwilligung vorliegt, ist durch Auslegung zu ermitteln.

Eine Einwilligung iSv. § 107 BGB ist regelmäßig anzunehmen, wenn der Zweck des Geschäfts auf jeden Fall erfüllt werden soll, während ansonsten im Zweifel zugunsten des Minderjährigenschutzes § 110 BGB anzuwenden ist. Die Eltern haben nur in die Verfügung über die 50 € (zum Zwecke des der Erfüllung des „Piercing-Vertrags") eingewilligt, nicht in den Abschluss eines solchen Vertrags unabhängig davon, ob M die 50 € noch zur Verfügung stehen. Daher ist von einer Einwilligung iSd. § 110 BGB auszugehen. Da M ihre Verpflichtung nicht erfüllt hat, ist der Vertrag unwirksam und S hat keinen vertraglichen Erfüllungsanspruch. Sie hat jedoch einen Anspruch aus §§ 812 I 1 Fall 1, 818 II BGB auf Wertersatz für die von ihr erbrachte, nicht herausgabefähige Leistung.

▶ Wie ist die Rechtslage, wenn der Minderjährige im Falle des § 110 BGB seine Leis-   **123**
   tung mit Hilfe seines monatlichen Taschengeldes ratenweise bewirkt?

Der Vertrag ist schwebend unwirksam, solange nicht die letzte Rate gezahlt ist und der Minderjährige so seine Leistung vollständig bewirkt hat. Eine Ausnahme gilt für Geschäfte, bei denen Leistung und Gegenleistung teilbar sind, wie z. B. Mietverträge. Hier haben Teilzahlungen die teilweise Wirksamkeit des Vertrages zur Folge.

▶ Kann der Minderjährige mit seinem Taschengeld ganz nach Belieben verfahren?   **124**

Die Eltern verfolgen bisweilen mit der Mittelüberlassung einen bestimmten Zweck, der dann die Grenze bildet, z. B. den Kauf eines Buches. Aber auch wenn dem Minderjährigen die Mittel zur freien Verfügung überlassen werden, ist nicht jede unvernünftige Verwendung erlaubt. Die konkludente Einwilligung der Eltern ist aus dem Empfängerhorizont des Minderjährigen unter Berücksichtigung der ihm bekannten Erziehungsmethoden und persönlichen Wertvorstellungen auszulegen. So wird etwa der Erwerb von Zigaretten meist nicht vom Einverständnis der Eltern gedeckt sein.

Beispiel   **125**

Der 14-jährige M bekommt von seiner Großmutter G einen 100 €-Schein zum Geburtstag. Die Eltern bemerken dies nicht. Da sie keine laute Musik mögen und ihm die gewünschten extra starken Boxen für seine Stereo-Anlage nicht geschenkt haben, kauft er sie sich von den 100 €. Ist der Kaufvertrag wirksam?

Der Kaufvertrag ist nicht lediglich rechtlich vorteilhaft, so dass er, um wirksam zu sein, der Zustimmung der Eltern als gesetzliche Vertreter bedurfte. Hier könnte der sog. Taschengeldparagraph § 110 BGB eingreifen. M hat den Kaufpreis voll bezahlt und die Leistung damit bewirkt. Das „Taschengeld" kann nach § 110 BGB auch von Dritten zur Verfügung gestellt werden, allerdings nur mit Zustimmung des gesetzlichen Vertreters. Dies ist hier nicht erfolgt, so dass der Kaufvertrag unwirksam ist.

▶ Steht einem Minderjährigen auch das mit Taschengeld erworbene Surrogat (z. B.   **126**
   ein Lottogewinn) zu freier Verfügung?

Dies hängt von der Auslegung im Einzelfall ab. Im Allgemeinen ist davon auszugehen, dass auch das zweite Geschäft von der Einwilligung umfasst ist, wenn es auch
gleich als erstes mit dem Taschengeld hätte vorgenommen werden können, also das
Surrogat von ähnlichem objektivem Wert ist. Gewinnt dagegen der Minderjährige
im Lotto eine Summe, die den zur Verfügung gestellten Betrag um ein Vielfaches
übersteigt, so kann nicht von einer Einwilligung der Eltern iSv. § 110 BGB ausgegangen werden.

Beispiel

127   Der siebenjährige K kauft von seinem Taschengeld ein Manga-Heft bei V. Dieses
tauscht er nach der Lektüre mit seinem Freund F gegen einen Asterix-Band. Die
Eltern beider Kinder wissen von nichts. Sind die Verträge wirksam, und wem
gehört das Manga-Comic?

K hat das Manga-Heft mit seinem Taschengeld, also aus Mitteln iSv. § 110 BGB
bezahlt. Der Kaufvertrag mit V ist daher wirksam. Problematischer ist die Wirksamkeit des Tauschvertrags. Mit dem Comic des V hat K ein Surrogat für sein Taschengeld erlangt. Bei Verfügungen über das Surrogat bedarf es der Auslegung, ob der
Minderjährige hierüber verfügungsberechtigt ist. Da hier der Wert des Surrogats
mit dem der überlassenen Mittel identisch ist und K das Asterix-Comic auch schon
vom Taschengeld hätte kaufen können, ist die Verfügung über das Manga-Heft als
von der Einwilligung mit umfasst anzusehen. Damit sind sowohl der Tauschvertrag
als auch die Übereignung an F wirksam. Das Manga-Comic gehört also nunmehr
dem F.

Anders ist die Lage, wenn der 16-jährige M sein fast neues Mountainbike gegen
ein gebrauchtes Mofa eintauscht. Hier mögen die beiden Gegenstände zwar gleich-
wertig sein. Die Eltern haben aber gerade bei einem gefährlicheren Mofa ein Interesse, dass ein derartiges Geschäft nicht ohne ihre Einwilligung zustande kommt.
Das ist bei Auslegung ihres vorangegangenen Verhaltens (Einwilligung in die An-
schaffung eines Mountainbikes) zu berücksichtigen. Allerdings ist hier wiederum
fraglich, ob damit noch der Minderjährige vor seiner Unerfahrenheit in finanziellen
und rechtlichen Angelegenheiten oder nicht vielmehr die Erziehungsgewalt der Eltern geschützt werden soll, deren Schutz aber nicht Zweck der §§ 107 ff. BGB ist.

128 ▶ Gibt es weitere Fälle eines beschränkten Generalkonsenses?

Ja. Über die Teilgeschäftsfähigkeit nach §§ 112, 113 BGB und den gesetzlichen Fall
des beschränkten Generalkonsenses des § 110 BGB hinaus ist auch eine generelle
Zustimmung der gesetzlichen Vertreter zu Geschäften, die mit einem bestimmten
klar umrissenen Vorhaben verbunden sind, wie z. B. Ausbildung, Studium oder eine
Reise, zulässig. Dies ist im Gegensatz zu einem unbeschränkten Generalkonsens
(vorherige Erklärung, in alle Geschäfte des Minderjährigen, gleich welcher Art, einzuwilligen) mit dem Schutzzweck der §§ 107 ff. BGB vereinbar, wenn der Bereich
bestimmbar ist und im Zweifel restriktiv ausgelegt wird.

Beispiel

Der 14-jährige M fährt mit seiner Schulklasse auf Klassenfahrt nach Italien. Dort bieten Händler am Strand Markenrucksäcke für 50 € an. Da M von seinen Eltern finanziell recht kurz gehalten wird und nicht genügend Geld dabei hat, aber wie seine Mitschüler unbedingt auch einen dieser Rucksäcke haben will, borgt er sich vom Klassenlehrer K 50 €. Als M den Rucksack zu Hause seinen Eltern zeigt und diese das taiwanesische Imitat, welches einen objektiven Wert von 10 € hat, begutachten, verweigern sie die Rückzahlung der 50 € an K. Zu Recht?

K kann von M gem. § 488 I 2 BGB die Rückzahlung der 50 € verlangen, wenn ein wirksamer Darlehensvertrag zwischen K und M zustande gekommen ist. K und M haben sich über ein Darlehen geeinigt. Ein solches ist, auch wenn es zinslos sein soll, aufgrund der Rückzahlungspflicht für M nicht lediglich rechtlich vorteilhaft. Er hätte daher für eine wirksame Willenserklärung der Einwilligung seines gesetzlichen Vertreters bedurft. Mangels Kenntnis der Eltern liegt eine Einwilligung in das konkrete Rechtsgeschäft nicht vor. Allerdings könnten die Eltern dem M für die Dauer der Klassenfahrt einen beschränkten Generalkonsens erteilt haben. Die Einwilligung der Eltern in die Teilnahme an der Klassenfahrt bedeutet im Zweifel das Einverständnis mit allen Rechtsgeschäften, die in diesem Zusammenhang erforderlich sind. Unter gewissen Umständen ist auch eine Kreditaufnahme als hiervon gedeckt anzusehen, wenn dem Minderjährigen bspw. das mitgebrachte Geld gestohlen wird oder sein vorhandener Rucksack zerreißt und das eigene Geld für eine Ersatzbeschaffung nicht ausreicht. Im Ausgangsfall stand jedoch die Kreditaufnahme des M mit der (nach Vorstellung der Eltern) ordnungsgemäßen Durchführung der Reise in keinem Zusammenhang, so dass sie auch nicht vom beschränkten Generalkonsens gedeckt ist. Daher war der Darlehensvertrag zwischen K und M zunächst schwebend und dann mit der Verweigerung der Genehmigung endgültig unwirksam. Aus einem Darlehensvertrag gem. § 488 I 2 BGB besteht daher kein Rückzahlungsanspruch.

Da K wegen des unwirksamen Darlehensvertrages ohne rechtlichen Grund an M geleistet hat, ist dieser jedoch nach § 812 I 1 Fall 1 BGB zur Rückzahlung verpflichtet. Weil M das Geld nicht mehr hat, muss er an K gem. § 818 II BGB Wertersatz leisten. Nach § 818 III BGB entfällt die Haftung freilich, soweit M nicht mehr bereichert ist. Der Rucksack hat nur einen objektiven Wert von 10 €; darüber hinaus ist M nicht mehr bereichert. M müsste demnach 10 € an K bezahlen. Der Gedanke des Minderjährigenschutzes erfordert aber, dass der Minderjährige den Bereicherungsanspruch auch durch die Herausgabe des beim Entreicherungsvorgang, d. h. dem Rucksackkauf, Erlangten abwenden kann. Die Eltern des M dürfen die Zahlung daher zwar verweigern; allerdings muss M gem. § 812 I 1 Fall 1, 818 II BGB den Rucksack an K herausgeben.

IV. Einwilligung und Genehmigung des gesetzlichen Vertreters

130 ▸ Was versteht man unter Einwilligung und Genehmigung?

Einwilligung ist die vorherige (§ 183 BGB), Genehmigung die nachträgliche (§ 184 BGB) Zustimmung eines Dritten zu einem von einem oder mehreren anderen vorgenommenen Rechtsgeschäft (§ 182 I BGB). Es handelt sich um eine einseitige empfangsbedürftige Willenserklärung, die vom zustimmungsbedürftigen Rechtsgeschäft unabhängig ist. Auf sie sind die allgemeinen Regeln über Rechtsgeschäfte anwendbar.

131 ▸ Wie wirken Einwilligung und Genehmigung?

Ist eine Einwilligung erteilt, so ist das Rechtsgeschäft von vornherein wirksam (§ 107 BGB). Fehlt eine Einwilligung, ist das Rechtsgeschäft bis zur Erteilung der Genehmigung schwebend unwirksam (§ 108 I BGB). Wird letztere erteilt, gilt das Rechtsgeschäft als von Anfang an (ex tunc) wirksam (§ 184 I BGB), wenn nichts anderes vereinbart ist und soweit die Rückwirkung keine anderen sachlichen Grenzen hat. So tritt z. B. Verzug nur ex nunc ein und auch die Verjährungsfristen laufen erst ab der Genehmigung. Auch im Rahmen von Annahmefristen iSv. § 148 BGB (Fragen 499 ff.) wirkt eine nach Fristablauf erfolgte Genehmigung einer fristgemäßen Annahme nicht zurück; die Annahme ist verspätet und stellt einen neuen Antrag dar, da der Antragende mit der Frist Rechtssicherheit haben wollte und der Annehmende andernfalls selbst die Frist verlängern könnte. Außerdem bleiben Zwischenverfügungen des Genehmigenden und Zwangsvollstreckungsmaßnahmen gegen ihn gem. § 184 II BGB wirksam.

132 ▸ Können Einwilligung und Genehmigung auch konkludent erklärt werden?

Die Zustimmung bedarf gem. § 182 II BGB grundsätzlich keiner besonderen Form, auch wenn das Rechtsgeschäft selbst formbedürftig ist (vgl. Fragen 338, 568 f.), und kann daher ebenso wie jedes andere formfreie Rechtsgeschäft auch durch schlüssiges Verhalten erklärt werden. So kann eine Einwilligung z. B. angenommen werden, wenn die Eltern dem Minderjährigen den für das beabsichtigte Rechtsgeschäft erforderlichen Geldbetrag zur Verfügung stellen (vgl. § 110 Fall 1), und eine Genehmigung, wenn der vom Vertragspartner geforderte Geldbetrag überwiesen wird. Dabei muss der Genehmigende grundsätzlich zum Ausdruck bringen, dass er die schwebende Unwirksamkeit des Geschäftes kennt oder zumindest mit ihr rechnet und das Geschäft gleichwohl gelten lassen will.

133 ▸ Ist dafür auch ein dahingehendes Erklärungsbewusstsein erforderlich?

Dies ist streitig. Eine Ansicht fordert v. a. bei der Genehmigung einen der äußeren Erklärung entsprechenden Genehmigungswillen und auch die Rspr. formuliert häufig, eine Genehmigung (insbesondere auch bei vollmachtlosem Handeln, vgl. Frage 632) setze voraus, dass der Genehmigungsberechtigte von der Genehmigungsbedürftigkeit des Rechtsgeschäfts aufgrund fehlender Zustimmung wusste oder mit ihr rechnete. Die h. M. wendet auch für die Zustimmung die allgemeinen Regeln vom sog. potentiellen Erklärungsbewusstsein an. Hiernach kommt es nur darauf an, ob sich der Erklärende den äußeren Tatbestand zurechnen lassen muss, weil für ihn bei Beachtung der im Verkehr erforderlichen Sorgfalt zu erkennen und verhindern war, dass sein Verhalten als Zustimmung aufgefasst wird, und ob der Geschäftspartner das Verhalten auch als Zustimmung auffassen durfte (vgl. Frage 172).

Darüber hinaus wird teils analog zur Rechtsscheinshaftung im Rahmen des Stellvertretungsrechts eine Einwilligung aus Rechtsscheinsgründen angenommen (§§ 170 ff. BGB, Anscheins- und Duldungsvollmacht, vgl. Fragen 593 ff.). Hierfür besteht aber – lässt man ein potentielles Erklärungsbewusstsein bei der Einwilligung genügen – regelmäßig kein Bedürfnis mehr (Gegenansicht vertretbar).

Beispiel 1   **134**

Wenn die Eltern mit ihrem vierzehnjährigen computerbegeisterten Sohn S in den Zeitungsladen von V gehen, bekommt S regelmäßig die neueste monatlich erscheinende Zeitschrift „PC-Welt", die er auch gelegentlich alleine kaufen darf. Als S häufiger auftaucht und von seinem Taschengeld sämtliche bei V erhältliche Computerzeitschriften kauft, hält V dies von der Einwilligung der Eltern gedeckt. Tatsächlich sind die Eltern nur damit einverstanden, dass S sich die „PC-Welt" kauft. Weitere Ausgaben für sein Hobby gestatten sie ihm nicht

S und M sind minderjährig und brauchten für den Abschluss des für sie nicht lediglich rechtlich vorteilhaften Kaufvertrages die Zustimmung ihrer Eltern (§§ 107, 108 I BGB). Eine tatsächliche Einwilligung liegt nicht vor, auch nicht nach § 110 BGB, da die Eltern den Kauf solcher Hosen und weiterer Computerzeitschriften komplett ausgeschlossen haben. Im Beispiel 1 musste V jedoch aufgrund des bisherigen Verhaltens der Eltern, die vor seinen Augen dem S den Erwerb der Zeitschriften erlaubt und ihn später auch alleine gehen lassen haben, davon ausgehen, dass S auch sonst solche Zeitschriften kaufen durfte. Die Eltern mussten auch erkennen, dass ihr Verhalten so aufzufassen ist, wenn sie dem V die gegenüber S erteilte Beschränkung auf eine Zeitschrift trotz des erkennbaren „Suchtpotentials" ihres Sohns nicht mitteilen. Nach dem objektiven Empfängerhorizont ist damit eine konkludente Einwilligung anzunehmen. Eines Rückgriffs auf Rechtsscheinsgesichtspunkte bedarf es nicht.

Beispiel 2   **135**

Die Eltern der sechzehnjährigen M wollen gegen den Jugendwahn nach Markenhosen bei ihren Kindern vorgehen und verbieten ihnen den Kauf solcher Hosen. M kauft sie sich trotzdem bei dem ihr bekannten Jeanshändler J und stottert den Kaufpreis mit ihrem Taschengeld ab. Die Eltern heißen dies nicht gut, unternehmen aber aus Nachlässigkeit nichts, bis M nicht mehr zahlen kann und J sich wegen der Zahlung der letzten unbezahlten Hose an die Eltern richtet. Sind die Verträge von M und S wirksam?

Hier sind die Eltern zwar insoweit nicht schutzwürdig, als sie die wiederholten Ein-
käufe der M kannten. Allerdings sind sie nie mit J in Kontakt getreten, so dass eine
Einwilligung nicht aus seinem Empfängerhorizont bewertet werden kann, sondern
nur aus dem der M, für die das Verbot eindeutig war. J konnte nicht aufgrund eines
Verhaltens der Eltern davon ausgehen, dass ihnen das Verhalten der M bekannt
war. Bloßes Schweigen genügt für die Annahme einer Einwilligung grundsätzlich
nicht (vgl. Fragen 156 f.). Man kann allenfalls daran denken, in Analogie zu den
Grundsätzen über die Duldungsvollmacht eine Einwilligung kraft Rechtscheins zu
prüfen. Die dafür erforderliche Duldung der Eltern liegt zwar vor. Es fehlt aber wieder mangels irgendeines Kontakts mit J an Anknüpfungspunkten für einen Rechtsschein. Eine konkludente Genehmigung kann aufgrund der ausdrücklichen Ablehnung ebenfalls nicht angenommen werden. Der Vertrag der M ist daher schwebend
unwirksam.

136   **Beispiel 3**

Der 14-jährige M geht in die Boutique des mit seinen Eltern bekannten F und
sucht sich dort eine Jeans und zwei Pullover aus. Dem F erzählt er, seine Eltern
hätten ihn geschickt; diese würden auch die Rechnung bezahlen. F lässt sich darauf ein. Den Eltern des M fällt zwar auf, dass ihr Sohn neue Kleidung besitzt, sie
fragen aber nicht nach, woher er diese hat. Als F den Vater V des M einen Monat
später trifft, verlangt er 200 € für die Kleidungsstücke. V weigert sich. Kann F
von M Bezahlung der Kleidungsstücke verlangen?

M ist minderjährig und braucht für den Abschluss des für ihn nicht lediglich rechtlich vorteilhaften Kaufvertrages die Einwilligung seiner Eltern (§ 107 BGB). Da
diese nicht vorliegt, ist der Kaufvertrag schwebend unwirksam und kann nur noch
durch die Genehmigung der Eltern wirksam werden (§ 108 I BGB). Diese ist hier
nicht ausdrücklich erteilt worden. Hier kommt aber eine konkludente Genehmigung
in Betracht. Eine solche ist grundsätzlich nach den allgemeinen Regeln zu Rechtsgeschäften möglich (vgl. auch § 182 II BGB, wonach Formerfordernisse für das
Rechtsgeschäft sich nicht auf die Zustimmung erstrecken). Eine konkludente Genehmigung könnte darin liegen, dass die Eltern des M seine neue Kleidung bemerkt
und ihn nicht zu deren Herkunft befragt haben. Die Deutung eines Verhaltens als
Genehmigung setzt allerdings nach h. M. voraus, dass der Genehmigende zumindest mit der Möglichkeit der schwebenden Unwirksamkeit eines Vertrages rechnet
(ähnlich wie bei der Bestätigung des nichtigen Rechtsgeschäfts nach § 141 BGB).
M hat seinen Eltern aber nichts von dem Kauf gesagt, so dass ihr Verhalten nicht
als Genehmigung gedeutet werden kann. F hat daher keinen Anspruch gegen M auf
Zahlung des Kaufpreises.

137   ▶ Wem gegenüber sind Einwilligung und Genehmigung zu erteilen?

Einwilligung und Genehmigung können grundsätzlich sowohl dem Minderjährigen
gegenüber wie dem Geschäftspartner gegenüber erklärt werden (§ 182 I BGB).

▶ Welche Instrumente stellt das Gesetz dem Vertragspartner eines beschränkt Ge- **138**
schäftsfähigen zur Beseitigung des Schwebezustands und zur Herstellung einer
„Waffengleichheit" zur Verfügung?

Der Vertragspartner kann einerseits den gesetzlichen Vertreter zur Erklärung über
die Genehmigung auffordern (§ 108 II 1 BGB). Die Genehmigung kann dann nur
noch innerhalb von zwei Wochen ihm gegenüber, nicht mehr gegenüber dem Minderjährigen, erklärt werden; andernfalls gilt sie als verweigert. Eine bereits gegenüber dem Minderjährigen erklärte Genehmigung oder Verweigerung wird dadurch
unwirksam, d. h. der Schwebezustand lebt wieder auf. Ein bereits wirksamer Vertrag
oder ein eigentlich endgültig unwirksamer Vertrag werden damit wieder schwebend
unwirksam.
    Gleichzeitig steht dem Geschäftspartner das Widerrufsrecht nach § 109 I BGB
zu. Danach kann auch er bis zur Erteilung der Genehmigung das Geschäft gegenüber dem Minderjährigen oder gegenüber dem gesetzlichen Vertreter widerrufen.
Zu beachten ist aber § 109 II BGB, der dieses Recht bei Kenntnis der Minderjährig-
keit bzw. der fehlenden Einwilligung wegen der dann fehlenden Schutzbedürftigkeit des Vertragspartners ausschließt.

▶ Wird auch eine vor Abschluss des Vertrages erteilte Einwilligung gem. § 108 II BGB **139**
unwirksam, wenn der andere Teil den Vertreter zur Erklärung über die Genehmigung auffordert?

Dies ist streitig. Teilweise wird eine Analogie zu § 108 II BGB vertreten, der Wort-
laut und auch die Gesetzesbegründung sprechen allerdings ausdrücklich dagegen.
Hier wird deutlich nur Bezug auf die Genehmigung genommen. Daher wird die
Einwilligung durch die Aufforderung nach § 108 II BGB nicht unwirksam.

▶ Kann die Einwilligung durch den gesetzlichen Vertreter widerrufen werden? **140**

Ja, aber nur bis zur Vornahme des Rechtsgeschäfts (§ 183 S. 1 BGB; anders z. B.
§ 876 S. 3 BGB a. E.).

▶ Und die Genehmigung bzw. deren Verweigerung? **141**

Da es sich hier um eine einseitige empfangsbedürftige Willenserklärung handelt,
ist gem. § 130 I 2 BGB ein vor der Erklärung oder gleichzeitig mit ihr zugehender
Widerruf möglich. Darüber hinaus ist ein Widerruf weder gesetzlich vorgesehen,
noch stünde er mit dem Sinn der Genehmigung bzw. ihrer Ablehnung in Einklang,
der darin besteht, den Schwebezustand des § 108 I BGB im Interesse der Rechtssicherheit zu beenden.

▶ Wie ist die Lage, wenn die gegenüber dem Geschäftspartner erklärte Einwilligung **142**
gegenüber dem Minderjährigen widerrufen wurde und der Minderjährige dennoch das Geschäft abschließt?

Die Einwilligung kann, auch wenn sie gegenüber dem Dritten erklärt wurde, bis zur Vornahme des Geschäfts gegenüber dem Minderjährigen widerrufen werden. Um den Geschäftspartner zu schützen, wird jedoch wegen der mit der Vollmacht vergleichbaren Interessenlage die Rechtsscheinregel der §§ 170, 173 BGB auf diesen Fall entsprechend angewendet. Die Einwilligung bleibt gegenüber dem Vertragspartner deshalb solange wirksam, bis diesem der Widerruf der Einwilligung angezeigt wird oder er davon Kenntnis erlangt bzw. erlangen müsste. Auch wenn die Einwilligung schriftlich vorgelegt wird, gilt § 172 BGB analog. Der Vertrag ist damit wirksam abgeschlossen.

143 ▶ Ist die Einwilligung oder Genehmigung durch den gesetzlichen Vertreter anfechtbar?

Auf die Genehmigung als empfangsbedürftige einseitige Willenserklärung sind grundsätzlich die allgemeinen Regeln über Rechtsgeschäfte anwendbar, darunter auch die Auslegungsregeln der §§ 133, 157 BGB und die Anfechtungsregeln. Bei Irrtümern über den Inhalt des Geschäfts des Minderjährigen kommen verschiedene Fallkonstellationen in Betracht. Täuscht etwa der Minderjährige seinen Eltern vor, der PC koste nur 1.500 €, während er in Wahrheit 2.500 € kostet, und die Eltern genehmigen den Kaufvertrag ihm gegenüber, so lässt sich aus Sicht des Empfängerhorizonts, also der des Minderjährigen, die Genehmigung zu 1.500 € nicht als Genehmigung des abgeschlossenen Geschäfts zum Preis von 2.500 € auslegen, so dass das Geschäft schwebend unwirksam und nach Verweigerung der Genehmigung nichtig ist. Eine Anfechtung ist dann also gar nicht erforderlich. Haben die Eltern dagegen die Genehmigung gegenüber dem Vertragspartner erteilt, ohne den Preis noch einmal zu nennen, so kann dieser die Genehmigung nur so verstehen, wie das Geschäft mit dem Minderjährigen abgeschlossen wurde, so dass die Genehmigung wirksam ist. Eine arglistige Täuschung des Minderjährigen gegenüber seinen Eltern über den Inhalt des Rechtsgeschäfts stellt sich als Täuschung eines Dritten dar, § 123 II BGB, die der Geschäftspartner als Erklärungsempfänger nicht kannte oder kennen musste und die ihm auch nicht zugerechnet werden kann (vgl. zur entsprechenden Problematik im Stellvertretungsrecht Fragen 615 f.). Die Genehmigung ist daher nicht nach § 123 I, sondern allenfalls nach § 119 I Fall 1 BGB anfechtbar (insgesamt str., nach a. A. ist es das Risiko des Geschäftspartners, wenn der Minderjährige seine Eltern nicht richtig informiert). Haben sich dagegen die Eltern über den Umfang ihrer Zustimmung trotz korrekter Information geirrt, so ist die Genehmigung in jedem Fall wirksam und sie können diese nur anfechten. Das wäre z. B. der Fall, wenn sie sich bei der Nennung des Betrages verhört und dann ohne weitere Einschränkung zugestimmt hätten. Ob die Anfechtung auch gegenüber dem Minderjährigen erklärt werden kann, ist streitig. Zum Schutz des Geschäftspartners ist – wie bei der Anfechtung der Vollmacht (s. Frage 611) – die Anfechtung nur gegenüber diesem mit der Folge einer Vertrauenshaftung nach § 122 BGB zu bevorzugen.

Die Einwilligung ist gem. § 183 S. 1 BGB bis zur Vornahme des Rechtsgeschäfts widerruflich. Eine Anfechtung der Einwilligung kommt daher nur in Betracht, wenn dieser Widerruf kraft Gesetzes ausgeschlossen ist (etwa §§ 876 S. 3, 1178 II 3, 2291 II BGB) oder wenn das Rechtsgeschäft bereits vorgenommen wurde. Für diese Fälle gelten die allgemeinen Vorschriften über Willenserklärungen, etwa die §§ 119 ff. BGB.

Beispiel   **144**

M kauft einen PC plus Monitor, Drucker, Scanner und sonstiges Zubehör zum Preis von 2.500 €. Als er die Einwilligung seiner Eltern – absolute Computer- laien – eingeholt hatte, hatte er ihnen das Komplett-Angebot erläutert, v. a. aber von dem leistungsstarken PC selbst für 1.500 € gesprochen. Dass in diesem Preis die anderen Teile nicht inbegriffen waren, haben die Eltern nicht mitbekommen. Zu einem Kauf für 2.500 € hätten sie niemals zugestimmt. Die Rechnung wollen sie nun nicht bezahlen. Ist der Vertrag wirksam?

Die Lage ist nicht eindeutig. Der Minderjährige hat die Eltern zumindest nicht aus- führlich genug informiert, so dass sie sich kein klares Bild von dem Geschäft ma- chen konnten. Letztlich haben sie aber in den Kauf des PC inklusive Zubehör einge- willigt und dabei die Einwilligung nicht beschränkt. Über den Preis des Komplett- pakets haben sie sich falsche Vorstellungen gemacht, die aber in der Genehmigung keinen Niederschlag gefunden haben. Sie können die wirksame und den Kauf um- fassende Genehmigung daher gem. §§ 142 I, 119 I Fall 1 BGB lediglich anfechten.

▶ Erstreckt sich die Einwilligung auch auf Folgegeschäfte?   **145**

Ob auch Folgegeschäfte von der Einwilligung erfasst sind, ist durch Auslegung zu ermitteln. Im Interesse des Minderjährigenschutzes hat sie restriktiv zu erfolgen. Insb. wenn wesentliche Pflichten entstehen, ist eine Einwilligung abzulehnen.

Beispiel   **146**

M hat mit Einwilligung der Eltern ein Fahrrad gekauft. Kann er, nachdem er die defekte Gangschaltung bemerkt hat, vom Vertrag zurücktreten oder den Kauf- preis mindern?

Gewährleistungsansprüche im Rahmen eines Fahrradkaufs sind in ihrem Umfang (auch finanziell) begrenzt und voraussehbar. Wenn die Eltern M die Auswahl des Fahrrads überlassen, werden sie ihm regelmäßig auch in den technischen Fragen, ob ein Mangel vorliegt und welche Wertbeeinträchtigung er zur Folge hat, vertrauen und die Ausübung seiner Rechte überlassen. Die Einwilligung der Eltern gilt daher auch für die Ausübung der Gewährleistungsrechte. M kann ohne weitere Zustim- mung zurücktreten oder mindern.

Beispiel   **147**

Nach Einwilligung seiner Eltern hat M ein Girokonto eröffnet. Darf er ohne wei- tere Rücksprache mit ihnen auch Überweisungen tätigen?

Verfügungen über Girokonto-Guthaben sind in ihrem Umfang und Zweck zum Zeitpunkt der Kontoeröffnung von den Eltern noch gar nicht absehbar und daher regelmäßig nicht von der Einwilligung umfasst. M kann folglich nicht wirksam Überweisungen tätigen.

148 | Beispiel |

> K, der in wenigen Tagen 18 Jahre wird, aber wesentlich älter aussieht, schließt mit V, der ihn für volljährig hält, einen Kaufvertrag über ein Motorrad, ohne dass seine Eltern davon wissen. Kann K Lieferung des Motorrades verlangen?

Da K nur beschränkt geschäftsfähig iSv. § 106 BGB ist und keine Einwilligung gem. § 107 BGB seiner Eltern in den Kaufvertrag über das Motorrad vorliegt, ist der Kaufvertrag nach § 108 I BGB schwebend unwirksam. Solange die Eltern des K den Kaufvertrag nicht nach § 108 I BGB genehmigen, kann K keine Lieferung verlangen. Dass K deutlich älter aussieht, ist unerheblich; der gute Glaube an die Geschäftsfähigkeit wird nicht geschützt. Sobald K volljährig ist, kann er aber den schwebend unwirksamen Vertrag selbst gem. § 108 III BGB genehmigen. Die genehmigende Wirkung tritt allerdings nicht ipso iure mit der Volljährigkeit ein. Vielmehr ist erforderlich, dass K ein entsprechendes Erklärungszeichen setzt, dem sich aus Empfängersicht entnehmen lässt, dass er auch noch als Volljähriger an den Vertrag gebunden sein will, und dass er (wenn er nicht ohnehin mit Genehmigungsbewusstsein handelt) bei Anwendung der pflichtgemäßen Sorgfalt mit einer solchen Interpretation rechnen musste (vgl. Fragen 132 ff. für die Einwilligung). K zeigt mit dem Herausgabeverlangen, dass er den Vertrag fortsetzen möchte, so dass eine Genehmigung durch ihn anzunehmen ist. Damit hat er einen Anspruch auf Herausgabe des Motorrades.

149   ▶ Was passiert, wenn ein beschränkt Geschäftsfähiger ein einseitiges Rechtsgeschäft vornimmt?

Nach § 111 BGB ist ein einseitiges Rechtsgeschäft, das nicht lediglich rechtlich vorteilhaft ist – aufgrund des Verlusts der eigenen vertraglichen Rechte also z. B. auch der Widerruf eines Haustürgeschäfts nach §§ 312 I 1, 355 I 1 BGB –, nur dann wirksam, wenn es mit Einwilligung (also vorheriger Zustimmung, § 183 BGB) des gesetzlichen Vertreters erfolgt. Dies dient dem Schutz des Geschäftsgegners vor einem von seinem Willen unabhängigen Schwebezustand. Insoweit ist die Interessenslage anders als beim Vertrag, bei dem auch der Vertragspartner eine Willenserklärung abgeben muss. Eine Genehmigung ist daher grundsätzlich nicht möglich.

150   ▶ Wie könnte ein solches Rechtsgeschäft dennoch „gerettet" werden?

Sollte der gesetzliche Vertreter das einseitige Rechtsgeschäft „genehmigen", könnte man die Erklärung des Vertreters gem. § 140 BGB umdeuten in die erneute Vornahme des Rechtsgeschäfts durch den gesetzlichen Vertreter selbst (vgl. Fragen 474 ff.). Dies hat aber keine ex tunc-Wirkung wie die Genehmigung. Daher könnten eventuelle Fristen, wie bei einer Kündigung, verstrichen sein.

Beispiel 151

V hat ein unmöbliertes Zimmer an den 17-jährigen M vermietet, dessen Eltern damit einverstanden sind. Am Donnerstag, dem 3.5., erhält V per Post eine Kündigung des M zum 31.7. a) Was ist V zu raten, wenn er den Mietvertrag mit M gerne fortsetzen möchte? b) Und was, wenn er dies nicht will?

a) Möchte V das Mietverhältnis gerne fortsetzen, so wäre es für ihn besser, wenn die Kündigung des M unwirksam ist. Da die Kündigung wegen des Verlusts des Rechts, das Zimmer zu nutzen, für M nicht lediglich rechtlich vorteilhaft ist, ist dies gem. § 111 S. 1 BGB dann der Fall, wenn die Kündigung ohne Einwilligung der Eltern erfolgte. Ob jene Einwilligung fehlt, ist für V aber unklar. Allerdings ist die Kündigung gem. § 111 S. 2 BGB sogar mit Einwilligung unwirksam, wenn M diese auf Verlangen des anderen Teils, also des V, nicht in schriftlicher Form nachweisen kann, und V das Rechtsgeschäft deshalb unverzüglich, d. h. gem. § 121 I 1 BGB ohne schuldhaftes Zögern, zurückweist (§ 111 S. 2 BGB). Dies wäre V nach § 111 S. 3 BGB nur dann nicht möglich, wenn er von den Eltern auf andere Weise, z. B. telefonisch, über die Einwilligung in Kenntnis gesetzt worden wäre. Da die Kündigung am 3.5. und damit gem. § 573c I BGB zum letztmöglichen Termin erfolgte – die Ausnahme für möblierte Zimmer gem. §§ 573c III, 549 II Nr. 2 BGB ist hier nicht einschlägig – wäre es, wenn V die Kündigung schriftlich per Post zurückweist, M zeitlich auch nicht mehr möglich, die Einwilligung rechtzeitig schriftlich nachzuweisen. Eine erneute, wieder gem. § 568 I BGB schriftliche Kündigung des Mietverhältnisses wäre dem M daher frühestens zum 31.8. und wiederum nur mit Einwilligung möglich, die er auf Verlangen des V auch nachweisen muss. Dem V ist daher zu raten, die Kündigung unverzüglich unter Hinweis auf den fehlenden Nachweis der Einwilligung der Eltern zurückzuweisen. So könnte er das Mietverhältnis jedenfalls bis zum 31.8. verlängern.

b) Sofern V kein Interesse an einer Fortsetzung des Mietverhältnisses mit M hat, könnte er die Kündigung des M einfach hinnehmen. Allerdings ist sie nur dann wirksam, wenn die Eltern des M tatsächlich in die Kündigung eingewilligt haben. Sollte dies nicht der Fall sein, ist die Kündigung des M trotz einer widerspruchslosen Entgegennahme des V nach dem Wortlaut des § 111 S. 1 BGB unwirksam. Allerdings werden, wenn der Geschäftspartner mit der Vornahme des Rechtsgeschäfts ohne Einwilligung einverstanden und er damit nicht schutzbedürftig ist, in Anlehnung an § 180 S. 2 BGB die für den Vertrag geltenden §§ 108, 109 BGB entsprechend angewendet (str.; vgl. auch Frage 628), so dass die Kündigung nur schwebend unwirksam und eine Genehmigung ausnahmsweise möglich ist. Zu empfehlen ist ihm daher, sich mit der Kündigung einverstanden zu erklären, aber daneben unverzüglich Kontakt mit den Eltern aufzunehmen, um zu klären, ob eine Einwilligung vorliegt, oder aber eine Genehmigung, eine Neuvornahme der Kündigung oder eine vertragliche Aufhebung des Mietvertrags anzuregen, wenn die Eltern erst jetzt ihr Einverständnis geben. Eine eigene Kündigung durch V ist nach § 573a II BGB zwar, weil es sich um ein Zimmer der Wohnung des V handelt, auch ohne berechtigtes Interesse zulässig, jedoch verlängert sich die reguläre Kündigungsfrist gem. § 573a I 2 BGB in diesem Fall um drei Monate, so dass das Mietverhältnis erst zum 30.11. beendet würde.

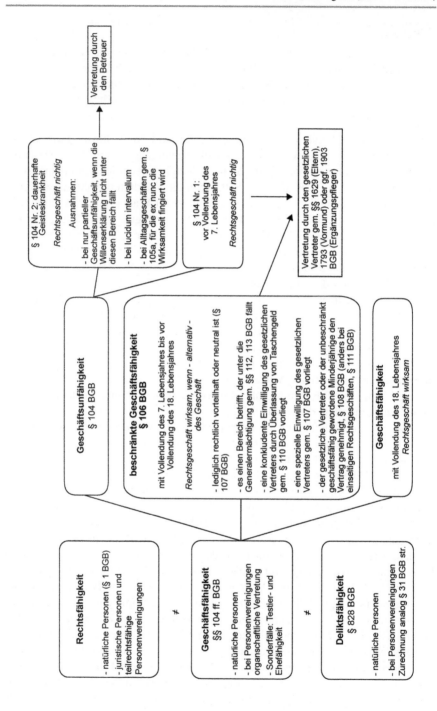

Rechtsfähigkeit
§ 1 BGB

- natürliche Personen (§ 1 BGB)
- juristische Personen und teilrechtsfähige Personenvereinigungen

≠

Geschäftsfähigkeit
§§ 104 ff. BGB

- natürliche Personen
- bei Personenvereinigungen organschaftliche Vertretung
- Sonderfälle: Testier- und Ehefähigkeit

≠

Deliktsfähigkeit
§ 828 BGB

- natürliche Personen
- bei Personenvereinigungen Zurechnung analog § 31 BGB str.

Geschäftsunfähigkeit
§ 104 BGB

beschränkte Geschäftsfähigkeit
§ 106 BGB

mit Vollendung des 7. Lebensjahres bis vor Vollendung des 18. Lebensjahres

Rechtsgeschäft wirksam, wenn - alternativ - des Geschäft

- lediglich rechtlich vorteilhaft oder neutral ist (§ 107 BGB)
- es einen Bereich betrifft, der unter die Generalermächtigung gem. §§ 112, 113 BGB fällt
- eine konkludente Einwilligung des gesetzlichen Vertreters durch Überlassung von Taschengeld gem. § 110 BGB vorliegt
- eine spezielle Einwilligung des gesetzlichen Vertreters gem. § 107 BGB vorliegt
- der gesetzliche Vertreter oder der unbeschränkt geschäftsfähig gewordene Minderjährige den Vertrag genehmigt, § 108 BGB (anders bei einseitigen Rechtsgeschäften, § 111 BGB)

Geschäftsfähigkeit

mit Vollendung des 18. Lebensjahres
Rechtsgeschäft wirksam

§ 104 Nr. 2: dauerhafte Geisteskrankheit
Rechtsgeschäft nichtig

Ausnahmen:

- bei nur partieller Geschäftsunfähigkeit, wenn die Willenserklärung nicht unter diesen Bereich fällt
- bei lucidum intervallum
- bei Alltagsgeschäften gem. § 105a, für die ex nunc die Wirksamkeit fingiert wird

§ 104 Nr. 1:
vor Vollendung des 7. Lebensjahres

Rechtsgeschäft nichtig

Vertretung durch den Betreuer

Vertretung durch den gesetzlichen Vertreter gem. §§ 1629 (Eltern), 1793 (Vormund) oder ggf. 1903 BGB (Ergänzungspfleger)

Willenserklärung

4

A. Tatbestand der Willenserklärung

▶ Was ist eine Willenserklärung?   **152**

Eine Willenserklärung ist die Willensäußerung einer Person, die auf die Herbeiführung einer bestimmten Rechtsfolge gerichtet ist.

▶ Was ist ein Rechtsgeschäft?   **153**

Ein Rechtsgeschäft besteht aus mindestens einer Willenserklärung. Einen Fall, in dem sich das Rechtsgeschäft darin erschöpft, stellen einseitige Rechtsgeschäfte wie die Kündigung dar. Es kann auch aus mehreren Willenserklärungen bestehen, wie etwa der zweiseitige Vertrag aus zwei übereinstimmenden wechselseitigen Willenserklärungen, oder der mehrseitige Vertrag (Beispiel: Gesellschaftsvertrag). Ein Rechtsgeschäft kann auch zusätzliche Elemente wie Realakte beinhalten, beispielsweise die Übereignung gem. § 929 S. 1 BGB, bestehend aus zwei Willenserklärungen (dinglicher Vertrag) und der Übergabe. Das BGB verwendet die Begriffe Willenserklärung und Rechtsgeschäft uneinheitlich, oft synonym (vgl. Frage 75).

▶ Welche Tatbestandsmerkmale müssen für eine Willenserklärung vorliegen? **154**

Bereits aus den Wortbestandteilen „Willen" und „Erklärung" folgt, dass für eine Willenserklärung ein nach außen kundgetaner („erklärter"), innerer Wille vorliegen muss. Die Willenserklärung setzt sich demzufolge aus objektiven und subjektiven Komponenten zusammen. Objektiv erfordert eine Willenserklärung die Äußerung eines Rechtsbindungswillens durch den Erklärenden. Als subjektive Tatbestandsvoraussetzungen für die Willenserklärung werden üblicherweise Handlungswille, Erklärungsbewusstsein und Geschäftswille genannt. Allerdings steht das Fehlen einer dieser Komponenten einer Willenserklärung nicht in jedem Fall entgegen, vgl. Fragen 169 bis 175.

C. Armbrüster, *Examinatorium BGB AT,* Springer-Lehrbuch,
DOI 10.1007/978-3-642-45123-2_4, © Springer-Verlag Berlin Heidelberg 2015

I. Objektiver Tatbestand der Willenserklärung

155   ▶ In welcher Form kann die Willensäußerung erfolgen?

Die Willensäußerung kann ausdrücklich in mündlicher oder schriftlicher Weise, durch schlüssiges Verhalten (konkludent) oder ausnahmsweise durch Schweigen erfolgen. Es genügt bei einer empfangsbedürftigen Willenserklärung, wenn sich das Verhalten des Erklärenden aus der Sicht eines objektiven Beobachters in der Rolle des Erklärungsempfängers (sog. objektiver Empfängerhorizont; vgl. §§ 133, 157) als Kundgabe eines Rechtsbindungswillens darstellt.

156   ▶ Kann Schweigen als Willenserklärung gewertet werden?

Grundsätzlich kann bloßem Schweigen kein Erklärungswert beigemessen werden. Dies folgt aus dem Grundsatz der Privatautonomie. Jedoch können die Vertragsparteien dem Schweigen durch Vereinbarung eine Bedeutung geben (sog. beredtes Schweigen als Willenserklärung), allerdings durch AGB nur in den Grenzen des § 308 Nr. 5 BGB. So schließen z. B. Buchclubs mit ihren Mitgliedern Verträge ab, in denen das Behalten zugesandter Ware als Annahme definiert wird. Außerdem kann das Gesetz dem Schweigen einen Erklärungswert beimessen (sog. fingierte Willenserklärung): So wird das Schweigen auf die Aufforderung zur Genehmigung als deren Ablehnung verstanden (z. B. §§ 108 II 2, 177 II 2, 415 II 2 Hs. 2 BGB). In einigen Fällen gilt das Schweigen sogar als Genehmigung oder Annahme (z. B. §§ 455 S. 2, 516 II 2, 545 BGB), insbesondere im Handelsrecht, z. B. beim Abschluss von Geschäften durch nicht vertretungsberechtigte Handlungsgehilfen und Handelsvertreter (§§ 75h, 91a HGB) oder bei der Fiktion der Genehmigung einer mangelhaften Ware nach § 377 HGB. Auch außerhalb des § 362 HGB, wonach das Schweigen eines Kaufmanns auf ein Angebot unter bestimmten Voraussetzungen als Annahme gilt, kann im Einzelfall nach Treu und Glauben und unter Berücksichtigung der Verkehrssitte (§ 242 BGB) ein Schweigen auf ein Angebot als Annahme zu werten sein, wenn der andere Teil in seinem Vertrauen besonders schutzwürdig ist. So kann der Vertragspartner in einer dauernden Geschäftsbeziehung erwarten, dass ihm der andere mitteilt, wenn er eine Bestellung nicht annehmen möchte. Auch wenn die Annahme nur geringfügig abweicht oder leicht verspätet eintrifft, kommt eine Pflicht zur Äußerung über die Ablehnung des Vertrages in Betracht. Schließlich gilt das Schweigen auf ein kaufmännisches Bestätigungsschreiben unter gewissen Voraussetzungen als Zustimmung (s. dazu Fragen 508 f.).

157   Beispiel

Großhändler G steht mit Händler H in ständigen Geschäftsbeziehungen und hat ihm u. a. vor kurzem Teak-Holz geliefert. Weil sich G erinnert, dass H noch einige weitere Aufträge in Aussicht hat, bietet er H schriftlich einen weiteren Posten Teak-Holz an. H glaubt, das Schreiben betreffe die alte Lieferung, und reagiert deshalb nicht. Ist ein Vertrag zustande gekommen?

In dem Schreiben des G, das dem H zugegangen ist, liegt ein Angebot. Fraglich ist, ob H dies angenommen hat. Ausdrücklich ist dies nicht geschehen. Auch ist in der bloßen Hinnahme des Schreibens keine konkludente Annahme zu sehen. Jedoch könnte im Schweigen des H eine Annahme zu sehen sein. Zwar darf Schweigen grundsätzlich nicht als Willenserklärung gewertet werden. Auch eine ausdrückliche Vereinbarung, ein Schweigen auf ein Angebot als Annahme zu werten, gibt es zwischen G und H nicht.

Hier könnte jedoch § 362 I HGB einschlägig und das Schweigen als Willenserklärung zu fingieren sein. Es ist davon auszugehen, dass G und H Kaufleute sind und es sich somit um ein Handelsgeschäft iSv. § 343 HGB handelt. Die beiden stehen auch in dauernder Geschäftsbeziehung und H hat von G ein Angebot erhalten. Bei dem Angebot zum Abschluss eines Kaufvertrages handelt es sich aber nicht um eine Geschäftsbesorgung, die G dem H angeboten hat, womit § 362 I BGB ausscheidet.

Bei einer laufenden Geschäftsbeziehung, bei der das einseitige Abrufen oder die einseitige Lieferung von Leistungen eine eingespielte Abwicklungsform ist, kann aber schon bei der Auslegung des Schweigens nach §§ 133, 157 BGB von einem Rechtsbindungswillen und damit von einer Willenserklärung ausgegangen werden oder zumindest aus Treu und Glauben nach § 242 BGB eine Annahme zu fingieren sein. Zwischen G und H bestehen ständige Lieferbeziehungen, die auch das Angebot und die kurzfristige Lieferung von Holz einschließen. Das Schweigen des H ist daher als Annahme zu werten. Dass G keine Annahmeerklärung zugegangen ist, ist unschädlich, da der Antragende darauf auch konkludent verzichten kann (§ 151 S. 1 BGB). Ein Vertrag ist damit zwischen G und H zustande gekommen.

▶ Als H die Lieferung erhält und so von seinem Irrtum erfährt, möchte er den Kaufvertrag anfechten. Geht das? **158**

Dazu müsste das als Annahme gewertete Schweigen überhaupt anfechtbar sein. Wird das Schweigen bereits so ausgelegt, dass ein Rechtsbindungswillen und damit der Tatbestand einer Willenserklärung zu bejahen ist, sind die Anfechtungsregeln unmittelbar anwendbar. Stellt das Schweigen im konkreten Fall dagegen nur eine Fiktion einer Annahme dar wie bei der Lösung über § 362 HGB oder § 242 BGB, so handelt es sich nicht um eine Willenserklärung. Die Anfechtungsregeln müssen dann aber aufgrund der vergleichbaren Interessenlage – der Erklärende kann nicht durch Schweigen stärker gebunden sein als durch ausdrückliche Annahme – analog angewendet werden.

Fraglich ist, ob ein Irrtum iSv. § 119 I BGB vorliegt. Betrifft der Irrtum allein die Bedeutung des Schweigens als Annahme, handelt es sich um einen bloßen Rechtsfolgeirrtum, der nicht zur Anfechtung berechtigt. Hier irrte sich H aber nicht darüber, dass sein Schweigen auf ein Angebot als Willenserklärung angesehen wird, sondern schon darüber, dass ein Angebot des G vorlag. Ihm fehlte somit das Erklärungsbewusstsein, weil er das Schreiben des G falsch verstanden hat. Ob bei Fehlen des Erklärungsbewusstseins eine Willenserklärung vorliegt oder diese nur anfechtbar ist, ist streitig (vgl. Fragen 172 ff.). Folgt man letzterem, so liegt ein Irrtum iSv.

§ 119 I Fall 2 BGB und damit ein Anfechtungsgrund vor. Wenn H unverzüglich die Anfechtung gem. §§ 121 I 1, 143 I BGB erklärt, ist der Vertrag gem. § 142 I BGB nichtig und G hat gegen H keinen Anspruch auf Zahlung des Kaufpreises. Allerdings muss er dem G einen eventuellen Vertrauensschaden (z. B. die vergeblichen Lieferkosten) ersetzen, § 122 I BGB.

159 ▶ Ist Schweigen auch dann anfechtbar, wenn es als Ablehnung gewertet wird, z. B. wenn die Mutter den Kauf eines Mofas durch ihren 17jährigen Sohn auf die Aufforderung des Verkäufers hin nicht genehmigt (vgl. § 108 II 2 BGB), weil sie glaubt, ihr Schweigen gelte als Zustimmung?

Nein. Eine Anfechtung kommt von vornherein nur dann in Betracht, wenn das Schweigen als Annahme fingiert wird. Der Erklärende ist nur dann schutzbedürftig, wenn er ohne sein Zutun eine vertragliche Bindung eingeht. Zudem handelt es sich in dem Beispiel um einen unerheblichen Rechtsfolgenirrtum.

160 ▶ Liegt eine Willenserklärung auch bei einer Gefälligkeit vor? Wonach ist zu differenzieren?

Bei sog. Gefälligkeiten ist zu unterscheiden: Bei einem Gefälligkeitsvertrag (auch unentgeltlicher oder einseitig verpflichtender Vertrag) liegt eine vertragliche Einigung der Parteien vor, die aber nur einen Teil zu einer Leistung verpflichtet (z. B. die Schenkung, § 516 BGB, oder der Auftrag, § 662 BGB). Von einem Gefälligkeitsverhältnis spricht man dagegen bei rein gesellschaftlichen, etwa freundschaftlichen oder familiären Abmachungen (wie z. B. die Einladung zum Abendessen), durch welche sich die Parteien in keiner Weise rechtlich verpflichten wollen, bei denen es also am Rechtsbindungswillen und damit an einer Willenserklärung fehlt. Teilweise wird bei Gefälligkeitsverhältnissen noch einmal zwischen reinen Gefälligkeiten (bei bloß sozialem Näheverhältnis) und solchen mit rechtsgeschäftsähnlichem Charakter differenziert. Bei letzteren soll zwar kein Vertrag vorliegen, so dass kein Anspruch auf die Primärleistung besteht.. Allerdings übernimmt eine Partei gegenüber der anderen zumindest gewisse Sorgfaltspflichten; sie soll damit auch nach §§ 280 I, 241 II BGB haften.

161 ▶ An welchen Indizien kann man erkennen, ob ein Rechtsbindungswille und damit eine Willenserklärung oder eine Gefälligkeit vorliegt?

Maßgeblich für die Feststellung eines Rechtbindungswillens ist wie stets bei der Auslegung empfangsbedürftiger Willenserklärungen, wie der Erklärungsempfänger sie nach Treu und Glauben mit Rücksicht auf die Verkehrssitte und unter Berücksichtigung der Umstände des Einzelfalls verstehen durfte (vgl. Frage 177). Indizien können bei dieser Auslegung sein:

- Art der Gefälligkeit, ihr Grund und ihr Zweck;
- wirtschaftliche und rechtliche Bedeutung einer Angelegenheit;
- Wert der anvertrauten Güter oder Interessen;

- erkennbares Interesse des Begünstigten, Gefahren für den Fall der fehlerhaften Ausführung;
- (Un-)Entgeltlichkeit (problematisch, weil der Auftrag auch unentgeltlich ist);
- Risiko für den Handelnden.

Von einem Rechtsbindungswillen und somit von einer Willenserklärung kann ausgegangen werden, wenn die genannten Kriterien in einer Gesamtbetrachtung und -abwägung dafür sprechen, dass sich eine Partei für die andere erkennbar auf die Durchführung der Vereinbarung verlässt.

▶ Inwieweit haftet der Handelnde im Rahmen eines reinen Gefälligkeitsverhältnisses? **162**

Dies ist streitig. Im Gegensatz zu den Gefälligkeitsverträgen scheidet eine schuldrechtliche Haftung aus § 280 BGB aus. Aber auch die deliktsrechtliche Haftung erscheint aufgrund der reinen Gefälligkeit allein im Interesse des Begünstigten unangemessen. Zum Teil wird entsprechend anderer unentgeltlicher Verträge analog §§ 521, 599, 690 BGB eine gesetzliche Haftungsmilderung angenommen, so dass eine Haftung für leichte Fahrlässigkeit ausgeschlossen ist. Wenn schon bei Vorliegen eines Rechtsbindungswillens eine Haftungserleichterung gilt, dann müsse dies erst recht bei Gefälligkeiten ohne diesen gelten. Dagegen spricht jedoch, dass das wichtigste unentgeltliche Geschäft, der Auftrag gem. § 662 BGB, gerade keine Haftungserleichterung vorsieht. Eine planwidrige Regelungslücke ist nicht erkennbar. Von der Rspr. wird deshalb in Einzelfällen, wenn die Durchführung des Geschäfts im alleinigen Interesse des Gefälligkeitsempfängers liegt und sie mit einem gewissen Risiko verbunden ist, eine konkludent vereinbarte Haftungsmilderung erwogen. Dagegen wird wiederum vorgebracht, dies sei eine reine Fiktion, da an den Eintritt von Schäden regelmäßig nicht gedacht wurde und der Gefälligkeitsempfänger gerade in diesen Fällen ein Interesse an der Haftung des anderen hat. Allerdings hätte sich der Gefälligkeitsempfänger redlicherweise auf eine Haftungsmilderung einlassen müssen. Die Rspr. entscheidet daher im Einzelfall nach Treu und Glauben und differenziert auch nach den Pflichten, je nachdem ob das Haftungsrisiko zumutbar ist und dringende Interessen des anderen Teils eine Haftung erfordern. Sie lehnt daher z. B. im Hinblick auf Starthilfe im Straßenverkehr einen Schadensersatzanspruch aufgrund einer konkludent vereinbarten Haftungsmilderung ab.

Beispiel **163**

Autofahrer A bringt seinen Freund F in seinem Pkw nach Hause. Auf dem Handschuhfach klebt ein Aufkleber „Mitfahrt auf eigene Gefahr". Leicht fahrlässig verursacht A einen Unfall, bei dem F sich am Knie verletzt. Der private Krankenversicherer K des F verlangt von A Ersatz der Behandlungskosten. Zu Recht?

Die Ansprüche des geschädigten Versicherungsnehmer F gegen den schädigenden Dritten A gehen gem. § 86 I VVG (private Krankenversicherung; vgl. § 116 I SGB X für die gesetzliche Krankenversicherung) kraft Gesetzes auf den Krankenversicherer K über. Für den damit dem K im Wege der Legalzession ermöglichten

Regress gegen A kommt es darauf an, ob F Ansprüche gegen A hat. Ein Schadenersatzanspruch aus § 280 I BGB erfordert ein Schuldverhältnis zwischen A und F. Hier kommt ein Vertrag über die Mitnahme im Auto (unentgeltlicher Beförderungsvertrag) in Betracht. Jedoch wollte A dem F nur einen Gefallen tun und sich nicht vertraglich dazu verpflichten, den F bei ihm zu Hause abzusetzen. F hatte an dem Transport auch kein überragendes wirtschaftliches Interesse. Mangels Rechtsbindungswillens ist ein Vertragsschluss damit abzulehnen.

Jedoch könnte nach der in Frage 160 a.E. geschilderten Ansicht ein Gefälligkeitsverhältnis mit rechtsgeschäftsähnlichem Charakter und damit auch eine Haftung nach §§ 280 I, 241 II BGB vorliegen. Hier ist wieder zu berücksichtigen, dass A den F nach Hause bringt, F also anders als z. B. bei einer Fahrt zum Arbeitsplatz kein besonderes wirtschaftliches Interesse hat. Die Gefährdung des F und das Haftungsrisiko sind dagegen nicht höher als sonst auch im Straßenverkehr. Vielmehr stellte die Mitnahme im Auto eine Freundschaftsgeste, eine reine Gefälligkeit dar. Eine Haftung gem. § 280 I BGB ist demnach auch nach dieser Ansicht ausgeschlossen.

Schließlich kommt ein deliktsrechtlicher Schadensersatzanspruch aus § 823 I BGB in Betracht. A hat F durch sein unfallverursachendes Verhalten widerrechtlich am Körper verletzt. Dabei handelte er auch fahrlässig. Allerdings könnte die Haftung des A beschränkt sein. Insoweit kommt zunächst der Aufkleber „Mitfahrt auf eigene Gefahr" als Ansatzpunkt für einen vertraglichen Haftungsausschluss in Betracht. Ein wirksamer klauselmäßiger Haftungsausschluss durch eine AGB iSv. § 305 BGB kann darin freilich schon deshalb nicht liegen, weil es sich mangels (Haupt-)Vertrages nicht um eine Vertragsbedingung handelt; überdies ist ein Ausschluss der Haftung des Verwenders für fahrlässige Körperverletzungen in AGB gem. § 309 Nr. 7a BGB unwirksam. Die darin liegende Wertung steht auch der Annahme entgegen, allein in der Inanspruchnahme der Beförderungsleistung in dem mit dem Aufkleber versehenen Auto einen eigenständigen Haftungsverzichtsvertrag zu erblicken. Allerdings könnte ein stillschweigender individueller Haftungsausschluss aus der Tatsache folgen, dass A dem F nur einen Gefallen tun wollte. Eine Analogie zu §§ 521, 599, 690 BGB scheitert jedoch daran, dass der Hauptfall des unentgeltlichen Vertrags, der Auftrag, keine Haftungserleichterung vorsieht. Der BGH nimmt einen Ausschluss deshalb nur im Einzelfall an, wenn aus der Interessenslage folgt, dass sich beide Seiten bei einem vorherigen Gespräch zur Haftungsfrage über eine Haftungsmilderung geeinigt hätten. Im Straßenverkehr sieht der BGH dies nur ausnahmsweise für den Fall als gegeben an, dass der Schädiger keinen Versicherungsschutz hat und eine Haftung ihn daher persönlich belasten würde. Da A versichert ist, scheidet ein stillschweigender Haftungsausschluss demnach aus. Ein Anspruch aus § 823 I BGB ist somit zu bejahen. Gleiches gilt für eine Haftung nach §§ 7, 18 StVG.

K kann folglich von A gem. § 823 I BGB i.V.m. § 86 I VVG Schadensersatz verlangen, nach § 115 I Nr. 1 VVG ggf. auch direkt vom Haftpflichtversicherer des A.

164 ▶ Abwandlung: Bei dem Unfall wird der neue Laptop des F zerstört. F verlangt Schadensersatz.

Ein Unterschied kann sich allein im Hinblick auf die Wirksamkeit eines durch den Aufkleber erzielten Haftungsausschlusses ergeben. Der umfassende Haftungsausschluss ist auch hier nach § 309 Nr. 7a BGB unwirksam, wenngleich im konkreten Fall keine Gesundheitsschädigung erfolgt ist (Verbot der geltungserhaltenden Reduktion). Es gilt daher das zu Frage 163 Gesagte.

▶ Könnte sich bei der Mitnahme im Auto etwas anderes ergeben, wenn es sich um   **165**
eine Fahrgemeinschaft für die Fahrt zur Arbeitsstelle handelt, bei der die Benzin-
kosten usw. geteilt werden?

Das kommt auf die Gestaltung der Beziehungen im Einzelfall an. Aufgrund des gesteigerten wirtschaftlichen Interesses der Mitglieder der Fahrgemeinschaft, pünktlich zur Arbeit zu kommen, und der im Gegenzug vereinbarten Beteiligung an den Kosten dessen, der den Pkw stellt und Benzin tankt, kann ggf. ein Rechtsbindungswille angenommen werden. In Betracht kommt aufgrund des gemeinsamen Zwecks, sicher und günstig zur Arbeit zu kommen, eine (Innen-) GbR, die dann nicht nur Sorgfaltspflichten begründet, sondern auch einklagbare Erfüllungsansprüche, z. B. auf Mitnahme oder Entrichtung der Benzinkostenbeiträge. Sind einklagbare Primäransprüche nicht gewollt, so können bei derart wesentlichen Interessen wie einer rechtzeitigen Ankunft am Arbeitsplatz zumindest Sekundäransprüche geltend gemacht werden, etwa wenn der Fahrer den anderen nicht rechtzeitig darüber informiert, dass er nicht fährt und der andere wegen Zeitdrucks erhöhte Aufwendungen hat. Die Frage einer Haftungsmilderung stellt sich im Rahmen des § 276 I 1 BGB ähnlich wie im Rahmen der Deliktshaftung (vgl. Fragen 162 f.). § 708 BGB – sollte eine GbR vorliegen – gilt nach der Rspr. übrigens nicht für die gemeinsame Teilnahme im Straßenverkehr.

▶ Besteht im Fall der Tippgemeinschaft, für die das Mitglied A die Lotto-Scheine ab-   **166**
gibt, ein Rechtsbindungswille und somit ein Schadensersatzanspruch, falls A vergessen hat, die Scheine abzugeben?

Dies ist streitig. Die Rspr. hat eine Haftung des A in einem solchen Fall abgelehnt. Das existenzgefährdende Haftungsrisiko, dem der A ausgesetzt wäre, hätten die Parteien – hätten sie im Vorhinein daran gedacht – keinem Mitglied aufgebürdet und kein Mitglied hätte es übernommen. Fraglich ist, ob aufgrund dessen schon der Rechtsbindungswille verneint muss oder ob es sich nur um einen stillschweigenden Haftungsausschluss handelt. Hätte A den Schein abgegeben und die Gruppe gewonnen, so wäre A wohl aus einem entsprechenden Gesellschaftsvertrag (GbR) der Tippgemeinschaft oder aus einem separaten Auftrag zur Herausgabe des anteiligen Gewinns verpflichtet. Ohne eine entsprechende rechtliche Sicherheit hätten die anderen Mitglieder dem A kaum die vereinbarten Beiträge für den Einsatz gegeben. Insofern wäre wohl ein Rechtsbindungswillen zu bejahen und die Lösung über einen Haftungsausschluss richtig.

167   ▶ Wann kann man aus der Erteilung einer unentgeltlichen Auskunft einen Schadens-
              ersatzanspruch wegen Schlechtleistung herleiten? Beispiel: Ein Bankangestellter
              berät einen Nichtkunden bei der Geldanlage.

Nach § 675 II BGB begründet die bloße Erteilung eines Rates keinen Schadensersatzanspruch des falsch Beratenen, soweit sich aus Vertrag, Delikt oder einer
sonstigen gesetzlichen Bestimmung (z. B. §§ 31 f. WpHG) nichts anderes ergibt.
Der BGH nimmt bei professionellen Beratern trotzdem einen Vertrag auf sorgfälti-
ge Auskunft an, und zwar schon dann, wenn der Befragte erkennen kann, dass der
Fragende von der Auskunft wichtige (finanzielle) Entscheidungen abhängig macht.
Dies soll selbst dann gelten, wenn der Befragte einen Vertragsschluss ausdrücklich
ablehnt. Angenommen wird ein derartiger Auskunftsvertrag z. B. bei Banken, aber
auch bei Rechtsanwälten. Problematisch erscheint hieran, dass damit das Erfordernis eines Rechtsbindungswillens letztlich weitgehend aufgegeben wird. Anzunehmen ist ein Rechtsbindungswille freilich bei einer längeren Geschäftsbeziehung,
wenn die Auskunft mit ihr in Zusammenhang steht, nicht aber bei rein privaten An-
lässen, wenn z. B. der Rechtsanwalt von seinen Sportsfreunden nach einem rechtlichen Rat gefragt wird.

168   ▶ In welchen weiteren Fällen liegt keine Kundgabe eines Rechtsbindungswillens und
              damit auch keine Willenserklärung vor?

Ein bekannter Fall fehlenden Rechtsbindungswillens ist die invitatio ad offerendum, bei der noch kein verbindliches Angebot vorliegt, sondern erst zur Abgabe
solcher Angebote aufgefordert wird (vgl. Frage 488). Der Rechtsbindungswille
fehlt auch bei sog. rechtsgeschäftsähnlichen Handlungen, d. h. Handlungen, deren
rechtlicher Erfolg unabhängig vom Willen des Handelnden aufgrund gesetzlicher
Vorschriften eintritt. Der Wille ist nur auf den tatsächlichen Erfolg gerichtet. Ein
Beispiel ist die Mahnung, die tatsächlich den Schuldner zur Leistung anhalten soll
und als Rechtsfolge den Eintritt des Verzugs bewirkt. Ähnliches gilt für den Schadensersatzanspruch als Folge der Fristsetzung (§ 281 I 1 BGB), die Fiktion der
Mangelfreiheit als Folge einer unterlassenen Anzeige (§ 377 HGB) oder die Fiktion
der Nichterteilung einer Genehmigung nach entsprechender Aufforderung (§ 108 II
BGB). Die Rechtsfolge muss hier nicht vom Erklärenden gewollt sein. Es ist streitig und je nach Handlung unterschiedlich zu beurteilen, ob die Vorschriften über
Rechtsgeschäfte analoge Anwendung finden. Jene über die Geschäftsfähigkeit und
die Stellvertretung sind wohl in der Regel anwendbar, auch die Auslegung dürfte
wie bei Rechtsgeschäften erfolgen.

Anders ist dies bei sog. Realakten. Dabei geht es um rein tatsächliche Vorgän-
ge, bei denen die bloße Vornahme einer Handlung Rechtsfolgen auslöst (Beispiel:
Besitzerwerb, deliktische Handlungen). Hier sind die Vorschriften über Rechtsgeschäfte nicht anwendbar, es gibt ggf. besondere Vorschriften zu ähnlichen, aber
rechtlich anders konzipierten Problemkreisen wie die Regeln zur Deliktsfähigkeit,
die Haftung für Verrichtungsgehilfen in § 831 BGB oder die Besitzdienerschaft.

II. Subjektiver Tatbestand der Willenserklärung

▶ Definieren Sie Handlungswille, Erklärungsbewusstsein und Geschäftswille! **169**

Der Handlungswille ist der Wille, überhaupt etwas zu tun oder etwas bewusst zu unterlassen. Das Erklärungsbewusstsein ist das Bewusstsein, etwas rechtlich Erhebliches zu tun, also eine Erklärungshandlung vorzunehmen. Der Geschäftswille ist der Wille, eine bestimmte Rechtsfolge herbeizuführen.

▶ Kann eine Willenserklärung auch bei fehlendem Handlungswillen vorliegen? **170**

Nein. Der Handlungswille ist notwendige Voraussetzung einer Willenserklärung. Ein Verhalten ohne Handlungswillen wie Bewegungen im Schlaf oder unter Hypnose, Reflexbewegungen oder die sog. geführte Hand ist auch dann keine Willenserklärung, wenn es nach außen als Äußerung eines Rechtsbindungswillens erscheint. Begründet wird dies damit, dass das privatautonome Selbstbestimmungsrecht gefährdet wäre, wenn Willenserklärungen auch bei unbewusstem Verhalten zugerechnet würden.

▶ Ist der Geschäftswille notwendige Voraussetzung für eine Willenserklärung? **171**

Nein. Dies folgt aus einem Umkehrschluss zu § 119 I BGB. Wenn dem Erklärenden der Wille fehlt, die konkreten Rechtsfolgen herbeizuführen, sei es weil er sich geirrt hat oder einer Drohung oder Täuschung erlegen ist, ist das Geschäft allenfalls anfechtbar (vgl. Fragen 224 ff.).

▶ Kann bei Fehlen des Erklärungsbewusstseins eine Willenserklärung vorliegen? Beispiel: Trierer Weinversteigerung: A winkt seinem Bekannten zu und bekommt den Zuschlag. Welche Rechtsfolgen ergeben sich für den Erklärenden und den Erklärungsempfänger? **172**

Dies ist streitig: Nach der sog. Willenstheorie muss für eine wirksame Willenserklärung ein Erklärungsbewusstsein vorliegen, weil sonst die Selbstbestimmung (Privatautonomie) aufgegeben würde. Wenn bei einer bewusst abgegebenen Scherzerklärung gem. § 118 BGB Nichtigkeit eintrete, müsse dies erst Recht in den sonstigen Fällen des fehlenden Erklärungsbewusstseins gelten. In diesen Fällen sei der Zurechnungsfaktor schwächer und daher die Verschlechterung der Stellung des Irrenden durch das Anfechtungserfordernis noch weniger gerechtfertigt als im Fall des § 118 BGB. Rechtsfolge fehlenden Erklärungsbewusstseins ist danach die Nichtigkeit der Willenserklärung analog § 118 BGB. Der Erklärende muss nicht anfechten. Allerdings soll der Erklärungsempfänger vom Erklärenden analog § 122 BGB Ersatz des Vertrauensschadens verlangen können. Bei Verschulden komme eine Haftung aus §§ 280 I, 311 II, 241 II BGB in Betracht.

Dagegen sprechen nach überwiegender Ansicht folgende Überlegungen:

- Es fehlt an einer – für die Analogie erforderlichen – der Scherzerklärung vergleichbaren Interessenlage: Bei § 118 BGB will der Erklärende, dass seine Erklärung nicht ernst und damit nichtig ist. Fehlt ihm aber das Erklärungsbewusstsein, kann sich gar kein solcher Wille gebildet haben.
- Dem Erklärenden wird die Möglichkeit genommen, sich im Nachhinein für das Rechtsgeschäft zu entscheiden.
- Da sich jeder auf die Wirksamkeit einer getroffenen Entscheidung verlassen können soll, kann der Vertrauensschutz nur bei Vorliegen höherrangiger Schutzinteressen des anderen zurücktreten. Solch höherrangige Interessen liegen jedoch nicht vor, wenn jemand unter Außerachtlassung der erforderlichen Sorgfalt objektiv ein Erklärungszeichen setzt, also z. B. etwas unterschreibt, ohne es gelesen zu haben.
- Dem Erklärenden bleibt ein Anfechtungsrecht nach § 119 I Fall 2 BGB: Wenn jemand, der ein falsches Erklärungszeichen setzt, seine Willenserklärung wegen Irrtums nach § 119 I Fall 2 BGB anfechten kann, dann muss dies erst recht für jemanden gelten, der überhaupt keine Erklärung abgeben wollte. So haftet er bei unverzüglicher Anfechtung (wie im Ergebnis ja auch bei der Willenstheorie) nur auf den Vertrauensschaden nach § 122 BGB (a. A.: nur analoge Anwendung von §§ 119 I Fall 2 und 122 BGB aufgrund vergleichbarer Interessenslage).

Daher genügt nach h.M. ein potentielles Erklärungsbewusstsein: Die Erklärung wird dem Erklärenden zugerechnet, wenn er bei pflichtgemäßer Sorgfalt hätte erkennen können, dass sein Verhalten aus der Sicht eines objektiven Empfängers als Willenserklärung aufgefasst werden kann (Verantwortlichkeits- oder Zurechnungsprinzip). Wenn jedoch der Erklärungsempfänger das Fehlen des Erklärungsbewusstseins kannte oder aus anderen Gründen nicht auf das Geschäft vertrauen durfte, ist dem Erklärenden die Willenserklärung auch bei Außerachtlassen der erforderlichen Sorgfalt nicht zuzurechnen (Vertrauensprinzip).

Im Beispielsfall hätte A bei pflichtgemäßer Sorgfalt erkennen können, dass sein Verhalten aus Sicht eines verständigen Auktionators nicht als bloßes Winken, sondern vielmehr als Gebotsabgabe verstanden wird, denn bei Versteigerungen ist ein derartiges Handzeichen die übliche Art, ein Kaufinteresse zu bekunden. Die Willenserklärung wird ihm zugerechnet; er kann sie jedoch nach § 119 I Fall 2 BGB anfechten und haftet dann auf den Vertrauensschaden gem. § 122 BGB.

173 Beispiel

K will sich auf einem Messestand in die Interessentenliste des Weinhändlers W eintragen. Während er einen Stift sucht, wechselt W unauffällig die Interessentenliste gegen ein Bestellformular über 10 Kisten Wein aus. Ohne nochmals genau auf das Formular zu schauen, unterschreibt K in dem Glauben, es handle sich um die Interessentenliste. Liegt eine wirksame Willenserklärung des K über den Kauf von 10 Kisten Wein vor?

Objektiv ist der Tatbestand einer Willenserklärung erfüllt, da sich das Verhalten des K aus der Sicht eines objektiven Beobachters in der Rolle des Erklärungsempfängers als Kundgabe eines Rechtsbindungswillens darstellt. Fraglich ist aber, ob auch der subjektive Tatbestand erfüllt ist. Ein Handlungswille des K ist zu bejahen. K hatte aber kein Erklärungsbewusstsein, da er davon ausging, es handle sich bei dem Formular lediglich um eine Interessentenliste. Er wollte also keinen Rechtsbindungswillen äußern. Jedoch könnte ihm die Erklärung, die 10 Kisten Wein zu kaufen, zugerechnet werden, wenn er bei pflichtgemäßer Sorgfalt hätte erkennen können, dass sein Verhalten von einem schutzwürdigen Erklärungsempfänger als Willenserklärung aufgefasst werden könnte. Zwar hätte K bei genauem Hinschauen erkennen können, dass er ein Bestellformular unterschreibt, jedoch ist der Erklärungsempfänger W nicht schutzwürdig, da er absichtlich und heimlich die beiden Schriftstücke miteinander vertauscht hat. Folglich muss K sich die Erklärung nicht zurechnen lassen. Es liegt also keine Willenserklärung des K bzgl. des Kaufs von 10 Kisten Wein vor. Legt man die Unterschrift des K als bloße falsa demonstratio aus (hierzu noch Frage 177), da W das von K wirklich Gewollte richtig verstanden hat, ist sie von vornherein nur als unverbindliche Bitte um Aufnahme in die Interessenliste anzusehen.

Beispiel 174

S muss ihrem Lieferanten G eine Bankbürgschaft zur Sicherung der Kaufpreisforderungen beibringen und bittet ihre Hausbank B um Übernahme. Deren Angestellte A glaubt irrtümlich, eine solche Bürgschaft bestehe schon, und schickt der G eine Bestätigung, dass B eine solche Bürgschaft übernommen habe. G liefert daraufhin an S. Als S zahlungsunfähig wird, möchte G die B in Anspruch nehmen. Diese lehnt mit Hinweis auf ihren Irrtum ab. Ist B an die Bürgschaftserklärung gebunden und haftet sie gegenüber G?

Eine wirksame Willenserklärung zum Abschluss eines Bürgschaftsvertrages könnte auch hier wieder an einem mangelnden Erklärungsbewusstsein scheitern. A (auf deren Willensbildung es nach § 166 I BGB ankommt) war beim Abfassen des Schreibens davon ausgegangen, dass bereits eine Bürgschaft bestand, und wollte G daher nur über die bereits bestehende Rechtslage in Kenntnis setzen; die Setzung einer Rechtsfolge strebte sie nicht an. Das Erklärungsbewusstsein liegt damit nicht vor. Bei pflichtgemäßer Sorgfalt hätte A jedoch genau geprüft und dabei gemerkt, dass eine Bürgschaft noch nicht bestand, G die Erklärung also als Bürgschaftsübernahme verstehen musste. Da G hierauf auch vertraut hat, ist eine Erklärung zu bejahen. B kann zwar anfechten, haftet dann jedoch gem. § 122 BGB iHd. Vertrauensschadens: Entspricht der Wert der von G gelieferten Ware der Höhe der Kaufpreisforderung, haftet B also – da G anderenfalls nicht mehr an S geliefert hätte – in Höhe der Verbindlichkeiten des S.

▶ Kommt es auch dann auf das „potentielle Erklärungsbewusstsein" an, wenn der Antragende auf den Zugang der Annahme nach § 151 S. 1 Fall 2 BGB verzichtet hat, d. h. die Erklärung, für die das Erklärungsbewusstsein des Erklärenden fehlt, dem Empfänger überhaupt nicht zugehen soll? 175

Dass ein bloß potentielles Erklärungsbewusstsein genügt, lässt sich (s. Frage 172) gerade mit dem Schutz des Empfängers begründen. Diese Begründung passt aber nur für empfangsbedürftige Willenserklärungen. Bei nicht empfangsbedürftigen Willenserklärungen gibt es kein schutzwürdiges Vertrauen des Erklärungsempfängers. Das gilt insbesondere bei einem Verzicht auf den Zugang nach § 151 S. 1 BGB. Von der Rspr. wird in diesen Fällen daher allein auf das tatsächliche Erklärungsbewusstsein des (die Annahme) Erklärenden abgestellt.

Der Tatbestand der Willenserklärung
1. **Objektiver Tatbestand**
   a. **Kundgabe** (ausdrücklich oder konkludent, im Einzelfall ggf. auch durch Schweigen)
   b. des **Rechtsbindungswillens** (fehlt bei Realakten, rechtsgeschäftsähnlichen Handlungen oder Gefälligkeiten)
2. **Subjektiver Tatbestand**
   a. **Handlungswille**
   b. **Erklärungsbewusstsein** (str., ob zwingende Voraussetzung)
      Nach h.M. ist der Erklärende zum Schutze des rechtsgeschäftlichen Verkehrs an den äußeren Erklärungstatbestand zu binden, wenn der Erklärende bei Anwendung der im Verkehr erforderlichen Sorgfalt hätte erkennen und vermeiden können, dass seine Äußerung nach Treu und Glauben und der Verkehrssitte als Willenserklärung aufgefasst werden durfte (Verantwortlichkeitsprinzip), und wenn der Empfänger sie auch tatsächlich so verstanden hat (Vertrauensprinzip). Er hat dann nur ein Anfechtungsrecht nach § 119 I Fall 2 BGB (a. A.: analog).
   c. **Geschäftswille**: keine zwingende Voraussetzung, bei Fehlen Anfechtungsrechte nach §§ 119 ff. BGB

B. Auslegung

176 ▶ Welche Maßstäbe zur Auslegung einer Willenserklärung gibt es, wo sind diese normiert und in welchem Verhältnis stehen sie zueinander?

Erster Auslegungsmaßstab ist der wirkliche Wille des Erklärenden, § 133 BGB – natürliche Auslegung –, was sich schon aus dem Grundsatz der Privatautonomie ergibt. Aus Verkehrsschutzgründen muss die Auslegung einer empfangsbedürftigen Willenserklärung aber auch nach Treu und Glauben mit Rücksicht auf die Verkehrssitte erfolgen, § 157 BGB – normative Auslegung. Insofern ist § 157 BGB entgegen seinem Wortlaut nicht nur auf die Auslegung von Verträgen, sondern auch auf die Auslegung einseitiger Rechtsgeschäfte und einzelner Willenserklärungen anzuwenden; im Gegenzug ist § 133 BGB nicht auf die Auslegung von Willenserklärungen beschränkt. Beide Normen wirken also zusammen und bilden in vielen Fällen gemeinsam die Grundlage der Auslegung des rechtsgeschäftlich Gewollten. Nur bei nicht empfangsbedürftigen Willenserklärungen, insbesondere Testamenten, wo der Rechtsverkehr weniger oder gar nicht schutzbedürftig ist, ist § 157 BGB nicht heranzuziehen und die Auslegung unterliegt allein § 133 BGB.

▶ Wie und in welchen Schritten erfolgt nun die Auslegung einer empfangsbedürftigen Willenserklärung?   **177**

Zunächst kommt es darauf an, ob der Empfänger das vom Erklärenden wirklich Gewollte zutreffend verstanden hat. Ist das der Fall, so gilt das Gemeinte, unabhängig davon, wie die Erklärung objektiv zu verstehen war (falsa demonstratio non nocet). Schulfall „Haakjöringsköd": Die Parteien sagen „Haifischfleisch", meinen aber übereinstimmend „Walfischfleisch". Das gilt auch für die bewusste Falschbezeichnung etwa durch Code-Wörter. Versteht der Erklärungsempfänger die Erklärung anders, als der Erklärende sie meinte, kommt es darauf an, wie der Empfänger sie nach Treu und Glauben mit Rücksicht auf die Verkehrssitte und unter Berücksichtigung der Umstände des Einzelfalls verstehen durfte. Dazu ist zunächst auf den Wortlaut der Vereinbarung abzustellen. Daneben müssen aber auch außerhalb des Erklärungsaktes liegende Umstände wie der Ablauf der Vertragsverhandlungen und der Gesamtzusammenhang, insbesondere auch Geschäftsbräuche und Verkehrssitten in einem bestimmten Kreis (Kaufleute) oder zwischen den Parteien berücksichtigt werden. Zudem ist eine interessengerechte, widerspruchsfreie und die Nichtigkeitsfolge vermeidende Auslegung zu bevorzugen. Ergeben sich etwa Abweichungen zwischen früheren Preislisten, Prospekten und Werbeanschlägen und dem späteren Angebot, kann sich daraus eine Pflicht zur Nachfrage ergeben, bei deren Verletzung der Empfänger nicht einfach von der für ihn günstigeren Auslegung ausgehen darf. Ergeben die Umstände aber nichts anderes als der Wortlaut, etwa weil zuvor nie über den Preis verhandelt wurde, so ist dieser objektive Erklärungswert maßgeblich (sog. normative Auslegung oder Auslegung nach dem Empfängerhorizont, vgl. zum Problemausschnitt des fehlenden Erklärungsbewusstseins und dem dortigen Streit Fragen 172 ff.).

▶ Welche gesetzessystematische Stütze gibt es für diese letztlich normative Auslegung?   **178**

Die den Irrtumsregeln zugrunde liegende Risikoverteilung. Kehrseite der Privatautonomie ist die Eigenverantwortung. Der Erklärende muss den eigenen Willen auch für die Geschäftsgegner verständlich zum Ausdruck bringen. Für Fehler in der eigenen „Sphäre" und bis zur Sphäre des Geschäftsgegners auch in der Übermittlung hat daher der Erklärende einzustehen. Dementsprechend ist für bestimmte Irrtümer, u. a. bei der Willensentäußerung (§ 119 I Fall 1 und 2 BGB), in § 142 BGB eine Anfechtungsmöglichkeit vorgesehen. Eine Anfechtung wäre aber nicht mehr erforderlich, wenn es schon bei der Auslegung nur auf den wirklichen Willen des Erklärenden ankäme.

▶ Wie kommt es zu einer Verkehrssitte?   **179**

Eine Verkehrssitte ist die im Verkehr bestimmter Kreise tatsächlich herrschende Übung. Zu einer Verkehrssitte kommt es also, wenn sich in den Kreisen eines Geschäftszweiges eine einheitliche Anschauung über die ausnahmslose Behandlung eines bestimmten Falles gebildet hat. Sie gilt nur zwischen den diesen Kreisen angehörenden Personen und darf nicht gegen zwingendes Recht verstoßen. Ein abweichender Wille der Parteien ist vorrangig. Die Verkehrssitten der Kaufleute sind die Handelsbräuche gem. § 346 HGB.

Eine Verkehrssitte ist auch dann in die Auslegung einzubeziehen, wenn die Parteien sie zum Zeitpunkt des Vertragsschlusses nicht gekannt haben.

180   **Beispiel**

A hat in seinem Briefkasten Werbung des Pizza-Lieferservice P gefunden. Er bestellt telefonisch ein „Menü" (Pizza, Salat und Getränke) für zwei Personen, für das auf dem Werbezettel ein Preis von 20 € angegeben ist. Bei der Lieferung stellt sich heraus, dass sich P bei der Erstellung der Werbung vertippt hat, der „richtige" Preis für das Menü sollte 30 € betragen. Zu welchem Betrag ist der Vertrag zustande gekommen?

Der Vertragsinhalt muss durch Auslegung ermittelt werden. Ein Vertragsangebot über das Menü ist erst durch die Bestellung von A gegeben, das P am Telefon angenommen hat. Der Flyer war nur eine unverbindliche invitatio ad offerendum (s. dazu noch Frage 488), die jedoch im Rahmen der Auslegung des Angebots von A aus der Sicht des Erklärungsempfängers P nach Treu und Glauben mit Rücksicht auf die Verkehrssitte als Umstände des Einzelfalls zu berücksichtigen ist. Da ausdrücklich über den Kaufpreis nicht gesprochen wurde, sind insbesondere die Preisangaben in der Werbung, die ähnlich wie mündliche Vertragsverhandlungen in engem Zusammenhang mit dem Vertragsschluss stehen, für die Auslegung aus dem objektiven Empfängerhorizont heranzuziehen. Die Bestellung ist daher als Angebot zu 20 € auszulegen. Dieses Angebot hat P ohne Änderungen angenommen. Der Vertrag ist daher zu 20 € zustande gekommen. Allerdings kann sich P durch Irrtumsanfechtung (Erklärungsirrtum, § 119 I Fall 2 BGB) wieder von dem Vertrag lösen.

181   **Beispiel**

Im Supermarkt S werden Bananen mit einem „Aktionspreis" von 0,99 €/kg beworben. H nimmt daraufhin 2 kg zur Kasse. Dort berechnet ihr die Kassiererin K 1,39 €/kg (= der Betrag, den ihr die Kasse als Listenpreis angibt). Der höhere Betrag wird auf dem elektronischen, für H einsehbaren Display an der Kasse angezeigt. Da H mit dem Einpacken beschäftigt ist, fällt ihr dies aber erst nach dem Bezahlen auf. Was ist Vertragsinhalt geworden?

Auch hier muss der Vertragsinhalt wieder durch Auslegung ermittelt werden. Die Auslagen sind nach überwiegender Ansicht nur eine unverbindliche invitatio ad offerendum (vgl. Frage 490), können jedoch als äußere Umstände für die Auslegung des Angebotes der H zum Abschluss eines Kaufvertrages über die Bananen durch

Vorlage der Waren an der Kasse herangezogen werden. Von S verbreitete Werbung gehört zum Empfängerhorizont der Kassiererin K. Das Angebot der H ist daher iS. eines Kaufs zu 0,99 €/kg auszulegen.

K, auf deren Willen es als Vertreterin von S gem. § 166 I BGB ankommt (vgl. hierzu Fragen 542 ff.), ging dagegen davon aus, dass H die Bananen zum Listenpreis kaufen wollte, der im Computer steht und auf dem Kassen-Display erscheint. Die Anzeige ist deshalb nach dem objektiven Empfängerhorizont als abändernde Annahme und damit gem. § 150 II BGB als neues Angebot auszulegen (s. Frage 498).

Dieses könnte die Kundin durch Bezahlen des höheren Betrages angenommen haben. Dagegen könnte argumentiert werden, dass H diese Änderung gar nicht bemerken konnte, da sie einpacken musste, und dass angesichts der Preisangaben am Obststand die Erklärung der Kassiererin nach Treu und Glauben nicht als ändernder Antrag, sondern als Annahme zum niedrigeren Preis ausgelegt werden müsse. Dies widerspräche aber einerseits der Unverbindlichkeit der invitatio und der Tatsache, dass S sich erst an der Kasse zu den dort erklärten Bedingungen bindet, und andererseits dem Zweck des Displays an der Kasse, den Inhalt der Erklärung der K für die S ausdrücklich zu bezeichnen. Die Erklärung der K im Namen der S ist daher als neuer Antrag zu 1,39 €/kg auszulegen, den H konkludent angenommen hat.

Wird das Zahlen als schlüssige Annahme zu den angezeigten Preisen ausgelegt, so unterlag H allerdings einem Irrtum über den Inhalt ihrer Erklärung und kann daher zumindest anfechten (vgl. Fragen 172 ff.). Ihr Interesse an dem Vertragsschluss zu den Konditionen in der Auslage würde sie damit aber nicht verwirklichen. Wegen der irreführenden Werbung haftet S nur nach dem UWG und nicht gegenüber dem einzelnen Kunden. Wenn H den fehlerhaften Betrag erst zu Hause bemerkt und auf dem Rückweg zum Supermarkt die Bananen Druckstellen bekommen, haftet sie grundsätzlich auch auf Ersatz des Vertrauensschadens nach § 122 BGB. Allerdings kommt insoweit ein Anspruchsausschluss nach § 122 II BGB (K musste den Irrtum erkennen) oder eine Minderung nach § 254 BGB in Betracht. Zudem ist an einen Anspruch auf Befreiung von dem Vertrag nach §§ 280 I 1, 311 II Nr. 1, 241 II BGB zu denken (zur Anwendbarkeit vgl. Frage 284).

Beispiel   **182**

V will dem K ein Grundstück in der Müllerstraße verkaufen, auf welchem das Wohnhaus Nr. 15 steht. Bei der notariellen Beurkundung wird versehentlich das Flurstück, auf dem das Haus steht, falsch bezeichnet (12 statt 21) Das Grundstück mit der Flurstücknummer 12 gehört zufällig ebenfalls dem V. Wie ist der Vertrag auszulegen?

Nach dem wirklichen Willen der Vertragsparteien (vgl. § 133 BGB) müsste der Vertrag dahingehend ausgelegt werden, dass zwischen V und K ein Kaufvertrag über das Grundstück mit der Flurstücknummer 21 zustande gekommen ist (falsa demonstratio). Fraglich ist jedoch, ob der Vertrag bei dieser Auslegung noch dem Formerfordernis des § 311 b I 1 BGB entspricht. Nach der Rspr. muss bei formbedürftigen Rechtsgeschäften der durch Auslegung ermittelte Erklärungsinhalt wenigstens in der Erklärung angedeutet sein, d. h. einen wenn auch unvollkommenen Ausdruck gefunden haben (Andeutungstheorie). Anderenfalls sei die Beweisfunktion des § 311 b I 1 BGB nicht erfüllt. Auch die Warnung und Belehrung ließen sich nicht sachgemäß durchführen, wenn sie sich auf ein anderes als das von den Parteien gewollte Geschäft bezögen. Die Form müsse objektiv gewahrt sein, der gute Glaube der Parteien reiche nicht aus. Heute wird allerdings ganz überwiegend im Fall der falsa demonstratio eine Ausnahme von der Andeutungstheorie befürwortet, wenn nicht der Zweck des jeweiligen Formerfordernisses etwas anderes verlangt und wenn die Vertragsparteien das Gewollte unbewusst falsch bezeichnet haben: Eine Willenserklärung sei durch ihre Formbedürftigkeit nicht der Auslegung anhand der Umstände und des Parteiwillens entzogen. Die Beweisfunktion sei nicht beeinträchtigt, wenn die mündliche Abrede im Prozess tatsächlich bewiesen werden kann. Die Warnfunktion sei erfüllt, da ein subjektiver Wille zum Abschluss des Geschäfts bestand. Die Forderung nach einer Andeutung in der Urkunde mache die Formnichtigkeit von Zufällen abhängig und führe durch die Unbestimmtheit dieses Begriffs zu Rechtsunsicherheit. § 311b I 1 BGB ist daher auch bei unbewusster notarieller Beurkundung des falschen Grundstücks erfüllt. Der Grundstückskaufvertrag über das Flurstück 21 ist damit wirksam geschlossen.

183 ▶ Welches Hindernis bezüglich der Eigentumsverschaffung steht den Parteien im Fall eines Grundstückkaufvertrags, der versehentlich das falsche Grundstück bezeichnet, trotz der Anwendung des falsa demonstratio-Grundsatzes im Weg?

Die Eintragung ins Grundbuch erfolgt regelmäßig für das fälschlich bezeichnete Grundstück. Hinsichtlich des gemeinten Grundstücks ist der Erwerber damit noch nicht Eigentümer geworden. Auch an dem im Grundbuch auf ihn umgeschriebenen Grundstück hat er kein Eigentum erworben, da es hierfür an der Einigung fehlt. In der Zwischenzeit können Dritte vom – noch immer berechtigten – Veräußerer Eigentum an dem gemeinten Grundstück erwerben.

184 ▶ Gibt es gesetzliche Auslegungsregeln, die §§ 133, 157 BGB vorgehen?

Für Allgemeine Geschäftsbedingungen gelten grundsätzlich ebenfalls die allgemeinen Auslegungsregeln. Da eine einheitliche Abwicklung von Massengeschäften angestrebt wird, kommt es aber regelmäßig auf die Verständnismöglichkeit eines „Durchschnittskunden" und nicht auf den individuellen Erklärungsempfänger an. Außerdem enthalten die §§ 305 ff. BGB mit der Unklarheitenregel in § 305c II BGB eine Sonderregel für den Fall zweier möglicher Auslegungsergebnisse, von denen das für den Kunden günstigere Ergebnis maßgeblich ist. Zudem gilt nach § 305b BGB der Vorrang der Individualabrede für den Fall eines Widerspruchs zu den AGB.

Für den normativen Teil von Tarifverträgen sowie von Satzungen gelten die Regeln zur Auslegung von Gesetzen.

Daneben gibt es gesetzliche Auslegungsregeln (z. B. § 154 I BGB), die zur Anwendung kommen, wenn die einfache Auslegung nach §§ 133, 157 BGB zu einem
Zweifel führt.

▶ Welcher Zeitpunkt ist für die Auslegung maßgeblich?   **185**

Nach einer Ansicht ist auf den Zeitpunkt der Auslegung, also die Gegenwart abzustellen. Aufgrund des Grundsatzes „pacta sunt servanda" muss jedoch der Zeitpunkt
des Vertragsschlusses maßgeblich sein.

▶ Was ist unter ergänzender Vertragsauslegung zu verstehen? Was sind ihre Voraus-   **186**
setzungen und wie erfolgt sie?

Die ergänzende Vertragsauslegung soll Lücken eines bestehenden Vertrages schließen. Der tatsächliche Regelungsinhalt dient als Grundstock, aus dem die fehlenden
Punkte abgeleitet werden. Dabei sind die Grundsätze von Treu und Glauben und die
Verkehrssitte zu berücksichtigen.
    Die auszufüllende Regelungslücke muss planwidrig sein. Das bewusste Offen-
lassen eines Punktes ist nicht planwidrig. Eine unbewusste Lücke entsteht regelmäßig dadurch, dass die Parteien an einen Punkt nicht gedacht haben oder seine Regelung nicht für erforderlich hielten. Auch auf der Unwirksamkeit einer getroffenen
Vereinbarung kann eine planwidrige Lücke beruhen. Änderungen der rechtlichen
oder wirtschaftlichen Verhältnisse können eine nachträglich entstehende Lücke hervorrufen.
    Liegt eine Lücke vor, ist zu ermitteln, was die Parteien nach dem von ihnen ge-
wollten Vertragszweck bei sachgemäßer Abwägung ihrer beiderseitigen Interessen
nach Treu und Glauben redlicherweise vereinbart hätten (sog. hypothetischer Parteiwille). Dabei ist wegen der Privatautonomie darauf abzustellen, was die Parteien
im konkreten Einzelfall vereinbart hätten, wenn sie an die fehlenden Regelungsge-
genstände gedacht hätten. Ausgangspunkt sind die tatsächlichen Vertragsregelun-
gen und die aus ihnen hervorgehenden Wertungen. Das Ergebnis der ergänzenden
Vertragsauslegung darf also nicht im Widerspruch zum tatsächlichen Parteiwillen
sowie zum Vertragsinhalt stehen oder zu einer (wesentlichen) Erweiterung des
Vertragsgegenstandes führen. Maßgeblich ist der Zeitpunkt des Vertragsschlusses
(nachträgliche Änderungen der Umstände können nur im Rahmen des § 313 BGB
zu einer Vertragsanpassung führen). Wenn sich die zu ergänzende Regelung einer
Beurteilung nach dem Parteiwillen entzieht, weil z. B. mehrere gleichwertige Möglichkeiten der Lückenschließung vorhanden sind und unklar bleibt, welche Variante
die Parteien gewählt hätten, scheitert die ergänzende Vertragsauslegung. Bei der
Unwirksamkeit einer Allgemeinen Geschäftsbedingung nach den §§ 307 ff. BGB
ist nach § 306 II BGB eine ergänzende Vertragsauslegung in dem Sinne, dass die
unwirksame Klausel durch eine gerade noch zulässige ersetzt wird, unzulässig (Verbot der geltungserhaltenden Reduktion).

187 ▶ Wann ist eine ergänzende Vertragsauslegung trotz Vorliegens einer planwidrigen
Lücke nicht vorzunehmen?

Eine ergänzende Vertragsauslegung ist nicht mehr erforderlich, wenn die Lücke
bereits durch die Heranziehung von dispositivem Recht geschlossen werden kann.
Dies ist jedoch nicht der Fall, wenn das dispositive Recht dem mutmaßlichen Parteiwillen widerspricht oder es keine passende Regelung zur Schließung der Lücke
bereithält.

188 ▶ V verkauft seinen Zeitungsladen an K, weil er nach Australien auswandern will.
Schon nach drei Monaten bereut er seine Entscheidung. Nach der Rückkehr eröffnet er – zwei Straßenecken weiter – einen neuen Zeitungsladen. K verlangt Unter-
lassung. Zu Recht?

Hier könnte ein Wettbewerbsverbot des V im näheren Umkreis des an K verkauften
Ladens bestehen. Ausdrücklich haben V und K ein solches Verbot nicht vereinbart;
auch aus dem Gesetz ergibt es sich nicht (anders § 74 HGB für den Handlungsgehilfen). Es kann sich aber aus ergänzender Vertragsauslegung ergeben. Beide Seiten
haben an eine Rückkehr des V nicht gedacht. Eine planwidrige Lücke liegt daher
vor (anders wäre es, wenn sich V ein Rückkehrrecht vorbehalten hätte). Hätten die
beiden an eine mögliche Rückkehr des V gedacht, hätten sie berücksichtigt, dass
die Bindung eines Kundenstamms an einen neuen Geschäftsinhaber eine gewisse
Zeit braucht (hypothetischer Parteiwille). Sie hätten daher ein Wettbewerbsverbot
von mindestens einem Jahr im Einzugsgebiet des veräußerten Zeitungsladens vereinbart. K hat gegen V einen entsprechenden vertraglichen Unterlassungsanspruch.

C. Abgabe und Zugang der Willenserklärung

189 ▶ Wann wird eine Willenserklärung wirksam? Welche Überlegung liegt dieser Regelung zugrunde?

Der Zeitpunkt des Wirksamwerdens einer Willenserklärung ist nur für den Fall
der empfangsbedürftigen Willenserklärung unter Abwesenden gesetzlich geregelt,
§ 130 I 1 BGB. Danach wird die Erklärung nicht schon mit der Abgabe, sondern erst
mit Zugang beim Erklärungsempfänger wirksam. Hintergrund dieser Regelung ist
der Schutz des Erklärungsempfängers. Er soll sich auf die neu geschaffene Rechtslage einstellen können. Dazu muss er wenigstens die Möglichkeit der Kenntnisnahme der Erklärung haben. Nur Risiken in seiner eigenen Sphäre muss der Empfänger tragen. Maßgeblich ist daher der Zugang beim Erklärungsempfänger. Ein
solches Schutzbedürfnis besteht bei nicht empfangsbedürftigen Willenserklärungen
wie Testament und Auslobung dagegen nicht. Zu ihrer Wirksamkeit bedarf es daher keines Zugangs; sie werden mit Abgabe wirksam. (Zum Wirksamwerden von
mündlichen Willenserklärungen oder solchen unter Anwesenden s. Fragen 206 f.)

▶ Für welche anderen Fälle ist der Zeitpunkt der Abgabe bedeutsam? **190**

Außer für die Wirksamkeit nicht empfangsbedürftiger Willenserklärungen ist der Zeitpunkt der Abgabe in den Fällen des § 130 II BGB von Bedeutung: Der Tod oder der Eintritt der Geschäftsunfähigkeit des Erklärenden haben nach der Abgabe keinen Einfluss mehr auf das Wirksamwerden der Erklärung (vgl. zu § 153 BGB Fragen 494 f.). Auch für die Frage des Vorliegens eines Irrtums im Rahmen der Anfechtung kommt es auf den Zeitpunkt der Abgabe an. Später eintretende Ereignisse, sei es der Irrtum selbst oder das Bemerken des Irrtums, können nicht kausal für die Willenserklärung sein.

▶ Wann ist eine Willenserklärung abgegeben? **191**

Bei der Abgabe einer Willenserklärung ist zwischen nicht empfangsbedürftigen und empfangsbedürftigen Willenserklärungen zu unterscheiden: Eine nicht empfangsbedürftige Erklärung ist abgegeben, wenn der Erklärende seinen Willen erkennbar endgültig geäußert hat. Eine empfangsbedürftige Erklärung gegenüber einem Abwesenden ist hingegen erst in dem Zeitpunkt abgegeben, in dem sie mit dem Willen des Erklärenden in Richtung des Empfängers auf den Weg gebracht wird.

▶ Wann ist eine Willenserklärung zugegangen? **192**

Zugegangen ist eine Willenserklärung, wenn sie derart in den Machtbereich des Empfängers gelangt ist, dass bei Annahme gewöhnlicher Verhältnisse mit Kenntnisnahme zu rechnen ist. Dabei kommt es aus Gründen der Rechtssicherheit auf die allgemeine Verkehrsanschauung an und nicht auf individuelle Gewohnheiten des Empfängers (etwa spätes Nachhausekommen) oder eine zwischenzeitliche Abwesenheit (etwa Urlaub oder Krankheit), gleichgültig ob der Erklärende davon wusste oder nicht. Hat der Empfänger freilich tatsächlich früher Kenntnis von der Erklärung genommen, so ist nach h.M. dieser frühere Zeitpunkt für den Zugang maßgeblich.

▶ Ist eine Willenserklärung auch dann wirksam, wenn sie vom Erklärenden oder sei- **193**
nen Mitarbeitern nur versehentlich in den Verkehr gebracht wurde? Schulfall: V
bereitet ein Vertragsangebot an K über den Kauf eines Notebooks vor, sendet es
aber noch nicht ab, weil er sich den Kauf noch einmal durch den Kopf gehen lassen möchte. S, die Sekretärin des V, sieht das Schreiben auf dem Tisch des V liegen
und meint, er habe vergessen, es zur Post zu geben. Sie schickt das Angebot ohne
Wissen des V ab.

Grundsätzlich ist eine Willenserklärung nicht abgegeben, wenn der Erklärende sie lediglich fertig stellt, seinen Willen aber noch nicht endgültig äußert. Wenn die Erklärung jedoch – gegen oder ohne den Willen des Erklärenden (versehentlich) – an einen Dritten gelangt (sog. abhanden gekommene Willenserklärung), ist wie folgt zu differenzieren: Ist der Empfänger bösgläubig, etwa weil die E-Mail erkennbar

unvollständig ist und eindeutig noch nicht abgeschickt werden sollte, wird die Erklärung trotz Zugangs nicht wirksam. Ist der Empfänger hingegen gutgläubig, ist
streitig, wie zu entscheiden ist: Eine Ansicht behandelt dies als einen Fall des fehlenden Erklärungsbewusstseins. Soweit der Empfänger die Erklärung nach Treu
und Glauben und mit Rücksicht auf die Verkehrssitte als abgegeben auffassen durfte und der Erklärende bei Anwendung der im Verkehr erforderlichen Sorgfalt das
Inverkehrbringen hätte erkennen und verhindern können, ist die Erklärung damit
wirksam. Das Handeln der S muss sich V danach zurechnen lassen. Die Rspr. und
wohl herrschende Literatur halten dies jedoch für nicht mit der Wertung des § 172 I
BGB vereinbar, wonach sich der Aussteller einer Urkunde deren Inhalt nur dann
zurechnen lassen muss, wenn er sie einem anderen ausgehändigt hat, also wenn
er sie willentlich in den Rechtsverkehr entäußert hat. V hatte jedoch nicht einmal
einen Handlungswillen. Abhanden gekommene Willenserklärungen sollen daher
nicht wirksam sein.

194 ▶ Welche rechtlichen Konsequenzen ergeben sich für den Erklärenden und den Erklärungsempfänger im Beispiel aus der vorigen Frage?

Folgt man der ersten Ansicht, kann der Erklärende seine Willenserklärung (analog)
§ 119 I Fall 2 BGB anfechten. Allerdings haftet er dem Empfänger dann (analog)
§ 122 I BGB auf Ersatz des Vertrauensschadens. Bei einem Verschulden des Erklärenden kommt auch ein Anspruch aus c.i.c. (§§ 280 I, 311 II, 241 II BGB) in
Betracht.

Nach der zweiten Ansicht braucht der Erklärende seine Erklärung nicht anzufechten, da diese gar nicht wirksam geworden ist. Allerdings kommt auch hier ein
Anspruch des Empfängers auf Ersatz des Vertrauensschadens aus c.i.c. mit einer
Zurechnung der Pflichtverletzung und des Verschuldens der S nach § 278 BGB in
Betracht, wenn der Erklärende bei Beachtung der im Verkehr erforderlichen Sorgfalt die Absendung der Erklärung hätte verhindern können. Teilweise wird auch ein
verschuldensunabhängiger Anspruch analog § 122 I BGB angenommen.

195 **Beispiel**

Mieter M muss beruflich kurzfristig den Wohnort wechseln und zu diesem
Zweck seinen Wohnungsmietvertrag kündigen. Am Donnerstag, den 3.4., um
20.00 Uhr steckt er das Schreiben mit der Kündigung zum 30.6. in den privaten
Briefkasten des Vermieters V in der Erwartung, dieser komme wie immer spät
von der Arbeit und werde den Brief auf dem Heimweg finden. Tatsächlich schaut
V erst am nächsten Morgen in den Kasten. Muss M noch für Juli Miete zahlen?

Gem. § 573c I 1 BGB hat die Kündigung eines Wohnraummietvertrages bis zum
dritten Werktag eines Monats zum Ablauf des übernächsten Monats zu erfolgen. Da
es sich um eine empfangsbedürftige Willenserklärung handelt, kommt es auf den
Zugang beim Empfänger V an. Fraglich ist, ob die Erklärung noch am 3.4. zugegangen ist. Sie ist mit Einwurf in den Briefkasten in den Machtbereich des V gelangt. V
müsste aber auch am 3.4. noch die Möglichkeit der Kenntnisnahme gehabt haben.

Dass der V u. U. regelmäßig erst abends den Briefkasten öffnet, kann iSd. Rechtssicherheit keine Rolle spielen. Es kommt auf die allgemeine Verkehrsanschauung an. Seitdem die Post nicht mehr nur vormittags, sondern auch am Nachmittag zugestellt wird, kann zwar nicht allein auf den Vormittag abgestellt werden. Auch erreicht Berufstätige regelmäßig erst abends die Post. Wo die Grenze liegt, ist streitig, sie wird teilweise bei 18.00 Uhr gezogen. Um 20.00 Uhr kann jedenfalls gewöhnlich nicht mehr mit der Kenntnisnahme am selben Tag gerechnet werden. Der Zugang erfolgte demnach am 4.4. Die Kündigung, die als zum nächsten möglichen Termin auszulegen ist, wirkt daher erst zum 31.7. Die Monatsmiete für Juli muss M noch nach dem Mietvertrag (vgl. § 535 II BGB) zahlen.

▶ Wie wäre die Rechtslage, wenn V tatsächlich noch am 3.4. in den Briefkasten ge-   **196**
schaut und den Brief gelesen hätte?

Erlangt der Erklärungsempfänger entgegen der üblichen Verkehrsanschauung schon früher Kenntnis von der Erklärung, so ist nach überwiegender Ansicht auf den Zeitpunkt der tatsächlichen Kenntnisnahme abzustellen (Frage 192). Die Kündigung erfolgte somit fristgemäß zum 30.6. und M braucht die Miete für Juli nicht zu zahlen.

▶ Was würde gelten, wenn V im Urlaub gewesen wäre und M dies gewusst hätte?   **197**

Dem Zugang steht nicht entgegen, dass der Empfänger gehindert ist, von den in seinen Machtbereich gelangten Erklärungen Kenntnis zu nehmen, sei es durch Urlaub oder Krankheit, solange nach allgemeiner Verkehrsanschauung mit der Kenntnisnahme gerechnet werden kann. Das gilt grundsätzlich auch für den Fall, dass der Erklärende von dem Hindernis weiß. Soweit die Kündigung zu einer angemessenen Tageszeit eingeworfen wurde, so dass mit Kenntnisnahme nach gewöhnlichen Umständen zu rechnen gewesen wäre, ist sie daher dem V trotz Kenntnis des M vom Urlaub zugegangen.

▶ Eröffnet dies nicht eine große Missbrauchsgefahr, insbesondere im Fall der Kündi-   **198**
gung eines Arbeitsverhältnisses, wobei dem Arbeitnehmer nur drei Wochen Zeit
bleiben für die Einreichung der Kündigungsschutzklage (§ 4 S. 1 KSchG)?

Die Missbrauchsgefahr besteht. Jedoch wirkt das BAG ihr entgegen, indem es eine wegen Urlaubs verspätet eingereichte Kündigungsschutzklage gem. § 5 KSchG nachträglich zulässt, wenn sie innerhalb von zwei Wochen nach dem Urlaubsende eingereicht wird. Außerhalb dieses Bereichs kann dem Erklärenden nur unter besonderen Umständen des jeweiligen Einzelfalls nach Treu und Glauben die Berufung auf den frühen Zugang der Erklärung verwehrt sein.

▶ Wann ist ein Einschreiben zugegangen, wenn der Postbote den Empfänger nicht   **199**
antrifft und deshalb einen Benachrichtigungsschein hinterlässt?

Dies ist streitig. Nach einer Ansicht tritt der Zugang bereits mit der Hinterlassung des Benachrichtigungsscheins ein. Dagegen ist jedoch einzuwenden, dass die Erklärung selbst noch nicht in den Herrschaftsbereich des Empfängers gelangt ist. Für den Empfänger besteht daher noch nicht die für den Zugang einer Erklärung notwendige Möglichkeit der Kenntnisnahme von der Erklärung selbst. Nach anderer Ansicht ist die Erklärung erst in dem Zeitpunkt zugegangen, in dem unter normalen Umständen mit einer Abholung des Einschreibens zu rechnen ist (regelmäßig am nächsten Werktag). Die Abholung liege nämlich grundsätzlich in der Verantwortung des Empfängers. Hiergegen lässt sich einwenden, dass die Erklärung sich auch in diesem Zeitpunkt noch nicht im Herrschaftsbereich des Empfängers befindet. Bis dahin hat aber der Erklärende die Übermittlungsrisiken zu tragen. Bei Wahl der Übermittlung durch Übergabeeinschreiben gehört hierzu auch eine evtl. Verzögerung bei der Abholung durch den Empfänger, die der Erklärende, will er die Beweisvorteile des Einschreibens genießen, ebenfalls gegen sich gelten lassen muss. Außerdem sagt der Benachrichtigungsschein nichts über die Identität des Absenders und den Bezugspunkt des Einschreibens aus. Die Rspr. geht daher davon aus, dass die Erklärung erst in dem Zeitpunkt zugegangen ist, in dem das Einschreiben tatsächlich abgeholt wird.

200 ▶ Was ist, wenn das Einschreiben gar nicht abgeholt wird? Beispiel: V ahnt, dass M den Mietvertrag kündigen will, und will dies verhindern. Er holt das Einschreiben daher mit Absicht nicht ab. Später macht er geltend, die Kündigung sei ihm nicht rechtzeitig zugegangen.

Holt der Empfänger das Schreiben nicht (rechtzeitig) ab, ist die Willenserklärung nach eben zitierter Rspr. tatsächlich nicht oder nicht rechtzeitig zugegangen. Bei einer vorsätzlichen Zugangsvereitelung wie hier ist der Empfänger aber nicht schutzwürdig. Nach früherer Ansicht wurde daher der Zugang fingiert, schließlich kannte (oder ahnte) der Empfänger ja tatsächlich den Inhalt der Erklärung. Heute will die Rspr. dem Empfänger nur die Berufung auf die Verspätung als rechtsmissbräuchlich gem. § 242 BGB verwehren. V kann sich daher nicht auf den fehlenden Zugang der Kündigung oder ihre Verspätung berufen.

201 ▶ Der Benachrichtigungsschein geht unter einem Stapel Werbung verloren. Gilt das Schreiben dennoch als dem V zugegangen? Ist anders zu entscheiden, wenn V verreist ist und das Schreiben deshalb nicht abholen kann?

Im ersten Fall hat V nicht vorsätzlich, sondern nur fahrlässig den Zugang verhindert. Der Empfänger ist hier seinerseits schutzwürdig. Er muss wissen, wenn er an eine neue Rechtslage, z. B. durch eine Kündigung, gebunden ist. Daher erwartet die Rspr. hier vom Erklärenden, dass dieser alles Erforderliche und Zumutbare tut, um einen Zugang beim Empfänger zu erreichen. Regelmäßig ist ein zweiter Zustellungsversuch erforderlich. Wenn der Erklärende unverzüglich nach Bemerken des Mangels tätig geworden ist und weitere Zustellungsversuche unternommen hat, muss sich der Empfänger aufgrund seines Verschuldens nach Treu und Glauben so behandeln lassen, als wäre schon das erste Schreiben zugegangen. Diese erneute Zustellung wirkt also auf den Zeitpunkt der ersten, missglückten Zustellung zurück.

V könnte sich damit – bei unterbliebenem zweitem Zustellungsversuch – auf den fehlenden Zugang berufen. Ist der Brief beim zweiten Versuch aber zugegangen, kann V nicht dessen Verspätung geltend machen. Ob diese auf Treu und Glauben gestützte Rückwirkung der zweiten Zustellung auch bei fehlendem Verschulden wie im zweiten Fall gilt, ist wiederum streitig. Während die Rspr. hier zurückhaltend ist, wird von anderen wieder auf die verschiedenen Risikosphären abgestellt. Auch die unverschuldete Zugangsverhinderung aufgrund Abwesenheit liegt letztlich in der Sphäre des Empfängers, eine Rückwirkung soll daher auch hier möglich sein.

▶ Was gilt, wenn V die Annahme des Briefs abgelehnt hat, weil er mangels ausrei-   **202**
   chender Frankierung Nachporto hätte zahlen müssen?

Müsste der Empfänger anderenfalls Nachporto zahlen, darf er die Annahme verweigern. Da der Brief deshalb nicht vom Postboten übergeben wurde, ist er nicht in den Machtbereich des V gelangt und daher aufgrund berechtigter Annahmeverweigerung nicht zugegangen.

▶ Wann ist eine per Fax, E-Mail oder SMS versandte Willenserklärung zugegangen?   **203**
   Wann eine auf den Anrufbeantworter gesprochene? Was gilt, wenn kein Faxpapier
   eingelegt war oder der Anrufbeantworter aufgrund eines Defekts nicht aufgezeichnet hat?

Bei Fax, E-Mail, SMS wie auch bei Nachrichten auf dem Anrufbeantworter handelt es sich um Willenserklärungen unter Abwesenden. Die Erklärung muss also in den Herrschaftsbereich des Empfängers gelangen und es muss mit Kenntnisnahme zu rechnen sein. Insb. beim Fax ist streitig, wann es in den Herrschaftsbereich des Adressaten gelangt ist. Jedenfalls mit Abschluss des Druckvorgangs am Empfangsgerät ist dies zu bejahen. Andererseits können Fehler in der Risikosphäre des Empfängers wie fehlendes Papier oder ein technischer Defekt, der den Ausdruck verhindert, nicht zu Lasten des Erklärenden gehen. Teils wird daher vertreten, der Herrschaftsbereich sei dann erreicht, wenn das Fax bei ordnungsgemäßem Funktionieren fertig ausgedruckt worden wäre. Letztlich ist auch hier ähnlich wie im Fall des nicht abgeholten Einschreibebriefs zu differenzieren: Bei vorsätzlicher Verhinderung des Ausdrucks wird der Zugang fingiert, bei nichtvorsätzlicher Verhinderung kann eine erneute Zustellung auf den Zeitpunkt des ersten Faxversuchs zurückwirken.

Für den Fall des Anrufbeantworters muss Entsprechendes gelten: Die Willenserklärung ist dann in den Herrschaftsbereich gelangt, wenn sie aufgezeichnet wurde.

Wann mit der Kenntnisnahme zu rechnen ist, bestimmt sich wieder nach der Verkehrsanschauung. Faxe und Anrufe an eine Dienststelle werden während der üblichen Geschäftszeiten normalerweise zur Kenntnis genommen und gehen in diesem Zeitpunkt zu. Berufstätige werden solche Mitteilungen an ihre Wohnung gewöhnlich erst abends zur Kenntnis nehmen.

Eine E-Mail gelangt bereits mit Speicherung auf dem Rechner des Dienstanbieters („Provider") und nicht erst nach dem Herunterladen auf den eigenen Rechner in den Herrschaftsbereich des Empfängers. Der Provider ist gewissermaßen der elektronische Briefkasten, aus dem der Empfänger die Erklärung herunterladen kann. Von der Möglichkeit der Kenntnisnahme durch den Empfänger ist aber erst in dem Augenblick auszugehen, in dem die Erklärung üblicherweise abgerufen wird. Bei einem Geschäftsmann wird dies mehrmals täglich sein. Bei einer erst spät abends verschickten E-Mail geht die Erklärung jedoch erst zu Beginn der nächsten Geschäftszeit zu. Ist der Empfänger eine Privatperson, kann von der Kontrolle des E-Mail-Posteingangs einmal pro Tag ausgegangen werden, ähnlich wie beim Postfach, das nach der Verkehrsauffassung täglich oder zumindest in kurzen zeitlichen Abständen geleert wird. Eine SMS gelangt in den Herrschaftsbereich, wenn sie auf dem Handy eingegangen ist; sie geht wie eine E-Mail zu.

Voraussetzung ist jeweils, dass der Empfänger mit seiner Fax- und Handynummer oder E-Mail-Adresse überhaupt am Rechtsverkehr teilnimmt und damit zum Ausdruck bringt, dass eine regelmäßige Eingangskontrolle erfolgt.

204 ▶ In welchem Zeitpunkt ist eine Willenserklärung zugegangen, wenn sie nicht an den Empfänger direkt ausgehändigt wurde, sondern z. B. an dessen Ehefrau, an dessen siebenjähriges Kind, seinen Angestellten, seinen Prokuristen oder den Geschäftsführer einer GmbH?

Hier ist danach zu unterscheiden, inwieweit die zwischengeschaltete Person dem Herrschafts- und Risikobereich des Empfängers zuzuordnen ist. Soweit die Person bevollmächtigt wurde, bestimmte Erklärungen entgegenzunehmen, was sich auch aus der Bevollmächtigung zur Vornahme entsprechender Rechtsgeschäfte ergeben kann, gilt sie als Empfangsvertreter, so dass sie dem Empfänger mit dem Zugang bei ihr zugeht. Dies ist z. B. bei einem Prokuristen oder Geschäftsführer als vertretungsberechtigtem Organ der Fall, aber auch bei einer Verkäuferin hinsichtlich solcher Erklärungen, die in ihren Tätigkeitsbereich fallen, vgl. § 56 HGB.

Ist die Person zwar nicht bevollmächtigt, aber zur Entgegennahme von Erklärungen ausdrücklich oder konkludent vom Empfänger bestellt oder nach der Verkehrsanschauung als ermächtigt anzusehen und hierzu bereit und geeignet, so gilt sie als Empfangsbote. Dies ist z. B. für den Ehegatten, aber auch für die Putzfrau oder den WG-Mitbewohner anzunehmen, nicht aber für ein kleines Kind. In diesem Fall geht die Erklärung dem Empfänger nach h.M. in dem Zeitpunkt zu, zu dem die Weiterleitung an den Empfänger unter normalen Umständen zu erwarten ist. Bei Entgegennahme durch den Ehegatten ist daher der Zugang spätestens am Feierabend anzunehmen.

In allen anderen Fällen ist die Hilfsperson dagegen nur als Erklärungsbote anzusehen. Dieser zählt nicht zum Machtbereich des Empfängers. Die Erklärung ist daher nicht bereits mit Übergabe an den Erklärungsboten und der Weisung zur Übermittlung an den Empfänger (dies ist erst die Abgabe) oder dem Zeitpunkt gewöhnlicher Weitergabe wirksam zugegangen, sondern erst in dem Zeitpunkt, in dem sie an den Empfänger selbst tatsächlich übermittelt wurde. Wenn das Kind des Empfängers den Brief unter den Spielsachen vergräbt und erst eine Woche später dem Vater gibt, ist er also erst in diesem Zeitpunkt zugegangen.

▶ Wer trägt bei Einschaltung der genannten Mittelspersonen das Risiko der richtigen **205**
und rechtzeitigen Übermittlung?

Bei Einschaltung eines Erklärungsboten trägt der Erklärende das Risiko der richtigen und rechtzeitigen Übermittlung. Bei Einschaltung eines Empfangsboten trägt der Erklärungsempfänger das Risiko. Wird ein Empfangsvertreter eingeschaltet, besteht kein Risiko mehr, da die Erklärung bereits mit Zugang bei diesem auch dem Adressaten zugegangen ist.

▶ Wann ist eine schriftliche Erklärung unter Anwesenden zugegangen? **206**

Eine schriftliche Erklärung ist dem anwesenden Empfänger zugegangen, wenn dieser durch Aushändigung des Schriftstücks die tatsächliche Verfügungsgewalt darüber erlangt und unter normalen Umständen vom Inhalt der Erklärung Kenntnis nehmen kann.

▶ Wann ist eine mündliche Erklärung zugegangen? **207**

Wann eine mündliche Erklärung unter Anwesenden (worunter auch Telefongespräche fallen) zugegangen ist, ist umstritten: Nach der reinen Vernehmungstheorie ist eine mündliche Erklärung unter Anwesenden nur dann zugegangen, wenn der Empfänger die Erklärung akustisch richtig verstanden hat. Das Übermittlungsrisiko liegt demnach also beim Erklärenden. Für diese Ansicht spricht, dass der Empfänger gerade kein Schriftstück ausgehändigt bekommt, mit dem er sich über den Inhalt der Erklärung vergewissern könnte. Daher erscheint es angemessen, ihm nicht das Übermittlungsrisiko aufzubürden, zumal der Empfänger im Fall, dass er etwas falsch verstanden hat, dies nicht unbedingt auch bemerken muss.

Dagegen ist jedoch einzuwenden, dass es nicht sachgerecht ist, dem Erklärenden das ganze Übermittlungsrisiko aufzubürden. Den Erklärungsempfänger muss im Interesse der Verkehrssicherheit eine gewisse Mitverantwortung der richtigen Verständigung treffen, da der Erklärende Hindernisse – wie z. B. eine Schwerhörigkeit des Empfängers – nicht immer erkennen kann. Herrschend ist daher die eingeschränkte Vernehmungstheorie, nach der eine Erklärung unter Anwesenden dann zugegangen ist, wenn der Erklärende vernünftigerweise nicht daran zweifeln durfte, dass seine Erklärung vom Empfänger richtig und vollständig verstanden wurde. Das Übermittlungsrisiko wird also zwischen Erklärendem und Empfänger sachgerecht aufgeteilt.

▶ Können die Parteien von § 130 BGB abweichende Zugangsregeln vereinbaren? **208**

Ja, die Zugangsregeln des § 130 BGB sind dispositiv und können daher durch Parteivereinbarung – individuell oder durch Allgemeine Geschäftsbedingungen – modifiziert werden. Für AGB bestehen jedoch Grenzen wie für die Fiktion der Abgabe einer Willenserklärung nach § 308 Nr. 5 BGB (etwa das Schweigen des Kunden), des Zugangs nach Nr. 6 und für strengere Form- oder besondere Zugangserfordernisse nach § 309 Nr. 13 BGB, etwa die Bedingung, dass Erklärungen des Kunden mittels Einschreiben oder ausschließlich auf Formularen des Verwenders zu erfolgen haben.

209 ▸ In welchem Zeitpunkt wird eine an einen Minderjährigen gerichtete Erklärung wirksam?

Nach § 131 II 1 BGB wird eine gegenüber einer beschränkt geschäftsfähigen Person abgegebene Willenserklärung erst wirksam, wenn sie dem gesetzlichen Vertreter zugeht. Die h.M. verlangt dabei, dass sie an den gesetzlichen Vertreter gerichtet ist. Es genügt nicht, wenn er von der an den Minderjährigen gerichteten Erklärung zufällig erfährt. Dagegen steht allerdings der Wortlaut, der ausdrücklich nur den Zugang verlangt. Bei Willenserklärungen, die dem beschränkt Geschäftsfähigen lediglich rechtliche Vorteile bringen, reicht jedoch gem. § 131 II 2 BGB in Hinblick auf §§ 107 ff. BGB der Zugang an diesen selbst, etwa beim Zugang eines Vertragsangebots, das als solches keine Pflichten für den Minderjährigen begründet, sondern seinen Handlungsspielraum erweitert. Der Zugang einer Annahme bewirkt dagegen das Zustandekommen des Vertrags, begründet also eine vertragliche Bindung und ist daher regelmäßig rechtlich nachteilig (Ausnahme: Schenkung), muss also beim gesetzlichen Vertreter erfolgen. Wenn der gesetzliche Vertreter seine Einwilligung erteilt hat, genügt der Zugang beim Minderjährigen. Sofern eine Einwilligung zum Abschluss eines Vertrags vorliegt, ist davon auszugehen, dass sich diese nicht nur auf die Abgabe der Willenserklärung des Minderjährigen bezieht sondern auch auf den Zugang der Annahme des Vertragspartners. Eine Genehmigung des Zugangs beim Minderjährigen ist dagegen grundsätzlich nicht möglich. Wird aber durch Erklärung gegenüber dem beschränkt Geschäftsfähigen ein Vertragsangebot angenommen, so kann der Vertreter neben dem Vertrag auch den Zugang genehmigen, da andernfalls § 108 BGB leerlaufen würde.

210 ▸ Kann eine Erklärung einem Geschäftsunfähigen oder einem unzurechnungsfähig Betrunkenen zugehen?

Eine Willenserklärung an einen Geschäftsunfähigen muss stets dessen gesetzlichem Vertreter zugehen, § 131 I BGB. Ein Betrunkener und damit eine iSd. § 105 II BGB nur vorübergehend in ihrer Geistestätigkeit gestörte Person hat aber keinen gesetzlichen Vertreter, womit diese Regelung nicht einmal entsprechend angewendet werden kann. Vielmehr kann hier auf die allgemeinen Zugangsregeln zurückgegriffen werden: Eine schriftliche Willenserklärung unter Abwesenden geht genauso wie sonst dann zu, wenn sie in den Machtbereich des Empfängers gelangt ist und gewöhnlich mit ihrer Kenntnisnahme zu rechnen ist. Ob der Empfänger zu jener Zeit betrunken ist oder nicht, ist insofern unerheblich. Bei einer mündlichen Willenserklärung ist dagegen dem Erklärenden regelmäßig erkennbar, dass der Betrunkene die Erklärung nicht wirklich zur Kenntnis nehmen kann, da er sie entweder nicht hört oder nicht versteht.

D. Widerruf der Willenserklärung

▶ Kann der Erklärende, der seine Erklärung bereits abgegeben hat, deren Wirksam-   **211**
  werden noch verhindern?

Ja. Gem. § 130 I 2 BGB kann er seine Willenserklärung vor oder gleichzeitig mit
deren Zugang widerrufen (nicht zu verwechseln mit den Widerrufsrechten bei bereits zustande gekommenen Verbraucherverträgen gem. §§ 355 ff. BGB).

Beispiel   **212**

Händler H bekommt eines Morgens mit der Post zwei Briefe des Kaufmanns K:
einmal das Angebot des K zum Kauf von zwei Paletten Mineralwasser, das andere enthält die Bitte des K, doch nur eine Palette zu liefern. H liest das Angebot
für die zwei Paletten zuerst. Ist dieses wirksam geworden?

Das Angebot könnte gem. § 130 I 2 BGB teilweise widerrufen worden sein. Da
es sich nur um eine Reduktion der bestellten Menge und nicht um eine ganz andere Ware handelt, ist nicht von einem vollständigen Widerruf und einem neuen
Antrag auszugehen, sondern von einem teilweisen Widerruf des ersten. Fraglich
ist, ob dieser Widerruf rechtzeitig erfolgte. Dafür müsste er vor oder gleichzeitig
mit der Erklärung zugegangen sein. Der Zugang erfolgt zu dem Zeitpunkt, in dem
die Erklärung derart in den Herrschaftsbereich des Empfängers gelangt, dass mit
der Kenntnisnahme zu rechnen ist. In den Herrschaftsbereich des H sind beide Erklärungen mit der Zustellung der Post gelangt. Da dies zur Geschäftszeit geschah,
war in diesem Zeitpunkt auch mit der Kenntnisnahme des H zu rechnen. Die tatsächliche Kenntnisnahme und insbesondere ihre zufällige Reihenfolge ist daher ir-
relevant. Beide Erklärungen sind damit mit der Lieferung der Post und folglich
gleichzeitig zugegangen. Damit war der Widerruf rechtzeitig und das Angebot ist
nur hinsichtlich der einen Palette wirksam geworden.

▶ Ist eine Erklärung wirksam widerrufen, wenn der Widerruf zwar erst nach Zugang   **213**
  der Erklärung eingegangen ist, der Empfänger den Widerruf aber zuerst zur Kenntnis nimmt?

Dies ist umstritten. Nach einer Ansicht soll der Widerruf in diesem Fall wirksam
sein, da der Empfänger hier nicht mehr auf die Wirksamkeit der Erklärung vertraue
und dementsprechend auch nicht mehr schutzwürdig sei. Es widerspräche dem
Grundsatz von Treu und Glauben, wenn die Erklärung trotzdem wirksam wäre. Dagegen sprechen jedoch der eindeutige Wortlaut des § 130 I 2 BGB und das Bedürfnis nach Rechtssicherheit. Der Widerruf ist nur wirksam, wenn er dem Empfänger
vor oder mit der Erklärung zugeht. Auf eine Kenntnisnahme des Empfängers soll es
dabei nicht ankommen. Die Erklärung ist folglich wirksam, da sie dem Empfänger
bereits zugegangen ist.

E. §§ 116, 117, 118 BGB

214 ▶ Wodurch unterscheidet sich das Scherzgeschäft vom geheimen Vorbehalt?

Beim geheimen Vorbehalt iSd. § 116 BGB will der Erklärende, dass sein fehlender Rechtsbindungswille verborgen bleibt („böser Scherz"). Beim Scherzgeschäft iSd. § 118 BGB hingegen geht der Erklärende davon aus, dass der Erklärungsempfänger die Nichternstlichkeit der Erklärung erkennt („guter Scherz").

215 ▶ Wie wird der Erklärungsempfänger durch die §§ 116, 118 BGB geschützt?

Im Fall des geheimen Vorbehalts wird der Erklärungsempfänger dadurch geschützt, dass die Willenserklärung trotz fehlenden Rechtsbindungswillens wirksam ist, § 116 S. 1 BGB. Nur wenn der Empfänger positiv Kenntnis von dem Vorbehalt hat und damit nicht schutzwürdig ist, ist die Erklärung nach S. 2 BGB nichtig.
Im Fall der Scherzerklärung ist die Willenserklärung zwar nichtig, der Erklärende ist aber zum Ersatz des Vertrauensschadens nach § 122 I BGB verpflichtet. Diese Besserstellung des Erklärenden gegenüber der Bindung nach § 116 S. 1 BGB ist dadurch gerechtfertigt, dass der Erklärende hier gutgläubig ist; er geht ja – fahrlässig oder nicht – davon aus, dass der andere den Scherz versteht.

216 ▶ Ist eine nicht ernstliche Erklärung auch dann nichtig, wenn der Erklärende nach der Abgabe erkennt, dass der Erklärungsempfänger die Erklärung als ernst ansieht?

Nein. Der Erklärende ist in diesem Fall nach Treu und Glauben (§ 242 BGB) verpflichtet, den Erklärungsempfänger über die Nichternstlichkeit aufzuklären. Unterlässt er dies, wird aus dem „guten Scherz" ein „böser Scherz", welcher wie ein geheimer Vorbehalt gem. § 116 S. 1 BGB zu behandeln ist (str.; nach a. A. kann sich der Erklärende auf den Mangel an Ernstlichkeit nach Treu und Glauben nicht berufen). Der Erklärende ist dann also an seine Erklärung gebunden.

217 ▶ Welches Tatbestandsmerkmal einer Willenserklärung fehlt beim sog. Scheingeschäft?

Der Rechtsbindungswille. Die Parteien eines Scheingeschäfts wollen zwar den äußeren Schein des Abschlusses eines Rechtsgeschäfts hervorrufen, aber nicht die damit verbundenen Rechtsfolgen. Daher ist das Scheingeschäft nach § 117 I BGB nichtig.

218 | **Beispiel**

A übereignet seinem Bruder B seinen Ferrari, um diesen vor seinen mit Pfändung drohenden Gläubigern „in Sicherheit" zu bringen. Liegt hier ein Scheingeschäft iSd. § 117 I BGB vor?

Nein. Ein Scheingeschäft iSd. § 117 I BGB liegt vor, wenn die Parteien nur den äußeren Schein eines wirksamen Rechtsgeschäfts hervorrufen, um ihr Ziel zu erreichen. Hier wollten A und B aber gerade, dass die Übereignung des Ferraris wirksam ist, um eine Pfändung zu vermeiden. Es liegt ein sog. fiduziarisches Geschäft vor. Die Parteien eines solchen Treuhandgeschäfts wollen zwar, dass im Innenverhältnis die Interessen des Übertragenden gewahrt bleiben, dabei soll der Treuhänder aber nach außen Eigentümer und Inhaber der übertragenen Vermögenswerte (und damit auch der Verfügungsmacht) werden, um diese z. B. vor Pfändung zu schützen. Den Parteien kommt es also gerade darauf an, dass das Geschäft tatsächlich wirksam ist. Daher ist § 117 I BGB hier nicht anwendbar.

Beispiel   **219**

A war schon immer auf den Mercedes – ein Sammlerstück – seines Erzfeindes E neidisch. Als er hört, dass E das Auto verkaufen will, bittet A seinen Freund F, den Wagen für ihn zu kaufen. A weiß, dass E den Mercedes niemals an ihn verkaufen würde. Handelt es sich bei diesem Geschäft um ein Scheingeschäft iSd. § 117 I BGB?

Nein. Wie in der vorigen Frage kommt es A und F gerade darauf an, dass der Kaufvertrag wirksam zustande kommt, und F das Auto dann weiter an A übereignen kann. Hier liegt ein sog. Strohmanngeschäft vor, bei welchem der an sich am Rechtsgeschäft Interessierte einen Strohmann vorschickt, weil er selbst nicht als Geschäftspartei auftreten möchte. Der Wirksamkeit des so zustande gekommenen Rechtsgeschäfts schadet es dabei nicht, dass der Dritte die Strohmanneigenschaft seines Geschäftspartners nicht kennt. Auch hier liegt also kein Scheingeschäft iSd. § 117 I BGB vor.

▶ Sind das simulierte und das dissimulierte Geschäft beim Scheingeschäft unwirk-   **220**
sam?

Gem. § 117 I BGB ist das simulierte (Schein-)Geschäft unwirksam. Das dissimulierte (verdeckte) Geschäft hingegen ist nach § 117 II BGB grundsätzlich wirksam, da es von den Parteien ernstlich gewollt ist. Allerdings sind auf das verdeckte Rechtsgeschäft die allgemeinen Vorschriften anzuwenden, es muss also alle Wirksamkeitserfordernisse selbst erfüllen.

Beispiel   **221**

V will K sein Grundstück verkaufen. Der Kaufpreis soll 400.000 € betragen. Allerdings wollen V und K Grunderwerbsteuern und Notargebühren „sparen". Deshalb lassen sie nur einen Kaufpreis von 200.000 € notariell beurkunden (sog. Unterverbriefung). Später weigert V sich, das Grundstück zu übereignen. Er hat inzwischen einen anderen Käufer gefunden, der 500.000 € bezahlen will. Hat K gegen V einen Anspruch auf Übereignung des Grundstücks?

K hat einen Anspruch aus Kaufvertrag gem. § 433 I 1 BGB, wenn V und K einen wirksamen Kaufvertrag abgeschlossen haben. Hierfür kommt zunächst die – notariell beurkundete – Einigung über einen Verkauf für 200.000 € in Betracht. Allerdings wollte V keinesfalls für diesen geringen Kaufpreis übereignen, hinsichtlich dieser Vereinbarung fehlte den Parteien der Rechtsbindungswille. Sie wurde nur zum Schein abgegeben und ist daher als simuliertes Geschäft nach § 117 I BGB nichtig.

Allerdings könnte die verdeckte mündliche Vereinbarung zum Verkauf für 400.000 € Grundlage eines Übereignungsanspruchs sein. Nach § 117 II BGB ist dieses dissimulierte Geschäft wirksam, soweit es alle sonstigen Wirksamkeitserfordernisse erfüllt. Gem. § 311b I 1 BGB muss ein Vertrag, durch den sich eine Partei zur Übereignung eines Grundstücks verpflichtet, jedoch notariell beurkundet sein. Die verdeckte Vereinbarung wurde aber gerade nicht beurkundet. Diese Vereinbarung ist daher formnichtig nach § 125 S. 1 BGB. Eine Heilung durch Auflassung und Eintragung des K ins Grundbuch nach § 311b I 2 BGB ist ebenfalls nicht erfolgt. Dieser Kaufvertrag ist also ebenfalls nichtig. K hat gegen V daher keinen Übereignungsanspruch.

222 ► Welche Folgen hat die Formnichtigkeit des dissimulierten Geschäfts auf eine zugunsten des Käufers eingetragene Vormerkung?

Die Vormerkung ist gem. § 883 I 1 BGB akzessorisch, d. h. vom Bestand des zugrunde liegenden Übereignungsanspruchs abhängig. Wenn dieser mangels Einhaltung der vorgeschriebenen Form nicht entsteht, wird auch die Vormerkung nicht wirksam begründet. Die Heilung des Kaufvertrags durch Eintragung des Käufers ins Grundbuch nach § 311b I 2 BGB wirkt nur ex nunc („wird ... gültig") und kann daher die Vormerkung nicht rückwirkend entstehen lassen. Auch liegt kein künftiger Anspruch iSd. § 883 I 2 BGB vor. Dieser setzt voraus, dass der Rechtsboden für den werdenden Anspruch bereits so bereitet ist, dass sein Entstehen nicht mehr einseitig vom Veräußerer verhindert werden kann und nur noch vom Willen des Erwerbers (oder vom Zufall, str.) abhängt. Hier hängt der Anspruch aber von der Auflassungserklärung des Veräußerers und seiner Eintragungsbewilligung ab. Eine Vormerkung kann im Fall der Unterverbriefung also nicht wirksam begründet werden.

223   Beispiel

Abwandlung: Für den Käufer K verhandelt seine Ehefrau E. Sie vereinbart mit V die Unterverbriefung, von der K nichts weiß. Den notariellen Kaufvertrag unterschreibt aber K selbst. Ist auch hier der Kaufvertrag nichtig?

K als Vertragspartner ging hier hinsichtlich des beurkundeten Vertrags nicht von einem Scheingeschäft nach § 117 I BGB aus. Jedoch könnte § 166 BGB anwendbar sein. Danach zählen im Fall der Stellvertretung die Willensmängel und die Kenntnis des Vertreters. Zwar ist E nicht Vertreter des K sondern nur Verhandlungsgehilfe, auf sie ist § 166 I BGB aber analog anwendbar (vgl. Frage 546). Jedoch geht es in § 166 I BGB um die Zurechnung von Wissen, nicht von Wollen. Der Mangel eines Rechtsbindungswillens kann daher (auch im Fall der Stellvertretung) nicht zugerechnet werden. Damit liegt kein Scheingeschäft iSd. § 117 I BGB vor.

Die Nichtigkeit der in den Vertrag eingegangenen Erklärung des V kann sich aber aus § 118 BGB ergeben. V ging davon aus, dass K seinen fehlenden Rechtsbindungswillen kennt. Ob § 118 BGB auch auf formbedürftige Willenserklärungen anwendbar ist, ist allerdings streitig. Nach einer Ansicht ist der Publizität und dem Verkehrsschutz Vorrang zu geben. Es handele sich um einen geheimen Vorbehalt, so dass die Erklärung und damit auch der Vertrag wirksam seien. Nach anderer Ansicht ist § 118 BGB anwendbar: Der Übereilungsschutz, die Beweis- und Warnfunktion verlangen danach wie auch bei der falsa demonstratio (vgl. Frage 182) keine Einschränkung des § 118 BGB. Schließlich sei auch ein Irrtum möglich und der Erklärungsempfänger sei über § 122 BGB ausreichend geschützt. Danach ist der Kaufvertrag unwirksam.

Anfechtung

5

▶ Wie wird der Anfechtungsgegner in seinem Vertrauen auf den Bestand des Rechtsgeschäfts geschützt?

224

Der Anfechtungsgegner ist – soweit er schutzwürdig ist, was er in den Fällen des
§ 123 BGB nicht ist – zunächst dadurch geschützt, dass der andere nur bei Vorliegen
bestimmter Anfechtungsgründe (§§ 119 ff. BGB) zu einer Anfechtung berechtigt
ist. Außerdem ist der Anfechtungsberechtigte an eine kurz bemessene Frist (§ 121 I
BGB: „unverzüglich") gebunden und muss dem Anfechtungsgegner ggf. Schadensersatz nach § 122 BGB leisten (vgl. noch Fragen 269 ff., 279 ff.).

▶ Welche Voraussetzungen hat die Anfechtung?

225

> Eine wirksame Anfechtung bedarf
> 1. eines Anfechtungsgrundes nach §§ 119, 120, 123 BGB;
> 2. einer Anfechtungserklärung, und zwar
> 3. gegenüber dem richtigen Anfechtungsgegner (§ 143 BGB) und
> 4. innerhalb der maßgeblichen Anfechtungsfrist (§§ 121, 124 BGB).

A. Irrtumsanfechtung

▶ Welche Irrtümer, die den Erklärenden zu einer Anfechtung berechtigen, kennt das
BGB?

226

Den Inhaltsirrtum gem. § 119 I Fall 1 BGB, den Erklärungsirrtum gem. § 119 I
Fall 2 BGB, den Eigenschaftsirrtum gem. § 119 II BGB, den Übermittlungsirr-
tum gem. § 120 BGB und den Irrtum aufgrund arglistiger Täuschung gem. § 123 I
Fall 1 BGB. Einziger Anfechtungsgrund ohne Irrtum ist die widerrechtliche Dro-

C. Armbrüster, *Examinatorium BGB AT,* Springer-Lehrbuch,
DOI 10.1007/978-3-642-45123-2_5, © Springer-Verlag Berlin Heidelberg 2015

hung nach § 123 I Fall 2 BGB. Neben den Anfechtungsregeln im Allgemeinen Teil gibt es Sonderregeln z. B. im Erbrecht, v. a. §§ 2078 ff., 2281 ff., 2308 BGB, die teils auch bei bloßen Motivirrtümern zur Anfechtung berechtigen. Zudem gibt es Sondernormen für die Aufhebung der Ehe (§ 1313 BGB) und die Anfechtung der Vaterschaft (§§ 1600 ff. BGB).

---

227   Beispiel

K bestellt für seine Freundin bei Versandhändler V eine Armbanduhr. Bilden Sie für jeden Anfechtungsgrund und den unbeachtlichen Motivirrtum ein Beispiel.

- § 119 I Fall 1 BGB: K hat den Katalog nicht mehr zur Hand und bestellt aus seiner Erinnerung heraus die Uhr Nr. 98. Das ist jedoch eine Herrenuhr, er meinte Nr. 89.
- § 119 I Fall 2 BGB: K verschreibt sich und bestellt so Nr. 98, obwohl er Nr. 89 wollte.
- § 119 II BGB: K hält die Uhr für golden, sie ist aber nur vergoldet.
- § 120 BGB: K bittet seine Mutter M, die Uhr Nr. 89 mit ihren Sachen mit zu bestellen. M verwechselt die Nummer und bestellt Nr. 98.
- § 123 I Fall 1 BGB: K ruft bei der Hotline des V an und sagt, er möchte die Uhr Nr. 89 bestellen, wenn diese aus Gold ist. Angestellter A versichert ihm dies wider besseres Wissen, um einen Geschäftsabschluss zu erreichen.
- § 123 I Fall 2 BGB: K wird von seiner Freundin mit Schlägen bedroht, damit er die Uhr bestellt.
- Unbeachtlicher Motivirrtum: K wollte die Uhr für die Verlobung mit seiner Freundin; bevor sie geliefert wird, trennen sich die beiden aber.

228   ▶ Definieren Sie den Begriff des Irrtums!

Irrtum ist das unbewusste Auseinanderfallen von objektiv Erklärtem und subjektiv Gewolltem.

229   ▶ Worin unterscheiden sich Inhalts-, Erklärungs- und Übermittlungsirrtum vom Eigenschaftsirrtum, der arglistigen Täuschung und der widerrechtlichen Drohung?

Während es sich bei den erstgenannten Irrtümern um Fehler bei der Willensäußerung handelt, liegen bei Eigenschaftsirrtum, arglistiger Täuschung und widerrechtlicher Drohung Fehler in der Willensbildung vor: Das Erklärte entspricht dem, was der Erklärende in diesem Moment mit der Erklärung erreichen wollte; dieser Wille beruht aber auf einem Irrtum bzw. einer Drohung.

I. § 119 I BGB

230   ▶ Wie unterscheidet man Erklärungs- und Inhaltsirrtum? Was sind typische Beispiele?

Bei einem Erklärungsirrtum benutzt der Erklärende ein nicht gewolltes Erklärungszeichen. Er verspricht, verschreibt oder vergreift sich. Beim Inhaltsirrtum irrt er
dagegen über die Bedeutung des an sich gewollten Erklärungszeichens.

Beispiel

Der Kunde verspricht sich und kauft drei statt zwei Kg Äpfel; er benutzt ein
falsches Erklärungszeichen und unterliegt somit einem Erklärungsirrtum nach
Fall 2. Ein Inhaltsirrtum nach Fall 1 tritt häufig dann auf, wenn der Empfänger
eines Angebots dieses fehlerhaft auslegt und dann ohne Wiederholung des Inhalts unter Bezug auf das Angebot annimmt. Beispiel: Bestellt der Kunde eine
Pizza zum auf dem Werbezettel (fehlerhaft) benannten Preis und nimmt der Piz-
zabäcker ohne konkrete Preisvereinbarung in dem Glauben an, er verkaufe zum
Listenpreis (vgl. Frage 180), so irrt er sich über den Inhalt seiner Erklärung,
nämlich die Höhe des vereinbarten Preises. Er benutzt das Erklärungszeichen,
das er will, weiß aber nicht, was er damit erklärt. Außerdem können Inhalts-
irrtümer bei Namensverwechslungen und einem fehlerhaften Verständnis von
Rechtsbegriffen (z. B. „Verkauf inkl. Zubehör") auftreten.

Beispiel   **231**

A und B haben gerade eine WG gegründet. Ihnen fehlt noch ein Fernseher. A
sieht im Schaufenster des V einen Fernseher für 250 €. Weil es sich um ein
günstiges Angebot handelt, kauft A das Gerät. Zuhause angekommen, muss A
feststellen, dass auch B bei V war und den gleichen Fernseher gekauft hat. Kann
A den Vertrag mit V anfechten?

Zwar sollen die §§ 119 ff. BGB den Erklärenden unter gewissen Umständen dazu
berechtigen, im Falle eines Irrtums nicht mehr an seine Erklärung gebunden zu
sein, jedoch kann nicht jeder Irrtum zu einer Anfechtung führen. Andernfalls würde
eine große Rechtsunsicherheit hervorgerufen werden, da niemand mehr auf das Bestehen einer Erklärung vertrauen könnte. Daher sind einige Irrtümer unbeachtlich.
So auch der sog. unbeachtliche Motivirrtum, bei welchem sich der Erklärende lediglich in seinem Beweggrund geirrt hat. Motive, die sich jeder Zeit ändern können,
liegen allein im Verantwortungs- und Risikobereich des Erklärenden. Nur weil A im
vorliegenden Fall nicht wusste, dass B bereits einen Fernseher gekauft hatte, ist er
nicht berechtigt, den Kaufvertrag anzufechten, da V auf dessen Wirksamkeit vertraut hat und auch vertrauen durfte.

▶ Kann der Erklärende, wenn er dem Vertragspartner oder einem Dritten überlässt,   **232**
   die bereits unterzeichnete Erklärung in bestimmter Weise zu vervollständigen (sog.
   Blankett), im Fall einer abredewidrigen Ausfüllung seine Erklärung gem. § 119 I BGB
   anfechten?

Soweit der Erklärungsempfänger das Blankett abredewidrig ausgefüllt hat, ergibt
schon die Auslegung der schriftlichen Erklärung im Kontext der mündlichen Ab-

machungen, dass die Erklärung nur den vereinbarten Inhalt hat. Eine Anfechtung ist daher überflüssig.

Kommt der Vertrag dagegen mit einem Dritten zustande, ist dieser in seinem Vertrauen auf das Erklärte zu schützen. Aufgrund seiner Unterschrift unter das Blankett und der Ermächtigung des D zu dessen Vervollständigung haftet K, als hätte er es selbst ausgefüllt. Dass D das Blankett bewusst falsch ausfüllte, ändert nichts an der Zurechenbarkeit. Wer eine Blankounterschrift leistet und diese aus der Hand gibt, schafft damit die Möglichkeit, dass das Blankett abweichend von seinem Willen ausgefüllt und in den Verkehr gebracht wird, und geht bewusst dieses Risiko ein. Er begründet einen Rechtsschein, aufgrund dessen er einem gutgläubigen Erklärungsempfänger haftet. Der Vertrag hat deshalb den Inhalt, der sich aus der Sicht eines objektiven Empfängers aus der Erklärung ergibt.

Fraglich ist, ob der Vertrag anfechtbar ist. Dadurch, dass der mit der schriftlichen Vervollständigung der Erklärung beauftragte D ein anderes Erklärungszeichen benutzte, als von K gewollt, hat dieser etwas erklärt, was er nicht erklären wollte und ist damit einem Erklärungsirrtum iSd. § 119 I Fall 1 BGB erlegen. Jedoch ist er nicht schutzwürdig, weil er mit der abredewidrigen Ausfüllung rechnen musste (vgl. oben). Hier trifft nach allgemeinen Rechtsscheinregeln den Erklärenden das Missbrauchsrisiko. Außerdem gebietet die vergleichbare Interessenlage zu § 172 BGB – die Ermächtigung zur Ausfüllung eines Blanketts ähnelt der Erteilung einer Vollmachtsurkunde – eine entsprechende Anwendung auf die Blankettausfüllung. Nach § 172 BGB bleibt die Vollmacht, wenn der Vollmachtgeber dem Vertreter eine Vollmachtsurkunde ausgehändigt und dieser sie einem gutgläubigen Dritten vorgelegt hat, dem Dritten gegenüber so lange bestehen, bis die Urkunde an den Vollmachtgeber zurückgegeben oder für kraftlos erklärt worden ist. Derjenige, der auf den Bestand einer schriftlichen Willenserklärung vertraut, weil er ihr nicht ansehen kann, dass es sich um ein abredewidrig ausgefülltes Blankett handelt, ist mindestens genauso schutzwürdig wie derjenige, welcher angesichts einer schriftlichen Vollmachtsurkunde auf den Fortbestand der Vollmacht vertraut (zum Problem der Anfechtbarkeit bei Rechtsschein s. Frage 618). Die Anfechtung wird dem Erklärenden deshalb grundsätzlich versagt. Etwas anderes gilt nur – analog § 173 BGB – wenn der Erklärungsempfänger die abredewidrige Ausfüllung kannte oder kennen musste. In diesem Fall gilt der Vertrag als mit dem Gewollten vereinbart.

233 ▶ Hat der Erklärende ein Anfechtungsrecht, wenn er ein Schriftstück ohne nochmaliges Durchlesen unterschreibt? Beispiel: S führt für ihren Chef C zwei Mappen, eine mit Projekten zur Durchsicht, und eine mit bereits entschiedenen Fällen zur bloßen Unterschrift, die C nicht noch einmal durchliest. Eine Bestellung einer Palette Ware bei L landet in der falschen Mappe und wird von C unterschrieben, obwohl er das Geschäft nicht abschließen wollte. L nimmt an und sendet die Ware. Ist der Vertrag wirksam zustande gekommen?

Ein Kaufvertrag setzt zwei übereinstimmende Willenserklärungen voraus. C wollte eine Erklärung nicht abgeben. Er war sich aber seines rechtsgeschäftlich erheblichen Handelns bewusst und ein objektiver Empfänger in der Lage des L musste von einem Angebot dieses Inhalts ausgehen. Dass sich C tatsächlich keine Gedanken über den Inhalt gemacht hat, ist für den objektiven Tatbestand des Angebotes

ohne Belang (Erklärungsbewusstsein liegt vor, Geschäftswille ist nicht erforderlich). Auch hat C die Willenserklärung willentlich in Richtung auf L auf den Weg
gebracht, indem er die Post der S zum Absenden zurückgab (vgl. zur Abgabe Fragen 191 und 193). Ein Vertrag ist damit zustande gekommen.

In Betracht kommt aber eine Anfechtung nach §§ 119 I Fall 1, 142 BGB. Voraussetzung hierfür ist ein Irrtum, also eine Fehlvorstellung über Tatsachen. Mach-
te sich C überhaupt keine Vorstellungen über das Erklärte, so unterlag er keinem
Irrtum. Auch die Vorstellung des C, dass er nur vorher abgesprochene Dokumente
vorgelegt bekommen würde, ist keine bestimmte unrichtige Vorstellung vom Inhalt der konkreten Erklärung. Mangels Irrtums hat C daher kein Anfechtungsrecht,
was auch angesichts des bewusst eingegangenen Risikos sachgerecht erscheint. Der
Vertrag ist somit wirksam.

▶ Wie wäre der vorhergehende Fall zu lösen, wenn C das Schreiben diktiert, der S zum   **234**
Tippen gegeben und dann mit dem Wissen unterschrieben hat, dass es sich um
dieses Schreiben handelt, die S sich aber beim Betrag vertippt hat?

In diesem Fall macht sich der Erklärende konkrete Vorstellungen über den Inhalt
der Erklärung. Weicht der Inhalt dieses Schreibens dann von dem Vorgestellten ab,
liegt eine Fehlvorstellung über Tatsachen, ein Irrtum über die Bedeutung seiner Erklärungshandlung, d. h. ein Inhaltsirrtum nach § 119 I Fall 1 BGB (a. A. Erklärungsirrtum) vor. Die grobe Fahrlässigkeit, die das Unterschreiben ohne nochmaliges
Durchlesen bedeutet, spielt für das Anfechtungsrecht keine Rolle.

Beispiel   **235**

V verkauft und übereignet dem K ein Hausgrundstück, auf dem seit mehreren
Jahren Familie F zur Miete wohnt. K wusste zu diesem Zeitpunkt nicht, dass er
kraft Gesetz (§ 566 I BGB) in die Rechte und Pflichten des V als Vermieter eintritt. Als er davon erfährt, will er das Wohnhaus nicht mehr haben. Kann K die
Übereignung und den Kaufvertrag anfechten?

In Betracht kommt eine Anfechtung nach § 119 I Fall 1 BGB. K irrte darüber, dass
seine Willenserklärung zum Eigentumserwerb auch die Rechtsfolge des Eintritts in
den Mietvertrag nach sich zieht. Diese Rechtsfolge beruht jedoch auf dem Gesetz,
sie ist nicht Inhalt seiner Erklärung. Die Anfechtung soll dem Grundsatz der Privatautonomie Rechnung tragen und verhindern, dass der Erklärende entgegen seinem
wahren Willen an seine Erklärung gebunden ist. Sie soll ihn hingegen nicht vor
ihm unbekannten, von seinem Willen aber unabhängigen, gesetzlich angeordneten Rechtsfolgen schützen. Andernfalls wäre auch die Rechtssicherheit in Gefahr.
Ein solcher Rechtsfolgeirrtum ist mithin als bloßer Motivirrtum unbeachtlich. Eine
Anfechtung der Auflassung scheidet daher aus. Hinsichtlich der Anfechtung des
Kaufvertrags kommt das Problem hinzu, dass der Kaufvertrag selbst noch nicht die
Rechtsfolge des § 566 BGB in sich birgt, sie tritt erst durch den Eigentumserwerb
ein. Verpflichtungs- und Verfügungsgeschäft sind aufgrund des Trennungs- und
Abstraktionsprinzips getrennt und unabhängig voneinander zu betrachten (s. Fra-
gen 10 f.), so dass beim Kaufvertrag ein Irrtum ausscheidet.

236

K will sein Bad neu fliesen und bittet den Fliesenverkäufer F deshalb um ein Angebot über 40 Fliesen der Marke M. Eine Fliese dieser Marke kostet 5,50 €. Als F für sich den Gesamtpreis mit dem Taschenrechner ausrechnet, vertippt er sich und gibt 3,50 € als Einzelpreis ein. Dementsprechend bietet er dem K die Fliesen für 140 € an. K nimmt dieses Angebot an. Als F sein Versehen bemerkt, möchte er wissen, was er tun kann.

Eine Anfechtung nach § 119 I BGB scheidet aus, da kein Fehler bei der Willensäußerung vorliegt. Die Berechnung des Preises geht der Willensentäußerung zum Vertragsschluss zeitlich voran; zu diesem Zeitpunkt hielt F den Preis von 140 € für korrekt und wollte die Fliesen zu diesem Preis verkaufen. Wille und Erklärung stimmten überein. Auch eine Anfechtung nach § 119 II BGB kommt nicht in Betracht, da der Wert einer Sache keine Eigenschaft iS. dieses Paragraphen darstellt. Der verdeckte Kalkulationsirrtum ist ein bloßer Motivirrtum. Ob hierauf die Anfechtungsregeln analog angewendet werden können, ist streitig, aber abzulehnen: Dies würde der den §§ 119 ff. BGB zugrunde gelegten grundsätzlichen Risikoverteilung, der Abwägung zwischen Privatautonomie des Erklärenden und Vertrauensschutz des Empfängers und der Sicherheit im Rechtsverkehr widersprechen. Auch Lösungen über eine Haftung aus §§ 280 I, 311 Nr. 1, 241 II BGB wegen Verletzung einer Aufklärungspflicht, eine Störung der Geschäftsgrundlage (beiderseitiger Motivirrtum) oder das Verbot unzulässiger Rechtsausübung nach § 242 BGB, wenn auf Vertragserfüllung beharrt wird, greifen allenfalls bei Kenntnis des Empfängers oder wenn sich der Empfänger der Kenntnis treuwidrig entzogen hat. Für eine Vertragsanpassung nach § 313 BGB müsste die Kalkulation zudem Geschäftsgrundlage geworden sein, was vom anderen Teil regelmäßig nicht erwartet werden kann. Zur Annahme einer unzulässigen Rechtsausübung muss die Vertragsdurchführung für den Erklärenden schlechthin unzumutbar sein. Der Motivirrtum bleibt daher unbeachtlich. Folglich kann F den Kaufvertrag über 40 Fliesen für 140 € nicht anfechten.

237

Könnte F den Kaufvertrag anfechten, wenn er dem K folgendes Angebot geschickt hätte: „Eine Fliese der Marke M kostet 5,50 €. Bei 40 Fliesen macht das also einen Gesamtpreis von 140 €."?

In diesem Fall wird vereinzelt ein Inhaltsirrtum (§ 119 I Fall 1 BGB analog) angenommen, weil durch die Offenlegung der Kalkulationsgrundlage die Kalkulation Inhalt der Erklärung geworden sei. Zudem sei der Empfänger, weil er den Kalkulationsirrtum erkennen konnte, weniger schutzbedürftig.

Eine Anfechtung ist nach überwiegender Ansicht – abgesehen von den o.g. Bedenken gegen eine Ausweitung der Anfechtungsmöglichkeiten – hier aber überhaupt nicht erforderlich, da sich das richtige Ergebnis schon aus der Auslegung der Willenserklärung ergibt. Zwar ist grundsätzlich davon auszugehen, dass der Käufer lediglich daran interessiert sein wird, wie hoch der Gesamtkaufpreis ist, nicht dagegen daran, wie sich dieser im Einzelnen zusammensetzt. Anders ist dies aber, wenn die Kalkulation Gegenstand ausführlicher Vertragsverhandlungen war. Aus dem Angebot des F geht erkennbar hervor, dass er sich bei der Gesamtsumme verrechnet hat und er tatsächlich $5{,}50 \times 40 = 220$ € verlangt. Der korrekte Preis ergibt sich also schon aus der Erklärung; die Gesamtsumme ist nur eine Falschbezeichnung, so dass der richtige Gesamtbetrag vereinbart ist. F braucht also gar nicht anzufechten, sondern kann den korrekten Kaufpreis verlangen.

II. § 119 II BGB

▶ Was ist eine Eigenschaft einer Sache iSd. § 119 II BGB?   **238**

Eigenschaften einer Sache sind nach der – umstrittenen – Rspr. alle wertbildenden Faktoren, die der Sache auf Dauer und unmittelbar anhaften. Sie müssen nicht in ihrer Beschaffenheit liegen, sondern können auch ihre tatsächlichen oder rechtlichen Verhältnisse zu ihrer Umgebung betreffen, soweit sie ihren Grund in der Sache selbst haben, von ihr ausgehen oder sie unmittelbar kennzeichnen. Dies ist beispielsweise der Fall bei der Herkunft einer Sache, ihrem Hersteller, aber auch – als „rechtliche" Eigenschaft – der Bebaubarkeit oder – die Beziehungen zur Umwelt betreffend – der Lage eines Grundstücks. Der Wert der Sache selbst ist dagegen keine ihr auf Dauer anhaftende Eigenschaft, da er aufgrund ihrer wertbildenden Eigenschaften auf dem Markt ständig neu bemessen wird. Streitig ist, ob sog. mittelbare Eigenschaften unter § 119 II BGB fallen, etwa die Zahlungsmoral der Mieter bei einem Hausgrundstück. Wirtschaftlich betrachtet beeinflussen solche Faktoren den Wert, zumal da als Kaufpreis regelmäßig die vielfache Jahresmiete vereinbart und der Multiplikationsfaktor auch nach der Solvenz der Mieter bestimmt wird. Sie werden daher teils ebenfalls unter § 119 II BGB gefasst. Andere lösen diese Fälle über eine Vertragsanpassung nach § 313 BGB (Störung der Geschäftsgrundlage).

▶ Sind mit Sachen iSd. § 119 II BGB nur Sachen gem. § 90 BGB gemeint?   **239**

Nein. Unter § 119 II BGB fallen nicht nur körperliche Sachen – wie es bei § 90 BGB der Fall ist –, sondern alle Gegenstände, die von der Verkehrsanschauung als Objekte des Rechtsverkehrs anerkannt sind (vgl. Frage 40). Folglich werden auch Rechte und Sachgesamtheiten vom „Sachenbegriff" des § 119 II BGB erfasst, z. B. die Hypothek. Problematisch ist wiederum die Mittelbarkeit der Eigenschaften, ob nämlich Eigenschaften der Sache gleichzeitig Eigenschaften des Rechts an ihr sein können, etwa wenn aufgrund der Mängel am Haus auch die Hypothek am Hausgrundstück weniger wert ist. Sicherungsmittel in Form von (Grund-) Pfandrechten hängen in der Erfüllung ihres Sicherungszwecks maßgeblich von der Ertragsfähigkeit und damit von den Eigenschaften der Sache ab. Daher wird teilweise zumindest in solchen Fällen, in denen sich aus dem Rechtsgeschäft die Bedeutung dieses Umstands ergibt, eine (verkehrswesentliche) Eigenschaft iSd. § 119 II BGB angenommen.

▶ Kann man auch hinsichtlich einer Person einem Eigenschaftsirrtum unterliegen?   **240**

Ja. § 119 II BGB umfasst ausdrücklich auch die Eigenschaften einer Person, soweit sie in unmittelbarem Zusammenhang zum Geschäftsgegenstand stehen, z. B. Alter, Kreditwürdigkeit des Vertragspartners (Achtung: Vorrang des § 321 BGB, Unsicherheitseinrede), Vorstrafen, solange sie im Bundeszentralregister stehen, und berufliche Fähigkeiten, nicht aber die Schwangerschaft, die der Frau nicht auf Dauer anhaftet.

241 ▶ Wann ist eine Eigenschaft einer Person oder einer Sache als „verkehrswesentlich"
iSd. § 119 II BGB anzusehen?

Nach der Lehre vom geschäftlichen Eigenschaftsirrtum muss die Eigenschaft im konkreten Rechtsgeschäft als wesentlich vereinbart worden sein. Hierbei sollen auch stillschweigende Vereinbarungen ausreichen. Ebenso soll es genügen, dass die Eigenschaft bei entsprechenden Verträgen üblicherweise erwartet werden kann. „Verkehrswesentlich" entspricht nach dieser Ansicht daher „vertragswesentlich".

Nach einer anderen Auffassung hingegen soll eine Eigenschaft dann verkehrswesentlich sein, wenn sie einer Sache typischerweise anhaftet und im Rechtsverkehr generell für ihre Wertschätzung bedeutsam ist. Untypische Eigenschaften wären dann nur im Falle einer vertraglichen Vereinbarung verkehrswesentlich. Andere sehen Eigenschaften als verkehrswesentlich an, wenn sie für das konkrete Rechtsgeschäft unter Berücksichtigung der Verkehrsanschauung objektiv erheblich sind. Teils wird eine objektive Erheblichkeit auch neben einer Zugrundelegung im Vertrag gefordert.

242 **Beispiel**

V und K haben sich über den Verkauf eines Perlenringes, den V kürzlich von seiner Großmutter geschenkt bekommen hat, geeinigt. Dabei dachten beide, es handle sich um eine Süßwasser-Zuchtperle und einigten sich daher auf einen Kaufpreis von 50 €. Bevor V den Ring an K übergibt, stellt sich heraus, dass es sich um ein handgefertigtes Einzelstück aus dem 19. Jahrhundert im Wert von mehreren Tausend Euro handelt. V will den Kaufvertrag anfechten. Welches Problem ergibt sich dabei?

V könnte ein Anfechtungsrecht nach § 119 II BGB zustehen, da er sich über eine verkehrswesentliche Eigenschaft des Ringes irrte. Zwar ist der Wert einer Sache keine Eigenschaft iSd. des § 119 II BGB, jedoch liegt in der Herkunft des Ringes ein wertbildender Faktor. Folglich stünde dem V ein Anfechtungsrecht nach § 119 II BGB zu. Problematisch ist dabei allerdings, dass K sich genauso wie V über die Herkunft des Ringes geirrt hat und daher ein beiderseitiger Eigenschaftsirrtum vorliegt. Ob ein solcher in den Regelungsbereich des § 119 II BGB fällt, ist umstritten.

Nach einer Ansicht soll bei Vorliegen eines beiderseitigen Eigenschaftsirrtums (auch Doppelirrtum) nicht § 119 II BGB greifen, sondern § 313 BGB. Wenn sich beide Parteien über den gleichen Umstand irren, sei es unbillig, denjenigen, der zufällig zuerst anficht, mit der Ersatzpflicht aus § 122 BGB zu belasten, und damit nur einem Teil das Risiko von Fehlvorstellungen aufzubürden. Außerdem sei § 313 BGB flexibler, weil als Rechtsfolge nicht die Nichtigkeit des Vertrages von Anfang an, sondern eine Vertragsanpassung eintritt. Zudem werde durch das Prinzip des § 313 BGB „Vertragsanpassung vor Vertragsvernichtung" der zufällig Benachteiligte auch nicht mit dem Vertrauensschaden belastet. Nach dieser Auffassung kann V den Vertrag folglich nicht anfechten. Jedoch steht ihm ggf. ein Rücktrittsrecht aus § 313 III BGB zu.

Nach anderer Ansicht soll § 119 II BGB auch bei einem Doppelirrtum greifen. Es finde nämlich gerade keine zufällige Anfechtung statt, weil regelmäßig der durch den Irrtum Benachteiligte anfechten werde. Außerdem sei nicht ersichtlich, warum dem Benachteiligten das Recht auf Anfechtung genommen werden sollte, nur weil der andere zufällig auch irrt. Dass er in diesem Fall nach § 122 BGB haftet, gleiche insofern seinen Vorteil durch die Nichtigkeit des Vertrags aus. Folgt man dieser Auffassung, kann K den Vertrag anfechten.

III. § 120 BGB

▶ Worüber „irrt" sich der Erklärende im Fall des § 120 BGB?   **243**

Beim Übermittlungsirrtum tritt ähnlich wie beim Erklärungsirrtum bei der Willensäußerung ein Fehler auf. Anstelle der Benutzung eines falschen Erklärungszeichens, des Verschreibens oder Versprechens wie bei § 119 I Fall 2 BGB, übermittelt der (Erklärungs-) Bote oder eine Einrichtung die Erklärung unrichtig und der Erklärende muss sich dies selbst zurechnen lassen (nach Ansicht des BGH ist § 120 BGB ein besonders kodifizierter Fall des Erklärungsirrtums).

▶ Was sind Beispiele für eine Einrichtung iSd. § 120 BGB?   **244**

Das sind z. B. Post- und Telekommunikationsunternehmen, aber auch E-Mail-Anbieter. Ein Telefonat fällt freilich unter § 119 I BGB.

▶ Gilt § 120 BGB auch für die bewusst fehlerhafte Übermittlung durch den Boten?   **245**

Dies ist umstritten. Nach einer Ansicht soll § 120 BGB anwendbar sein, da der Erklärende sich auch die vom Erklärungsboten bewusst falsch übermittelte Erklärung zurechnen lassen müsse. Schließlich habe der Erklärende selbst durch die Einschaltung eines Boten das Risiko einer (bewussten) Falschübermittlung begründet. Folgt man dieser Ansicht, könnte der Erklärende seine Erklärung gem. §§ 120, 119 I BGB anfechten.

Nach h. M. soll dagegen in einem solchen Fall keine Erklärung des Auftraggebers vorliegen, da die Einschaltung eines Boten die Zurechnung einer bewusst falsch übermittelten Erklärung nicht rechtfertige. Bei der fehlerhaft übermittelten Erklärung handelt es sich nicht mehr um eine solche des Erklärenden, sondern um eine eigene des Boten, für deren Abgabe in fremdem Namen er aber nicht bevollmächtigt ist. Sie kann daher nicht mehr dem Erklärenden zugerechnet werden.

Um den Schutz des Erklärungsempfängers zu gewährleisten, kommt aber eine Haftung des Erklärenden auf Ersatz des Vertrauensschadens aus c.i.c. und § 122 BGB analog in Betracht. Außerdem finden die §§ 177–179 BGB (Vertreter ohne Vertretungsmacht) analoge Anwendung. Der Erklärende könnte das Geschäft also auch genehmigen. Anderenfalls haftet der Bote analog § 179 BGB wie ein falsus procurator.

246   **Beispiel**

Das Bahnunternehmen B bietet die Möglichkeit der Online-Buchung. Bei der Einstellung der Verbindungsdaten ins Internet taucht – trotz richtiger Eingabe in das Computersystem – aufgrund eines Softwarefehlers derselbe Fahrpreis für die 1. wie für die 2. Klasse auf. Kunde K bucht 1. Klasse zu dem niedrigen Preis der 2. Klasse, B sendet automatisch ein entsprechendes Bestätigungsschreiben. Kann B anfechten?

In Betracht kommt eine Anfechtung aufgrund Erklärungs- oder Übermittlungsirrtums. Beim Einstellen ins Netz wich das wirklich Gewollte von dem erschienenen Betrag ab. Die Daten im Internet stellen jedoch bloß eine unverbindliche invitatio ad offerendum dar (vgl. Frage 488). Ein Angebot liegt erst mit der Buchung des Kunden vor, das durch die Bestätigungsmail von B angenommen wird. Denkbar wäre daher auch ein bloßer Motivirrtum im Rahmen der Vorbereitung der Willenserklärung. Dagegen spricht aber, dass die Annahme durch die Bestätigungsmail automatisch, d. h. ohne weitere Willensbildung erfolgt: Der Irrtum bei der invitatio wirkte also in den folgenden Willenserklärungen fort, ihre Daten wurden unmittelbar Erklärungsinhalt. Auch trat der Fehler nicht in der Willensbildung auf, wie etwa beim unbeachtlichen verdeckten Kalkulationsirrtum, da sich der Angestellte von B nicht verrechnet hat, sondern im Bereich der Übermittlung der Daten auf dem Weg zum Kunden. Er stellt damit einen anfechtbaren Irrtum im Bereich der Willensäußerung dar.

Probleme kann die Abgrenzung zwischen Erklärungs- und Übermittlungsirrtum bereiten (was aber aufgrund der identischen Rechtsfolgen von geringer Bedeutung ist). Welcher Irrtum vorliegt, hängt davon ab, ob der Erklärende selbst ein falsches Erklärungszeichen benutzt oder ein Bote bzw. eine Einrichtung die korrekte Erklärung falsch übermittelt hat. Der Angestellte der B hatte ursprünglich die richtigen Daten eingeben; sie wurden nur wegen eines Software-Fehlers falsch auf die Internetseite gestellt. Allerdings betreut B die Seite selbst und der Fehler trat während des Einstellens, also im Bereich des Erklärenden und nicht eines Übermittlers auf (anders wäre dies, wenn der Fehler in der Sphäre des Internet-Providers geschehen wäre, der als Übermittler iSd. § 120 BGB anzusehen ist). Der Fehler ist daher als Irrtum bei Äußerung der Erklärung iSv. § 119 I Fall 2 BGB zu bewerten und der Vertrag somit gem. § 142 I BGB anfechtbar.

247   **Beispiel**

Blumengroßhändler A möchte B die Lieferung von 50 Paletten Rosen zum Preis von 2.500 € anbieten. Er bittet am Telefon die Sekretärin S des B, das Angebot an den abwesenden B weiterzuleiten. S schreibt den Betrag nur unleserlich auf und teilt dem B einen Betrag von 1.500 € mit. B nimmt sofort mit den Worten „nehm' ich" telefonisch gegenüber A an. Was ist Vertragsinhalt geworden? Ist eine Anfechtung möglich?

Der Vertragsinhalt ist durch Auslegung gem. §§ 133, 157 BGB zu ermitteln. Das Angebot des A ist daher so auszulegen, wie der Erklärungsempfänger es nach Treu und Glauben mit Rücksicht auf die Verkehrssitte und unter Berücksichtigung der Umstände des Einzelfalls verstehen durfte (vgl. Frage 177). Maßgeblich kommt es hierfür auf den Zeitpunkt an, in dem die Erklärung in den Machtbereich des B gelangt ist. Eine Sekretärin ist nach der Verkehrsanschauung zwar nicht als bevollmächtigt, aber zumindest als zur Entgegennahme von Erklärungen ermächtigt anzusehen. S ist hierzu auch bereit und geeignet (vgl. Frage 204); sie ist daher Empfangsbotin. Die ihr für B übermittelten Erklärungen befinden sich folglich im Machtbereich des B. Zu dem Zeitpunkt, als die Erklärung die S erreichte, lautete das Angebot „fünfzig Paletten Rosen zu 2.500 €". Dieses Angebot wurde von B angenommen, ohne dass er auf den Preis noch einmal eingegangen ist. A konnte aus der Sicht eines objektiven Empfängers diese Annahme nur zu 2.500 € verstehen. Der Vertrag ist daher auch zu diesem Betrag zustande gekommen.

Möglicherweise kann B den Vertrag aber wegen Irrtums anfechten. Aufgrund der fehlerhaften Übermittlung durch S könnte an § 120 BGB gedacht werden. Die fehlerhafte Übermittlung erfolgte jedoch bzgl. des Angebots des A, nicht der Annahme des B. Diese Erklärung gab er telefonisch direkt gegenüber A ab. Dabei bezog er sich auf das von A gemachte Angebot, über dessen Inhalt B sich irrte (vgl. schon Frage 230). Damit befand B sich selbst in einem Inhaltsirrtum und kann nach §§ 119 I Fall 1, 142 BGB anfechten.

B. Anfechtung wegen arglistiger Täuschung und widerrechtlicher Drohung (§ 123 BGB)

▶ Unter welchen Voraussetzungen liegt eine arglistige Täuschung iSd. § 123 I Fall 1 BGB vor? **248**

Eine arglistige Täuschung setzt folgendes voraus:
1. Täuschungshandlung;
2. dadurch (kausal) entstandener Irrtum;
3. irrtumsbedingte (kausale) Abgabe einer Willenserklärung;
4. Widerrechtlichkeit der Täuschung und
5. Arglist des Täuschenden.

▶ Was ist eine Täuschung?

Eine Täuschung ist das Hervorrufen oder Aufrechterhalten (Bestärken) einer Fehlvorstellung über Tatsachen. § 123 I BGB erfasst nicht nur die Irrtümer des § 119 **249**

BGB, sondern auch bloße Motivirrtümer. Die Täuschung kann durch ausdrückliches oder konkludentes Handeln oder durch Unterlassen bei Vorliegen einer Aufklärungspflicht erfolgen.

250   **Beispiel**

Kosmetikerin K verkauft F einen grell orangefarbenen Lippenstift mit dem Argument, dieser passe perfekt zu den blonden Haaren der F. Sämtliche Bekannten der F sind entsetzt. F will daraufhin den Kaufvertrag wegen arglistiger Täuschung durch K anfechten. Wird F erfolgreich sein?

Nein. § 123 I Fall 1 BGB erfasst nur die Täuschung über Tatsachen. Bei der Aussage der K handelt es sich aber lediglich um ein subjektives Werturteil ohne nachprüfbaren Kern. Auch aus Gründen der Rechtssicherheit können subjektive Wertungen und Eindrücke nicht als Täuschung iSd. § 123 I Fall 1 BGB angesehen werden.

251   **Beispiel**

K möchte einen Gebrauchtwagen kaufen. Er geht zu Fachhändler H und lässt sich beraten. Als er ein ihn interessierendes Modell entdeckt und nach technischen Details fragt, klärt H ihn zwar über die Vorteile der Klimaanlage auf, nicht aber darüber, dass es sich um einen Unfallwagen handelt. Ist das eine Täuschung iSv. § 123 I Fall 1 BGB?

Ausdrücklich hat H keine falschen Angaben gemacht. Fraglich ist, ob durch das Verschweigen des Unfalls eine Täuschung gegeben ist. Grundsätzlich folgt aus dem Grundsatz der Privatautonomie, dass jeder selbst dafür verantwortlich ist, sich die für ihn und das betreffende Rechtsgeschäft relevanten Informationen zu besorgen. Eine Täuschung durch Unterlassen liegt nur dann vor, wenn hinsichtlich der verschwiegenen Tatsachen eine Aufklärungspflicht besteht. Eine solche setzt neben einem Informationsgefälle voraus, dass der andere Teil nach Treu und Glauben unter Berücksichtigung der Verkehrsanschauung redlicherweise Aufklärung erwarten durfte. Dabei sind alle Umstände des Einzelfalls einzubeziehen. So müssen Fragen richtig beantwortet werden. K hat hier nicht präzise danach gefragt, ob der Wagen unfallfrei ist. Allerdings müssen solche Umstände, die für den anderen Teil offensichtlich von großer Bedeutung sind, auch ungefragt mitgeteilt werden. Auch aus einem besonderen Vertrauensverhältnis, das aus enger persönlicher Bindung oder einer langjährigen Geschäftsbeziehung folgen kann, kann sich eine Aufklärungspflicht ergeben. Schließlich wird in einigen Fällen auch bei solchen Personen eine Aufklärungspflicht bejaht, die als besonders fachkundig auftreten. So wird dem Gebrauchtwagenhändler, der das Fahrzeug in Besitz hat und etwaige Mängel daher weit besser überblicken kann als der Kunde, von der Rspr. auferlegt, wichtige Mängel des Fahrzeugs auch ohne Nachfrage mitzuteilen. Damit hat H den K arglistig getäuscht.

252   ▶ Reicht das bloße Erkennen eines Irrtums für eine Aufklärungspflicht aus?

Nein. Es müssen zusätzliche Umstände hinzukommen. Das bloße Schweigen trotz Erkennens eines Irrtums auf der anderen Seite ist daher keine Täuschung. Es bleibt nur eine Irrtumsanfechtung nach § 119 I und II BGB. Ist diese verfristet oder sonst nicht möglich, kommt nur in Ausnahmefällen eine Lösung über § 242 BGB in Betracht, wenn sich das Verhalten des nicht aufklärenden Geschäftsgegners als unzulässige Rechtsausübung darstellt und er sich deshalb nicht auf die Wirksamkeit des Vertrages berufen kann. Der Irrtum für sich genügt dafür nicht, da es nach der grundsätzlichen Risikoverteilung Sache des Erklärenden ist, Irrtümer bei der Abgabe einer Willenserklärung zu vermeiden, und er über die Anfechtungsmöglichkeit nach § 119 BGB geschützt ist. Etwas anderes gilt allenfalls dann, wenn dem Erklärenden die Vertragsdurchführung aufgrund seines Fehlers erkennbar schlechthin unzumutbar wäre, etwa weil die Preisunterschiede extrem sind.

▶ Kann Arbeitgeber A den Arbeitsvertrag mit F nach § 123 BGB anfechten, wenn diese im Bewerbungsgespräch auf Nachfrage wahrheitswidrig behauptet hat, sie sei nicht schwanger?   **253**

F hat A gegenüber hinsichtlich ihrer Schwangerschaft vorsätzlich falsche Angaben gemacht, ihn also arglistig getäuscht. Problematisch ist, ob die Täuschung auch widerrechtlich war. Grundsätzlich ist eine Täuschung widerrechtlich, jedoch könnte sich etwas anderes ergeben, wenn die Frage des A unzulässig war. Die Frage nach der Schwangerschaft greift in die Intimsphäre der F ein und könnte deshalb eine Verletzung des allgemeinen Persönlichkeitsrechts darstellen. Allerdings könnte sich eine Rechtfertigung aufgrund eines berechtigten Interesses des A ergeben. So würde die neue Mitarbeiterin sofort wieder ausfallen. Gegen dieses Argument spricht jedoch der gesetzliche Mutterschutz, der der Frau ihre Chancen auf dem Arbeitsmarkt erhalten soll. Für zulässig erachtet hat das BAG früher eine Frage nach der Schwangerschaft, wenn diese einen Bezug zum Arbeitsplatz hat, etwa bei Gesundheitsgefahren für Mutter und Kind in einem Chemielabor. Aber auch dann ist die Frage nach der Rspr. des EuGH eine Diskriminierung iSv. Art. 3 I lit. a der Gleichbehandlungsrichtlinie 76/207/EWG, da sie nur Frauen gestellt werden kann und damit den Zugang von Frauen zum Beruf erschwert. Das BAG möchte dies in Auslegung der deutschen Umsetzung in § 7 I AGG i.V.m. § 2 I Nr. 1 AGG wenigstens im Falle befristeter Arbeitsverträge einschränken, da diese andernfalls jedenfalls bei einer sich über die gesamte Zeit erstreckenden Schwangerschaft sinnlos wären. Ob dies mit der Auslegung des EuGH im Einklang steht, ist fraglich. Bei unbefristeten Verträgen ist die Frage jedenfalls unzulässig. Die Befragte darf eine Antwort verweigern und hat – da in diesem Fall der Arbeitgeber die Bewerbung höchstwahrscheinlich sofort aussortieren würde – nach überwiegender Ansicht auch ein „Recht zur Lüge". Damit liegt keine widerrechtliche Täuschung vor. Der Arbeitgeber kann daher nicht nach § 123 I Fall 1 BGB anfechten. Eine Anfechtung nach § 119 II BGB scheitert übrigens ebenfalls, nämlich an der fehlenden Dauerhaftigkeit der Schwangerschaft.

▶ Darf der Bewerber auch seine nach Bundeszentralregistergesetz zu tilgenden Vorstrafen verschweigen, wenn er vom (privaten) Arbeitgeber danach gefragt wird?   **254**

Nach § 53 I BZRG besteht in diesem Fall keine Offenbarungspflicht über Vorstrafen. Der Vorbestrafte darf sich sogar positiv als unbestraft bezeichnen. Das Verschweigen ist daher nicht widerrechtlich und stellt keine arglistige Täuschung dar.

255   ▶ Was ist Arglist?

Arglist ist Vorsatz. Dabei genügt bedingter Vorsatz (dolus eventualis), etwa wenn der Täuschende zwar nicht sicher weiß, ob die Tatsache falsch ist, er sie aber im Bewusstsein seiner Unkenntnis „ins Blaue hinein" behauptet. Beispiel: Der Gebrauchtwagenhändler weiß nicht, ob der Wagen ein Unfallwagen ist, antwortet aber auf die Frage des Interessenten, dass er unfallfrei sei. Der Anlageberater verspricht dem potentiellen Anleger hohe Renditen und Steuervorteile, obwohl er sowohl vom Steuerrecht als auch der Entwicklung in diesem Marktsegment keine Ahnung hat.

256   ▶ Müssen Täuschender und Erklärungsempfänger identisch sein?

Nein. Dem Erklärungsempfänger muss die Täuschung jedoch zugerechnet werden können. Nur wenn er die Täuschung eines Dritten kennt oder kennen muss (§ 123 II 1 BGB) oder wenn die täuschende Person auf Seiten („im Lager") des Erklärungsempfängers steht und maßgeblich am Zustandekommen des Vertrages mitgewirkt hat, sie also „Nicht-Dritter" ist, kann ihm gegenüber gem. § 123 I BGB angefochten werden. Hat derjenige, der durch die Erklärung unmittelbar ein Recht erwirbt (Beispiel: Vertrag zugunsten Dritter, § 328 BGB), den Erklärenden getäuscht oder hatte er Kenntnis oder grob fahrlässige Unkenntnis von der Täuschung, so ist sie ihm gegenüber (d. h. auch nur soweit sie ihm Rechte verleiht) anfechtbar, § 123 II 2 BGB. Hat der Erklärungsempfänger selbst getäuscht, etwa der Versicherungsnehmer über seinen Gesundheitszustand, wenn er für sich eine Risikolebensversicherung abgeschlossen hat, die an seine Frau ausgezahlt werden soll, handelt es sich dagegen um eine ganz gewöhnliche Täuschung nach Abs. 1. Sollte die Anfechtung nach § 123 II 2 BGB nur einen Teil des Rechtsgeschäfts nichtig machen, so richtet sich die Wirksamkeit des „Rests" nach § 139 BGB. Bei nicht empfangsbedürftigen Willenserklärungen ist es für das Anfechtungsrecht gleichgültig, wer die Täuschung verübt hat.

257   ▶ Ist der Vertreter des Erklärenden „Dritter" iSd. § 123 II BGB?

Nein. „Dritter" iSd. § 123 II BGB kann nur ein am Geschäft Unbeteiligter sein. Wer – wie ein Vertreter – auf Seiten des Erklärenden steht und maßgeblich am Zustandekommen des Rechtsgeschäfts mitgewirkt hat, ist nicht als Dritter nach § 123 II BGB anzusehen. Dafür spricht auch, dass der Vertretene sich die Erklärungen und Kenntnis seines Vertreters grundsätzlich zurechnen lassen muss, §§ 164, 166 BGB. Der Vertreter ist daher sog. Nicht-Dritter. Seine Täuschungen werden dem Vertreter als eigene zugerechnet und ihre Berücksichtigung hängt nicht gem. § 123 II 1 BGB von der Kenntnis oder grob fahrlässigen Unkenntnis des Erklärungsempfängers ab.

258   ▶ Ist der Makler Dritter iSd. § 123 II 1 BGB?

Das kommt auf die Rolle des Maklers im konkreten Fall an. Beschränkt sich seine Tätigkeit auf die bloße Vermittlung des Vertragsschlusses – insbesondere den Nachweis einer Abschlussgelegenheit –, kann er kaum dem Lager einer Seite zugeordnet werden. Wenn aber der Makler als beauftragter Verhandlungsführer oder Verhandlungsgehilfe einer Partei auftritt oder wenn er als Vertrauensperson des Geschäftsherrn erscheint, ist sein Verhalten dieser Partei zuzurechnen. Er ist dann nicht Dritter iSd. § 123 II 1 BGB.

Beispiel   **259**

A beantragt bei der Bank B ein Darlehen über 10.000 €. B fordert den A auf, zur Sicherung der Darlehensforderung einen Bürgen zu benennen. Nachdem A seinem Freund F bewusst wahrheitswidrig versichert hat, genügend eigenes Vermögen zu haben, übernimmt F die Bürgschaft gegenüber B. Als A das Darlehen nicht zurückzahlt, fordert B die 10.000 € von F ein. Kann F den Bürgschaftsvertrag nach § 123 (oder § 119 II) BGB anfechten?

Für ein Anfechtungsrecht nach § 123 BGB müsste F von B getäuscht worden sein. Durch den Bankangestellten wurde F nicht getäuscht. Möglicherweise muss sich B aber die Täuschung des A zurechnen lassen, jedoch nur dann, wenn dieser nicht Dritter iSd. § 123 II BGB ist. Wer Dritter ist, definiert das Gesetz nicht, lässt sich aber negativ eingrenzen. Zum einen können hierfür die zu § 278 BGB entwickelten Grundsätze herangezogen werden. Danach ist Mittelsperson (und damit kein Dritter), wer nach rein tatsächlichen Umständen mit dem Willen des Schuldners bei der Erfüllung einer diesem obliegenden Verbindlichkeit als seine Hilfsperson tätig wird. Auch kann bei der Person des Dritten iSd. § 123 II BGB darauf abgestellt werden, ob dieser nach Billigkeitsgesichtspunkten unter Berücksichtigung der Interessenlage im „Lager" des Anfechtungsgegners stand, und dieser sich daher die Täuschung zurechnen lassen muss. A ist weder „Hilfsperson" der B, noch stand er in deren Lager. Er ist daher Dritter. Ein Anfechtungsrecht kann daher nur noch dann bestehen, wenn B bzw. ihre Wissensvertreter die Täuschung des A kannten oder hätten kennen müssen, § 123 II BGB. Dies ist allenfalls dann der Fall, wenn A den F in Gegenwart des Bankangestellten belogen hat, wofür hier nichts ersichtlich ist. Folglich kann F den Darlehensvertrag mit B nicht nach § 123 BGB anfechten. Darüber hinaus scheitert auch eine Anfechtung wegen Eigenschaftsirrtums, weil die Bürgschaft gerade das Risiko der Vermögenslosigkeit des Schuldners abdecken soll und die ausreichende Liquidität des Schuldners daher keine relevante Eigenschaft iSd § 119 II BGB sein kann.

Beispiel   **260**

A möchte im Rahmen eines Steuersparmodells einem geschlossenen Immobilienfonds in Form einer GbR (I-GbR) beitreten. Anlageberater B, der in Absprache mit den Initiatoren des Fonds Anleger vermittelt und dazu auch Prospekte, Beitrittsformulare etc. erhalten hat, rechnet dem A die großen Gewinnchancen vor. In Wahrheit weiß B, dass die Immobilien kaum vermietbar sein werden.

Kann A seinen Fondsbeitritt anfechten, wenn sich nach einigen Jahren heraus-
stellt, dass mangels Mieteinnahmen die Raten für den Darlehensvertrag nicht
mehr gezahlt werden können?

Der Beitritt zu einer GbR oder der ursprüngliche Gesellschaftsvertrag stellt einen
mehrseitigen Vertrag mit den anderen Gesellschaftern dar. Möglicherweise kann A
seine Beitrittserklärung anfechten. Von den anderen Gesellschaftern – den anderen
Anlegern, denen es gewöhnlich genauso ergangen ist wie dem A – wurde A nicht
getäuscht, sie wussten auch nichts von der Täuschung und mussten davon nichts
wissen, so dass eine Anfechtung gem. § 123 II BGB ausgeschlossen ist, wenn B
Dritter war. Fraglich ist deshalb, ob sie sich die arglistige Täuschung des Vermittlers
als Nicht-Dritter zurechnen lassen müssen. Ein Vermittler beschränkt sich gewöhnlich darauf, die Vertragsinteressenten in Kontakt zu bringen und so den Vertragsabschluss zu ermöglichen. In diesem Fall macht sich der Vertragspartner die Angaben
des Vermittlers nicht zu eigen, er wird nicht sein Verhandlungsgehilfe (vgl. schon
Frage 258). Auch wenn der Vermittler die Vertragsverhandlungen führt, kann er
nicht einer Partei als Gehilfe zugerechnet werden, sofern er die Interessen beider
Parteien wahrnimmt. Nimmt er aber – wie hier – umfassendere Aufgaben für eine
Vertragsseite vor, etwa umfangreiche Berechnungen über Rendite und Finanzierung
und nimmt er die Beitrittserklärung entgegen, erscheint er dem A eher als Verhandlungsgehilfe denn als objektiver Berater. Die Rspr. hat daher vereinzelt in solchen
Fällen dem Verkäufer von Eigentumswohnungen in Form von Steuersparmodellen
das Verhalten des Beraters als Nicht-Dritter zugerechnet.

Problematischer ist die Situation im Fall eines Immobilienfonds: Hier würde
die arglistige Täuschung nicht einem Veräußerer, sondern den anderen Gesellschaftern des Immobilienfonds als Vertragspartnern zugerechnet werden. Diese sind aber
letztlich in der gleichen Situation wie A; auch dem A müsste dann die Täuschung
anderer Anleger durch B zugerechnet werden, obwohl dieser wie eben festgestellt
der anderen Vertragsseite als Verhandlungsgehilfe zuzuordnen wäre. Die GbR
selbst ist nicht Vertragspartner, dem man die Täuschung zurechnen könnte, ebenso
wenig die Initiatoren der GbR. Daher müsste hier eine Täuschung eines Dritten iSd.
§ 123 II BGB angenommen werden, die die Vertragspartner des A nicht kannten
oder kennen mussten, womit ein Anfechtungsrecht nach § 123 BGB abzulehnen ist.

Sollte man ein Anfechtungsrecht bejahen, käme die Problematik der fehlerhaften Gesellschaft hinzu, wonach bei der Anfechtung eines Gesellschaftsbeitritts
zum Schutzes der anderen Gesellschafter (Bestandsschutz) wie des Rechtsverkehrs
(Gläubigerschutz) keine Nichtigkeit ex tunc eintritt, sondern ein außerordentliches
Kündigungsrecht mit ex-nunc-Wirkung besteht (Frage 274) mit der Folge, dass nur
das – bei insolventen Immobilienfonds gegen Null tendierende – Auseinanderset-
zungsguthaben verlangt werden kann. Bedeutender ist eine Zurechnung des Handelns solcher Vermittler daher bei (Haustür-)Widerrufsrechten und insbesondere
bei drittfinanzierten Geschäften, bei denen unter Umständen Rückgriff gegen die
finanzierende Bank genommen werden kann.

Liegt dagegen eine Täuschung eines Initiators vor, der durch den Gesellschaftsvertrag zur Aufnahme weiterer Gesellschafter ermächtigt wurde oder ist diesem die
Täuschung eines Dritten bekannt und daher nach § 123 II 1 BGB zurechenbar, so

ist dieser Initiator Vertreter der anderen Gesellschafter und damit „Nicht-Dritter",
seine Täuschung bzw. Kenntnis den anderen zuzurechnen und ein Anfechtungsrecht
nach § 123 BGB gegeben.

▶ Was ist eine Drohung iSv. § 123 I Fall 2 BGB?   **261**

Eine Drohung ist das Inaussichtstellen eines zukünftigen Übels, auf dessen Eintritt der Drohende Einfluss zu haben vorgibt. Der bloße Hinweis auf eine drohende Zwangslage genügt nicht (sog. Warnung, bei der der andere gerade nicht vorgibt, Einfluss auf den Eintritt des Übels zu haben). Ein Übel kann jeder materielle
oder ideelle Nachteil unabhängig von seiner Schwere sein. Es muss sich um eine
psychische Zwangslage (vis compulsiva) handeln; bei vis absoluta fehlt schon der
Handlungswille und daher die Willenserklärung insgesamt. Der Drohende muss die
Drohung nicht ernst gemeint haben, solange der Bedrohte sie für ernst gemeint hält
und die Drohung daher für die abgegebene Willenserklärung kausal ist.

▶ Wann ist die Drohung widerrechtlich?   **262**

Die Widerrechtlichkeit kann sich aus der Rechtswidrigkeit des Mittels (etwa der
Drohung mit dem Tode, Schläge o. ä.), des Zwecks (z. B. die Teilnahme an einer
Straftat) oder der sog. Zweck-Mittel-Relation ergeben, wenn die Kombination
gegen das Anstandsgefühl aller billig und gerecht Denkenden verstößt. Dies ist in
der Regel dann der Fall, wenn kein innerer Zusammenhang zwischen Zweck und
Mittel besteht, z. B. wenn der Gläubiger die Zahlung der Schuld verlangt und damit
droht, anderenfalls der Ehefrau des Schuldners von seinem Seitensprung zu erzäh-
len. Anders ist dies, wenn er ihn wegen Betrugs anzeigen will, weil er von Anfang
an zahlungsunwillig gewesen sei, da hier ein Zusammenhang besteht.

▶ Was ist subjektiv auf Seiten des Drohenden erforderlich?   **263**

Der Drohende muss gem. § 123 BGB den Bedrohten zur Abgabe einer Willenserklärung (nicht unbedingt ihm selbst als Erklärungsempfänger gegenüber; § 123 II
BGB gilt für die Drohung nicht) gerade infolge der durch die Drohung hervorge-
rufenen psychischen Zwangslage bestimmen wollen. Dies setzt voraus, dass dem
Drohenden diese Zwangslage bewusst ist. Des Weiteren muss der Drohende die
tatsächlichen Umstände kennen, aus denen sich die Widerrechtlichkeit ergibt; ein
Unrechtsbewusstsein ist hingegen nicht erforderlich. Ebenso bedarf es – wie auch
bei der Arglist – keiner Bereicherungs- oder Schädigungsabsicht, da § 123 I BGB
allein die Willensfreiheit schützen will.

Beispiel   **264**

Die Geschäftsleute A und B haben häufig zusammen gearbeitet, zuletzt hat A den
B mit Wartungsarbeiten in seinem Betrieb betraut. Dabei traten jedoch – wegen
von B angeblich verursachter, von B aber bestrittener Schäden – Spannungen auf
und A kündigt den Wartungsvertrag. B ist damit nicht einverstanden. Er verlangt

von A, dass er die Kündigung zurücknimmt, anderenfalls werde er keinesfalls Schadensersatz leisten, im Gegenteil den A wegen diverser anderer Ansprüche mit Klagen überziehen und zudem dessen „Geschäftspraktiken" in der Presse verbreiten. Daraufhin zieht A die Kündigung zurück. Erst als die Zusammenarbeit auch nach drei Monaten noch nicht wieder vernünftig läuft, geht A zu seinem Anwalt und möchte nun auch für die drei Monate nach der Rücknahme der Kündigung die Zahlungsforderungen aus dem Wartungsvertrag nicht erfüllen. Hat B Ansprüche aus dem Wartungsvertrag?

Ansprüche bestehen nur, wenn der Vertrag auch in den letzten drei Monaten noch bestand. Er kann aber durch Kündigung seitens des A beendet worden sein, wenn die anschließende Rücknahme der Kündigung aufgrund der Anfechtung nach §§ 123 I Fall 2, 142 I BGB nichtig ist. Die Rücknahme einer Kündigung nach deren Zugang ist nur durch Vertrag mit dem Kündigungsempfänger möglich (jedoch handelt es sich um eine Fortsetzung des alten Vertrages, wenn dies vor Ende der Kündigungsfrist erfolgt). Die auf Abschluss eines solchen Vertrags über die Rücknahme der Kündigung gerichtete Willenserklärung des A könnte aufgrund der Drohung des B anfechtbar sein. B hat den A für den Fall der Aufrechterhaltung der Kündigung mit diversen Übeln – Nichtleisten des Schadensersatzes, zivilgerichtliche Klagen und einer Presseveröffentlichung – gedroht. Das Einverständnis des A mit der Rücknahme der Kündigung beruhte auf dieser Drohung. Fraglich ist, ob sie auch widerrechtlich ist.

Der Zweck der Drohung, B zur Rücknahme der Kündigung zu bewegen, ist nicht rechtswidrig. Darauf, ob B tatsächlich einen Anspruch auf Fortführung des Wartungsvertrags hat, kommt es nicht an, solange sich B bei der zweifelhaften Rechtslage auf einen objektiv vertretbaren Standpunkt stellt. Davon ist hier auszugehen, da die Verursachung bzw. das Vorliegen von Schäden umstritten ist. Dies betrifft auch eine etwaige Rechtswidrigkeit des „Mittels" der Zahlungsverweigerung, die er rechtlich gut vertreten kann. Auch die Ausübung von Rechten auf dem Klageweg ist für sich nicht rechtswidrig. Selbst in Kombination von Zweck und Mittel besteht aufgrund des inneren Zusammenhangs der verschiedenen Streitpunkte keine Widerrechtlichkeit.

Problematischer erscheint jedoch die Drohung mit der Veröffentlichung der Geschäftspraktiken des A. Hier sind im Rahmen der Bewertung der Widerrechtlichkeit die gegenläufigen Grundrechte der Beteiligten – einerseits die Ausübung der Meinungsfreiheit des B durch Weitergabe von Informationen an die Presse und andererseits den Geheimnisschutz als Teil des allgemeinen Persönlichkeitsrechts auch für Betriebsgeheimnisse des A – zu berücksichtigen. Auch die Meinungsfreiheit unterliegt den Schranken des Art. 5 II GG und ist daher durch eine Güterabwägung (sog. Wechselwirkungslehre des BVerfG) mit den Grundrechten des A in Einklang zu bringen. Dabei ist darauf abzustellen, dass es sich bei den „Geschäftspraktiken" gegenüber Vertragspartnern nicht um interne Geschäftsgeheimnisse, sondern in die „Sozialsphäre" fallende, auch die Öffentlichkeit interessierende Fragen geht. Handelt es sich daher nicht nur um Schmähkritik oder Diffamierungen, ist auch die Veröffentlichung solcher Informationen grundrechtlich geschützt. Sie ist daher kein widerrechtliches Mittel. Eine widerrechtliche Verknüpfung von Mittel und Zweck ist auch hier nicht gegeben, da auch B durch die „Geschäftspraktiken" im Rahmen der Kündigung betroffen war.

Es besteht daher kein Anfechtungsrecht des A. Der Vertrag zur Fortsetzung des Wartungsvertrages ist wirksam.

C. Ausübung des Anfechtungsrechts: Anfechtungserklärung, Anfechtender, Anfechtungsgegner, Anfechtungsfrist

▶ Was ist die Anfechtungserklärung?   **265**

Bei der Anfechtungserklärung handelt es sich gem. § 143 I BGB um eine einseitige empfangsbedürftige Willenserklärung.

▶ Muss eine Anfechtungserklärung ausdrücklich das Wort „anfechten" enthalten?   **266**

Eine Anfechtungserklärung ist wie jede andere Willenserklärung nach §§ 133, 157 BGB auszulegen. Es genügt also, wenn der Anfechtende darin deutlich macht, dass er den Vertrag wegen eines Willensmangels nicht gelten lassen will, etwa durch ein Rückgabeverlangen. Welchen Begriff er hierfür verwendet, ist gleichgültig, solange zweifelsfrei zum Ausdruck kommt, dass er nicht mehr an seine ursprüngliche Erklärung gebunden sein will. Will sich jemand beispielsweise von einem Kaufvertrag „lösen", so ist die Erklärung – Rücktritt oder Anfechtung – nach §§ 133, 157 BGB auch im Hinblick darauf auszulegen, was im Einzelfall zulässig ist (vgl. Fragen 287 ff.).

▶ Kann nur der Erklärende die anfechtbare Willenserklärung anfechten?   **267**

Grundsätzlich ja. Vertritt der Erklärende einen anderen gem. §§ 164 BGB und kommt es daher gem. § 166 I BGB auf Willensmängel des Vertreters an, ist dennoch allein der Vertretene anfechtungsberechtigt. Allerdings kann die Vollmacht auch so auszulegen sein, dass sie die gesamte Abwicklung des Geschäfts umfassen soll, oder sie umfasst ohnehin alle Rechtsgeschäfte einer bestimmten Art (etwa die gesetzlich ausgeformten Vollmachtsarten Prokura und Handlungsvollmacht, vgl. Fragen 574 ff., 583) und daher auch die Anfechtung. Außerdem gibt es Spezialnormen (vgl. Frage 226) wie die Anfechtung einer letztwilligen Verfügung nach §§ 2078 ff. BGB, nach denen auch die übergangenen Erben bzw. Pflichtteilsberechtigten anfechten können. Der Erbfall ist in solchen Fällen meist eingetreten, so dass die Irrtümer des erklärenden Erblassers nur von Dritten vorgebracht werden können.

▶ Wer ist Anfechtungsgegner?   **268**

Anfechtungsgegner, also derjenige, dem gegenüber die Anfechtungserklärung erklärt werden muss, ist gem. § 143 II Fall 1 BGB bei einem Vertrag der oder die andere(n) Vertragspartner, bei einem einseitigen Rechtsgeschäft dessen Empfänger (oder der Begünstigte), § 143 III 1 (IV 1) BGB. In dem Fall, dass dem durch das fragliche Rechtsgeschäft Begünstigten die arglistige Täuschung zugerechnet werden kann, ist dieser Anfechtungsgegner, §§ 143 II Fall 2, 123 II 2 BGB. Im streitigen Fall der Vollmachtsanfechtung (vgl. Fragen 609 ff.) ist nach überwiegender Ansicht entsprechend § 143 IV 1 BGB zumindest auch dem Vertragspartner gegenüber die Anfechtung zu erklären, auch wenn die Erteilung einer Innenvollmacht als einseitiges Rechtsgeschäft gegenüber dem Vertreter nach § 143 III 1 BGB nur dem Bevollmächtigten gegenüber erklärt wurde.

269 ▸ Was ist „unverzüglich" iSv. § 121 I 1 BGB?

„Unverzüglich", die Legaldefinition ist „ohne schuldhaftes Zögern", heißt nicht sofort. Der Erklärende hat eine angemessene Überlegungsfrist, deren Länge auch von der Bedeutung des Rechtsgeschäfts und der Schwierigkeit der Rechtsfrage abhängt. Er darf Rechtsrat einholen. Zwei Wochen sind aber regelmäßig die Höchstfrist. Maßgeblich für die Rechtzeitigkeit ist nach S. 2 die Abgabe der Anfechtungserklärung, d. h. das Verspätungsrisiko trägt der Anfechtungsgegner.

270 ▸ Warum ist die Anfechtungsfrist in § 124 BGB länger?

Die längere Anfechtungsfrist von einem Jahr ab Kenntnis von der Täuschung oder Ende der Bedrohungslage ist durch das mangelnde Schutzbedürfnis des Erklärungsempfängers begründet. Er ist in seinem Vertrauen auf die Wirksamkeit der Erklärung nicht schutzwürdig.

271 ▸ Wodurch endet der Lauf der Anfechtungsfrist?

Eine Anfechtung ist auch schon vor Ablauf o.g. Fristen ausgeschlossen, wenn seit der Abgabe der Willenserklärung zehn Jahre verstrichen sind, §§ 121 II, 124 III BGB, oder wenn das anfechtbare Rechtsgeschäft gem. § 144 BGB bestätigt wurde, vgl. Frage 477.

D. Rechtsfolgen der Anfechtung, Konkurrenzen

272 ▸ Welche Rechtsfolgen hat eine wirksame Anfechtung?

Die Anfechtung führt zur Nichtigkeit des angefochtenen Rechtsgeschäfts von Anfang an (ex tunc, vgl. § 142 I BGB). Die Leistungen sind durch Leistungskondiktion nach § 812 I 1 Fall 1 BGB (a. A.: § 812 I 2 Fall 1 BGB) rückabzuwickeln.

273 ▸ Gibt es von der Nichtigkeit ex tunc Ausnahmen?

Ja. Bei in Vollzug gesetzten Arbeits- und Gesellschaftsverträgen wird die Nichtigkeit nur ex nunc angenommen. Für den Arbeitsvertrag bedeutet dies, dass das sog. fehlerhafte Arbeitsverhältnis für die Zeit bis zur Anfechtung Rechtsgrund für die geleistete Arbeit und das Behaltendürfen des Lohns ist, es sei denn der Schutzzweck verlangt die Nichtigkeit (Beispiel Arzt ohne Approbation). Hintergrund ist, dass der Arbeitnehmer nicht auf Bereicherungsansprüche (Entreicherung!) verwiesen sein soll. Im Gesellschaftsrecht gelten die Grundsätze über die fehlerhafte Gesellschaft.

▶ Welchen Zweck verfolgen die Grundsätze über die fehlerhafte Gesellschaft? Unter   **274**
welchen Voraussetzungen finden sie Anwendung? Wie erfolgt hier die Anfechtung?

Die Anfechtung eines Gesellschaftsvertrags erfolgt aufgrund der Schwierigkeiten bei der Rückabwicklung, aber auch zum Schutz der Gläubiger grundsätzlich nur mit Wirkung ex nunc (Ausnahmen: Verstoß des Gesellschaftszwecks gegen §§ 134, 138 BGB, § 123 BGB und gegenüber Minderjährigen). Voraussetzung ist ein unwirksamer Gesellschaftsvertrag, der durch die Aufnahme von Geschäften in Vollzug gesetzt wurde. Die Anfechtung muss auf die Weise erfolgen, in der die Gesellschaft nach dem Gesetz aufgelöst werden kann, bei der GbR also durch Kündigung nach § 723 I 2 BGB, für die der Anfechtungsgrund den wichtigen Grund liefert, bei OHG, KG und GmbH durch Auflösungsklage nach §§ 161 II, 133 I Nr. 4 HGB bzw. § 61, 60 I Nr. 3 GmbHG. Für den fehlerhaften Beitritt greift § 140 HGB analog.

▶ Wann liegt eine sog. Fehleridentität vor? Welche Auswirkung hat diese auf das Er-   **275**
füllungsgeschäft?

Eine Fehleridentität liegt vor, wenn das Kausalgeschäft (z. B. der Kaufvertrag nach § 433 BGB) und das Erfüllungsgeschäft (z. B. Übereignung des Kaufgegenstandes nach § 929 S. 1 BGB) an dem gleichen Mangel leiden. Liegt eine solche Fehleridentität vor, bezieht sich das Anfechtungsrecht nicht nur auf das Kausalgeschäft, sondern umfasst auch das dingliche Erfüllungsgeschäft.

▶ Warum steht das Abstraktionsprinzip der Fehleridentität und deren Wirkung auf   **276**
das Erfüllungsgeschäft nicht entgegen?

Das Abstraktionsprinzip besagt lediglich, dass ein Fehler bzgl. des Kausalgeschäfts nicht automatisch die Unwirksamkeit des fehlerfreien Erfüllungsgeschäfts mit sich bringt. Leiden aber beide Geschäfte am gleichen Mangel, so können beide aufgrund ihres jeweiligen Mangels für sich selbst nichtig sein.

▶ In welchen Fällen liegt regelmäßig Fehleridentität vor? Ist insbesondere eine in Er-   **277**
füllung einer Verbindlichkeit vorgenommene Eigentumsübertragung als mit dem Willensmangel belastet anzusehen, der zur Anfechtung des zugrunde liegenden Kaufvertrags berechtigt?

Fehleridentität ist regelmäßig bei der arglistigen Täuschung und bei der Drohung gegeben, nicht dagegen bei Erklärungs- und Inhaltsirrtum. Es ist allerdings stets auf den konkreten Einzelfall abzustellen. Beim Eigenschaftsirrtum ist problematisch, ob die Eigenschaft auch für die dingliche Einigungserklärung verkehrswesentlich ist. Einerseits machen sich die Parteien auch bei der dinglichen Einigung Vorstellungen über gewisse Eigenschaften der Sache. Andererseits geht es bei der

dinglichen Übereignung im Gegensatz zum zugrunde liegenden Verpflichtungsgeschäft vorrangig um den Vollzug des Verpflichtungsgeschäfts. Die Vorstellung über
bestimmte Eigenschaften ist dafür regelmäßig unbedeutend. Nur wenn die Sache
bei Kenntnis der Herkunft o. ä. gar nicht veräußert worden wäre (und nicht nur ein
anderer Preis ausgehandelt worden wäre) kann daher von einem „Doppelmangel"
bei Verpflichtungs- und Verfügungsgeschäft ausgegangen werden.

278 ▶ Besteht die Möglichkeit, die Anfechtung aufgrund von Fehlern bei der Willensäußerung auf das „Gewollte" zu beschränken? Beispiel: Händler V verwechselt beim
Verkauf eines Pkw zwei Wagen und verlangt nur 5.000 € statt der gewollten 6.000 €.
K würde den Wagen auch für 6.000 € nehmen. V hat aber mittlerweile einen Kunden
gefunden, der 6.500 € bietet. Kann K Übereignung des Wagens gegen 6.000 € verlangen?

Der Kaufvertrag kann aufgrund der Anfechtung nach §§ 142, 119 I BGB nichtig
und der Anspruch des K somit ausgeschlossen sein. Die Anfechtung „kassiert" die
Erklärung und „reformiert" sie nicht. Letzteres würde den Verkehrsschutzinteres-
sen widersprechen. Im vorliegenden Fall besteht solch ein Schutzbedürfnis jedoch
nicht, da K auch zum von V gewünschten Betrag abgeschlossen hätte. In diesem
Fall muss sich der Anfechtende nach Treu und Glauben an dem von ihm wirklich
Gewollten festhalten lassen. Ihm die Lösung vom Vertrag auch dann zu gestatten,
wenn dieser zu den von ihm gewollten Bedingungen zustande kommt, würde dem
Anfechtenden ermöglichen, nicht mehr aufgrund des Anfechtungsrechts aus § 119 I
BGB, sondern aus anderen Motiven anzufechten – hier wegen eines besseren Ange-
bots eines Dritten – und ihm damit ein „Reuerecht" geben, das nicht vom Gesetzge-
ber vorgesehen ist. Dogmatisch begründet wird diese Reduktion des Anfechtungsrechts teilweise über § 242 BGB (Verbot widersprüchlichen Verhaltens). Teils wird
die Lösung über eine teleologische Reduktion des § 142 I und die Zulassung einer
Teilanfechtung gesucht. Auch eine Umdeutung (§ 140 BGB) wird vorgeschlagen.
Freilich ist hier zu bedenken, dass die gewollte Rechtsfolge (6.000 €) weiter reicht.
Nach allen Lösungen kann K von V Übereignung Zug um Zug gegen Zahlung von
6.000 € (§ 320 I BGB) verlangen.

279 ▶ Für welche Fälle und unter welchen Voraussetzungen ist ein Ersatz des Vertrauensschaden nach § 122 I BGB vorgesehen?

> Bei Nichtigkeit einer Scherzerklärung nach § 118 BGB und bei Anfechtung
> aufgrund Irrtums nach §§ 119 und 120 BGB muss
> 1. der Erklärende
> 2. bei einer empfangsbedürftigen Willenserklärung dem Empfänger, bei
>   anderen jedem schutzwürdigen Dritten,
> 3. verschuldensunabhängig
> 4. den Schaden ersetzen, den dieser durch sein Vertrauen auf die Wirksamkeit
>   der Erklärung erlitten hat, d. h. das negative Interesse (nicht den Erfül-
>   lungsschaden), das kausal auf der Anfechtung beruht.

Der Anspruch ist auf die Höhe des Erfüllungsinteresses begrenzt und ausgeschlossen, wenn der Geschädigte die Nichtigkeit oder Anfechtbarkeit kannte oder kennen musste, § 122 II BGB.

Streitig ist, ob eine Kürzung des Schadensersatzanspruchs analog § 254 BGB für jene Fälle möglich ist, in denen weder Arglist noch grob fahrlässige Unkenntnis vom Irrtum vorliegt, der Erklärungsempfänger aber schuldlos den Irrtum (mit-)veranlasst hat. Dies soll einen angemessenen Ausgleich für die verschuldensunabhängige Haftung des Erklärenden ermöglichen.

▶ Nennen Sie einige Beispiele für einen nach § 122 I BGB zu ersetzenden Vertrauensschaden.

280

Ein durch das Vertrauen auf die Wirksamkeit der angefochtenen Willenserklärung erlittener Schaden sind bspw. nutzlose Aufwendungen im Hinblick auf das Geschäft, wie etwa Grundbuchkosten, Nachteile durch entgangene Geschäfte mit Dritten, aber auch Vorleistungen gegenüber dem anfechtenden Vertragsteil im Vertrauen auf die Wirksamkeit des Vertrages. Auf diese Weise lassen sich über den verschuldensunabhängigen Schadensersatzanspruch aus § 122 I BGB die Nachteile des Bereicherungsrechts umgehen (insbesondere § 818 III BGB).

Beispiel

281

Weinhändler W hat noch zehn Flaschen eines besonders guten französischen Weins zu je 20 € auf Lager. K will eine Flasche von diesem Wein kaufen. Beim Ausfüllen des Bestellformulars verschreibt er sich und bestellt anstatt einer Flasche alle zehn. Als K seinen Irrtum bemerkt, ficht er den Vertrag nach § 119 I Fall 2 BGB wirksam an. D wollte dem W inzwischen fünf Flaschen des Weins abkaufen und bot ihm dafür sogar 25 € pro Flasche. W beschied den D jedoch mit den Worten: „Leider habe ich alle zehn Flaschen bereits verkauft." Als W von der Anfechtung des K erfährt, verlangt er von diesem 125 € für die fünf Flaschen, die er dem D nicht verkaufen konnte. Mit Recht?

Nach § 122 I BGB hat der Erklärende dem Erklärungsempfänger nach einer Anfechtung aufgrund von § 119 I Fall 1 BGB den Schaden zu ersetzen, den der Empfänger dadurch erleidet, dass er auf die Gültigkeit der Erklärung vertraute. W ist demnach so zu stellen, wie er stünde, wenn er von dem Geschäft mit K nie etwas gehört hätte. In diesem Fall hätte er fünf Flaschen Wein für 125 € an D verkaufen können. Dabei ist jedoch zu beachten, dass der Vertrauensschaden durch das Erfüllungsinteresse begrenzt ist (§ 122 I Hs. 2 BGB), um den W nicht besser zu stellen, als er bei ordnungsgemäßer Vertragserfüllung stünde. Bei ordnungsgemäßer Erfüllung durch K hätte W aber nur 20 € pro Flasche erhalten. Hier kommt hinzu, dass die Weinflaschen nach Scheitern des Geschäfts mit K nicht unverkäuflich sind, sondern mangels abweichender Anhaltspunkte ihren Verkaufswert von 20 € behalten haben und an andere Interessenten verkauft werden können (anders z. B. bei verderblicher Ware oder im Fall der Vermietung eines Hotelzimmers: nach Verstreichen der Mietzeit ist eine anderweitige Vermietung wegen Zeitablaufs unmöglich).

Mithin stehen dem W weder die verlangten 125 € noch auch nur 25 € (entgangener Gewinn aus dem vereitelten Geschäft mit D) zu.

282 ▶ Wie wäre der vorhergehende Fall zu beurteilen, wenn K dem W vor Absendung der Bestellung telefonisch mitgeteilt hat, dass er beabsichtigte, eine Flasche Wein probeweise zu kaufen?

Nach § 122 II BGB ist ein Schadensersatzanspruch ausgeschlossen, wenn der „Beschädigte", d. h. der Geschädigte (Anfechtungsgegner), den Grund der Anfechtung kannte oder hätte kennen müssen. W hätte sich nach dem Telefonat denken können, dass K sich verschrieben hatte, und konnte demnach nicht mehr auf die Gültigkeit des Geschäfts vertrauen. In diesem Fall entfällt folglich der Anspruch des W auf Ersatz des Vertrauensschadens, da er nicht mehr schutzwürdig ist.

283 ▶ Könnte im Fall der Teilanfechtung (Frage 278) bzgl. der „Differenz" noch ein Vertrauensschaden geltend gemacht werden? Beispiel: Verwaltungsleiter K bestellt bei V Druckerpapier. Er verschreibt sich bei der Zahl der Pakete und hängt eine Null zu viel an die Zahl. Der Irrtum klärt sich bei der Anlieferung. V möchte K an der von ihm tatsächlich gewollten Menge festhalten und gleichzeitig für den Rest die darauf entfallenden Lieferkosten als Vertrauensschaden geltend machen. Hat er Recht?

Dies ist umstritten. Es steht zu befürchten, dass V gleichzeitig sein positives Interesse (v. a. den Gewinnanteil am Verkauf des wirklich gewollten Papiers) und sein negatives Interesse (Lieferkosten durch die nicht gewollten Pakete) ersetzt bekommt. Das ist aber dadurch ausgeschlossen, dass hier nur ein Teil angefochten wurde und auch nur für diesen Teil der Vertrauensschaden verlangt wird. Bei den Lieferkosten ist aber zu beachten, dass gewisse Kosten, v. a. die Personalkosten, ohnehin entstanden wären. Sie sind daher nicht durch das Vertrauen auf die Gültigkeit des Geschäfts über die zu viel gelieferten Pakete verursacht worden und somit nicht nach § 122 I BGB ersatzfähig.

284 ▶ Schließt § 122 BGB eine Anwendung der §§ 280 I, 311 II, 241 II BGB (c.i.c.) aus?

Nein. Insb. nach ihrer Kodifikation in §§ 280 I 1, 311 II Nr. 1, 241 II BGB ist die weitergehende Verschuldenshaftung aus culpa in contrahendo nicht durch die – zwar verschuldensunabhängige, aber der Höhe nach begrenzte – Haftung nach § 122 BGB ausgeschlossen. Bedeutung hat dies v. a. dann, wenn ein Anspruch aus § 122 I nach § 122 II BGB wegen fahrlässiger Unkenntnis der Anfechtbarkeit ganz, der Anspruch aus §§ 280 I, 311 II, 241 II BGB aber nach § 254 BGB nur zum Teil ausgeschlossen ist, oder wenn der Vertrauensschaden des Geschädigten höher als sein Erfüllungsinteresse ist (die Begrenzung aus § 122 I BGB a.E. gilt nicht für die c.i.c.).

285 ▶ Kann ein bereits unwirksames Rechtsgeschäft noch angefochten werden?

Nach der Lehre von der Doppelnichtigkeit (bzw. den Doppelwirkungen im Recht) kann ein unwirksames Rechtsgeschäft angefochten werden, weil die Unwirksam-

keit auf einem ganz bestimmten Nichtigkeitsgrund beruht. Dieser eine Nichtigkeitsgrund schließt jedoch die Geltendmachung weiterer Nichtigkeitsgründe nicht aus.

Beispiel   **286**

Die 17-jährige V hat dem K ohne Genehmigung ihrer Eltern ein Bild für 140 €
verkauft. Dabei hatte K die V über die Herkunft des Bildes arglistig getäuscht.
Das Bild stammt nämlich von dem bekannten Maler M und ist deshalb in Samm-
lerkreisen über 10.000 € wert. K verkauft das Bild an seinen Freund F, einen
Kunstliebhaber, für 3.000 € weiter. Als dieser sich über den geringen Kaufpreis
wundert, erklärt ihm K: „Die naive V hatte keinen blassen Schimmer, dass es
sich um ein Bild von M handelt. Und natürlich hab ich es ihr auch nicht gesagt."
Kann V den Verkauf des Bildes an K anfechten? Hat F Eigentum an dem Bild
erworben?

V kann den Kaufvertrag mit K sowohl wegen Eigenschaftsirrtums nach § 119 II
BGB als auch wegen arglistiger Täuschung nach § 123 I Fall 1 BGB anfechten.
Dabei kann V selbst entscheiden, auf welchen Anfechtungsgrund sie sich beruft.
Allerdings ist eine Anfechtung nach § 123 BGB günstiger, da gem. § 124 BGB eine
längere Frist gilt – ein Jahr ab Kenntnis statt unverzüglich – und der Anfechtende
auch nicht zum Ersatz des Vertrauensschaden nach § 122 BGB verpflichtet ist. Dass
der Kaufvertrag nach §§ 107, 108 I BGB nichtig ist, steht einer Anfechtung nicht
entgegen (Lehre von der Doppelnichtigkeit).

Die Einigung zwischen V und K über den Eigentumsübergang ist nach §§ 107,
108 I BGB und §§ 142 I, 123 I BGB (Fehleridentität, s. Frage 277) nichtig. Daher
war K bei Übereignung des Bildes an F nicht Eigentümer, so dass ein Eigentumserwerb des F nach § 929 S. 1 BGB nicht möglich war. Auch ein gutgläubiger Erwerb nach §§ 929 S. 1, 932 BGB scheidet aus: Zwar wusste er nichts von der Min-
derjährigkeit der V, jedoch kannte er die Anfechtbarkeit der Übereignung des Bildes
von V an K, da dieser ihm erzählt hatte, dass er die V über die Herkunft des Bildes
arglistig getäuscht hatte. Nach § 142 II BGB war F damit bösgläubig und konnte das
Bild nicht gutgläubig erwerben.

▶ Kann man einen Kaufvertrag nach § 119 II BGB anfechten, wenn zugleich ein Sach-   **287**
  mangel iSd. § 434 BGB vorliegt? Beispiel: K kauft von V einen Fernseher des Fabri-
  kats F. Noch bevor dieser geliefert wird, hört K im Radio, dass die gesamte Serie F
  einen Produktionsfehler aufweist und daher regelmäßig Bildstörungen auftreten. K
  will den Vertrag deshalb nach § 119 II BGB anfechten.

Grundsätzlich ist eine Anfechtung ausgeschlossen, wenn die Vorschriften des Gewährleistungsrechts (des Kauf-, aber auch des Werkvertrags- und Mietrechts) einschlägig sind. Andernfalls würde der Vorrang der Nacherfüllung leerlaufen, da
der Verkäufer bei Anfechtung keine Möglichkeit der Nachbesserung oder Nach-
lieferung hätte. Zusätzlich würde die Verjährung der Gewährleistungsrechte, § 438
BGB, sowie deren Ausschluss bei Kenntnis und insbesondere fahrlässiger Unkenntnis (§ 442 I BGB), unterlaufen. Dem Käufer stehen die Mängelansprüche in der
Regel zwei Jahre ab Ablieferung der Sache zu (§ 438 I Nr. 3 BGB), während die

Anfechtungsfrist erst mit Kenntnis des Anfechtungsgrundes beginnt (§ 121 I BGB). Nach § 442 I 1 BGB kann der Käufer keine Mängelrechte geltend machen, wenn er den Mangel infolge grober Fahrlässigkeit nicht kannte. Eine entsprechende Regelung fehlt jedoch bei § 119 II BGB, so dass der Käufer sich auch bei grober Fahrlässigkeit vom Vertrag lösen könnte, wenn man eine Anfechtung zulassen würde.

Etwas anderes gilt aber vor Übergabe der Sache, d. h. vor Gefahrübergang (§ 446 BGB). Zu diesem Zeitpunkt stehen dem Käufer nämlich noch keine Mängelrechte zu (vgl. § 434 I 1 BGB). Deshalb können diese einer Anfechtung nach § 119 II BGB auch nicht entgegenhalten werden. Im Beispiel ist die Gefahr nicht auf K übergegangen, da der Fernseher noch nicht geliefert wurde. Daher kann K den Kaufvertrag gem. § 119 II BGB anfechten.

288 ▶ Was gilt, wenn der Verkäufer aufgrund eines Eigenschaftsirrtums anfechten möchte?

Die kaufrechtlichen (oder werkvertragsrechtlichen) Mängelgewährleistungsrechte sollen nicht nur die Ausübung der Rechte durch den Käufer begrenzen, sie sollen ihn in erster Linie schützen. Daher darf auch der Verkäufer sie durch Anfechtung nicht umgehen. Die Ausübung seines Anfechtungsrechts ist ihm wegen rechtsmissbräuchlichen Verhaltens gem. § 242 BGB verwehrt.

Eine Umgehung liegt aber insbesondere dann nicht vor, wenn der Käufer im konkreten Fall seine Gewährleistungsrechte überhaupt nicht ausüben will, etwa weil der „Mangel", eine Abweichung der Ist- von der Sollbeschaffenheit nach § 434 I 1 BGB, zu einer Wertsteigerung führt. Beispiel: Das als ein Bild des Malers Duveneck verkaufte Gemälde stammt in Wahrheit von dem viel bekannteren Leibl und ist daher wesentlich wertvoller. Der Käufer, der ein wertvolleres Bild bekommt, wird seine Mängelrechte nicht ausüben wollen. In diesem Fall besteht nicht die Gefahr, dass der Verkäufer durch die Anfechtung die Rechte des Käufers vereitelt. Daher kann der Verkäufer anfechten.

289 ▶ Gilt der Vorrang des Gewährleistungsrechts auch im Fall der arglistigen Täuschung? Wie ist das Verhältnis zur c.i.c.?

Im Gegensatz zu § 119 II BGB wird § 123 BGB nicht durch das Gewährleistungsrecht verdrängt. Der arglistig Täuschende ist in keiner Weise schutzwürdig und soll nicht durch die Beschränkung des Käufers auf die Mängelrechte begünstigt werden.

Das Verhältnis von § 123 BGB und dem Schadensersatzanspruch aus §§ 280 I, 311 II, 241 II BGB ist dagegen streitig. Die c.i.c. gewährt im Wege der Naturalrestitution nach § 249 I BGB ebenfalls Aufhebung und Rückabwicklung des Vertrags, dies aber ohne die engeren Voraussetzungen der Arglist (auch bei einfacher Fahrlässigkeit) und innerhalb der regelmäßigen, d. h. dreijährigen Verjährungsfrist (statt der einjährigen nach § 124 BGB). Damit drohen die Voraussetzungen der §§ 123, 124 BGB umgangen zu werden, weshalb teilweise eine restriktive Anwendung der c.i.c. nur auf Fälle einer besonderen Aufklärungspflicht gefordert wird. Diese Einschränkung soll dann sowohl für die vorsätzliche als auch für die fahrlässige Irreführung gelten. Damit würde der vorsätzlich Getäuschte aber schlechter stehen als der fahrlässig Getäuschte. Zudem hat die c.i.c. mit dem Vermögensschutz einen anderen Schutzzweck als § 123 BGB mit der Willensfreiheit. Mit der h.M. ist daher ein Anspruch auf Vertragsaufhebung dann zuzulassen, wenn der Vertrag für den (fahrlässig) Getäuschten einen Vermögensschaden darstellt.

▶ Welche weiteren Ansprüche kommen im Fall von Täuschung und Drohung in Be-   **290**
tracht?

Insb. deliktsrechtliche Ansprüche gem. §§ 823 II BGB iVm. § 263 bzw. § 240 StGB und gem. § 826 BGB. Auch nach Fristablauf kann dem anderen Teil so die Arglisteinrede des § 853 BGB entgegen gehalten und die Erfüllung verweigert werden.

▶ In welchem Verhältnis steht § 123 BGB zu § 138 I BGB?   **291**

§ 123 BGB hat regelmäßig Vorrang vor § 138 I BGB. Auch wenn arglistige Täuschung und Drohung gegen die guten Sitten verstoßen, sind darauf beruhende Rechtsgeschäfte nicht automatisch nichtig, sondern können nur nach § 123 angefochten werden. Andernfalls würde dem Getäuschten bzw. Bedrohten das Wahlrecht, ob er an dem Vertrag festhalten will oder nicht, genommen und die §§ 123, 124 I BGB würden damit leer laufen. Nur in dem Fall, dass über die unzulässige Willensbeeinflussung hinaus noch weitere sittenwidrige Umstände vorliegen, kann § 138 I BGB angewendet werden (vgl. Frage 466).

▶ Welche Auswirkungen hat die (anfängliche) Nichtigkeit eines unter Einschaltung   **292**
eines Maklers zustande gebrachten Vertrags auf den Provisionsanspruch des Maklers gem. § 652 I BGB?

Der Provisionsanspruch des Maklers setzt nach § 652 I BGB neben dem wirksamen Maklervertrag zwischen dem Auftraggeber und dem Makler voraus, dass ein Vertrag zwischen dem Auftraggeber und einem Dritten infolge des Nachweises oder der Vermittlung des Maklers zustande gekommen ist. Fraglich ist, was unter „zustande gekommen" zu verstehen ist und ob dafür auch die (anfängliche) Wirksamkeit des Vertrages notwendig ist. Der Auftraggeber steht mit einem unwirksamen Vertrag genauso da wie ganz ohne Abschluss; das Risiko des Abschlusses soll aber nach der Regelung des § 652 I BGB gerade der Makler tragen. Daher hat der Makler nur bei wirksamen Zustandekommen des vermittelten Vertrages einen Anspruch aus § 652 I BGB. Eine Anfechtung des Auftraggebers oder des Vertragspartners schließt den Provisionsanspruch daher aus, sofern nicht aufgrund abweichender Parteivereinbarung anderes geregelt ist.

▶ Gilt dies auch, wenn neben dem Anfechtungsrecht aufgrund einer Täuschung Ge   **293**
währleistungsansprüche gegeben sind und der Getäuschte den Rücktritt wählt?

Dem Wortlaut des § 652 I 1 BGB zufolge muss der Hauptvertrag lediglich wirksam zustande gekommen sein. Auf die Durchführung des Vertrages, wie sie z. B. in § 87a I 1 HGB für den Provisionsanspruch des Handelsvertreters erforderlich ist, kommt es ausdrücklich nicht an. Daraus ist zu folgern, dass der Makler die Gefahr von Abschlussmängeln (Formnichtigkeit, Gesetzesverstoß, Sittenwidrigkeit und Anfechtung) und der Auftraggeber die Gefahr von Durchführungsmängeln, welche die Leistungspflicht aus dem wirksam zustande gekommenen Hauptvertrag beseitigen (Kündigung, Rücktritt, einvernehmliche Vertragsaufhebung), trägt.

Im Falle des erklärten Rücktritts würde daher normalerweise der Provisionsanspruch des Maklers bestehen bleiben. Wählt der Getäuschte den Rücktritt wegen desselben Mangels, der ihm daneben auch ein Anfechtungsrecht wegen arglistiger Täuschung nach § 123 I BGB gibt, so realisiert sich im Rücktritt dieselbe den Vertragsabschluss betreffende Gefahr, die sich auch in der Anfechtung des Kaufvertrag ex tunc äußern würde (§ 142 I BGB). Sofern der Käufer also die freie Wahl zwischen Anfechtung und Rücktritt hat, ist eine solche Entscheidung aus der Sicht des Maklers rein zufällig. Voraussetzung für eine Gleichbehandlung von Anfechtung und Gewährleistungsrechten ist allerdings, dass das Anfechtungsrecht noch bestand, der Käufer seine Gewährleistungsrechte also innerhalb der Anfechtungsfrist des § 124 I BGB geltend gemacht hat. Ob in der Geltendmachung von Gewährleistungsansprüchen gleichzeitig eine Bestätigung des Rechtsgeschäfts nach § 141 BGB liegt (vgl. Fragen 476 ff.), spielt hierfür keine Rolle.

294 ▸ Was gilt, wenn die Irrtumsanfechtung nach § 119 II BGB durch die Gewährleistungsrechte verdrängt und der Rücktritt gewählt wird?

Sehr umstritten ist, ob diese Grundsätze auch auf Fälle übertragbar sind, in denen an sich eine Anfechtungslage nach § 119 II BGB besteht, das Anfechtungsrecht aber durch den Vorrang der Gewährleistungsvorschriften verdrängt wird (vgl. Frage 288).

Nach einer Ansicht besteht im Falle der Mangelhaftigkeit des Kaufgegenstandes gesetzessystematisch eine Leistungsstörung und somit ein Problem der Vertragsdurchführung und nicht des Vertragsschlusses. Dem Makler würde eine versteckte Gewährleistungspflicht aufgebürdet, wenn dieser selbst nach Verjährung der Gewährleistungsansprüche noch um seine Provision fürchten müsste, während der Verkäufer nicht mehr haften würde. Andererseits besteht auch hier eine im Vertragsschluss selbst liegende Unvollkommenheit. Der Vorrang der Gewährleistungsrechte schützt insoweit den Verkäufer (insbesondere durch die Möglichkeit der Nacherfüllung und eine günstigere Verjährungsregelung). Er soll aber nicht dem Makler zur Sicherung seines Provisionsanspruchs zugutekommen. In der Sache liegen die gleichen Tatbestände (Mangelhaftigkeit und Anfechtungslage nach § 119 II BGB) vor, die zum selben Ergebnis führen müssten.

Die Anfechtung
1. **Anfechtungserklärung (§ 143 BGB)**
2. **Anfechtungsgrund**
   - § 119 I BGB
   a) Irrtum
      - **Inhaltsirrtum** (Fall 1): Der Erklärende wählt zwar das richtige Erklärungszeichen, verbindet mit diesem Zeichen aber eine andere Bedeutung als sie ihm bei Auslegung nach dem Empfängerhorizont zukommt („Der Erklärende weiß, was er sagt, er weiß aber nicht, was er damit sagt.").
      - **Erklärungsirrtum** (Fall 2): Der Erklärende hat ein anderes Erklärungszeichen gesetzt als er eigentlich setzen wollte („Der Erklärende weiß nicht, was er sagt"; er verschreibt oder verspricht sich).
   b) Irrtumsbedingte (**kausale**) Abgabe einer **Willenserklärung**
   - **§ 119 II BGB, Eigenschaftsirrtum**
   a) Irrtum über eine verkehrswesentliche Eigenschaft
      - **Eigenschaften** sind auf der natürlichen Beschaffenheit beruhende Merkmale sowie alle gegenwärtigen, tatsächlichen oder rechtlichen Verhältnisse und Beziehungen der Sache zu ihrer Umwelt, die aufgrund ihrer Beschaffenheit und Dauer auf die Brauchbarkeit und den Wert der Sache von Einfluss sind, kurz: ihr dauerhaft anhaftende wertbildende Faktoren der Sache.
      - **Verkehrswesentlich** ist eine Eigenschaft, wenn sie ausdrücklich oder konkludent vertraglich vereinbart wurde (sog. Lehre vom geschäftlichen Eigenschaftsirrtum) oder wenn sie für das konkrete Rechtsgeschäft unter Berücksichtigung der Verkehrsanschauung objektiv erheblich, d. h. im Rechtsverkehr generell für die Wertschätzung der Sache bedeutsam ist (str.).
   b) irrtumsbedingte Abgabe einer **Willenserklärung (Kausalität)**
   c) kein (konkludenter) Ausschluss, etwa bzgl. Zahlungsfähigkeit des Schuldners iRd. Bürgschaft, Vorrang des kauf- oder werkvertragsrechtlichen Gewährleistungsrechts
      Sonderfall des § 2078 BGB für die Anfechtung letztwilliger Verfügungen
   - **§ 120 BGB, fehlerhafte Übermittlung**
   a) **Übermittlung** der Erklärung durch eine Person (= Bote) oder Anstalt (Beispiel Post, E-Mail, Internet)
   b) **unbewusst unrichtige** Übermittlung (bei **bewusst** unrichtiger Übermittlung wird die Willenserklärung nicht zugerechnet, § 177 BGB analog)
   - **§ 123 I Fall 1 BGB, arglistige Täuschung**
   a) **Täuschungshandlung** = Hervorrufen einer Fehlvorstellung durch ausdrückliches oder konkludentes Handeln oder Unterlassen bei Bestehen einer Aufklärungspflicht

b) **Person des Täuschenden:** Erklärungsempfänger oder eine Person, deren Verhalten dem Erklärungsempfänger zuzurechnen ist (sog. Nicht-Dritter, insbesondere Vertreter); Dritte nur bei Kenntnis oder grob fahrlässiger Unkenntnis des Erklärungsempfängers (§ 123 II 1 BGB); Sonderfall § 123 II 2 BGB bei Bösgläubigkeit des durch die Erklärung Begünstigten

c) dadurch (**kausal**) entstandener **Irrtum**

d) irrtumsbedingte (**kausale**) Abgabe einer Willenserklärung

e) **Widerrechtlichkeit** der Täuschung (fehlt bei unzulässigen Fragen)

f) **Arglist** des Täuschenden (Vorsatz bzgl. Täuschung, Irrtum und Willenserklärung)

– **§ 123 I Fall 2 BGB, widerrechtliche Drohung**

a) **Drohung** = das in Aussicht stellen eines zukünftigen Übels, auf dessen Eintritt der Drohende Einfluss zu haben vorgibt; die Person des Drohenden ist gleichgültig

b) **kausale** Abgabe einer Willenserklärung

c) **Widerrechtlichkeit** der Drohung (Widerrechtlichkeit des Mittels, des Zwecks oder der Zweck-Mittel-Relation)

d) **Vorsatz** des Drohenden, den Bedrohten zu der Willenserklärung zu bestimmen

3. **Anfechtungsfrist**
   für Fälle der §§ 119, 120 BGB unverzüglich nach Kenntniserlangung vom Anfechtungsgrund (§ 121 I BGB) bzw. bei § 123 BGB binnen eines Jahres ab Kenntniserlangung von der Täuschung oder ab dem Ende der Bedrohungslage (§ 124 I BGB), maximal 10 Jahre (§§ 121 II, 124 III BGB) und nur, wenn Rechtsgeschäft noch nicht nach § 144 BGB bestätigt

4. **Anfechtungsgegner**
   der Geschäftsgegner (§ 143 II Fall 1, III 1 BGB) oder der durch das Rechtsgeschäft Begünstigte (§ 143 II Fall 2, IV 1 BGB).

Formvorschriften

6

A. Allgemeines

▶ Bedürfen Rechtsgeschäfte einer besonderen Form?　　　　**295**

Rechtsgeschäfte sind grundsätzlich formlos wirksam, können also auch mündlich oder sogar konkludent abgeschlossen werden (vgl. Frage 155). Dies dient der Erleichterung des Rechtsverkehrs und entspricht den Erfordernissen eines effektiven Wirtschaftsverkehrs. Nur wenn eine bestimmte Form gesetzlich vorgeschrieben ist oder rechtsgeschäftlich vereinbart wurde, ist diese gem. §§ 126 ff. BGB einzuhalten; anderenfalls droht nach Maßgabe von § 125 BGB die Nichtigkeit des Rechtsgeschäfts (beachte dabei § 139 BGB, sofern sich das Formerfordernis nur auf einen Teil des Geschäfts bezieht).

▶ Welche Funktionen können Formvorschriften haben?　　　　**296**

Eine wichtige Funktion kann der Schutz des Erklärenden vor unüberlegten oder übereilten Entscheidungen sein, wenn das Geschäft besondere Risiken birgt, wie z. B. bei der Bürgschaft (Warnfunktion, Übereilungsschutz) oder der Schenkung (zusätzlich Klarstellung der Ernstlichkeit). Zudem wird klargestellt und bewiesen, dass, gegenüber oder mit wem und mit welchem Inhalt eine Erklärung abgegeben worden oder ein Geschäft zustande gekommen ist (Beweisfunktion). Die notarielle Beurkundung hat darüber hinaus den Zweck, eine sachkundige Beratung und Belehrung zu gewährleisten, z. B. beim Grundstückskaufvertrag (Beratungsfunktion). In bestimmten Fällen ermöglicht die besondere Form eine behördliche Kontrolle des Geschäfts (Kontrollfunktion).

B. Gesetzliche Formvorschriften

▶ Welche Arten von gesetzlichen Formerfordernissen gibt es?　　　　**297**

C. Armbrüster, *Examinatorium BGB AT,* Springer-Lehrbuch,
DOI 10.1007/978-3-642-45123-2_6, © Springer-Verlag Berlin Heidelberg 2015

Im Allgemeinen Teil des BGB abstrakt definierte gesetzliche Formerfordernisse sind die Schriftform (§ 126 BGB), die Textform (§ 126 b BGB), die notarielle Beurkundung (§ 128 BGB) und die öffentliche Beglaubigung (§ 129 BGB). Soweit eine Norm des besonderen Zivilrechts eine solche Form anordnet, sind die §§ 125 ff. BGB anwendbar. Daneben werden in einzelnen Vorschriften weitere besondere Formerfordernisse aufgestellt, z. B. das eigenhändige Testament in § 2247 BGB, die gleichzeitige Anwesenheit der Parteien in § 925 I 1 BGB und die Abgabe einer Erklärung vor einer Behörde, z. B. in § 1310 I 1 BGB, oder gegenüber einer Behörde, z. B. in §§ 876 S. 3, 1945 I BGB.

298 ► In welchen wichtigen Fällen ordnet das Gesetz die Schriftform an?

Für den Verbraucherdarlehensvertrag (§ 492 BGB), Mietverträge über Wohnraum, Grundstücke oder andere Räume über mehr als ein Jahr (§§ 550 S. 1, 578 I, II BGB), die Kündigung von Wohnraummietverträgen (§ 568 I BGB) und von Arbeitsverträgen (§ 623 BGB), die Bürgschaftserklärung (§ 766 S. 1 BGB), das Schuldversprechen oder Schuldanerkenntnis (§§ 780, 781 BGB) und die Abtretung einer hypothekarisch gesicherten Forderung (§ 1154 I BGB iVm. der Briefübergabe).

299 ► Gibt es davon wiederum Ausnahmen?

Ja. Nach § 350 HGB sind Bürgschaft und Schuldanerkenntnis formfrei, wenn diese auf Seiten des Schuldners ein Handelsgeschäft iSv. § 344 HGB darstellen. Ein solches liegt nicht vor, wenn zwar der Bürge Kaufmann ist, er aber die Bürgschaft aus privaten Gründen erteilt, z. B. für einen Geschäftskredit seines Sohnes.

300 ► Welche Voraussetzungen sind bei der Schriftform einzuhalten?

Es bedarf einer schriftlichen Urkunde und einer eigenhändigen Unterschrift des Erklärenden. Dabei muss der Urkundstext – anders als beim Testament gem. § 2247 BGB, bei dem es gerade um die Echtheitskontrolle geht – nicht vom Unterzeichner eigenhändig geschrieben worden sein. Vielmehr reicht ein gedruckter oder ein von einer anderen Person handgeschriebener Text; freilich muss auch dann die Unterschrift vom Erklärenden stammen.

301 ► Muss die Unterschrift zwingend am Ende des Textes stehen?

Grundsätzlich ja. Die Unterschrift soll wegen ihrer Abschluss- und Deckungsfunktion den Urkundentext räumlich abschließen. Eine Unterschrift oberhalb des Textes, am Rand oder auf dem Umschlag genügt daher nicht; auch Nachträge sind gesondert zu unterzeichnen. Bei letztwilligen Verfügungen wird dies freilich teils großzügiger gesehen, um dem Erblasserwillen Geltung zu verschaffen.

302

> **Beispiel**
>
> Sängerin S unterschreibt den Mietvertrag mit ihrem Künstlernamen Jeannette Bright in einer Schrift, die kaum die Anfangsbuchstaben erkennen lässt. Wird dies § 126 I BGB gerecht?

Ein Pseudonym darf bei der Unterschrift genutzt werden, wenn es tatsächlich geführt wird und damit eine Identifikation möglich ist. Die Unterschrift muss nicht lesbar sein. Sie muss nur Andeutungen von Buchstaben enthalten, die einen den Unterzeichnenden kennzeichnenden individuellen Schriftzug darstellen. Eine Paraphe – die Anfangsbuchstaben von Vor- und Nachname – genügt dagegen nicht; ebenso wenig allein der Vorname. Die Unterschrift der S erfüllt demnach wohl noch § 126 I BGB.

303

▶ Genügt die Unterschrift nur eines Vertragspartners?

Gem. § 126 II 1 BGB müssen grundsätzlich beide Parteien die Urkunde unterschreiben, es sei denn, nur die Erklärung eines Vertragsteils bedarf der Schriftform wie bei § 766 S. 1 BGB. Werden mehrere Urkunden über den Vertrag abgefasst, reicht es nach Satz 2 allerdings, wenn jede Partei auf der für die andere Seite bestimmten Urkunde unterschreibt. Jeder muss aber eine Unterschrift leisten. Unterschriften allein unter Antrag und Annahme reichen dagegen nicht.

304

▶ Worauf ist bei mehrteiligen Urkunden zu achten?

Soweit die Urkunde aus mehreren Blättern besteht, ist deren Zusammenhang kenntlich zu machen, wozu es allerdings keiner körperlichen Verbindung bedarf; eine fortlaufende Nummerierung oder ein inhaltlicher Zusammenhang genügen. Auf ergänzende Urkunden ist Bezug zu nehmen.

305

▶ Erfüllt auch eine Blankounterschrift die Schriftform?

Grundsätzlich kann die Unterschrift vor der Niederschrift des Textes blanko geleistet werden. Allerdings kann der Schutzzweck der Formvorschrift im Einzelfall etwas anderes gebieten.

306

> **Beispiel 1**
>
> K erklärt sich bereit, für seinen Sohn S zu bürgen. Da er ihm vertraut, gibt er ihm ein Blankett für die Bank mit, auf dem dieser dann Darlehenssumme usw. eintragen kann. Ist die Schriftform gewahrt?

Das Schriftformerfordernis des § 766 S. 1 BGB bei der Bürgschaft dient – im Gegensatz z. B. zu § 311b BGB – allein dem Schutz des Bürgen. Ihm soll das Risiko seiner Erklärung vor Augen geführt werden. Dies ist nur dann der Fall, wenn sich bereits aus dem vom Bürgen unterzeichneten Schriftstück der Umfang der Haftung,

d. h. der Wille zum Einstehen für fremde Schuld sowie die Bezeichnung von Hauptschuldner, Gläubiger und verbürgter Forderung ergeben. Die Unterschrift auf einem
leeren Blatt Papier genügt dem nicht. Soweit die inhaltliche Ausgestaltung noch
nicht im Einzelnen feststeht, muss deshalb der Bürge nach h.M. wenigstens die
Vollmacht zur Ausfüllung des Blanketts formgerecht erteilen (zur abredewidrigen
Ausfüllung des Blanketts s. Frage 232).

307 | **Beispiel 2**

A hat seinem Angestellten B mündlich gekündigt. Seine Sekretärin S soll die
Papiere fertig machen. Da A selbst auf Dienstreise geht, die Kündigungsfrist
aber eingehalten werden soll, hinterlässt er ein unterschriebenes leeres Blatt, auf
das S die diktierte Kündigung schreiben soll.

Hier dient das Schriftformerfordernis nicht dem Schutz des Kündigenden. Daher
bestehen gegen ein Blankett keine Bedenken.

308   ▶ Erfüllt ein Fax die Schriftform des § 126 BGB?

Zwar kann das beim Absender vorhandene Schriftstück die Voraussetzungen des
§ 126 I BGB erfüllen, dieses geht dem Empfänger aber nicht zu, sondern nur die
Kopie aus dem Faxgerät. Jene Kopie enthält jedoch keine Originalunterschrift; sie
erfüllt damit nicht die Schriftform. Dieses Ergebnis folgt auch aus dem Umkehrschluss zu § 127 II BGB, der für die gewillkürte Schriftform die telekommunikative
Übermittlung ausreichen lässt. Für die Klageerhebung genügt dagegen ein Fax (arg.
§ 130 Nr. 6 ZPO).

309   ▶ Ist die telekommunikative Übermittlung damit ganz ausgeschlossen?

Nein. Nach § 126 III BGB kann die Schriftform grundsätzlich durch die elektronische Form nach § 126a BGB ersetzt werden. Hier wird die Identitätsfunktion
der eigenhändigen Unterschrift durch eine Hinzufügung des Namens und die qua-
lifizierte elektronische Signatur iS. des SigG erfüllt. Das ist zum Beispiel beim
E-Mail-Verkehr technisch möglich, allerdings nicht beim Fax. Zu beachten ist aber
gerade bei der elektronischen Form, dass der Empfänger für solche nicht allgegen-
wärtigen Kommunikationsmittel den Verkehr eröffnet haben muss (vgl. Frage 203).

310   ▶ Gilt § 126 BGB auch für rechtsgeschäftsähnliche Handlungen?

Die unmittelbar nur für Rechtsgeschäfte geltenden §§ 125 ff. BGB können analog auch auf rechtsgeschäftsähnliche Handlungen angewendet werden, soweit ihre
Eigenart oder der Schutzzweck der jeweiligen Vorschrift nicht etwas anderes verlangen (vgl. Frage 168). Dabei ist aber für die Schriftform zu beachten, dass die
Rechtssicherheit hier häufig keine Originalunterschrift gebietet und die bloß text-
liche Wiedergabe durch Fax oder E-Mail im Geschäftsleben üblich ist. So wird

bei der tarifvertraglichen Anordnung der Schriftform für die Geltendmachung von Ansprüchen gegenüber dem Arbeitgeber oder bei einer Zustimmungsverweigerung durch den Betriebsrat nach § 99 III 1 BetrVG eine Analogie abgelehnt.

▶ Wann ist die Textform des § 126b BGB erfüllt? Worin liegt der Unterschied zur Schriftform? **311**

Die Textform verlangt, dass die Erklärung in einer Weise abgegeben wird, die eine dauerhafte Wiedergabe ermöglicht. Dies kann auf Papier erfolgen. Es genügt aber auch die Speicherung auf einem elektronischen Datenträger (Festplatte, CD-ROM u. ä.), wenn der Text z. B. auf dem Computerbildschirm gelesen werden kann. Im Gegensatz zur Schriftform ist bei der Textform neben der Nennung des Erklärenden nur die Nachbildung der Unterschrift, also keine Originalunterschrift (und auch keine Signatur) erforderlich. Ein Fax erfüllt also die Textform. Die Erklärung muss außerdem in Schriftzeichen wiedergegeben werden, eine Nachricht auf einem Anrufbeantworter oder einer Mailbox genügt daher nicht.

▶ In welchen Fällen hält der Gesetzgeber des BGB die Textform für ausreichend? **312**

Die Textform spielt v. a. bei der durch Umsetzung europäischer Verbrauchervertragsrichtlinien eingeführten Belehrung über und der Ausübung von Widerrufsrechten eine Rolle, vgl. § 355 II 1 und I 2 BGB, ferner für die Erfüllung von Informationspflichten, z. B. beim Fernabsatzvertrag nach § 312c I BGB. Seit der Mietrechtsreform von 2001 ist sie auch im Mietrecht z. B. bei der Mieterhöhung nach § 558a I BGB zu finden.

| **Beispiel** | **313** |

Händler H vertreibt Bücher im Internet. Die Belehrung über das Widerrufsrecht nach § 312d I 1 BGB erfolgt zusammen mit der Bestätigung der Bestellung per E-Mail. Abwandlung: H hat auf seiner Internet-Seite beim Bestellvorgang eine Seite zwischengeschaltet, auf der auf das Widerrufsrecht ausführlich hingewiesen wird und die ausgedruckt werden kann, was für einen Fortgang der Bestellung aber nicht erforderlich ist. Genügt dies der Textform?

Die E-Mail ist auf dem Bildschirm lesbar und zunächst auf dem Server des Online-Providers, nach dem Herunterladen auf dem Computer des Empfängers gespeichert und daher zur dauerhaften Wiedergabe geeignet. Sie erfüllt also die Textform. Eine Internet-Seite dagegen wird nicht dauerhaft gespeichert. Nur wenn ein Download oder Ausdruck zur notwendigen Voraussetzung für den Fortgang des Bestellvorgangs gemacht wird, ist die dauerhafte Wiedergabemöglichkeit gesichert und damit die Textform gewahrt. Das bloße Bereithalten der Informationen und die Aufforderung an den Kunden, sich diese in jedem Fall herunterzuladen, genügt nicht (str.). Etwas anderes gilt freilich dann, wenn der Text der Seite tatsächlich gespeichert oder ausgedruckt wurde. In der Abwandlung erfüllt H also nicht die Textform.

314 ▶ Und eine SMS?

Eine SMS kann dauerhaft auf dem Mobiltelefon, d. h. auf einem Datenträger, ge-speichert werden. Damit wird eine dauerhafte Wiedergabe gem. § 126a BGB er-möglicht. Zwar ist ein Ausdruck anders als bei der E-Mail nicht möglich. Für eine Dokumentation der geschäftlichen Unterlagen ist die SMS daher ungeeignet. Letz-teres setzt der Wortlaut des Gesetzes aber nicht voraus. Die Textform ist daher bei der SMS erfüllt. Problematisch können die derzeit noch begrenzte Länge und die schwere Lesbarkeit auf dem Display aber in anderem Kontext sein: Die Informa-tionspflichten, die bei Verbraucherverträgen bestehen, z. B. in §§ 312c und 355 II 1 BGB, sind unter Einhaltung des Deutlichkeits- oder Transparenzgebots kaum er-füllbar.

315 ▶ In welchen wichtigen Fällen ist eine notarielle Beurkundung vorgeschrieben?

Der Hauptanwendungsfall ist § 311b I 1 BGB, die vertragliche Verpflichtung zur Übertragung oder zum Erwerb eines Grundstücks. Weitere Fälle sind die Ver-pflichtung zur Übertragung des gesamten Vermögens nach § 311b III BGB, der Ehevertrag gem. § 1410 BGB und der Erbvertrag gem. § 2276 BGB. Die nota-rielle Beurkundung der Willenserklärung nur einer Partei verlangen insbesondere § 518 BGB für das Schenkungsversprechen und § 2301 iVm. § 2276 I BGB für das Schenkungsversprechen von Todes wegen. Im Gesellschaftsrecht sind v. a. der Gesellschaftsvertrag zur Gründung einer GmbH (§ 2 I GmbHG), die Satzung der AG (§ 23 I AktG) und die Abtretung von GmbH-Anteilen notariell zu beurkunden, grundsätzlich nicht dagegen Verträge zur Gründung von Personengesellschaften.

316 ▶ Welche Funktionen hat die notarielle Beurkundung?

Der Notar bestätigt nicht nur, dass der Erklärende die beurkundete Erklärung vor ihm abgegeben hat (Beweisfunktion), sondern berät auch die Beteiligten bei der rechtlichen Gestaltung und belehrt sie über Risiken. Die Beurkundung erfüllt damit insbesondere auch eine Beratungs- und Warnfunktion.

317 ▶ Wonach richtet sich das Verfahren bei einer notariellen Beurkundung? Wie läuft eine Beurkundung laut Gesetz ab?

Das Verfahren ist in § 128 BGB und dem Beurkundungsgesetz geregelt. Vor dem Notar findet eine Verhandlung statt. Zunächst muss der Notar den Sachverhalt und den Willen der an dem Geschäft Beteiligten klären. Bei Zweifeln prüft er, ob das Geschäft wirksam ist. Er berät und belehrt die Beteiligten gem. § 17 BeurkG. Über die Beteiligten und ihre Erklärungen wird eine Niederschrift angefertigt, §§ 8 ff. BeurkG. Diese wird in Gegenwart des Notars (und in der Praxis regelmäßig durch diesen) verlesen, von den Beteiligten genehmigt und von ihnen und dem Notar eigenhändig unterschrieben, § 13 BeurkG.

▶ Müssen bei Abschluss eines Vertrages die Erklärungen beider Parteien in derselben **318**
Urkunde beurkundet werden?

Nach § 128 BGB ist eine sukzessive Beurkundung grundsätzlich möglich, d. h. es
kann zuerst der Antrag und dann die Annahme beurkundet werden. Wirksam wird
der Vertrag dann mit der Beurkundung der Annahme, ohne dass es eines Zugangs
bedarf (vgl. Frage 502). Dieses Verfahren ist allerdings dann nicht zulässig, wenn
das Gesetz die gleichzeitige Anwesenheit beider Parteien vorschreibt, also insbesondere im Fall der Auflassung nach § 925 I 1 BGB und auch bei Ehe- und Erbvertrag.

▶ Sind Stellvertretung und Botenschaft bei der Auflassung nach § 925 I 1 BGB zu- **319**
lässig?

Die Auflassung muss bei gleichzeitiger Anwesenheit beider Teile vor dem Notar
erklärt werden. Damit ist nicht die persönliche Anwesenheit gemeint, so dass Stellvertretung zulässig ist. Botenschaft begründet dagegen keine Anwesenheit des Geschäftsherrn, da hier nur die Willenserklärung überbracht wird. Sie genügt daher
nicht.

▶ V verspätet sich beim Notartermin zur Veräußerung seines Grundstücks. Käufer K **320**
hat es aber eilig und möchte keine weitere Verzögerung durch einen neuen Termin,
da der Inhalt des Vertrags bereits abgesprochen ist. Wie könnte man vorgehen?

Ein Dritter könnte als Vertreter ohne Vertretungsmacht im Namen des V auftreten
und der vertretene V dies später genehmigen. Die Genehmigung ist gem. § 182 II
BGB formfrei möglich (vgl. Fragen 568 f.). Da die fehlende Vertretungsmacht offen
gelegt wird, droht dem Dritten auch keine Haftung nach § 179 BGB.

▶ Ist auch die Auflassung notariell zu beurkunden? **321**

Nein. Gem. § 925 I 1 BGB sind die Willenserklärungen zwar vor dem Notar abzugeben, dies kann aber auch mündlich erfolgen. Materiell-rechtlich ist eine Beurkundung nach § 873 II BGB nur dann erforderlich, wenn die Parteien schon vor
der Eintragung ins Grundbuch an ihre Erklärungen gebunden sein sollen. Allerdings
verlangt § 29 I GBO für die Eintragung ins Grundbuch den Nachweis der Erklärungen durch öffentlich beglaubigte Urkunden. Aus formellen Gründen ist damit den
Parteien zu empfehlen, die Auflassung vom Notar zumindest beglaubigen zu lassen.

▶ Worin liegt der Unterschied zwischen einer Beglaubigung nach § 129 BGB und **322**
einer notariellen Beurkundung?

Durch den Beglaubigungsvermerk wird nur die Echtheit der Unterschrift oder der
Kopie bestätigt, nicht dagegen, dass die Erklärungen tatsächlich mit diesem Inhalt
abgegeben wurden. Beglaubigt werden können u. a. Unterschriften und Abschrif-
ten, vgl. § 39 BeurkG.

323   ▶ Wann ist eine beglaubigte Urkunde vorzulegen?

Das Gesetz verlangt dies insbesondere bei Erklärungen gegenüber Behörden, z. B. bei der Anmeldung zum Handelsregister gem. § 12 HGB und bei der Grundbucheintragung nach § 29 GBO. Eine beglaubigte Urkunde kann aber auch für den Inhaber Vorteile bieten. Beispiel: Begründung eines öffentlichen Glaubens bei der Abtretung einer hypothekarisch gesicherten Forderung nach § 1155 BGB.

324   ▶ Kann die vorgeschriebene Schriftform auch durch andere Formen ersetzt werden?

Ja. Alle Formerfordernisse können durch Formen mit jeweils gleichwertigen oder höheren Anforderungen ersetzt werden, die Schriftform etwa durch die elektronische Form gem. § 126 III BGB und die notarielle Beurkundung nach § 126 IV BGB, nicht aber durch die Textform.

C. Gewillkürte Form

325   ▶ Sind die Parteien, soweit kein gesetzlicher Formzwang besteht, frei bei der Vereinbarung von Formerfordernissen?

Weitestgehend ja. Die Parteien können die gesetzlichen Formen vereinbaren, diese aber auch erleichtern oder erschweren oder andere Formerfordernisse bestimmen, z. B. das Verschicken per Einschreiben oder die Benutzung bestimmter Formulare. Allerdings ist eine AGB-Klausel gem. § 309 Nr. 13 BGB unwirksam, die den Gegner des Verwenders an eine strengere Form als die Schriftform oder an besondere Zugangserfordernisse bindet. Eine Übermittlung durch eingeschriebenen Brief kann daher nicht durch AGB vereinbart werden, sondern nur durch Individualvereinbarung.

326   ▶ Entspricht das rechtsgeschäftlich vereinbarte Schriftformerfordernis in seinen Voraussetzungen dem gesetzlichen? Beispiel: Café-Betreiber C und Kaffee-Lieferant K haben für die Änderung und Kündigung ihres dauernden Liefervertrages über wöchentlich 100 kg Kaffee „Schriftform" vereinbart. C kündigt per Fax bzw. E-Mail. Erfüllt das die Formvereinbarung?

Für ein rechtsgeschäftlich vereinbartes Formerfordernis gilt gem. § 127 I BGB im Zweifel § 126 BGB. Jedoch sieht § 127 II BGB gewisse Lockerungen vor. So genügt, soweit nicht ein anderer Wille anzunehmen ist, auch der Briefwechsel (Angebot und Annahme in getrennten Urkunden) und die telekommunikative Übermittlung. Eine Originalunterschrift ist also nicht notwendig. Ein Fax, eine E-Mail oder auch eine Faksimileunterschrift genügen. Allerdings kann nachträglich – d. h. ohne Einfluss auf die Wirksamkeit des Rechtsgeschäfts – eine § 126 BGB entsprechende Urkunde verlangt werden.

▶ Kann ein gewillkürtes Schriftformerfordernis konkludent durch die formlose Vor-   **327**
nahme des Rechtsgeschäfts aufgehoben werden? Beispiel: Wie Frage 326, K verlangt einen höheren Kaufpreis. Mündlich können sich beide auf eine moderate Er-
höhung einigen. Wurde der Liefervertrag wirksam geändert?

Die Änderung wurde nicht in der vertraglich vorgesehenen Schriftform vereinbart.
Allerdings könnte das Schriftformerfordernis konkludent durch die formlose Vornahme des Rechtsgeschäfts aufgehoben worden sein. Dagegen spricht, dass dadurch die Formabreden und § 125 S. 2 BGB entwertet würden. Die Parteien haben
in Ausübung ihrer Privatautonomie durch die Vereinbarung einer Form Rechtssicherheit und Übereilungsschutz untereinander schaffen wollen. Bei Nichteinhaltung der Form soll das Rechtsgeschäft im Zweifel gerade nichtig sein. Andererseits
folgt auch aus der Privatautonomie, dass die Parteien frei sind, ihre Vereinbarungen
wieder aufzuheben. Da das Formerfordernis formfrei vereinbart werden kann, muss
dies auch für seine Aufhebung als actus contrarius gelten. Von der wohl überwiegen-
den Ansicht werden formfreie Abreden daher dann als gültig angesehen, wenn die
Parteien übereinstimmend die Maßgeblichkeit des mündlich Vereinbarten gewollt
haben. Das soll selbst dann gelten, wenn sie an die Formvereinbarung nicht gedacht
haben. Hiergegen wird wiederum vorgebracht, dass dies den allgemeinen Rechts-
geschäftsregeln widerspräche, wonach zur Aufhebung der Schriftformklausel ein
Geschäftswille notwendig ist, der bei beiden fehle; die Aufhebung der Schriftformklausel sei daher übereinstimmend nicht gewollt (Gedanke der falsa demonstratio
non nocet). K und C wollen die formlose Kaufpreiserhöhung verbindlich und geben
damit zu erkennen, dass das Formerfordernis nicht mehr gelten soll. Der Liefervertrag wurde daher nach h.M. wirksam geändert (a. A. gut vertretbar).

▶ Ist dies auch dann anzunehmen, wenn C das formlos geschlossene Geschäft an-   **328**
schließend schriftlich bestätigen soll?

Hier wurde letztlich doch auf die vereinbarte Schriftform zurückgegriffen. Daher
kann nicht aus den Umständen geschlossen werden, dass die Parteien das Schriftformerfordernis vollständig aufheben wollten; vielmehr ist es lediglich modifiziert
worden.

▶ Was gilt, wenn der Vertrag auch für die Aufhebung der Formabrede die Einhaltung   **329**
der Schriftform verlangt?

Bei einer solchen doppelten oder qualifizierten Schriftformklausel wird teilweise
aus den oben genannten Gründen, insbesondere der Privatautonomie ebenfalls eine
formlose Aufhebung für möglich gehalten. Für Vereinbarungen unter Kaufleuten
wie C und K hat der BGH dies aber ausdrücklich abgelehnt. Die Parteien hätten
eine Aushöhlung der Schriftformvereinbarung durch Bindung der Vertragspartner
an mündliche Erklärungen oder gar schlüssiges Verhalten gerade vermeiden wollen
und erkennbar besonderen Wert auf Rechtssicherheit gelegt. Dies verdiene gerade aufgrund der Vertragsfreiheit ebenfalls Beachtung. Außerdem würde § 125 S. 2
BGB sonst weitgehend sinnlos. In der Literatur wird jene Rspr. weitgehend auch

auf Nichtkaufleute übertragen. Soweit die doppelte Schriftformklausel durch AGB vereinbart wurde, hat allerdings gem. § 305b BGB stets eine individualvertragliche Vereinbarung den Vorrang, gleichgültig ob sie schriftlich, mündlich oder konkludent erfolgt und ob es um Unternehmer oder Verbraucher geht.

330 ▶ Stellt auch eine AGB-Klausel, nach der von Angestellten gegebene Zusicherungen für ihre Wirksamkeit der schriftlichen Bestätigung bedürfen, eine Schriftformklausel dar?

Nein. Hier handelt es sich um eine Beschränkung der Vertretungsmacht des Mitarbeiters, die durch die AGB nach außen kundgemacht wird. § 305b BGB ist daher nicht einschlägig. Fraglich ist, ob die Bestätigungsklausel für ein „Kennen" oder „Kennenmüssen" iSd. §§ 173 BGB, 54 III HGB ausreicht, wenn sich aus dem Handeln des Angestellten ansonsten Vertretungsmacht ergibt. Insb. in diesem Fall kann es sich um eine überraschende Klausel nach § 305c I BGB oder eine unangemessene Benachteiligung gem. § 307 BGB handeln. Schließlich kommt eine Rechtsscheinsvollmacht nach § 56 HGB in Betracht.

D. Umfang des Formerfordernisses

331 ▶ Genügt es, wenn nur die wichtigen Teile des Vertrags in der vorgeschriebenen Form abgefasst werden?

Nein. Das gesamte Rechtsgeschäft einschließlich aller Nebenabreden sowie weiterer Verträge, die mit ihm „stehen und fallen", muss die Form einhalten. Nicht formgemäße Abreden sind nach § 125 S. 1 BGB nichtig. Ob dann der ganze Vertrag nichtig ist, hängt gem. § 139 BGB davon ab, ob die Parteien den Vertrag auch ohne die Regelung geschlossen hätten. Bei nicht nur unwesentlichen formlosen Vereinbarungen ist daher der gesamte Vertrag nichtig. So ist z. B. der Grundstückskaufvertrag trotz Einhaltung der Form nichtig, wenn er zur Sicherung eines Darlehensvertrags abgeschlossen und dieser nicht ebenfalls notariell beurkundet wurde. Soweit nur eine der Willenserklärungen formbedürftig ist (Beispiel: Bürgschaft), ist darauf zu achten, dass diese nicht nur die Annahme in Form eines „Ja" enthält, sondern die essentialia negotii.

Beispiel

332 Bank A vereinbart nachträglich mündlich mit dem Bürgen B eine Beschränkung seiner Haftung, verlangt dann aber doch die ganze Bürgschaftssumme. Zu Recht?

Grundsätzlich sind auch Änderungen und Ergänzungen formbedürftig. Soweit durch das Rechtsgeschäft aber nur eine Seite verpflichtet wird und das Formerfordernis nur ihrem Schutz dient, kann der Umfang der Pflicht formlos eingeschränkt werden, z. B. bei der Bürgschaft und der Schenkung. A hat also keinen Anspruch auf die volle Summe.

▶ Ist die Aufhebung eines formbedürftigen Vertrags formfrei möglich?   **333**

Ja, soweit nicht – wie für Erbvertrag (§ 2290 I BGB) und Arbeitsvertrag (§ 623 BGB) – gesetzlich etwas anderes bestimmt ist oder der Schutzzweck der Formvorschrift ausnahmsweise etwas anderes verlangt (z. B. Eheverträge).

▶ Gilt dies auch bei einem Grundstückskaufvertrag?   **334**

Soweit der Kaufvertrag durch Auflassung und Eintragung vollzogen wurde, begründet seine Aufhebung die Pflicht zur Rückübertragung oder zum Rückerwerb des Eigentums und ist daher ausnahmsweise formbedürftig. Streitig ist, ob dies auch dann gilt, wenn der Erwerber noch nicht das Eigentum, aber – durch Auflassung und Eintragung einer Vormerkung oder Stellung eines Eintragungsantrages – ein Anwartschaftsrecht erworben hat. Die Rspr. will dieses als „wesensgleiches minus" zum Vollrecht ebenfalls dem Schutz des § 311b I 1 BGB unterstellen. Teile der Literatur lehnen dies ab, weil das Anwartschaftsrecht den Erwerber nur vor Zwischenverfügungen des Veräußerers schützen soll, nicht aber vor eigenen unüberlegten Schritten. Zudem könne der Erwerber ja auch zunächst sein Anwartschaftsrecht – z. B. durch Rücknahme des Eintragungsantrags – beseitigen und dann den Kaufvertrag formlos rückgängig machen.

> **Beispiel**   **335**
>
> V hat von E ein Grundstück gekauft. Bevor er ins Grundbuch eingetragen wird, bietet ihm K einen höheren Kaufpreis. Daraufhin verkauft V das Grundstück weiter und tritt K den Auflassungsanspruch ab. Sind die Verträge mit K formbedürftig?

Die Abtretung nach § 398 BGB unterfällt als Verfügungsgeschäft nicht dem nur für Verpflichtungsgeschäfte geltenden § 311b I 1 BGB und ist daher nicht formbedürftig. Ob die der Abtretung zugrunde liegende schuldrechtliche Vereinbarung formbedürftig ist, hängt davon ab, ob sich K verpflichtet, das Grundstück zu erwerben, oder ob nur der Anspruch auf Übertragung des Grundstücks abgetreten wird. Im zweiten Fall verpflichtet sich weder V, das Grundstück zu übertragen – er überträgt ja nur den Auflassungsanspruch –, noch K, es zu erwerben, so dass der Vertrag nicht formbedürftig ist. Der „Verkauf" des Grundstücks ist aber regelmäßig so auszulegen, dass K auch die Pflicht übernimmt, so dass der Vertrag formbedürftig ist.

▶ Unterliegt auch der Vorvertrag dem Formzwang?   **336**

In der Regel ja. Anders als bei bloßen vorbereitenden Maßnahmen (pactum de negotiando, term sheet, memorandum of understanding, letter of intent) begründet der Vorvertrag schon die Pflicht, einen Vertrag bestimmten Inhalts abzuschließen und damit ein formbedürftiges Rechtsgeschäft vorzunehmen. Besonders die Warnfunktion (Übereilungsschutz) verlangt deshalb die Anwendung der Formvorschrift auch auf den Vorvertrag, v. a. bei §§ 311b I 1 und 766 BGB. Dasselbe gilt nach h.M. auch für die Vereinbarung eines Vorkaufsrechts für ein Grundstück (doppelt bedingter Kaufvertrag). Der Eigentümer muss nämlich damit rechnen, dass dann, wenn er verkaufen will, der Vorkaufsberechtigte in den Vertrag eintritt; mithin wird der freihändige Verkauf eingeschränkt. Andererseits wird der Eigentümer durch das Vorkaufsrecht nicht verpflichtet zu verkaufen.

Soweit die Einhaltung der Form beim Hauptvertrag aber nur Beweiszwecken dient, etwa beim längerfristigen Mietvertrag nach § 550 BGB, bedarf der Vorvertrag ausnahmsweise nicht der für den Hauptvertrag geltenden Form.

337 ▶ Was gilt, wenn ein Rechtsgeschäft den Abschluss eines formbedürftigen Geschäfts nur vorbereitet, also keine rechtliche Bindung bewirkt, aber faktisch die Partei aufgrund andernfalls entstehender wirtschaftlicher Nachteile zum Abschluss zwingt? Beispiel: Bei einem Maklervertrag fällt ausnahmsweise (weil § 652 I BGB individualvertraglich abbedungen wurde) schon im Vorhinein und unabhängig von erfolgreicher Vermittlung eine Gebühr an.

Grundsätzlich sind die Formvorschriften weder direkt noch analog auf Verträge anwendbar, die ein formbedürftiges Geschäft lediglich vorbereiten (Beispiel Maklervertrag). Soweit aber ein mittelbarer Zwang zum Vertragsschluss geschaffen wird, der eine ähnliche Bindung wie der Hauptvertrag bewirkt, verlangt der Schutzzweck der Verhinderung übereilter Entscheidungen eine Ausweitung. Dies gilt nicht nur bei rechtlicher Bindung (Beispiel: Der Eigentümer verpflichtet sich in einem Maklervertrag, unter bestimmten Bedingungen an jeden Interessenten zu verkaufen). Vielmehr greift die Ausweitung auch bei nur faktischem Druck zum Vertragsschluss auf Grund von ansonsten entstehenden wirtschaftlichen Nachteilen, z. B. wenn bei Nichtabschluss des Hauptvertrags Vertragsstrafen oder wie im obigen Beispiel ein hoher pauschalierter Aufwendungsersatz zu zahlen wäre. Der Maklervertrag ist daher formbedürftig.

338 ▶ Ist die Erteilung einer Vollmacht zum Abschluss eines formbedürftigen Vertrages ihrerseits formbedürftig?

Der Stellvertreter gibt eine eigene Willenserklärung ab. Daher muss grundsätzlich nur diese der Form genügen, die Bevollmächtigung durch den Vertretenen bzw. seine Genehmigung dagegen nicht, vgl. § 167 II BGB bzw. § 177 I, 184 I, 182 II BGB (rechtspolitisch umstritten). Es gibt aber gesetzliche und ungeschriebene Ausnahmen wie die unwiderrufliche Vollmacht und die Vollmacht zur Abgabe einer Bürgschaftserklärung; vgl. Fragen 568 f.

339 ▶ Was unterscheidet die Botenschaft hinsichtlich der Beachtung von Formvorschriften von der Vertretung?

Während bei der Stellvertretung der Vertreter eine eigene Willenserklärung abgibt, die der Form genügen muss, überbringt der Bote die Erklärung des Geschäftsherrn, die bereits von diesem formgerecht abgegeben worden sein muss. Der Bote kann daher nicht die Form nachholen oder statt des Geschäftsherrn erfüllen.

▶ Was ist bei der Auslegung eines formbedürftigen Rechtsgeschäfts zu beachten?   **340**

Zwar sind formbedürftige Rechtsgeschäfte nach den allgemeinen Regeln auszulegen, also nicht nur nach dem Wortlaut der Urkunden, sondern auch nach dem Willen
der Parteien. Um die Beweis- und Warnfunktion zu erfüllen, verlangt die Rspr. aber
grundsätzlich eine Andeutung des Willens in der Urkunde. Nicht erforderlich ist
dies ausnahmsweise bei der ergänzenden Vertragsauslegung, bei der es gerade nicht
auf den tatsächlichen, sondern den hypothetischen Willen ankommt, und bei der
falsa demonstratio (vgl. Frage 182).

E. Rechtsfolgen von Formverstößen

▶ Ist der Vertrag bei Nichteinhaltung der Form immer nichtig?   **341**

Nein. Zum einen gilt die Nichtigkeitsfolge des § 125 S. 1 BGB dort nicht, wo das
Gesetz eine andere Rechtsfolge anordnet, z. B. in § 550 S. 1 BGB. Zum anderen
ist in bestimmten Fällen eine Heilung des Formmangels durch die Erfüllung des
Geschäfts möglich, z. B. beim Grundstückskaufvertrag (§ 311 b I 2 BGB), beim
Schenkungsversprechen (§ 518 II BGB), bei der Bürgschaft (§ 766 S. 3 BGB) und
beim Verbraucherdarlehen (§ 494 II BGB).

▶ Ist im Fall der Heilung das Geschäft von Anfang an wirksam?   **342**

Nein. Aus dem Wortlaut „wird… gültig" (s. etwa § 311 b I 2 BGB) ergibt sich, dass
der Vertrag nur ex nunc wirksam ist. So tritt z. B. für die Vergangenheit kein Verzug ein. Eine zuvor eingetragene Eigentumsverschaffungsvormerkung war mangels
Übereignungsanspruchs wirkungslos und bleibt dies auch nach der Heilung.

▶ Welche Möglichkeit besteht, wenn die Formvorschrift keine Heilung vorsieht?   **343**

Die Parteien können das Rechtsgeschäft durch eine formgerechte Neuvornahme
nach § 141 BGB bestätigen. Dann ist das Rechtsgeschäft gleichfalls ex nunc wirksam. Nach § 141 II BGB sind die Parteien im Zweifel dazu verpflichtet, einander
das zu gewähren, was sie haben würden, wenn der Vertrag von Anfang an gültig
gewesen wäre.

▶ Führt auch der Verstoß gegen ein rechtsgeschäftlich vereinbartes Formerfordernis   **344**
  stets zur Nichtigkeit?

Nein. Bei gewillkürten Formerfordernissen ist das Rechtsgeschäft nach § 125 S. 2
BGB nur im Zweifel nichtig. Für Verträge ist dies speziell in § 154 II BGB bestimmt. Durch Auslegung ist zu ermitteln, ob das Formerfordernis als Wirksamkeitsvoraussetzung (konstitutives Formerfordernis) oder nur als Beweissicherungs-
mittel (deklaratorisches Formerfordernis) gewollt war. Nach der Zweifelsregel des

§ 127 II 1 BGB genügt zur Einhaltung der Schriftform auch die telekommunikative Übermittlung. Im Übrigen kommt eine stillschweigende Abbedingung des Formerfordernisses in Betracht (vgl. Fragen 327 ff.).

Beispiel

345   V und M haben im Mietvertrag vereinbart, dass eine Kündigung mit eingeschriebenem Brief erfolgen soll. Ist die Kündigung wirksam, wenn M einen einfachen Brief schickt?

Die Übermittlung per Einschreiben soll den Nachweis des Zugangs erleichtern und dient daher nur der Beweissicherung. Soweit die Erklärung auf andere Weise zugegangen ist, steht die Nichteinhaltung der Form der Wirksamkeit daher nicht entgegen. Es handelt sich also nur um ein deklaratorisches Formerfordernis und die Kündigung durch M ist formwirksam. Anders ist dies z. B. bei der Vereinbarung einer notariellen Beurkundung, die im Zweifel als Wirksamkeitsvoraussetzung auszulegen ist (§ 154 II BGB).

346   ▶ Welche Folge hat es, wenn eine Vertragspartei die andere vorsätzlich nicht über eine im Gesetz vorgeschriebene Formbedürftigkeit eines Vertrages aufklärt bzw. darüber täuscht, dass ein Formerfordernis nicht besteht?

Grundsätzlich ist es Sache jeder Partei, darauf zu achten, dass sie bei der Abgabe von Willenserklärungen die gesetzlichen Wirksamkeitserfordernisse wie eine besondere Form einhält. Zudem beanspruchen die Formgebote im Interesse der Rechtssicherheit unbedingte Geltung, unabhängig davon, ob im Einzelfall die Abwägung von Schutzzweck und Schutzbedürftigkeit der Parteien ein anderes Ergebnis nahe legt. In seltenen Ausnahmefällen kann die Berufung auf den Formmangel aber rechtsmissbräuchlich und deshalb nach § 242 BGB unzulässig sein. Voraussetzung dafür ist neben einem schutzwürdigen Vertrauen des anderen Teils, dass die Nichtigkeit zu einem schlechthin untragbaren Ergebnis führen würde. Dies ist dann der Fall, wenn der Vertragspartner durch die Formnichtigkeit in seiner Existenz gefährdet würde oder bei einer schweren Treuepflichtverletzung. Eine solche besteht wegen der Eigenverantwortlichkeit der Parteien nicht schon dann, wenn eine Seite die andere nicht über das Formerfordernis informiert. Anders ist es insbesondere bei einer arglistigen Täuschung über die Formgültigkeit, weil sonst der Täuschende sein Ziel, die eigene vertragliche Bindung zu verhindern, erreichen würde. Der Vertrag ist dann zwar nicht formwirksam, der Täuschende kann sich aber nicht auf die Formnichtigkeit berufen (Einwand unzulässiger Rechtsausübung, § 242 BGB). Der Getäuschte kann hingegen die Formnichtigkeit geltend machen.

---

347   **Beispiel**

Unternehmer U verspricht seinem langjährigen Angestellten A die Übereignung eines Grundstücks. A bittet U um die notarielle Beurkundung des Schenkungsversprechens. U lehnt dieses Ansinnen angesichts seiner gesellschaftlichen Stellung als Ausdruck unangebrachten Misstrauens ab. Kann A von U die Übereignung des Grundstücks verlangen?

Das RG hatte im sog. Edelmannfall einen vertraglichen Erfüllungsanspruch unter Hinweis darauf verneint, dass A von der Formvorschrift wusste und freiwillig das Risiko eingegangen ist, dass der Vertrag unwirksam sein und eine Heilung ausbleiben könnte. Mit seinem Vertrauen auf das Ehrenwort habe er das Geschäft bewusst nicht dem Recht unterstellt, welches ihm daher auch nicht helfen könne. Der BGH gewährt dagegen bei „schlechthin untragbaren" Ergebnissen einen Erfüllungsanspruch. Dagegen wird teils eingewandt, dass A nicht schutzwürdig sei. Es sei ihm eben nicht gelungen, den Vertrag zum Abschluss zu bringen.

▶ In welchen Fällen ist ein schlechthin untragbares Ergebnis anzunehmen?   **348**

Diese Fallgruppe kommt nur in krassen Ausnahmefällen zum Tragen, insbesondere wenn der Vertragspartner durch die Formnichtigkeit in seiner wirtschaftlichen Existenz gefährdet wird.

▶ Welche anderen Möglichkeiten bestehen für die betroffene Partei im Fall der Form-   **349**
nichtigkeit?

In Betracht kommt ein Anspruch aus §§ 280 I, 311 II, 241 II BGB (c.i.c.), soweit die Nichteinhaltung der Form durch eine Partei pflichtwidrig verschuldet wurde. Dabei ist allerdings zu beachten, dass grundsätzlich beide Parteien gemeinsam dafür verantwortlich sind, das Geschäft formgerecht zu schließen, so dass ein Anspruch einer Partei gegen die andere nur auf Grund besonderer Umstände bejaht werden darf. Dies ist etwa im oben behandelten Edelmannfall abzulehnen.

Der Anspruch ist grundsätzlich nur auf das negative Interesse gerichtet. Der Vertragspartner ist also so zu stellen, wie er ohne Abschluss des formnichtigen Vertrags stünde. Nach h.M. kann der Anspruch aber ausnahmsweise auch auf das positive Interesse gerichtet sein, wenn die Vertragspartner den Vertrag bei pflichtgemäßem Verhalten formgerecht abgeschlossen hätten. Die Herleitung eines Anspruchs auf Abschluss eines formgerechten Vertrags im Wege der Naturalrestitution nach § 249 I BGB ist hingegen ausgeschlossen, weil sie zur Umgehung der Formnichtigkeit führen würde. Bei Täuschung kommen auch Ansprüche nach § 826 BGB und nach § 823 II BGB iVm. § 263 StGB in Betracht, die ebenfalls nur auf das negative Interesse gerichtet sind.

Gesetzliche Verbote und Sittenwidrigkeit

7

A. Gesetzliche Verbote (§ 134 BGB)

▶ Welche Funktion hat § 134 BGB?   **350**

§ 134 BGB ist Bestandteil der Inhaltskontrolle von Rechtsgeschäften. Er setzt Rechtsnormen, die nicht selbst die zivilrechtlichen Folgen eines Verstoßes regeln, gegen entgegenstehende rechtsgeschäftliche Vereinbarungen durch. So sichert er die Widerspruchsfreiheit der Rechtsordnung und die Effektivität der Verbotsnormen.

▶ Wann ist § 134 BGB nicht anwendbar?   **351**

Wenn die Norm die privatrechtlichen Rechtsfolgen ihrer Verletzung selbst regelt (sog. lex perfecta), ist § 134 BGB wegen des Vorrangs der lex specialis nicht anwendbar (z. B. §§ 444, 475 I 1 BGB, § 102 I 3 BetrVG). Auch wenn es schon an der Gestaltungsmacht (wie beim sachenrechtlichen Typenzwang oder gesellschaftsrechtlichen Grundprinzipien) oder an der Verfügungsmacht von gesetzlichen Vertretern (z. B. § 112 AktG für den Vorstand einer AG) fehlt, muss nicht auf § 134 BGB zurückgegriffen werden. Dasselbe gilt bei der Unübertragbarkeit von Rechten (z. B. §§ 399 f. BGB).

▶ Wann liegt ein gesetzliches Verbot iSd. § 134 BGB vor?   **352**

Ein Verbotsgesetz ist eine Rechtsnorm, die die Vornahme eines Rechtsgeschäfts wegen seines Inhalts, der Umstände seines Zustandekommens oder wegen des bezweckten Erfolgs untersagt. Ein ausdrückliches Verbot ist nicht erforderlich. Es genügt, wenn die Auslegung ergibt, dass das Geschäft verboten sein soll, z. B. wenn die Vornahme unter Strafe gestellt ist oder den Entzug einer Erlaubnis zur Folge hat. Um kein Verbotsgesetz iSv. § 134 BGB handelt es sich, wenn sich die Regelung allein gegen die Art und Weise, in der das Rechtsgeschäft vorgenommen wurde,

C. Armbrüster, *Examinatorium BGB AT,* Springer-Lehrbuch,
DOI 10.1007/978-3-642-45123-2_7, © Springer-Verlag Berlin Heidelberg 2015

nicht aber gegen seinen Inhalt und den wirtschaftlichen Erfolg richtet. Bei solchen Ordnungsvorschriften genügen zur Prävention andere Sanktionen wie etwa Geld-bußen (Beispiel: Verkauf nach Ladenschluss).

353 ▶ Kann sich ein gesetzliches Verbot iSd. § 134 BGB auch aus anderen Vorschriften als formellen Gesetzen ergeben?

Ja. „Gesetz" iSd. § 134 ist nach Art. 2 EGBGB jede Rechtsnorm, also jedes ma-terielle Gesetz. Umfasst sind neben formellen Bundes- und Landesgesetzen auch Rechtsverordnungen, Satzungen (z. B. das Berufs- und Standesrecht der Kammern) und Gewohnheitsrecht. Ob auch Tarifverträge Verbotsgesetze enthalten können, ist streitig. Dagegen spricht, dass § 4 III TVG eine ausreichende Absicherung gegen Abweichungen bietet. Auch Vorschriften des europäischen Gemeinschaftsrechts kommen als Verbotsgesetz in Betracht, z. B. das Beihilfenverbot nach Art. 107 I, 108 III AEUV. Ob Verstöße gegen die Grundfreiheiten, soweit sie auch unter Priva-ten unmittelbar gelten, über § 134 oder wie Grundrechtsverstöße über § 138 BGB sanktioniert werden, ist umstritten.

354 ▶ Enthält auch das Grundgesetz Verbotsgesetze?

Für Verträge zwischen Privaten können aus den Grundrechten regelmäßig keine gesetzlichen Verbote iSd. § 134 BGB hergeleitet werden. Die Grundrechte betreffen grundsätzlich nur das Verhältnis zwischen Bürger und Staat und wirken im Pri-vatrecht nur über die Generalklauseln (mittelbare Drittwirkung/Schutzfunktion der Grundrechte). Danach verstößt z. B. nicht der Arbeitgeber gegen Art. 4 GG, wenn er einer Verkäuferin wegen ihres Kopftuches kündigt, sondern der Zivilrichter, sofern er verkennt, dass die Kündigung dem Grundgesetz zuwiderläuft. Einige Vorschrif-ten des Grundgesetzes enthalten aber auch im Privatrecht unmittelbar geltende Ver-bote: Art. 9 III 2 GG für das Koalitionsrecht einschränkende Abreden, Art. 38 I 2 GG für das freie Mandat verletzende Weisungen an Abgeordnete und Art. 48 II 2 GG für Kündigungen auf Grund des Mandats, wobei nur für Art. 38 I 2 GG und Art. 48 II GG noch § 134 BGB erforderlich ist. Öffentlich-rechtliche Vertragspart-ner wie Sparkassen oder kommunale Wasserbetriebe sind dagegen, auch wenn sie in Privatrechtsform handeln, unmittelbar an die Grundrechte gebunden, wenn sie öffentliche Aufgaben wahrnehmen. Nach mittlerweile wohl h. M. gilt dies sogar bei bloßen Fiskalgeschäften (z. B. Beschaffungswesen und öffentliche Auftragsver-gabe), jedenfalls hinsichtlich des Gleichbehandlungsgrundsatzes nach Art. 3 I GG.

355 ▶ Genügt es, wenn nur eine Vertragspartei gegen das Verbotsgesetz verstößt?

Ist das Rechtsgeschäft nur für eine Partei verboten, ist es nach h. M. grundsätzlich wirksam. Anderenfalls würde auch die gesetzestreue Partei ihre Rechte, insbeson-dere ihre Erfüllungs- und Gewährleistungsansprüche verlieren. Beim Betrug z. B. sehen die §§ 123, 142 BGB gerade nur die Anfechtbarkeit des Geschäfts durch die benachteiligte Partei vor. Nur wenn der Zweck des Verbots die Nichtigkeit erfordert

(wie beim Rechtsberatungsgesetz oder bei § 203 StGB), genügt auch ein einseitiger
Verstoß für die Nichtigkeit nach § 134 BGB.

Manche halten das Geschäft bei einem einseitigen Verstoß in bestimmten Fällen
(insbesondere Schwarzarbeit) demgegenüber lediglich für „halbseitig teilnichtig".
Die Partei, die nicht gegen das Verbotsgesetz verstoßen hat, soll ihre vertraglichen
Rechte uneingeschränkt geltend machen können, der verbotswidrig handelnde Teil
dagegen allenfalls auf Bereicherungsansprüche verwiesen sein. Dem Umstand, dass
der andere Teil seine Leistung nicht wie von ihm vorgesehen erbringen darf (z. B.
bei Schwarzarbeit), wird dadurch Rechnung getragen, dass er ein anderes Unternehmen beauftragen muss.

▶ Setzt § 134 BGB einen schuldhaften Verstoß gegen das Verbotsgesetz voraus?   **356**

Grundsätzlich nicht. Insb. eine Kenntnis der Verbotswidrigkeit ist nicht erforderlich. Wenn freilich der Verstoß gegen das Verbotsgesetz ein Verschulden voraussetzt
(wie insbesondere bei Strafgesetzen), ist Verschulden auch für die Unwirksamkeit
nach § 134 BGB erforderlich.

▶ Hat ein Verstoß gegen ein Verbotsgesetz stets die Nichtigkeit des Rechtsgeschäfts   **357**
   zur Folge?

Nein. Nach § 134 BGB ist das Rechtsgeschäft nur dann nichtig, „wenn sich nicht
aus dem Gesetz ein anderes ergibt". Erforderlich ist also die Auslegung des Verbotsgesetzes, insbesondere nach seinem Sinn und Zweck. Sie kann z. B. auch nur
eine Teilnichtigkeit des Rechtsgeschäfts oder eine ex nunc eingreifende Nichtigkeit
ergeben.

▶ In welchen Fällen ist das Rechtsgeschäft nur ex nunc nichtig?   **358**

Grundsätzlich ist das Rechtsgeschäft von Anfang an nichtig, jedoch gibt es Ausnahmen im Arbeits- und im Gesellschaftsrecht, die Abwicklungsprobleme und
Nachteile für den Arbeitnehmer oder für die Gläubiger der Gesellschaft verhindern
sollen. Nach den Regeln über die fehlerhafte Gesellschaft kann die Nichtigkeit bei
Personengesellschaften nur mit ex nunc-Wirkung geltend gemacht werden (Frage 274), es sei denn, der Gesellschaftszweck (und nicht eine sonstige Abrede, z. B.
die Einlageverpflichtung eines Gesellschafters) ist sittenwidrig (str.). Für Kapitalgesellschaften ist dies speziell in §§ 77 GmbHG, 277 AktG geregelt. Im Arbeitsrecht gilt Entsprechendes nach den Regeln vom sog. fehlerhaften Arbeitsverhältnis.

▶ Ist das gesamte Rechtsgeschäft nichtig, auch wenn nur einzelne Bestimmungen   **359**
   wie z. B. die Preisabrede gegen das Verbotsgesetz verstoßen?

Eine Teilnichtigkeit ist grundsätzlich möglich; auch dies hängt aber vom objektiv
erkennbaren Willen der Parteien und vom Schutzzweck des Verbotsgesetzes ab.
Im Zweifel ist wie bei § 139 BGB das gesamte Rechtsgeschäft nichtig. Bei preis-

rechtlichen Verbotsgesetzen (z. B. § 5 WiStG zur Mietpreisüberhöhung) gebietet es häufig der Schutz der benachteiligten Partei, den Vertrag im Übrigen, d. h. ohne die Preisabsprache, aufrechtzuerhalten, ebenso wenn gegen arbeitsrechtliche Schutzvorschriften verstoßen wird.

360   ▶ Entfällt die Zahlungspflicht dann völlig oder welcher Preis gilt als vereinbart?

In der Regel wird es als unangemessen angesehen, die Gegenleistung ganz entfallen zu lassen. Problematisch ist, ob der höchstzulässige oder der übliche Preis als vereinbart anzusehen ist. Im Fall überhöhter Mietpreise hat der BGH – in Anlehnung an einige gesetzliche Regelungen – die Miete auf die gerade noch zulässige Höhe reduziert, weil die Teilnichtigkeit nicht weiter reichen könne als das Verbotsgesetz. Dagegen wird eingewandt, dass der Vermieter damit überhaupt kein Risiko einginge, so dass ein Anreiz zu überhöhten Mietpreisbegehren geschaffen würde, zumal die Verbotswidrigkeit häufig nicht geltend gemacht wird und Strafverfahren oftmals eingestellt werden. Dies spricht dafür, dass zur Abschreckung nur der objektiv angemessene Preis, z. B. die ortsübliche Vergleichsmiete, verlangt werden kann. Teils wird der gegen das Verbotsgesetz verstoßende Vertragspartner aber auch ausschließlich auf Bereicherungsansprüche verwiesen.

361   ▶ Erfasst die Nichtigkeit des Verpflichtungsgeschäfts auch die Erfüllungsgeschäfte?

Auf Grund des Abstraktionsprinzips nicht zwangsläufig. Insb. die Zahlung des Preises ist regelmäßig ein neutrales Geschäft. Nur wenn sich das Verbot gerade auch gegen den Erfolg des jeweiligen Erfüllungsgeschäfts richtet oder die den Verstoß begründenden Umstände das Erfüllungsgeschäft unmittelbar betreffen, ist dieses ebenfalls nichtig (Beispiel: Verstoß gegen das BTMG). Umgekehrt ergibt sich aus der Nichtigkeit des Erfüllungsgeschäfts regelmäßig auch unmittelbar diejenige des Verpflichtungsgeschäfts.

362   ▶ Wird ein Rechtsgeschäft nichtig, wenn erst nach seiner Vornahme ein Verbot geschaffen wird?

Die Frage ist umstritten. Die Eigentumsgarantie nach Art. 14 GG und der Wortlaut des § 134 BGB („ist nichtig", nicht „ist oder wird nichtig") sprechen grundsätzlich dagegen. Bei Dauerschuldverhältnissen kann der Zweck des Verbots allerdings eine Nichtigkeit ex nunc erfordern. Dabei ist jedoch der Vertrauensschutz zu beachten.

Wird umgekehrt ein Verbotsgesetz aufgehoben, so berührt dies nicht die Nichtigkeit eines zuvor vorgenommenen Geschäfts. Die Beteiligten haben aber die Möglichkeit, dieses nach Wegfall des Verbots durch eine Bestätigung gem. § 141 BGB ex nunc wirksam werden zu lassen.

363   ▶ Sind auch solche Geschäfte nichtig, die zwar an sich nicht von der Verbotsnorm umfasst werden, aber den verbotenen Erfolg auf andere Weise herbeiführen sollen?

Ja. Auch derartige Umgehungsgeschäfte sind nichtig, wobei streitig ist, ob es sich dabei um eine Auslegung der umgangenen Verbotsnorm bzw. eine Analogie zu ihr, um ein eigenes Rechtsinstitut oder um einen Fall der Sittenwidrigkeit nach § 138 I BGB handelt. Durch eine (großzügige) Auslegung nach Sinn und Zweck und die Möglichkeit der Analogiebildung ist die Annahme eines selbstständigen Instituts regelmäßig nicht erforderlich. Gesetzliche Umgehungsverbote haben dennoch Eingang in das BGB gefunden, z. B. §§ 312i S. 2, 475 I 2 BGB, was auf die vom EuGH verlangte ausdrückliche Umsetzung der europäischen Richtlinien zurückzuführen ist.

Unwirksam ist das Geschäft aber nur dann, wenn die Verbotsnorm den Erfolg des Geschäfts generell verhindern will, nicht wenn es nur einen bestimmten Weg zur Erreichung eines für sich genommen zulässigen Erfolgs verhindern soll. Dabei kommt es auf eine Umgehungsabsicht nach h. M. nicht an. Unstreitig ist dies, wenn durch die objektive Umgehung der Schutzzweck des Gesetzes vereitelt würde. Beispiel für ein nichtiges Umgehungsgeschäft ist die Anstellung des eigenen Ehegatten in einer Gastwirtschaft, der in Wahrheit wirtschaftlicher Inhaber ist, selbst eine gewerberechtliche Erlaubnis wegen Unzuverlässigkeit aber nicht erhalten hätte.

Beispiel   **364**

Privatpatient P begibt sich bei dem niedergelassenen Arzt A in Behandlung. A hat nie Medizin studiert; seine Papiere sind gefälscht. Ist der Behandlungsvertrag wirksam?

Zwar ist zumindest konkludent eine Vereinbarung über die medizinische Versorgung des P zustande gekommen. Diese kann jedoch nach § 134 BGB nichtig sein. Die Behandlung von Patienten bedarf gem. § 2 BÄrzteO einer entsprechenden Qualifikation. Nach Sinn und Zweck dieser Vorschrift ist die ärztliche Versorgung ohne eine solche Ausbildung und Prüfung wegen der fehlenden fachlichen Fähigkeiten zu gefährlich und daher unzulässig. Sie richtet sich also gerade gegen den Inhalt des Behandlungsvertrags. Dieser ist daher nach § 134 BGB iVm. § 2 BÄrzteO nichtig.

▶ Führt eine Berufsausübung ohne die erforderliche behördliche Zulassung stets zur   **365**
   Nichtigkeit der abgeschlossenen Verträge?

Nein. Dies richtet sich nach dem Zweck des jeweiligen Verbots. So wird beim Verstoß gegen die Qualifikationsanforderungen für die Träger freier Berufe (neben Arzt auch Apotheker, Steuerberater etc.) Nichtigkeit angenommen. Dasselbe gilt bei Besorgung fremder Rechtsangelegenheiten durch dazu nach dem RDG nicht befugte Personen. Dabei spielt es keine Rolle, ob die ratsuchende Person die mangelnde Qualifikation kennt, da das RDG nicht allein deren Schutz, sondern auch der Durchsetzung einer bestimmten Ordnung der Rechtsberatung dient (vgl. auch den Klausurfall 3). Soweit ein Makler ohne Gewerbeerlaubnis tätig wird, beeinflusst dies die Gültigkeit der mit den Kunden eingegangenen Verträge dagegen nicht.

366

H erledigt regelmäßig gegen Entgelt Dachdeckerarbeiten, ohne in die Handwerksrolle eingetragen zu sein. Er wird von A damit betraut, sein Hausdach neu
zu decken. A weiß nicht, dass H nicht eingetragen ist. Die Arbeiten sollen ohne
Rechnung ausgeführt werden. H gewährt dafür – zusätzlich zur Ersparnis der
Umsatzsteuer – einen Abschlag von 10 %. Ist der Vertrag wirksam?

Der Werkvertrag könnte nach § 134 BGB nichtig sein. Grund kann einerseits die
fehlende Eintragung in die Handwerksrolle, andererseits die fehlende Abführung
der Umsatzsteuer und evtl. weiterer Steuern und Abgaben sein.

Der selbstständige Betrieb eines Dachdeckerunternehmens bedarf gem. § 1 I
HwO iVm. Nr. 4 der Anlage A der Eintragung in die Handwerksrolle. Weil diese
hier fehlt, stellen die Arbeiten Schwarzarbeit iSv. § 1 II Nr. 5 des Schwarzarbeits-
bekämpfungsgesetzes (SchwArbG) dar und sind nach dessen § 8 I Nr. 1 e ordnungswidrig. Auch wenn das SchwArbG kein ausdrückliches „Verbot" enthält, sollen die
Regelungen durch die Androhung von Geldbußen die Schwarzarbeit generell verhindern. Sie richten sich damit gegen den Abschluss von Vereinbarungen, die auf
Schwarzarbeit abzielen. Das SchwArbG ist somit ein Verbotsgesetz, gegen das H
verstoßen hat. A dagegen hat den H beauftragt, ohne von der fehlenden Eintragung
zu wissen, und damit selbst nicht ordnungswidrig nach § 8 I Nr. 2 SchwArbG gehandelt. Für die Nichtigkeit nach § 134 BGB genügt ein einseitiger Verstoß aber
grundsätzlich nicht (s. Frage 355). Nur wenn der Zweck des Verbotsgesetzes etwas anderes verlangt, führt ein einseitiger Verstoß ausnahmsweise zur Nichtigkeit,
etwa wenn gerade der angestrebte Schutz des Vertragsgegners die Nichtigkeit des
Rechtsgeschäfts erfordert oder wenn der Erfüllungsanspruch auf eine unerlaubte
Tätigkeit gerichtet ist, nicht dagegen, wenn bereits die verwaltungs- oder strafrecht-
liche Sanktion ausreicht. Der Zweck des SchwArbG – Schutz der Handwerksbetrie-
be vor Lohn- und Preisunterbietungen, Vermeidung von Steuerausfällen, Schutz des
Auftraggebers vor unsachgemäßer Werkleistung – wird aber allein durch die drohende Sanktion als Ordnungswidrigkeit nicht erfüllt; er verlangt bei beiderseitigen
Verstößen grundsätzlich die Verhinderung des Leistungsaustauschs als wirtschaftli-
chem Erfolg und damit die Nichtigkeit nach § 134 BGB. Andererseits ist bei einem
nur einseitigen Verstoß der Vertragspartner A gesetzestreu und daher schutzwürdig.
Er soll aufgrund des Gesetzesverstoßes des H nicht seine Erfüllungs- und Gewährleistungsansprüche verlieren. Der BGH hält den Vertrag daher insoweit für wirksam
(a. A.: halbseitige Teilnichtigkeit, s. Frage 355). Da der Schwarzarbeiter die Leistung selbst nicht erbringen darf, wäre H danach verpflichtet, einen eingetragenen
Dachdecker auf seine Kosten zu beauftragen.

Jedoch dient die „Ohne-Rechnung-Abrede", also die Vereinbarung, keine Umsatzsteuer abzuführen, einer Steuerhinterziehung. Gleichzeitig stellt sie nach § 1 II
Nr. 2 SchwArbG einen Fall der Schwarzarbeit dar. Dem A war dies klar, und er hat
es bewusst zu seinem Vorteil ausgenutzt. Die Vereinbarung, keine Steuern abzuführen, führt deshalb nach § 134 BGB iVm. § 1 II Nr. 2 SchwArbG zur Nichtigkeit des
Vertrags. Gleichwohl kann dem Schwarzarbeiter allerdings nach teils vertretener,

vom BGH neuerdings ausdrücklich abgelehnter Ansicht aus GoA bzw. Bereicherungsrecht eine „Entlohnung" zustehen (s. aber § 817 S. 2 BGB). Zur Nichtigkeit
des gesamten Vertrags führt eine Steuerhinterziehung jenseits von Verstößen gegen
§ 1 II Nr. 2 SchwArbG übrigens nur dann, wenn sie dessen Hauptzweck ist oder sich
die „Ohne-Rechnung-Abrede" auf die Preisbildung ausgewirkt hat. Hier ist zwar
die Durchführung der Dachdeckerarbeiten Hauptzweck des Vertrags, jedoch wurde
aufgrund der fehlenden Rechnung ein „Rabatt" von 10 % vereinbart. Daher hat sich
die „Ohne-Rechnung-Abrede" auf den gesamten Vertrag ausgewirkt und dieser ist
nach §§ 134, 139 BGB nichtig.

▶ Ist die Abtretung ärztlicher Honoraransprüche zulässig?   **367**

Mit der Abtretung verpflichtet sich der Arzt auch zur Weitergabe von Informationen
über Art, Zeitpunkt und Dauer einer Behandlung (§ 402 BGB als an ein dingliches
Geschäft anknüpfende Verpflichtung). Damit macht der Arzt sich, wenn die Abtretung ohne Zustimmung des betreffenden Patienten erfolgt, nach § 203 I Nr. 1 StGB
strafbar, so dass die Abtretung gem. § 134 BGB nichtig ist. Aus demselben Grund
ist ein Verkauf der Praxis nur wirksam, wenn die Weitergabe der Patientenkartei
insoweit ausgeschlossen ist, als die Patienten ihr nicht zugestimmt haben.

Rechtsanwälten ist die Abtretung ihrer Honorarforderungen nur für die Fälle verboten, in denen der Zessionar (Abtretungsempfänger) selbst nicht Rechtsanwalt ist
(§ 49b IV 2 BRAO, dessen Verfassungsmäßigkeit aber teilweise bestritten wird).

Auf die Abtretung von Kreditforderungen durch Banken sind diese Grundsätze
nicht übertragbar. Eine etwaige Verletzung des Bankgeheimnisses führt nicht zur
Nichtigkeit der Abtretung nach § 134 BGB, da es insoweit an einem Verbotsgesetz
fehlt.

▶ Ist die Vereinbarung eines Erfolgshonorars mit einem Rechtsanwalt wirksam?   **368**

Nein. Eine solche Vereinbarung ist gem. § 49b II BRAO iVm. § 134 BGB nichtig.

▶ Ab welcher Höhe ist eine Vereinbarung über die Miete unwirksam?   **369**

Nach § 5 WiStG iVm. § 134 BGB ist bei Wohnraummietverträgen eine Vereinbarung nichtig, wenn die Miete infolge einer Ausnutzung von Angebotsknappheit die
ortübliche Vergleichsmiete um mehr als 20 % übersteigt. Wird bei Wohnräumen die
Vergleichsmiete um mehr als 50 % überschritten (Gewerberäume: 100 %), so ist ein
auffälliges Missverhältnis iSv. § 138 II BGB und § 291 I Nr. 1 StGB (Mietwucher)
anzunehmen. § 138 II BGB geht dann als lex specialis § 134 BGB iVm. § 5 WiStG
bzw. § 291 I Nr. 1 StGB vor.

▶ Ist ein Untermietvertrag nach § 134 BGB nichtig, dem der Vermieter nicht nach   **370**
   § 540 BGB zugestimmt hat?

Nein. Die unberechtigte Untervermietung stellt lediglich eine Pflichtverletzung des Mieters dar. Die Wirksamkeit des Untermietvertrags wird dadurch nicht beeinträchtigt.

371   **Beispiel**

Bäckerin B sucht einen Arbeitsplatz, ist aber schwanger. A, Inhaber eine Bäckerei, würde sie trotzdem anstellen, kann aber in den Frühstunden nicht auf sie verzichten. Deshalb vereinbaren sie, dass B ab 5.00 Uhr zur Arbeit kommen muss. Ist der Arbeitsvertrag wirksam?

Der Vertrag könnte gem. § 134 BGB iVm. § 8 I MuSchG nichtig sein. Die Beschäftigung einer schwangeren Frau zwischen 20 und 6 Uhr ist grundsätzlich unzulässig. Eine Ausnahme nach § 8 III MuSchG greift hier nicht ein. Die Vereinbarung, dass die Arbeitszeit der B bereits um 5.00 Uhr beginnt, ist deshalb nichtig. Fraglich ist, ob deshalb der gesamte Arbeitsvertrag unwirksam ist. Nach § 139 BGB ist bei Teilnichtigkeit im Zweifel der gesamte Vertrag nichtig. Allerdings handelt es sich nur um ein vorübergehendes Arbeitshindernis. Das MuSchG soll nicht Arbeitsverträge mit schwangeren Frauen verhindern, sondern ihre Beschäftigung in der Nacht. Außerdem würde eine solche Auslegung des § 8 I MuSchG gegen das Diskriminierungsverbot der RL 76/207/EWG verstoßen. Daher ist nur die Arbeitszeitvereinbarung, nicht aber der gesamte Vertrag nichtig. Streitig ist die Frage der Teilnichtigkeit dagegen bei Verstößen gegen das Arbeitszeitgesetz. Auch hier ist jedoch auf den Zweck als Beschäftigungsverbot, nicht als Abschlussverbot abzustellen und eine Nichtigkeit des gesamten Vertrages abzulehnen. Anders ist es indes, wenn der Arbeitnehmer erst durch einen zweiten Arbeitsvertrag die zulässige Arbeitszeit überschreitet. In diesem Fall ist der zweite Vertrag nichtig.

372   **Beispiel**

Die 24-jährige T arbeitet in einem Kaufhaus als Verkäuferin. Während ihres Urlaubs kellnert sie in einem Restaurant. Ist der Arbeitsvertrag wirksam?

Gem. § 8 BUrlG darf ein Arbeitnehmer während des Urlaubs keine dem Urlaubszweck widersprechende Erwerbstätigkeit leisten. Die körperlich schwere Arbeit als Kellnerin verhindert eine ausreichende Erholung von der ebenfalls anstrengenden Tätigkeit als Verkäuferin. T verstößt also gegen § 8 BUrlG. Ob dieser ein Verbotsgesetz iSv. § 134 BGB darstellt, ist aber streitig. Dafür spricht, dass der Arbeitnehmer ansonsten verpflichtet wäre, in seinen Urlaub entgegen § 8 BUrlG zu arbeiten. Sein Zweck, die Erholung im Urlaub zu sichern, würde also nicht erreicht. Die h. M. sieht § 8 BUrlG daher als Verbotsgesetz an und hält den zweiten Arbeitsvertrag für nichtig.

373   ▶ Ist eine arbeitsvertragliche Vereinbarung wirksam, nach der künftige Geldstrafen vom Arbeitgeber ersetzt werden, soweit sie in Ausführung der Tätigkeit entstanden sind?

Wenn die Zusicherung eine Begünstigung nach § 257 I StGB oder eine Strafvereitelung nach § 258 II StGB darstellt, ist sie zivilrechtlich nach § 134 BGB nichtig. Jedoch ist zu beachten, dass die Strafen der Tätigkeit für den Arbeitgeber zuzurechnen und damit auch Teil des von letzterem zu tragenden Unternehmensrisikos sind. Soweit die Vereinbarung dazu dient, den Arbeitnehmer von diesem Risiko zu entlasten, und sie keinen Anreiz zur Begehung von Vorsatztaten setzt, ist daher keine Strafvereitelung und folglich auch keine Nichtigkeit nach § 134 BGB anzunehmen.

Gesetzliche Verbote, § 134

1. Verbotsgesetz = Rechtsnorm, die
   - die Vornahme eines Rechtsgeschäfts wegen seines Inhalts, der Umstände seines Zustandekommens oder des bezweckten Erfolgs untersagt (= Frage der Auslegung; nicht reine Ordnungsvorschriften)
   - die privatrechtlichen Rechtsfolgen aber nicht regelt (lex imperfecta)
2. Verstoß gegen das Verbotsgesetz
   - einseitiger Verstoß reicht grds. nicht (Ausnahme z. B. RDG)
   - schuldhafter Verstoß (Vorsatz oder Fahrlässigkeit) nicht erforderlich, es sei denn, der Tatbestand des Verbotsgesetzes verlangt dies (z. B. Strafvorschriften)
   - auch Umgehungsgeschäfte (Auslegung oder Analogie)
3. Rechtsfolge
   - im Zweifel Gesamtnichtigkeit, soweit Auslegung nichts anderes ergibt, z. B. Teilnichtigkeit (z. B. der überhöhten Preisabsprache) oder Nichtigkeit ex nunc

---

B. Verfügungsverbote (§§ 135–137 BGB)

▶ Was regeln die §§ 135–137 BGB?   **374**

Wie § 134 BGB regeln auch die §§ 135–137 BGB nur die Rechtsfolgen von anderweitig angeordneten Verboten. Anders als § 134 BGB sehen die §§ 135, 136 BGB aber die relative Unwirksamkeit von Verfügungen für jene Fälle vor, in denen ein gesetzliches bzw. gerichtliches oder behördliches Verfügungsverbot nur eine bestimmte Person schützen soll. Ob eine relative, eine absolute Nichtigkeit oder eine andere Sanktion greift, ergibt sich durch Auslegung der Verbotsnorm. Die §§ 135, 136 BGB beziehen sich zwar ausdrücklich nur auf Veräußerungsverbote. Da die Veräußerung aber nur ein Unterfall der Verfügung ist, werden die Normen auf alle Arten von Verfügungen angewendet. § 137 BGB betrifft rechtsgeschäftlich vereinbarte Verfügungsverbote und schließt deren dingliche Wirkung aus, lässt aber eine schuldrechtliche Wirkung zu.

▶ Welche praktischen Anwendungsfälle haben § 135 und § 136 BGB?   **375**

§ 135 BGB hat keinen großen Anwendungsbereich. Die meisten gesetzlichen Verfügungsverbote sollen die Allgemeinheit schützen und fallen daher schon unter
§ 134 BGB. Auch ist das Verfügungsverbot zu unterscheiden von der Anfechtbarkeit von Verfügungen, von öffentlich-rechtlichen Genehmigungsvorbehalten und
von allgemeinen Grenzen der rechtlichen Gestaltungsmöglichkeiten, dem „rechtlichen Können". So fallen etwa die Übertragung von Ansprüchen aus dem Gesell-
schaftsverhältnis und Verfügungen über den Anteil eines Gesellschafters am Gesellschaftsvermögen (§§ 717 S. 1, 719 I Hs. 1 BGB) sowie die in den §§ 1365, 1369
BGB vorgesehenen ehegüterrechtlichen Regeln (Verfügungen über das Vermögen
als Ganzes bzw. über Haushaltsgegenstände) als Beschränkungen der Verfügungsmacht nach zutreffender Ansicht nicht unter § 135 BGB. Des Weiteren sind einige
spezielle relative gesetzliche Verfügungsverbote wie § 883 II BGB (Vormerkung)
und jene in den §§ 1124 ff. BGB (Grundpfandrechte) mit eigenen Rechtsfolgenan-
ordnungen ausgestattet, neben denen § 135 BGB nicht herangezogen werden kann.
Deshalb erschöpft sich die Bedeutung des § 135 BGB derzeit neben einzelnen Regelungen des VVG in seiner Anwendbarkeit im Kern auf behördliche Verfügungsverbote (§ 136 BGB).

Diese sind wesentlich häufiger als gesetzliche, da das Gesetz oft ein Verfügungsverbot nicht direkt ausspricht, sondern nur die Grundlage für seine Anordnung
durch eine Behörde oder ein Gericht schafft. So fallen unter § 136 BGB gerichtliche
Verfügungen wie einstweilige Verfügungen (z. B. die Untersagung einer Veräußerung, Belastung oder Verpfändung nach § 938 II ZPO) und die mit Maßnahmen
der Zwangsvollstreckung verbundenen Verfügungsverbote in § 829 I 2 ZPO (Voll-
streckung in Forderungen) iVm. § 857 I ZPO (in sonstige Rechte) und im ZVG (in
Grundstücke).

---

376   **Beispiel**

Schuldner S entfernt den „Kuckuck" von seiner durch den Gerichtsvollzieher
auf Antrag seines Gläubigers G gepfändeten Stereoanlage und verkauft sie an
einen kleinen Second-Hand-Laden für Elektronikartikel, dessen Inhaber H beim
Ankauf von der Pfändung nichts weiß. Als G, der den Gerichtsvollzieher auf die
wertvolle Stereoanlage hingewiesen hatte, diese bei H entdeckt, verlangt er die
Herausgabe. Hat er einen Anspruch darauf?

In Betracht kommt ein Herausgabeanspruch des G gegen H aus §§ 985, 1227 BGB,
804 II ZPO. Der Gläubiger in der Zwangsvollstreckung hat gem. § 804 II ZPO die
Rechte des Gläubigers eines vertraglichen Faustpfandrechts. Herausgabe kann er
jedoch nur an den Gerichtsvollzieher verlangen, da dieser gem. § 808 II ZPO mittelbarer Besitzer ist und der Gläubiger nur ein Verwertungsrecht hat.

Das Pfändungspfandrecht des G ist durch Anlegung des Pfandsiegels gem.
§ 808 II ZPO wirksam entstanden. Fraglich ist, ob es durch Veräußerung von S an
H erloschen ist. Durch die Pfändung ist einerseits das Pfändungspfandrecht des G
entstanden, gleichzeitig ist die Stereoanlage aber auch verstrickt worden. Durch die
Verstrickung wird eine staatliche Verfügungsmacht über den gepfändeten Gegen-

stand begründet; der zuvor privatrechtlich Berechtigte darf aufgrund eines Verfügungsverbotes gem. §§ 136, 135 BGB nicht mehr über ihn verfügen. Gem. § 135 II BGB sind jedoch die Vorschriften über den gutgläubigen Erwerb – hier §§ 932 ff. BGB – anwendbar. S und H haben sich über die Eigentumsübertragung geeinigt und die Sache wurde an H übergeben (§ 929 S. 1 BGB). S war zwar nicht mehr Berechtigter, H war aber bezüglich seiner Berechtigung (auch der Verfügungsbefugnis) in gutem Glauben und der Gegenstand war nicht abhanden gekommen, da er den Besitz an der Stereoanlage mit Willen des Besitzmittlers S erlangt hat. H hat somit gem. §§ 929, 932 BGB und gem. § 936 I 1 BGB auch frei vom Pfandrecht des G Eigentum erworben. Ein Herausgabeanspruch des G scheidet daher aus.

▶ Welchen Zweck hat § 137 BGB? Welche Regelungen sollen damit unterbunden wer-   **377**
den? Welche Vereinbarungen bleiben möglich?

In erster Linie bezweckt der Ausschluss der dinglichen Wirkung von rechtsgeschäftlichen Verfügungsverboten den Schutz der Verkehrsfähigkeit von Gegenständen. Neben der Absicherung des sachenrechtlichen Typenzwangs gegen privatautonome Modifikationen dient die Norm auch der Wahrung der Funktionsfähigkeit der Zwangsvollstreckung, die durch besondere Verfügungsverbote behindert würde. Daher kann auch vom Normzweck der Orientierungssicherheit im Rechtsverkehr ausgegangen werden.

So werden auch die früher üblichen Fideikommisse (= unveräußerliches und unteilbares Familienvermögen) ausgeschlossen. Auch das Vererben unter Auferlegung eines Verfügungsverbots über den Nachlass (außer durch erneuten Erbfall) wird so unmöglich. Zulässig sind nur rein schuldrechtlich wirkende Verpflichtungen (§ 137 S. 2 BGB). Häufiger werden Verfügungsverbote zur Absicherung von Erbverträgen und Vermächtnissen geschaffen. Mit schuldrechtlicher Wirkung kann sich ein Erblasser verpflichten, Verfügungen unter Lebenden zu unterlassen oder ein Grundstück nicht zu belasten, mit der möglichen Rechtsfolge einer Schadensersatzhaftung aus § 280 I BGB. Allerdings lässt das Gesetz in den Ausnahmefällen der § 1136 (Verpflichtung des Eigentümers gegenüber dem Hypothekengläubiger, das Grundstück nicht zu veräußern) und § 2302 BGB (Verpflichtung, eine letztwillige Verfügung zu unterlassen) nicht einmal die schuldrechtliche Beschränkung der Verfügungsfreiheit zu.

▶ Fällt auch die Vereinbarung einer auflösenden Bedingung unter § 137 BGB? Bei-   **378**
spiel 1: Die Eltern E schenken aus steuerlichen Gründen ihrem Sohn S die Gemälde
des Urgroßvaters, eines berühmten Malers. Damit S die Bilder nicht eigenmächtig
veräußert, übereignen sie diese unter der auflösenden Bedingung einer Weiterveräußerung. Ist die Bedingung wirksam?

Ob in der Verfügung unter der auflösenden Bedingung, dass der Erwerber über das Recht weiterverfügt, eine nach S. 1 unwirksame Ausschließung oder Beschränkung der Verfügungsbefugnis liegt, ist umstritten. Wegen der Gefahr einer Aushöhlung des Schutzzwecks des § 137 BGB (Orientierungssicherheit; s. Frage 377) wird dies teilweise angenommen. Die überwiegende Ansicht hält eine solche Bedingung aber für zulässig, da § 158 II BGB eine solche Gestaltungsmöglichkeit ausdrücklich zur Verfügung stellt und der Rechtsverkehr nicht auf das Fehlen einer auflösenden Bedingung vertrauen darf. Der numerus clausus der dinglichen Rechte und die Zwangsvollstreckung seien nicht gefährdet. Auch könnte ein schuldrechtlich wirkendes Verfügungsverbot durch ein gerichtliches Veräußerungsverbot gesichert werden, so dass sich ohnehin eine zulässige „Verdinglichung" herbeiführen ließe.

379 | **Beispiel 2**

Wie wäre dies bei einem Grundstück?

Bei Grundstücksübereignungen ist der Weg über eine auflösende Bedingung freilich wegen § 925 II BGB versperrt; ein wirksamer Schutz lässt sich in diesem Fall über eine Vormerkung erzielen.

380 ▶ Welche bekannte Ausnahme gibt es zum Verfügungsverbot des § 137 BGB?

Die Abtretung von Forderungen kann gem. § 399 Fall 2 BGB durch Vereinbarung zwischen Schuldner und Gläubiger ausgeschlossen werden. Diese Ausnahme ist aber trotz § 413 BGB eng auszulegen, um den mit § 137 BGB verfolgten Zweck nicht in Frage zu stellen. Im Handelsrecht ist dem durch die Rückausnahme des § 354a HGB Rechnung getragen.

C. Sittenwidrigkeit (§ 138 BGB)

I. Voraussetzungen

381 ▶ Welche Funktion hat § 138 BGB?

§ 138 BGB weitet die Inhaltskontrolle über das positive Recht hinaus auf die „guten Sitten" aus und verhindert die Geltung solcher Rechtsgeschäfte, die für die Rechtsgemeinschaft unerträglich sind, weil sie gegen ihre ethischen Grundlagen verstoßen. Auch sofern ein solches unsittliches Verhalten nicht verboten ist (dann wäre § 134 BGB vorrangig), soll es doch nicht rechtlich erzwingbar sein und es soll auch eine gewisse abschreckende Wirkung erreicht werden.

382 ▶ Wann ist ein Rechtsgeschäft nach § 138 I BGB nichtig?

Ein Rechtsgeschäft ist nach § 138 I BGB nichtig, wenn es objektiv gegen die guten Sitten verstößt. Nach überwiegender Ansicht muss dies darüber hinaus einem oder beiden Beteiligten subjektiv vorwerfbar sein (näher unten Frage 388).

383 ▶ Was verstößt objektiv gegen die guten Sitten?

Sittenwidrig ist ein Rechtsgeschäft, das seinem Inhalt oder seinem Gesamtcharakter nach gegen das Rechts- und Anstandsgefühl aller billig und gerecht Denkenden verstößt. Anzulegen ist ein durchschnittlicher Maßstab unter Außerachtlassung besonders strenger oder laxer Anschauungen. Für Sittengebote mit beschränktem Geltungsanspruch (z. B.: unter Kaufleuten) entscheiden die Anschauungen der betroffenen Verkehrskreise.

▶ Welche Rolle spielen bei dieser Frage die Grundrechte?   **384**

Zwar binden die Grundrechte grundsätzlich nur den Staat und nicht Private. Bei der Anwendung des Privatrechts, hier: bei der Konkretisierung der guten Sitten, ist aber im Rahmen einer Gesamtbeurteilung das im Grundgesetz und insbesondere in den Grundrechten verankerte Wertesystem zu beachten (Schutzgebotsfunktion der Grundrechte im Privatrecht). So verstößt eine arbeits- oder mietvertragliche Verpflichtung zur Einnahme empfängnisverhütender Mittel gegen Art. 2 I und 6 I, IV GG, die Verpflichtung, einer bestimmten Konfession anzugehören, regelmäßig gegen Art. 4 I GG. Parteikonten dürfen aufgrund des Parteienprivilegs in Art. 21, 3 I GG nicht wegen angeblicher Verfassungsfeindlichkeit gekündigt werden. Auch Diskriminierungen etwa aufgrund der ethnischen Herkunft oder des Geschlechts können unter dem Blickwinkel des Gleichheitssatzes des Art. 3 III GG sittenwidrig sein (zum Gleichbehandlungsrecht s. Frage 8). Andererseits kann sich der Vertragspartner auf seine durch Art. 2 I GG geschützte Privatautonomie berufen, so dass die Eingriffsschwelle nicht zu niedrig angesetzt werden darf.

Beispiel   **385**

Der Geschäftsführer G des Kaufhauses K-GmbH hat mehrfach Auseinandersetzungen mit muslimischen Verkäuferinnen gehabt, die während der Arbeit ein Kopftuch tragen wollten. G sieht dies als geschäftsschädigend an. Um in Zukunft Konflikte zu vermeiden, nimmt er in den Arbeitsvertrag mit der neu eingestellten, ebenfalls muslimischen A die Bestimmung auf, dass sie kein Kopftuch während der Arbeitszeit tragen darf. Ist A an diese Verpflichtung gebunden?

In Betracht kommt, dass das vertragliche Kopftuchverbot sittenwidrig und daher nach § 138 I BGB nichtig ist. Sittenwidrig ist ein Rechtsgeschäft, das gegen das Rechts- und Anstandsgefühl aller billig und gerecht Denkenden verstößt. Dabei ist auch das Wertesystem des Grundgesetzes zu beachten. Das Tragen eines Kopftuchs wird von A wie von vielen weiblichen gläubigen Muslimen als Ausdruck ihrer Religiosität und göttliches Gebot verstanden. Das Verbot könnte daher ihre Religionsfreiheit beeinträchtigen, die aufgrund der Schutzgebotsfunktion von Art. 4 GG auch bei der Anwendung des Privatrechts zu beachten ist. Allerdings sind auch die Grundrechte der K-GmbH, insbesondere ihre Berufsfreiheit und Privatautonomie, zu beachten, so dass die Eingriffsschwelle relativ hoch anzusetzen ist. Die K-GmbH hat die von ihr behaupteten geschäftsschädigenden Auswirkungen in keiner Weise verifiziert. Gegen solche Nachteile spricht, dass das Tragen von Kopftüchern in

Deutschland mittlerweile weit verbreitet ist. Daher ist das Verbot nicht mit der Religionsfreiheit vereinbar, mithin als Verstoß gegen das Anstandsgefühl und somit als sittenwidrig anzusehen (str.). Im Interesse des Arbeitnehmerschutzes ist nicht der gesamte Arbeitsvertrag nichtig, sondern nur die konkrete Verpflichtung (vgl. Frage 459).

386 ▶ Welche Fallgruppen hat die Rechtsprechung zur Ausfüllung der Generalklausel des § 138 I BGB entwickelt?

Es wird unterschieden zwischen sittenwidrigem Verhalten gegenüber dem Vertragspartner, gegenüber Dritten und gegenüber der Allgemeinheit. Wichtige Fallgruppen sind das sog. wucherähnliche Geschäft (abzugrenzen vom Wucher nach § 138 II BGB), Nahbereichsbürgschaften, Knebelungsverträge und die Übersicherung.

387 ▶ Welcher Zeitpunkt ist für die Frage eines Sittenverstoßes maßgeblich?

Entsprechend dem allgemeinen Rechtsgedanken, dass Schuldverhältnisse nach den Umständen zur Zeit ihrer Entstehung zu beurteilen sind (vgl. Art. 170 EGBGB), wird auch für die Frage der Sittenwidrigkeit grundsätzlich auf die Moralauffassung bei Vornahme des Rechtsgeschäfts abgestellt. Dennoch wird teils vertreten, dass sich eine spätere Lockerung der sittlichen Maßstäbe auf die Beurteilung des Geschäfts auswirke, weil man diesem nicht allein deshalb die Wirksamkeit absprechen könne, weil es gegen überholte Wertvorstellungen verstoße. Insb. bei Änderungen vor Eintritt des rechtlichen Erfolgs wie bei Verfügungen von Todes wegen (Beispiel: Geliebtentestament, s. Frage 457) sei der Zeitpunkt des Erfolgseintritts entscheidend, weil nicht die sittenwidrige Einstellung der Beteiligten ausreiche, sondern auch ein sittenwidriger Erfolg eintreten müsse. Stellt man hingegen stets auf den Zeitpunkt der Vornahme des Rechtsgeschäfts ab, so kommt in manchen Fällen eine Bestätigung nach § 141 BGB in Betracht (vgl. Fragen 476 ff.).

Eine rückwirkende Sittenwidrigkeit bei einer Verschärfung der Moralvorstellungen wird dagegen aufgrund des verfassungsrechtlichen Rückwirkungsverbots grundsätzlich abgelehnt. Nur wenn die Ausführung eines Rechtsgeschäfts den gegenwärtigen Wertungen grundlegend widersprechen würde, kann die Herleitung von Rechten aus einem solchen Geschäft, insbesondere die Geltendmachung eines Erfüllungsanspruchs, eine nach § 242 BGB unzulässige Rechtsausübung darstellen oder eine Vertragsanpassung oder einen Rücktritt nach § 313 BGB rechtfertigen. Stellt die Rspr. einen Sittenwandel nur nachträglich fest, gilt dieser dagegen auch für bereits abgeschlossene Verträge, trotz der damit verbundenen Rechtsunsicherheit (Beispiel: Nahbereichsbürgschaften, s. Frage 414).

388 ▶ Setzt § 138 I BGB einen subjektiven Sittenverstoß voraus?

Die Rspr. verlangt wegen des mit dem Sittenwidrigkeitsurteil verbundenen Vorwurfs verbreitet eine verwerfliche Gesinnung. Allerdings wird diese bei Kenntnis oder grob fahrlässiger Unkenntnis der das Sittenwidrigkeitsurteil begründenden

Umstände in der Regel widerleglich vermutet. Faktisch genügt damit oft ein objektiver Sittenverstoß. Deshalb wird das Erfordernis eines subjektiven Elements teils abgelehnt. Ein seinem Inhalt nach sittenwidriges und damit für die Gesellschaft unerträgliches Rechtsgeschäft sei stets unwirksam, unabhängig davon, ob die Parteien sich dessen bewusst seien. Aufgrund der Vermutungsregeln der Rspr. weichen die Auffassungen aber im Ergebnis kaum voneinander ab.

▶ Hat eine verwerfliche Gesinnung damit effektiv keinerlei Bedeutung? **389**

Doch. Im Rahmen einer Gesamtwürdigung kann sie ein ansonsten unbedenkliches Rechtsgeschäft sittenwidrig erscheinen lassen, z. B. wenn das Äquivalenzverhältnis nicht zu stark gestört ist, aber eine Partei bei den Verhandlungen rücksichtslos ihre wirtschaftliche Überlegenheit ausnutzt.

▶ Genügt für § 138 I BGB auch ein einseitiger Sittenverstoß? **390**

Insoweit ist zu differenzieren: Bei sittenwidrigem Verhalten gegenüber dem Vertragspartner reicht der einseitige Verstoß. Sofern die Sittenwidrigkeit hingegen zulasten der Allgemeinheit oder von Dritten geht, muss dieser Vorwurf allen Beteiligten des Rechtsgeschäfts gemacht werden können, es sei denn, die übrigen Vertragspartner hielten den Gutgläubigen für vollständig informiert.

II. Spezialfall Wucher

▶ Was ist Wucher? **391**

§ 138 II BGB verlangt kumulativ:
1. objektiv
   a. ein Austauschgeschäft;
   b. ein auffälliges Missverhältnis zwischen Leistung und Gegenleistung;
   c. auf Seiten des Bewucherten ein die rationale ökonomische Disposition behindernder Faktor (Zwangslage, Unerfahrenheit etc.);
2. subjektiv das bewusste Ausnutzen der Zwangslage etc. durch den Wucherer.

▶ Was bedeutet die Beschränkung auf Austauschgeschäfte? **392**

Das Erfordernis ergibt sich aus dem Wortlaut des Gesetzes, wonach sich die eine Partei von der anderen für eine Leistung als Gegenleistung Vermögensvorteile versprechen oder gewähren lassen muss. Andernfalls könnte kein auffälliges Missverhältnis bestehen. Nicht erfasst sind daher einseitige Rechtsgeschäfte, unentgeltliche Geschäfte, Bürgschaften und familienrechtliche Verträge.

393   ▶ Wann liegt ein auffälliges Missverhältnis vor?

Ein auffälliges Missverhältnis liegt in der Regel vor, wenn der Wert der Leistung etwa doppelt so hoch ist wie der Wert der Gegenleistung. Letzterer bestimmt sich nach dem Marktwert der Leistung, also nach dem marktüblichen Preis, nicht nach dem subjektiven Interesse eines Vertragspartners. Allerdings sind dabei alle Umstände des Einzelfalls zu berücksichtigen, also vor allem die vertragliche Risikoverteilung, die Marktlage und der Spekulationscharakter des Geschäfts. Für Mietverträge über Wohnräume wird ein auffälliges Missverhältnis bereits bei einer Abweichung von 50 % bejaht (s. Frage 369).

394   ▶ Wann besteht eine Zwangslage?

Eine Zwangslage liegt vor, wenn aufgrund einer gegenwärtigen dringenden, meist wirtschaftlichen Bedrängnis ein zwingendes Bedürfnis nach Sach- oder Geldleistungen besteht. Eine Gefahr für die wirtschaftliche Existenz ist nicht erforderlich. Unter Umständen genügt auch eine kurzfristige Notsituation wie ein Wasserrohrbruch, nicht aber die Bedrohung von Zukunftsplänen.

395   ▶ Was ist Unerfahrenheit?

Unerfahrenheit ist ein Mangel an Lebens- und Geschäftserfahrung. Ein solcher Mangel ist regelmäßig nicht anzunehmen, wenn nur die Marktübersicht oder die Erfahrung hinsichtlich einer bestimmten Art von Geschäften fehlt. Vielmehr muss es sich um einen generellen Erfahrungsmangel handeln, wie er etwa bei Einwanderern aus Ländern mit anderen Lebensbedingungen oder bei besonders jungen Menschen vorkommen kann.

396   ▶ Wann liegt ein Mangel an Urteilsvermögen vor?

Kein Urteilsvermögen hat, wem in hohem Maße die Fähigkeit fehlt, die ausgetauschten Leistungen zu bewerten, die Folgen des Rechtsgeschäfts einzuschätzen oder sich allgemein bei Geschäften von vernünftigen Beweggründen leiten zu lassen. Dies kann auf hohem Alter, geringem Bildungsgrad oder einer Verstandesschwäche beruhen.

397   ▶ Was ist eine erhebliche Willensschwäche?

Das ist eine verminderte psychische Widerstandskraft, die bei Suchtkranken oder geistig beschränkten, unter Umständen aber auch bei jungen und alten Menschen auftreten kann und die dem Betroffenen zwar nicht die Einsichtsfähigkeit, aber die Steuerungsfähigkeit seines Handelns nimmt. Die Grenze darf wegen des Erfordernisses der Erheblichkeit nicht zu niedrig angesetzt werden.

398   ▶ Fällt auch leichtsinniges Verhalten unter § 138 II BGB?

Der vor einer Gesetzesnovellierung von 1976, die eine Ausweitung des Wuchertatbestandes zum Ziel hatte, ausdrücklich in § 138 II BGB genannte Leichtsinn sollte nicht als Kriterium beseitigt werden. Auch fehlende Überlegung oder Sorglosigkeit bzgl. der Folgen einer Handlung können daher einen Mangel an Urteilsvermögen begründen, z. B. wenn jemand Anschaffungen tätigt, die zu seinem Leistungsvermögen und zu seinen Bedürfnissen in keinem Verhältnis stehen (vgl. Frage 400).

▶ Was verlangt der Wucher in subjektiver Hinsicht?   **399**

Der Wucherer muss die besondere Lage ausbeuten, d. h. das Missverhältnis und die Schwächeposition des Vertragspartners kennen und sich letztere bewusst zunutze machen, um einen übermäßigen Gewinn zu erzielen. Fahrlässige Ausbeutung ist also nicht möglich.

Beispiel   **400**

Student S hat mühsam 900 € für ein Notebook zusammengespart, das er dringend für seine Hausarbeit benötigt. Er kennt sich weder mit Computern noch mit deren Preisen aus und möchte sich aus finanziellen Gründen nur ein einfaches Gerät für Word-Programme kaufen. Allerdings lässt er sich für Computerspiele leicht begeistern, so dass er von B, der sein altes Spiele-Notebook gewinnbringend loswerden möchte, schnell überredet werden kann, dieses Gerät, das nur noch 400 € wert ist, für 900 € zu erwerben. Ist der Vertrag nach § 138 II BGB nichtig?

Der Kaufvertrag ist ein Austauschgeschäft. Der Kaufpreis ist mit 900 € mehr als doppelt so hoch wie der Wert des Notebooks von 400 €, so dass auch ein auffälliges Missverhältnis vorliegt.

Fraglich ist, ob ein die rationale ökonomische Disposition behindernder Faktor gegeben ist. In Betracht kommt zunächst eine Zwangslage, weil S ein Notebook dringend für das Studium brauchte. Allerdings hätte er auch noch genügend Zeit gehabt, in ein Computergeschäft zu gehen; er war nicht auf B angewiesen. Eine Zwangslage lag daher nicht vor.

Die fehlende Erfahrung speziell mit Computern, v. a. die fehlende Markt- und Preisübersicht, reicht für eine generelle Unerfahrenheit oder einen Mangel an Urteilvermögen iSd. § 138 II BGB ebenso wenig aus, wie die Begeisterung für PC-Spiele zu einer die Steuerungsfähigkeit einschränkenden verminderten Widerstandskraft führt.

S könnte mit dem Kauf des erstbesten Notebooks ohne Prüfung der Alternativen, seiner Bedürfnisse und seines Leistungsvermögens jedoch leichtsinnig gehandelt haben. Allerdings geht ein auch für die private Nutzung ausgestattetes, gebrauchtes Notebook mit einem Wert von 400 € nicht über seine Verhältnisse. Im Übrigen vergleicht nur ein Bruchteil der Verbraucher vor dem Einkauf die Preise. Das Verhalten des S kann man daher noch nicht als leichtsinnig bezeichnen. S ist vielmehr der Werbung des B erlegen. Labilität gegenüber geschickter Werbung reicht für eine erhebliche Willensschwäche iSd. § 138 II BGB aber nicht aus. Damit liegt kein Wucher vor (jedoch ein wucherähnliches Geschäft iSd. § 138 I BGB aufgrund des bewussten Ausnutzens der Unkenntnis des S durch B, vgl. dazu Fragen 404 ff.).

III. Sittenwidriges Verhalten gegenüber dem Vertragspartner

401 ▶ Was ist regelmäßig die Ursache für Vertragsschlüsse, die eine Seite sittenwidrig benachteiligen?

Die Vormachtstellung eines Vertragspartners. Die am Prinzip der Privatautonomie orientierte Vertragsordnung funktioniert bei annäherndem Kräftegleichgewicht der Vertragspartner am besten, weil die Parteien dann für beide Seiten angemessene Bedingungen aushandeln (vgl. Frage 7). Allerdings befindet sich relativ oft ein Partner in einer erheblich stärkeren Position als der andere. Nutzt er diese „Vormachtstellung" aus, indem er Ansprüche auf überhöhte Gegenleistungen oder unbillige Bedingungen durchsetzt, so verstoßen die auf diese Weise erzielten Abreden gegen die guten Sitten.

402 ▶ Woraus kann sich eine solche Vormachtstellung ergeben?

Die Vormachtstellung kann sich aus einem Monopol ergeben. Auch der Vermieter oder der Arbeitgeber, ggf. auch Autoritätspersonen, sind in einer stärkeren Position und können dies für den Aufbau von Druck missbrauchen. Aber besonders der Missbrauch der mit der Position als Kreditgeber verbundenen Machtstellung ist trotz der Schutzbestimmungen des Verbraucherdarlehensrechts (§§ 491 ff. BGB) Gegenstand umfangreicher Rspr. zu § 138 I BGB geworden: zur Frage wucherischer Zinsen (Fragen 404 ff.), zur Nahbereichsbürgschaft (Fragen 414 ff.), zur Übersicherung (Fragen 435 ff.), aber auch zur Gefährdung dritter Gläubiger (Fragen 446 ff.). Zu beachten ist, dass diese Vormachtstellung allein für die Sittenwidrigkeit nicht ausreicht, sondern dass daraus eine Äquivalenzstörung oder unbillige Bedingungen folgen müssen.

403 ▶ Ist der Vertrag auch dann sittenwidrig, wenn die unterlegene Partei den Anstoß zu seinem Abschluss gegeben hat?

Ja. Der Umstand, dass der Anstoß zu einem Rechtsgeschäft von der wirtschaftlich unterlegenen und letztlich benachteiligten Seite ausgegangen ist, befreit ein Rechtsgeschäft nicht vom Makel der Sittenwidrigkeit.

1. Wucherähnliches Geschäft

404 ▶ Kann bei einem auffälligen Missverhältnis von Leistung und Gegenleistung auch dann ein Sittenverstoß vorliegen, wenn die besonderen Voraussetzungen des § 138 II BGB nicht erfüllt sind?

Ja. Die Voraussetzungen des Wuchers gem. § 138 II BGB sind sehr eng, da die genannten objektiven Tatbestandsmerkmale nur selten erfüllt sind und der Vorsatz des Vertragspartners kaum nachweisbar ist. Um den schwächeren Teil trotzdem vor wirtschaftlicher oder intellektueller Übermacht seines Geschäftspartners zu schützen und weil der Wuchertatbestand zur Konkretisierung und nicht zur Einschränkung der Generalklausel ins Gesetz kam, hat die Rspr. im Rahmen des § 138 I BGB die Fallgruppe des wucherähnlichen Geschäfts entwickelt. Diese darf aber nicht zu weit ausgelegt werden. Grundsätzlich bedarf es eines weiteren, außerhalb des § 138 II BGB liegenden Sittenwidrigkeitselements wie einer verwerflichen Gesinnung, es sei denn, ein Merkmal des Wuchertatbestandes (z. B. die Zwangslage) ist so ausgeprägt verwirklicht, dass sich schon daraus der Sittenverstoß ergibt.

▶ Gelten im Rahmen des § 138 I BGB hinsichtlich des auffälligen Missverhältnisses die   **405**
  gleichen Voraussetzungen wie beim Wucher nach § 138 II BGB?

Grundsätzlich ja. Allerdings wird hier zwischen einem nur auffälligen und einem besonders groben Missverhältnis unterschieden. Ein besonders grobes Missverhältnis liegt in der Regel vor, wenn der objektive Wert der einen denjenigen der anderen Leistung um etwa 100 % übersteigt, also das Doppelte beträgt. Wird die 100 %-Grenze nicht erreicht, so kann ein auffälliges Missverhältnis vorliegen.

▶ Welchen Grund hat diese Unterscheidung?   **406**

Grundsätzlich hat der sittenwidrig Übervorteilte den nach der Rspr. erforderlichen subjektiven Sittenverstoß nachzuweisen, also dass der andere Teil seine schwächere Lage bewusst zu seinem Vorteil ausgenutzt hat. Der BGH lässt es für die verwerfliche Gesinnung genügen, wenn der Begünstigte sich leichtfertig der Erkenntnis verschlossen hat, dass der Benachteiligte sich nur aufgrund seiner wirtschaftlich schwächeren Lage auf den Vertrag eingelassen hat. Im Fall eines besonders groben Missverhältnisses ist dieser Nachweis nicht erforderlich, weil der BGH eine widerlegliche Vermutung für eine verwerfliche Gesinnung aufstellt.

▶ Wann ist die Vermutung widerlegt?   **407**

Wenn die Parteien sich in sachgerechter Weise um die Ermittlung eines angemessenen Leistungsverhältnisses bemüht haben oder wenn die zutreffende Einschätzung des Wertes schwierig und dieser außerdem relativ gering ist, soll die Vermutung widerlegt sein können. Auch wenn es verschiedene zulässige Berechnungsmethoden gibt und der Begünstigte deshalb die sich nur nach einer Methode ergebende Wertverzerrung nicht kennt, kommt eine Widerlegung in Betracht.

▶ In welchen Fällen gilt die Vermutung nicht?   **408**

Bei gewerblichen Miet- oder Pachtverträgen bedarf es aufgrund der Bewertungsprobleme grundsätzlich einer tatrichterlichen Würdigung. Auch zugunsten von Kaufleuten greift die Vermutung generell nicht.

409   ▶ Ab welcher Grenze ist die Zinshöhe bei einem Kreditvertrag sittenwidrig?

Regelmäßig wird Sittenwidrigkeit angenommen, wenn der vereinbarte Zins mehr
als doppelt so hoch ist wie der marktübliche Zins (relative Grenze) oder wenn er
den diesen Marktzins um zwölf Prozentpunkte übersteigt (absolute Grenze). Die
zweite Schranke ist praktisch bedeutsam in Hochzinszeiten. Als Vergleichsmaßstab
ist die in den Monatsberichten der Deutschen Bundesbank veröffentlichte EWU-
Zinsstatistik heranzuziehen. Ob diesem Zins noch Zu- oder Abschläge hinzuzurech-
nen sind, ist umstritten.

410   Beispiel

A befindet sich mit seinem Unternehmen in finanziellen Schwierigkeiten, überzeugt aber die Bank B mittels eines ausgefeilten Geschäftsplanes, ihm noch einmal Kredit zu gewähren – allerdings zu einem Zinssatz von 23 % bei zur Zeit
üblichen 10 %. Ist der Darlehensvertrag nichtig?

Die bei Frage 409 genannten Grenzen sind lediglich Anhaltspunkte, die nicht starr
angewandt werden dürfen. Abweichungen können aus den Umständen des Einzelfalls folgen, z. B. wenn der Kreditgeber – wie hier B – besondere Risiken übernimmt. Befindet sich A kurz vor der Insolvenz, werden gewöhnlich keine Kredite
mehr vergeben. Erhält er wegen seines überzeugenden Plans doch noch ein Darlehen, so ist ein angemessener Risikoaufschlag nicht als sittenwidrig zu bewerten.

411   ▶ Welche Kosten sind bei der Berechnung des vereinbarten Zinses (Vertragszins) ein-
           zubeziehen?

Bei der Ermittlung des Vertragszinses sind grundsätzlich sämtliche vom Darlehensnehmer für den Kredit zu entrichtenden Beträge einzubeziehen, unabhängig von
ihrer Bezeichnung. Daher sind neben Bearbeitungsgebühren etwa grundsätzlich
auch Vermittlungsprovisionen einzubeziehen. Eine Ausnahme gilt für die Rest-
schuldversicherung, da diese auch für den Darlehensnehmer vorteilhaft ist und ihre
Kosten in der EWU-Zinsstatistik nicht berücksichtigt werden.

412   ▶ Trägt der Darlehensnehmer die Beweislast dafür, dass dem Darlehensgeber der Sit-
           tenverstoß bewusst war?

Grundsätzlich hat der Darlehensnehmer den nach der Rspr. erforderlichen subjektiven Sittenverstoß nachzuweisen, also dass der Darlehensgeber die schwächere Lage
des anderen Teils bewusst zu seinem Vorteil ausgenutzt oder sich leichtfertig der
Erkenntnis verschlossen hat, dass der Kreditnehmer sich nur aufgrund seiner wirtschaftlich schwächeren Lage auf den Vertrag eingelassen hat.

Der BGH vermutet dies jedoch, sofern die objektiven Voraussetzungen erfüllt sind, und zwar bei einem besonders auffälligen Missverhältnis sogar unwiderleglich. Letzteres ist regelmäßig dann anzunehmen, wenn der Vertragszins das Dreifache des Marktzinses beträgt. Die Vermutung soll freilich nicht bei gewerblichen Kreditgeschäften gelten. Soweit die vom BGH befürwortete Vermutung eingreift, relativiert sich dadurch im Ergebnis der Unterschied zu jener Ansicht, die allein auf das objektive Missverhältnis abstellt.

▶ Ist diese Rechtsprechung auch auf andere wucherähnliche Geschäfte übertragbar?   **413**

Grundsätzlich ja. Dabei müssen zu dem auffälligen Missverhältnis weitere Umstände hinzutreten; zudem ist eine Vermutung der subjektiven Voraussetzungen nur bei einem besonders groben Missverhältnis zulässig.

2. Nahbereichsbürgschaften

▶ Kann auch ein Rechtsgeschäft allein deswegen, weil sich der eine Teil maßlos verschuldet, sittenwidrig sein?   **414**

Aufgrund der Privatautonomie steht es jedermann frei, Verpflichtungen einzugehen und sich zu verschulden. Jeder ist selbst dafür verantwortlich, seine Leistungsfähigkeit zu überprüfen. Allein die Tatsache, dass die Verpflichtung das Leistungsvermögen des Schuldners übersteigt, macht ein Rechtsgeschäft nicht sittenwidrig. Eine Ausnahme sieht die Rspr. seit einer Entscheidung des BVerfG von 1994 aber unter bestimmten Voraussetzungen bei Bürgschaften naher Angehöriger und sonstiger enger Bezugspersonen vor, wenn diese den Bürgen finanziell maßlos überfordern (sog. Nahbereichsbürgschaften, teils auch Ehegatten- oder Angehörigenbürgschaften genannt, was aber zu eng ist).

▶ Kann der Bürgschaftsvertrag in diesen Fällen schon gem. § 311b II BGB nichtig sein?   **415**

Dann müsste es sich dabei um einen Vertrag handeln, durch den der Bürge sich verpflichtet, sein künftiges Vermögen oder einen Bruchteil davon zu übertragen. Zwar muss der vermögenslose Bürge zur Erfüllung der Bürgschaftsverbindlichkeit jahrelang sein gesamtes pfändbares Einkommen abführen. § 311b II BGB verlangt jedoch, dass das Vermögen als solches (ganz oder teilweise) Gegenstand des Vertrags ist. Auch eine analoge Anwendung scheidet aus, denn § 311b II BGB will verhindern, dass jemand seine Vermögensfähigkeit verliert und damit auch jede Motivation für eine Erwerbstätigkeit. Hier ist aber die Vermögensentwicklung des Bürgen offen; zudem besteht die Möglichkeit der Verbraucherinsolvenz mit Restschuldbefreiung. Die Haftung ist, wenn von dieser Gebrauch gemacht wird, also endlich und ein generelles Verbot deshalb nicht gerechtfertigt. Als Grenze genügt § 138 I BGB.

▶ Unter welchen Voraussetzungen ist eine Nahbereichsbürgschaft sittenwidrig?   **416**

> Der BGH verlangt die Erfüllung folgender Bedingungen:
> - krasse finanzielle Überforderung des Bürgen;
> - Beeinträchtigung der Entscheidungsfreiheit: regelmäßig durch emotionale Verbundenheit;
> - Ausnutzen der Verbundenheit durch den Kreditgeber;
> - kein besonderes Interesse des Gläubigers an der Mithaftung.

417 ► Wann besteht eine krasse finanzielle Überforderung des Bürgen?

Nach inzwischen einhelliger Meinung ist der Bürge finanziell krass überfordert, wenn die Verbindlichkeit, für die er einstehen soll, so hoch ist, dass bereits bei Vertragsschluss nicht zu erwarten ist, er werde – wenn der Bürgschaftsfall eintritt – die Forderung des Gläubigers wenigstens zu wesentlichen Teilen tilgen können. Hiervon ist auszugehen, wenn der Bürge nicht einmal in der Lage ist, aus seinem pfändbaren Einkommen und Vermögen die auf die Hauptverbindlichkeit entfallenden laufenden Zinsen aufzubringen. Der noch zulässige Haftungsbetrag ist also nicht abstrakt zu ermitteln, sondern hängt von der konkreten wirtschaftlichen Situation des Bürgen ab. Bei gänzlich fehlendem Einkommen und Vermögen kann eine Überforderung daher schon bei 20.000 € gegeben sein.

418 **Beispiel**

Ehefrau F bürgt für einen Geschäftskredit des Ehemannes M in Höhe von 500.000 €. Sie selbst hat als Hausfrau und Mutter kein Einkommen, erhält aber ein „Haushaltsgeld" von monatlich 1.000 €. Ist F in krasser Weise finanziell überfordert?

Für die Beurteilung der Leistungsfähigkeit der F sind allein ihre eigenen Vermögensverhältnisse maßgebend; das Einkommen des M hat also außer Betracht zu bleiben. Fraglich ist, ob das „Haushaltsgeld" bei der Berechnung des der F für die Tilgung zur Verfügung stehenden Vermögens einzubeziehen ist. Zweifel ergeben sich daraus, dass „Haushaltsgeld" zu dem einzigen Zweck überlassen wird, die Besorgungen zu ermöglichen, die für die gemeinsame Lebensführung erforderlich sind. Das Geld stand F damit nicht zur freien Verfügung. Aber auch dann, wenn man „Haushaltsgeld" bei der Frage, über welche finanziellen Mittel der Bürge verfügt, berücksichtigt, liegt hier eine krasse finanzielle Überforderung vor, da 1.000 € typischerweise nicht genügen, um die laufenden, auf die Hauptverbindlichkeit in Höhe von 500.000 € entfallenden Zinsen zu zahlen.

419 ► Ist auch das Eigenheim zu verwerten und wie sind darauf lastende Grundpfandrechte zu bewerten?

Das Eigenheimgrundstück ist als verwertbares Eigentum dem Vermögen zuzurechnen und kann demnach eine finanzielle Überforderung ausschließen. Allerdings sind dabei die dinglichen Belastungen in der Höhe abzuziehen, in der sie valutieren, denn insofern ist der Bürge finanziell nicht leistungsfähig.

▶ Sind bei der Frage der Überforderung anderweitige Sicherheiten des Gläubigers zu berücksichtigen? **420**

Ja, aber nur dann, wenn davon auszugehen ist, dass der Gläubiger den Bürgen wegen dieser Sicherheiten voraussichtlich nur in einem wesentlich geringeren als dem im Bürgschaftsvertrag vereinbarten und einem dem Bürgen zumutbaren Umfang in Anspruch nehmen wird und dies auch rechtlich abgesichert ist.

▶ Spielt insoweit die seit 1999 nach §§ 286 ff. InsO mögliche Verbraucherinsolvenz mit Restschuldbefreiung eine Rolle? **421**

Teilweise wird die Sittenwidrigkeit aus diesem Grund abgelehnt, weil es sich nicht mehr um eine zwingend lebenslange Haftung handelt, mit der die Rspr. die Sittenwidrigkeit u. a. begründet hatte. Einige Obergerichte haben sich gegen eine Berücksichtigung ausgesprochen. Für diese Auffassung spricht v. a. die unterschiedliche Funktion der beiden Rechtsinstitute: Die InsO schützt den redlichen Schuldner vor lebenslanger Haftung und wahrt damit sein Recht auf eine menschenwürdige Existenz. § 138 I BGB schützt dagegen die Entscheidungsfreiheit des schwächeren Teils vor verwerflicher Ausnutzung der Unterlegenheit des Vertragspartners. Auch die Pfändungsfreigrenzen der ZPO sollen das wirtschaftliche Überleben sichern, ohne dass sie als Argument gegen die Sittenwidrigkeit taugen. Außerdem tritt die Restschuldbefreiung nicht von selbst ein, sondern erfordert ein längeres Verfahren, dessen Erfolg an bestimmte Voraussetzungen geknüpft ist. Allein die Endlichkeit der Haftung kann den Sittenverstoß deshalb nicht beseitigen.

▶ Warum wird eine emotionale Verbundenheit verlangt? **422**

Allein wegen der finanziellen Überforderung des Bürgen ist die Bürgschaft noch nicht als sittenwidrig iSv. § 138 I BGB anzusehen (vgl. Frage 414). Vielmehr müssen weitere Umstände hinzukommen, durch die ein unerträgliches Ungleichgewicht zwischen den Vertragsparteien hervorgerufen wird. Das ist dann der Fall, wenn die Willensbildung und damit die Entscheidungsfreiheit des Bürgen in rechtlich anstößiger Weise beeinträchtigt wurden, insbesondere wenn der Bürge die Verpflichtung lediglich aus emotionaler Verbundenheit zum Hauptschuldner übernommen und der Kreditgeber die sich daraus ergebende strukturelle Unterlegenheit in sittlich anstößiger Weise ausgenutzt hat. Hierfür besteht eine (widerlegliche) tatsächliche Vermutung, wenn zwischen dem Bürgen und dem Hauptschuldner eine enge persönliche Verbundenheit besteht. Eine solche Verbundenheit kann sich insbesondere aus einer Ehe oder Lebenspartnerschaft, einer eheähnlichen Lebensgemeinschaft oder einer Eltern-Kind-Beziehung ergeben, nur bei starker persönlicher oder wirtschaftlicher Abhängigkeit auch zwischen Geschwistern.

423 ▶ Kann sich eine Beeinträchtigung der Entscheidungsfreiheit auch aus anderen Umständen ergeben?

Ja. Auch andere unlautere Einwirkungen auf die Entscheidungsfreiheit des Bürgen können die Sittenwidrigkeit auslösen, wenn sie dem Kreditinstitut zurechenbar sind. Dies ist insbesondere bei Verharmlosung der Risiken (die Bürgschaft sei „bloße Formsache"), Überrumpelung, Ausnutzung einer Zwangslage oder geschäftlicher Unerfahrenheit (z. B. bei 18-jährigem Sohn) oder Ausübung unzulässigen Drucks durch den Gläubiger der Fall. Steht schon bei Vertragsschluss fest, dass der Bürge kaum je in nennenswertem Umfang leistungsfähig sein wird, so führt bereits die daraus folgende wirtschaftliche Sinnlosigkeit der Bürgschaft (oder des Kreditvertrags) regelmäßig zur Sittenwidrigkeit (str.).

424 ▶ Gelten die für die Nahbereichsbürgschaft entwickelten Grundsätze auch dann, wenn im Beispiel von Frage 418 F aus steuerrechtlichen Gründen zu 25 % Mitgesellschafterin der GmbH des M ist?

Die Vermutung, dass die Bürgschaft aus emotionaler Verbundenheit übernommen wurde, kann dann widerlegt sein, wenn der Bürge ein wirtschaftliches Eigeninteresse an dem Darlehen hat. Abgesehen von Bagatellbeteiligungen ist dies bei einer Gesellschafterstellung anzunehmen, zumal die Bank grundsätzlich ein berechtigtes Interesse an einer persönlichen Haftung der maßgeblich beteiligten Gesellschafter hat. Anders ist dies, wenn der Bürge die Stellung eines Gesellschafters ohne eigenes wirtschaftliches Interesse und nur aus Verbundenheit mit einer die GmbH wirtschaftlich beherrschenden Person übernommen hat. Dann besteht kein wertungsmäßiger Unterschied zum typischen Fall einer Nahbereichsbürgschaft. Daher muss auch in diesem Fall die Vermutung greifen, dass der Bürge (auch) die Bürgschaft allein aus emotionaler Verbundenheit zu seinem Ehegatten übernommen hat. Das Interesse der Bank an der Übernahme einer solchen Bürgschaft ist nicht schutzwürdig. Bei der hier erfolgten Übernahme einer Gesellschafterstellung aus steuerlichen Gründen liegt jedoch ein wirtschaftliches Eigeninteresse vor. Es besteht daher keine Vermutung dafür, dass F die Bürgschaft allein aus emotionaler Verbundenheit zu ihrem Ehemann übernommen hat.

425   **Beispiel**

F bürgt für ein von ihrem Mann M aufgenommenes Darlehen, das der Finanzierung des gemeinsam genutzten Hausgrundstücks des M dient. Greift auch hier die Vermutung?

Auch hier kommt ein die Vermutung widerlegendes eigenes wirtschaftliches Interesse der F an dem Geschäft in Betracht. Fraglich und zwischen dem IX. und dem XI. Senat des BGH zunächst streitig war, ob es hierfür erforderlich ist, dass der Bürge aus der Kreditgewährung unmittelbare geldwerte Vorteile zieht oder ob mittelbare Vorteile ausreichen sollen. Seit 2000 gehen beide Senate davon aus, dass mittelbare Vorteile nicht ausreichen. Das bloße Bewohnen des finanzierten Hausgrundstücks genügt daher nicht, um die Vermutung zu widerlegen. Ist dagegen auch die F (Mit-) Eigentümerin des Grundstücks, so hat sie unmittelbare Vorteile. In diesem Fall ist daher zu nicht vermuten, dass die Bürgschaft aus emotionaler Verbundenheit übernommen wurde.

▶ Schließt eigene geschäftliche Erfahrung die Vermutung emotionaler Verbunden-   **426**
heit als Grund für die Haftungsübernahme aus?

Nein. Auch geschäftlich erfahrene Menschen können in Drucksituationen aus emotionaler Verbundenheit Verbindlichkeiten eingehen, die sie finanziell erheblich belasten.

Beispiel   **427**

A ist mit zwanzig weiteren Arbeitnehmern bei der B-GmbH beschäftigt. Als sein Betrieb in wirtschaftliche Schwierigkeiten gerät, übernimmt er aus Sorge um seinen Arbeitsplatz eine Bürgschaft für einen Betriebskredit. Ist sie wirksam?

Zwar besteht kein persönliches Näheverhältnis zwischen A und der GmbH und keine emotionale Verbundenheit iSd. Rspr. zur Nahbereichsbürgschaft. Gleichwohl resultiert aus dem Arbeitsverhältnis eine strukturelle Unterlegenheit. Die Angst um den Arbeitsplatzverlust wirkt sich ähnlich einer emotionalen Verbundenheit auf die Gefühlslage des Arbeitnehmers aus und führt dazu, dass nicht rationale Gründe seine Willensbildung beeinflussen. Dadurch wird die Entscheidungsfreiheit des Bürgen in rechtlich anstößiger Weise beeinträchtigt. Der BGH hält den Bürgschaftsvertrag daher für sittenwidrig und damit nichtig.

▶ Kann die Nichtigkeit auf einen Teil der übernommenen Verpflichtung begrenzt   **428**
werden, wenn der Bürge nur teilweise ein eigenes Interesse an der Kreditaufnahme
hat?

Nach Ansicht des BGH ist es möglich, die Bürgschaft gem. § 139 BGB teilweise aufrechtzuerhalten. Dies setzt voraus, dass die Vertragschließenden bei Kenntnis des Nichtigkeitsgrundes an Stelle der unwirksamen Regelung eine andere auf das zulässige Maß beschränkte Vereinbarung getroffen hätten und sich der Vertragsinhalt in eindeutig abgrenzbarer Weise in den nichtigen Teil und den von der Nichtigkeit nicht berührten Rest aufteilen lässt (ergänzende Vertragsauslegung).

▶ Kann in bestimmten Fällen ein besonderes Interesse des Kreditgebers die Inan-   **429**
spruchnahme des Bürgen trotz der finanziellen Überforderung und der emotionalen Verbundenheit rechtfertigen?

Ja. Gewisse schutzwürdige Interessen des Kreditgebers können den Sittenwidrigkeitsvorwurf entfallen lassen. Eine solche Kompensation kommt in Betracht, wenn die Gefahr einer Vermögensverlagerung vom Hauptschuldner auf den Bürgen besteht oder ein Vermögenszuwachs beim Bürgen zu erwarten ist (z. B. durch Erbschaft). Erforderlich ist in diesen Fällen, dass die Inanspruchnahme aus der Bürgschaft im Vertrag selbst (in den AGB) auf den Eintritt dieser Umstände begrenzt wird. Stellt sich nachträglich heraus, dass der jeweilige Umstand nicht eintreten wird, ist § 313 BGB (Vertragsanpassung oder Rücktritt) zu prüfen.

430   ▶ Gibt es bei der Nahbereichsbürgschaft in subjektiver Hinsicht Besonderheiten?

Nein. Auch bei der Nahbereichsbürgschaft verlangt der BGH, dass der Gläubiger die objektiven, die Sittenwidrigkeit begründenden Umstände kennt und ausnutzt, wobei es genügt, dass der Gläubiger sich den sich aufdrängenden Umständen bewusst verschließt. Auch wenn der Kreditgeber sich nachlässigerweise nicht über die Vermögensverhältnisse des Bürgen informiert, soll ein subjektiver Sittenverstoß anzunehmen sein.

431   ▶ Was gilt, wenn der Kreditgeber statt einer Bürgschaft eine Mitunterzeichnung des Darlehensvertrags oder einen Schuldbeitritt verlangt?

Hier ist durch Auslegung des Vertrags gem. §§ 133, 157 BGB zu ermitteln, ob der Angehörige als Mitdarlehensnehmer oder als bloß Mithaftender zu qualifizieren ist, auf den die Rspr. zur Bürgenhaftung zur Vermeidung von Umgehungen übertragbar ist. Dabei ist nicht der (evtl. ausdrückliche) Wortlaut ausschlaggebend, der aufgrund der Verhandlungsstärke des Kreditgebers einseitig durchgesetzt worden sein kann, sondern insbesondere das für den Kreditgeber erkennbare sachliche oder persönliche Interesse des Mithaftenden. Mitdarlehensnehmer ist nur, wer ein eigenes Interesse an der Kreditgewährung hat (vgl. insoweit zur Bürgschaft Fragen 424 ff.) und über die Auszahlung und Verwendung der Darlehensvaluta mitbestimmen darf. Lediglich Mithaftender ist, wer dem Kreditgeber nicht als gleichberechtigter Darlehensnehmer gegenübersteht. Auch bei formaler Mitdarlehensnahme oder Schuldbeitritt kann der Angehörige daher über § 138 I BGB geschützt sein. Nicht übertragbar ist die Rspr. zur Bürgenhaftung dagegen auf die Sicherungsgrundschuld, weil der Sicherungsgeber hier allein mit dem belasteten Grundstück haftet.

432   ▶ Gilt die Rspr. zur Sittenwidrigkeit von Bankdarlehen auch für andere Darlehensgeber?

Diese Rspr. gilt für alle natürlichen und juristischen Personen, die gewerblich Kredit vergeben und Geldgeschäfte betreiben und bei denen eine „strukturelle" Unterlegenheit des Kunden besteht. Erfasst wird mithin also z. B. auch der Fall, dass jemand Grundstücke verkauft und dem Käufer zur Kaufpreisfinanzierung Darlehen gewährt.

3. Knebelungsverträge

▶ In welchen Bereichen kommen Knebelungen vor?   **433**

Schwerpunkt sind Beschränkungen der wirtschaftlichen Entscheidungsfreiheit, die qualitativer oder quantitativer Natur sein können. Qualitative Knebelungen liegen z. B. vor, wenn ein Verlag einen Autor ohne Gegenleistung dazu verpflichtet, ihm alle künftigen Werke anzubieten, wenn ein Darlehensnehmer in seiner wirtschaftlichen Betätigung umfassend an die Mitwirkung des Darlehensgebers gebunden oder der Ausstieg aus einer Gesellschaft durch den Ausschluss einer Abfindung finanziell unmöglich gemacht wird. Quantitative Knebelungen sind z. B. wucherähnliche Geschäfte, langfristige Bezugsverträge, maßlose Vertragsstrafen (§ 138 geht insofern § 343 BGB vor) und Konkurrenzverbote. Freiheitsbeschränkungen können aber auch Persönlichkeitsrechte betreffen, z. B. die Verpflichtung zu einer bestimmten Konfession und zur Einnahme empfängnisverhütender Mittel, und wegen Verstoßes gegen die Wertentscheidungen des Grundgesetzes sittenwidrig sein (vgl. Fragen 384 f.).

▶ Ab welcher Laufzeit sind langfristige Bezugsverträge, z. B. Bierbezugsverträge, die   **434**
an ein Darlehen geknüpft werden, wegen ihrer knebelnden Wirkung sittenwidrig?

Solche Bindungen werden in der Regel nur bis zu 15, höchstens bis zu 20 Jahren für zulässig erachtet, es sei denn die längere Dauer entspricht den umfangreicheren Gegenleistungen. Bei längerer Vertragsbindung ist die wirtschaftliche Bewegungsfreiheit des Partners meist zu sehr beschränkt, da er dem anderen Teil praktisch ausgeliefert ist. Allerdings ist unter Anwendung des § 139 BGB eine Rückführung auf das zulässige Maß möglich, wenn die überlange Dauer der einzige Nichtigkeitsgrund ist. Eine zur Sicherung des Bezugsvertrags bestellte Dienstbarkeit ist wegen des Abstraktionsprinzips von der Sittenwidrigkeit nicht umfasst; es besteht nur ein schuldrechtlicher Löschungsanspruch.

Beispiel   **435**

S, der über kein nennenswertes Vermögen verfügt, erwirbt mittels 100%iger Finanzierung seitens der B-Bank ein Grundstück, auf dem er eine Tennisanlage errichtet und verpachtet. Der B-Bank tritt er – zusätzlich zur bestellten Grundschuld – alle zukünftigen Pachtforderungen zur Sicherheit ab. Ist der Vertrag wegen knebelnder Wirkung sittenwidrig?

Sittenwidrigkeit ist anzunehmen, wenn dem S durch die Stellung der Sicherheiten faktisch jede freie Dispositionsmöglichkeit über sein Vermögen genommen ist. Ein gewichtiges Indiz dafür stellt es dar, wenn nahezu das gesamte Vermögen übertragen wird oder wenn der Gläubiger über den Fortbestand des Unternehmens entscheiden kann. Hier hat S zwar mit der Abtretung der Pachtforderungen seine einzigen Einnahmen übertragen, diese wurden ihm aber erst durch den Kredit er-

möglicht. Ihm wird also nur die Dispositionsfreiheit genommen, die er durch das
zu sichernde Finanzierungsgeschäft erlangt hat. Eine Knebelung liegt folglich nicht
vor. Auch am sachenrechtlichen Bestimmtheitsgrundsatz scheitert die Abtretung
erst in der Zukunft entstehender Forderungen übrigens nicht, soweit die einzelnen
Forderungen genau bezeichnet sind, wobei Forderungsschuldner und -höhe nicht
bekannt sein müssen.

436 ▶ Wann liegt eine zur Sittenwidrigkeit führende Übersicherung vor?

Eine Übersicherung ist anzunehmen, wenn bei einer Sicherungsübereignung oder
-zession der Wert des Sicherungsgutes in einem unangemessenen Verhältnis zur
gesicherten Forderung steht. Da dem Sicherungsnehmer nicht das Risiko der Nicht-
realisierbarkeit auferlegt werden darf, sind etwaige Verwertungs- und Rechtsver-
folgungskosten zu berücksichtigen. Allerdings ist zwischen anfänglicher und nach-
träglicher Übersicherung zu unterscheiden.

437 ▶ Wann besteht eine anfängliche Übersicherung?

Sie liegt vor, wenn bereits bei Vertragsschluss gewiss ist, dass im Verwertungs-
fall ein auffälliges Missverhältnis zwischen dem realisierbaren Wert der Sicherheit und der gesicherten Forderung bestehen wird. Dabei ist auf die Besonderheiten
des Einzelfalls abzustellen. Regelmäßig wird Sittenwidrigkeit angenommen, wenn
der Wert der Sicherheiten denjenigen der zu sichernden Forderungen um mehr als
200 % übersteigt (Beispiel: der Forderung von 10.000 € stehen Sicherheiten im realisierbaren Wert von 30.000 € gegenüber). Der BGH fordert überdies eine verwerfliche Gesinnung des Sicherungsnehmers, von der ausgegangen werden kann,
wenn der Sicherungsnehmer aus eigensüchtigen Gründen eine Rücksichtslosigkeit
gegenüber den berechtigten Belangen des Sicherungsgebers (und auch den Interessen anderer Sicherungsgläubiger, vgl. Fragen 449 ff.) an den Tag legt, die nach
sittlichen Maßstäben unerträglich ist. Unterhalb dieser Grenze ist ggf. eine Anfechtung des Rechtsgeschäfts nach §§ 1 ff. Anfechtungsgesetz (AnfG) oder §§ 129 ff.
InsO möglich.

438 ▶ Und eine nachträgliche Übersicherung?

Sie ist anzunehmen, wenn zunächst kein solches Missverhältnis vorliegt, aber noch
nicht absehbar ist, welchen Wert das Sicherungsmittel zukünftig haben wird. Insb.
sog. revolvierende Sicherheiten wie die Abtretung sämtlicher gegenwärtiger und
zukünftiger Forderungen aus Warenlieferungen und Leistungen (Globalzession)
oder die Sicherungsübereignung von Warenlagern, verbunden mit einem Rahmenkredit, den der Schuldner nach seinen wirtschaftlichen Erfordernissen ausschöpfen
kann, bergen die Gefahr einer nachträglichen Übersicherung. In diesen Fällen wird
ein unangemessenes Verhältnis dann angenommen, wenn der Schätzwert des Si-
cherungsmittels – d. h. der im Insolvenzfall realisierbare Wert – über 110 % der
Forderung oder sein Nennwert über 150 % liegt.

▶ Sind dies feste Sätze?   **439**

Nein. Es handelt sich nur um von der Rspr. aufgestellte widerlegliche Vermutungen.
Auch hier sind die Besonderheiten des Einzelfalls und der Gesamtcharakter des
Rechtsgeschäfts zu beachten, also insbesondere, ob das Sicherungsgut gegenüber
Wertverlusten eher resistent ist (wie z. B. Gold oder Forderungen gegen den Staat)
oder ob der Schuldner der abgetretenen Forderung selbst nicht besonders solvent
ist.

▶ Führt auch die nachträgliche Übersicherung zur Nichtigkeit der Sicherungsüber-   **440**
eignung oder -zession?

Nein. Nichtig ist die Sicherungsübereignung oder -zession nur bei der anfänglichen
Übersicherung. Seit einer Grundsatzentscheidung des Großen Senats von 1997
sind nach BGH-Rspr. der Sicherungsvertrag und die Abtretung oder Übereignung
trotz der Gefahr einer nachträglichen Übersicherung wirksam, und zwar auch dann,
wenn keine vertraglichen Vorkehrungen dagegen getroffen wurden. Vielmehr ergibt
sich aus dem treuhänderischen Charakter der Sicherungsgeschäfte die Verpflichtung des Sicherungsnehmers zur Freigabe nicht mehr benötigter Sicherheiten, die
nicht im Ermessen des Sicherungsgebers steht. Hintergrund dieser Rspr. ist, dass die
Rechtsfolge des § 138 I BGB für beide Beteiligte unangemessen wäre. Nicht nur
der Sicherungsnehmer verlöre alle Sicherungsmittel, nach § 139 BGB wäre wegen
der Einheit von Kreditvertrag und Sicherungsabrede auch der Kreditvertrag nichtig.

▶ Muss dieser Freigabeanspruch vereinbart werden?   **441**

Nein. Der schuldrechtliche Freigabeanspruch gilt im Wege einer ergänzenden Vertragsauslegung iSv. § 157 BGB als stillschweigend vereinbart, so dass auch bei Fehlen einer ausdrücklichen Regelung im Sicherungsvertrag die Übersicherung nicht
zur Sittenwidrigkeit führt. Auch die Vereinbarung einer Deckungsgrenze und eine
Bewertung der Sicherungsgegenstände sind nicht erforderlich.

▶ Was gilt, wenn in der Sicherungsabrede etwas anderes bestimmt ist?   **442**

Formularmäßige Beschränkungen des Freigabeanspruchs, z. B. indem diese ins
Ermessen des Sicherungsnehmers gestellt oder ganz ausgeschlossen werden, sind
gem. § 307 I BGB nichtig. An ihre Stelle tritt der dem Sicherungsvertrag immanente
Freigabeanspruch. Die Globalzession insgesamt bleibt wirksam.

Beispiel   **443**

Die G-Bank lässt sich von Unternehmer S als Sicherheit für einen Rahmenkredit
formularmäßig dessen sämtliche gegenwärtigen und künftigen Forderungen aus
Warenlieferungen abtreten, ohne einen Freigabeanspruch zu vereinbaren. Zur
Zeit der Abtretung übersteigt der Nennwert der gegenwärtig bestehenden ab-

getretenen Forderungen denjenigen der gesicherten Forderung um 15 %. Bald darauf tritt S eine Kaufpreisforderung gegen D in Höhe von 50.000 € an die B-Bank ab. Als S seine Zahlungen einstellt, zieht die G-Bank diese Forderung von D ein. Kann die B-Bank von der G-Bank Zahlung von 50.000 € verlangen?

Kurzlösung: Ein Anspruch der B-Bank gegen die G-Bank kann sich aus § 816 II BGB ergeben. Dies setzt voraus, dass D an die G-Bank als Nichtberechtigte geleistet hat und die Zahlung der B-Bank (als Berechtigter) gegenüber wirksam ist.

I. Ursprünglich war S Inhaber der Forderung gegen D.

II. Er hat die Inhaberschaft jedoch verloren, wenn er die Forderung wirksam an die G-Bank gem. § 398 BGB abgetreten hat. Die antizipierte Abtretung ist aufgrund der Bestimmbarkeit der Forderung („alle") mit dem sachenrechtlichen Bestimmtheitsgrundsatz vereinbar. Da der Nennwert nur um 15 % überschritten wurde, besteht keine anfängliche Übersicherung (vgl. Frage 437). Eine evtl. nachträgliche Übersicherung ist auf Grund der stillschweigenden Freigabeverpflichtung nicht sittenwidrig (s. Fragen 440 f.). Die Abtretung der Forderung ist somit nicht gem. § 138 I BGB nichtig, so dass die G-Bank Inhaberin der Forderung geworden ist. Die zeitlich spätere, nochmalige Abtretung desselben Anspruchs an die B-Bank ist mangels Verfügungsmacht des S unwirksam (Prioritätsprinzip), ein gutgläubiger Erwerb von Forderungen mangels Rechtsscheinträger grundsätzlich nicht möglich (Ausnahmen: §§ 405, 2366 BGB). Die G-Bank hat die Leistung des D also als Berechtigte erhalten.

III. Ein Anspruch der B-Bank gegen die G-Bank aus § 816 II besteht nicht.

444 ▶ Ist die Sicherungsübereignung unpfändbarer Gegenstände iSv. § 811 ZPO sittenwidrig?

Man könnte darin einen unzulässigen Verzicht auf künftigen Pfändungsschutz sehen. Allerdings wäre auch eine vertragliche Pfandrechtsbestellung zulässig. Wer solche Gegenstände sicherungshalber übereignet, ist weniger schutzwürdig als der Schuldner, der einer Pfändung im Rahmen der Zwangsvollstreckung ausgesetzt ist. Forderungen iSd. §§ 850 ff. ZPO, also insbesondere Arbeitseinkommen und Unterhalt bis zur Pfändungsfreigrenze, können gem. § 400 BGB dagegen nicht abgetreten werden.

445 ▶ Können auch Wettbewerbsverbote sittenwidrig sein?

Wettbewerbsverbote, z. B. beim Ausscheiden aus einer Gesellschaft, bei der Beendigung von Dienstverträgen und bei Unternehmenskaufverträgen, sind grundsätzlich zulässig, weil sie die betreffende Person daran hindern sollen, Insider-Wissen und Verbindungen aus der früheren Tätigkeit illoyal zum Nachteil des anderen zu nutzen. Da sie eine Beeinträchtigung der Freiheit der beruflichen oder gewerblichen Tätigkeit darstellen, müssen sie aber verhältnismäßig sein. Sie sind daher auf das örtlich, zeitlich und gegenständlich notwendige Maß zu beschränken. Regelmäßig dürfen sie nicht länger als zwei Jahre laufen und sind auf den geografischen Raum zu begrenzen, in dem eine Kundenabwerbung möglich ist. Bei Machtmissbrauch oder Vorenthaltung einer Karenzentschädigung sind sie stets sittenwidrig. Sofern die übermäßige Dauer einziger Sittenwidrigkeitsgrund ist, ist sie im Wege geltungserhaltender Reduktion auf das zulässige Maß zu beschränken. § 138 I BGB ist gegenüber §§ 74, 74a HGB subsidiär.

IV. Sittenwidrigkeit infolge Benachteiligung Dritter

▶ Wann sind Verträge, die mittelbar einen Dritten belasten, sittenwidrig?   **446**

Grundsätzlich wirken Verträge nur relativ und binden allein die Vertragspartner, nicht dagegen Dritte, die sich gegenüber Konkurrenten Vorteile verschaffen wollen und dabei in die Beziehungen von Vertragspartnern eindringen. Daher kommt nur ausnahmsweise neben einem Anspruch aus § 826 BGB auch die Sittenwidrigkeit des Geschäfts nach § 138 BGB in Betracht, nämlich wenn durch Rechtsgeschäft erworbene Rechte oder künftige Rechtspositionen beeinträchtigt werden und das Verhalten besonders rücksichtslos und illoyal ist. Das ist insbesondere bei Verleitung zum Vertragsbruch und bei einem bewussten Zusammenwirken zum Nachteil eines Dritten der Fall. Die Grenze hierfür darf nicht zu niedrig angesetzt werden. Hauptanwendungsfall ist das Zusammentreffen von Globalzession und verlängertem Eigentumsvorbehalt.

▶ Was ist ein verlängerter Eigentumsvorbehalt?   **447**

Ein verlängerter Eigentumsvorbehalt besteht aus den folgenden vier Elementen:

- Die Parteien vereinbaren einen Eigentumsvorbehalt, d. h. die Übereignung unter der aufschiebenden Bedingung der Kaufpreiszahlung (§§ 929 S. 1, 158 I BGB).
- Der Eigentümer ermächtigt den Käufer, über die Ware im gewöhnlichen Geschäftsgang zu verfügen (§ 185 I BGB).
- Im Gegenzug tritt ihm der Käufer die Forderung auf das Entgelt aus dem Weiterverkauf der Ware im Voraus ab (§ 398 BGB).
- Der Verkäufer erteilt dem Käufer eine Einziehungsermächtigung (§§ 362 II, 185 I BGB), welche die befreiende Wirkung der Leistung des Schuldners des § 407 I BGB intern ausgestaltet.

▶ Sind Globalzession und verlängerter Eigentumsvorbehalt (s. Frage 654) miteinander vereinbar?   **448**

Nein. Schließlich kann die Forderung nur einmal abgetreten werden. Nach dem Prioritätsprinzip ist nur die erste Abtretung wirksam. Da die Globalzession im Vorhinein für alle künftigen Forderungen gilt, sind bei Wirksamkeit der Globalzession alle Abtretungen im Rahmen von nachfolgenden Einkäufen unter Eigentumsvorbehalt unwirksam.

449   ▶ Ist die Globalzession deshalb sittenwidrig?

Die Globalzession führt nicht nur zu einer erheblichen Benachteiligung des Warenkreditgebers gegenüber dem Geldkreditgeber. Der Käufer wird auch dazu gedrängt, seine Lieferanten, die nur unter verlängertem Eigentumsvorbehalt zu liefern pflegen, über die tatsächlichen Wirkungen der mit ihnen vereinbarten Eigentumsvorbehalte zu täuschen. Anderenfalls könnte der Käufer nicht mit der Belieferung rechnen. Insofern stiftet der Zessionar den Zedenten zur Verletzung von Verträgen mit Dritten (sog. Vertragsbruchtheorie) und ggf. sogar zu einer Unterschlagung an, weil der Käufer über die Waren nur verfügen darf, wenn die Erlösforderung dem Verkäufer und nicht der Bank zufällt. Wenn es sich nicht ausnahmsweise um eine Branche handelt, in der ein verlängerter Eigentumsvorbehalt unüblich ist, ist die unbeschränkte Globalzession daher nach h. M. sittenwidrig und nach § 138 I BGB unwirksam. Der verlängerte Eigentumsvorbehalt setzt sich daher durch (str.; e. A.: dingliche Surrogation des Eigentums durch die Forderung, aber: sie ist außerhalb der gesetzlich vorgesehenen Fälle unzulässig; a. A.: Aufteilung der Sicherungsmittel, aber: dies ist kaum praktikabel).

450   ▶ Kann die Sittenwidrigkeit durch die Vereinbarung einer obligatorischen Teilverzichtsklausel zugunsten der Warenlieferanten abgewendet werden?

Der BGH lehnt dies ab. Die Selbstverpflichtung des Kreditgebers, den Lieferanten die Forderung abzutreten oder schon eingezogene Beträge an sie auszuzahlen, würde dem Lieferanten die Durchsetzung seiner Rechte unangemessen erschweren, weil er sich auch noch mit einem Dritten ggf. gerichtlich auseinandersetzen müsse. Zudem werde ihm das (allerdings regelmäßig geringere) Insolvenzrisiko des Kreditgebers aufgeladen. Selbst wenn die Bank den Zedenten verpflichtet, den ihm gewährten Kredit vorzugsweise zur Befriedigung derjenigen Gläubiger zu verwenden, die unter verlängertem Eigentumsvorbehalt liefern, nimmt der BGH Sittenwidrigkeit der Globalzession an, weil dies in der Krise, d. h. bei Eintritt des Sicherungsfalls, nicht einzuhalten sei. Nur eine dingliche Teilverzichtsklausel, nach der die Abtretung der betreffenden Forderungen erst dann wirksam wird, wenn der verlängerte Eigentumsvorbehalt erlischt, könne Abhilfe schaffen.

451   ▶ Ist auch eine Globalzession in Gestalt des sog. echten Factoring sittenwidrig?

Beim echten Factoring erwirbt der Factor – typischerweise in einem Rahmenvertrag – Forderungen unter Abzug einer Factoringgebühr (ca. 10%) und lässt sie sich im Voraus abtreten. Er nimmt dem Kunden damit nicht nur den Verwaltungsaufwand (Buchhaltung, Mahnungen), sondern auch das Risiko der Zahlungsunfähigkeit der Drittschuldner (sog. Delkredererisiko) ab. Der Kunde erhält den Kaufpreis sofort. Der Vorbehaltsverkäufer steht damit genauso oder sogar besser (weil der Vorbehaltskäufer liquide bleibt), als wenn der Vorbehaltskäufer die abgetretene Forderung bei seinem Kunden eingezogen hätte und diese damit im Wege der Erfüllung endgültig erloschen wäre. Der Umstand, dass der Factor eine Gebühr vom Kaufpreis abzieht, ändert daran nichts, da die Ansprüche der Lieferanten auf Grund der Differenz zwischen Einkaufs- und Verkaufspreis regelmäßig abgedeckt sind. Daher kann im Falle eines echten Factorings von einer Verleitung zum Vertragsbruch nicht die Rede sein. Folglich ist die (echte) Factoring-Globalzession gegenüber einem späteren verlängerten Eigentumsvorbehalt wirksam.

▶ Und was gilt beim unechten Factoring, also wenn der Factor die Forderungen nur **452** auf Rechnung des Zedenten einzieht und die Abtretung nur vorschussweise vergütet, der Zessionar aber das Ausfallrisiko trägt und im Fall der Uneinbringlichkeit den Kaufpreis zurückbezahlen muss?

Hier handelt es sich um einen Darlehensvertrag, bei dem die Abtretung der Forderungen nur erfüllungshalber erfolgt (vgl. § 364 II BGB). Nach Ansicht des BGH ist die Globalzession hier nichtig, weil in der Insolvenz des Vorbehaltskäufers die ungesicherte Forderung des Vorbehaltsverkäufers mit dem Rückzahlungsanspruch des Factors konkurriere. Andere meinen dagegen, dass das Vermögen durch den Kaufpreis gemehrt sei und im Fall der Uneinbringlichkeit, in der allein der Kaufpreis zurückgefordert werde, der Vorbehaltsverkäufer sowieso nichts von der Forderung gehabt hätte.

Beispiel

Die Pharmaunternehmen A und B arbeiten beide an der Entwicklung eines neu- **453** en blutstillenden Medikaments. B hat zu diesem Zweck gerade einen auf zwei Jahre befristeten Arbeitsvertrag mit dem anerkannten Experten E geschlossen. Um dem Konkurrenten zu schaden, wirbt A den E ab: A schließt mit E einen Arbeitsvertrag ab, in dem sich E zur Kündigung des Vertrags mit B verpflichtet. E bekommt dafür das Doppelte von dem Gehalt versprochen, das er bei B erhält. Ist der Vertrag zwischen A und E sittenwidrig?

A könnte durch den Vertrag mit E diesen zum Vertragsbruch verleitet und damit gegen die guten Sitten verstoßen haben. E war befristet bei B angestellt und durfte daher nur aus wichtigem Grund kündigen (vgl. § 15 III TzBfG, § 626 BGB); ein solcher lag hier aber nicht vor. Die Verpflichtung, sich den gegenüber Dritten eingegangenen Vertragspflichten zu entziehen, enthält grundsätzlich etwas Sittenwidriges. Für einen Sittenverstoß auch auf Seiten des A bedarf es aber eines besonderen Maßes an Rücksichtslosigkeit. Die Rspr. verlangt bei der Abwerbung von Arbeitnehmern daher zusätzliche Gesichtspunkte. So sei z. B. das Abwerben aus Personalnot nicht sittenwidrig. Die Abwerbung als Maßnahme im Konkurrenzkampf ist dagegen ein allein am Profit orientiertes, egoistisches und rücksichtsloses Vorgehen und erfüllt daher grundsätzlich die Kriterien der Sittenwidrigkeit. Allerdings ist die Abwerbung selbst kein Rechtsgeschäft, sondern kann als Handlung nur nach § 826 BGB oder dem UWG geprüft werden. Der durch Abwerbung zustande gebrachte

Arbeitsvertrag unterliegt gesonderter Prüfung, wobei die Sittenwidrigkeit der Abwerbung nicht ausreicht, um die Sittenwidrigkeit des Arbeitsvertrages darzutun. Der Arbeitsvertrag ist daher wirksam.

V. Sittenwidriges Verhalten gegenüber der Allgemeinheit

454   ▸ Welche wichtigen Gemeinschaftsgüter schützt § 138 I BGB?

§ 138 I BGB sanktioniert z. B. Verstöße gegen die Ehe- und Familienordnung, wie das entgeltliche Eingehen einer Scheinehe oder prohibitive Abfindungen für den Fall einer Scheidung, und gegen die herrschende Sexualmoral. Auch Vermögensübertragungen, die darauf abzielen, dass jemand trotz eigener Unterhaltsmöglichkeiten zu Ansprüchen auf Sozialhilfe gelangt, sowie ehevertragliche Modifikationen der vermögensrechtlichen Scheidungsfolgen (z. B. Unterhaltsverzicht), die zu einer evident einseitigen und unzumutbaren Lastenverteilung führen, sind sittenwidrig. Soweit sich die Nichtigkeit nicht bereits aus § 134 BGB ergibt, fallen zudem Rechtsgeschäfte, die der Vorbereitung einer Straftat oder ihrer vollen Verwirklichung dienen oder die Straftaten ausnutzen, bei Kenntnis oder fahrlässiger Unkenntnis der Beteiligten unter § 138 I BGB. Vielfach werden auch Steuerhinterziehung und Verstöße gegen Berufs- und Standesrecht unter dem Gesichtspunkt der Sittenwidrigkeit diskutiert, wobei hier der Vorrang von § 134 BGB zu beachten ist. Dabei muss der Berufstand rechtlich wichtige Gemeinschaftsaufgaben erfüllen und ein Verstoß gegen wichtige Standesregeln vorliegen, damit zugleich ein Sittenverstoß angenommen werden kann. Der Verstoß gegen ein Werbeverbot führt daher nicht zur Nichtigkeit des Rechtsgeschäfts, die entgeltliche Vermittlung von Patienten und Mandanten dagegen schon.

Auch die Kommerzialisierung und finanzielle Beeinflussung bestimmter Verhaltensweisen kann sittenwidrig sein, so die Manipulation von Sportresultaten (soweit kein Betrug nach § 263 StGB iVm. § 134 BGB), Schmiergelder (soweit nicht die §§ 299, 331 ff. StGB eingreifen), der entgeltliche Erwerb von Titeln und das Versprechen finanzieller Vorteile für die Ausübung oder Nichtausübung eines Zeugnisverweigerungsrechts, die Rücknahme einer Strafanzeige, für die Nichtausübung von Widerspruchsrechten von Nachbarn oder die Weitergabe von Betriebsinterna. Zur Kommerzialisierung des Intimbereichs s. Fragen 455 ff.

455   ▸ Ist Prostitution sittenwidrig?

Hier ist mit dem Inkrafttreten des Prostitutionsgesetzes 2002 ein Wandel eingetreten. Während früher Verträge über geschlechtliches Verhalten als sittenwidrig und damit gem. § 138 I BGB als nichtig angesehen wurden, erkennt § 1 S. 1 ProstG erstmals einen Entgeltanspruch von Prostituierten an, der – nachträglich – entsteht, wenn die sexuellen Handlungen vorgenommen worden sind. Entsprechend ist auch das Verfügungsgeschäft über dieses Entgelt wirksam.

Allerdings ist davon das Verpflichtungsgeschäft zu unterscheiden. Da die Bereitschaft zu geschlechtlichem Verhalten um der Menschenwürde willen jederzeit widerruflich sein muss, kann ein Erfüllungsanspruch hinsichtlich der Leistung der Prostituierten nicht bestehen. Daran hat auch das Prostitutionsgesetz nichts geändert. Streitig ist, ob dies aus § 138 I BGB folgt oder aus dem ProstG selbst. Manche halten das Verpflichtungsgeschäft weiterhin für sittenwidrig. Das ProstG ordne nur eine von § 138 I BGB abweichende Rechtsfolge an, indem der Vertrag ex nunc nach der Durchführung der Handlung wirksam werde. Dagegen spricht jedoch die abschließende Regelung des ProstG, aus der sich auch ergibt, dass vor der Durchführung des Vertrags kein Erfüllungsanspruch besteht. Nur wenn im Einzelfall weitere Umstände wie die Ausbeutung einer Willensschwäche hinzutreten, kann die Vereinbarung sittenwidrig und damit auch hinsichtlich der Entgeltabrede nichtig sein.

Auch Verträge über den Kauf oder die Belieferung von Bordellen und Mietverträge mit Prostituierten sind, solange nicht der Straftatbestand der Ausbeutung von Prostituierten gem. § 180a StGB verwirklicht wird (dann § 134 BGB) oder wucherische Preise vereinbart werden, nicht sittenwidrig. Ob Verträge über Zeitungsanzeigen weiterhin nach § 120 I Nr. 2 OWiG iVm. § 134 BGB nichtig sind, ist streitig.

▶ Wie sind Striptease und Telefonsex unter dem Blickwinkel des § 138 I BGB zu be-   **456**
urteilen?

Entscheidend ist hier nicht so sehr, was nach moralischen Standards noch als tolerabel erscheint, sondern insbesondere, ob die Kommerzialisierung von Intimverhalten ein Unwerturteil gebietet. Auch hier sind aber die Wertungen des ProstG zu beachten, das jeglichen Vertrag über „sexuelle Handlungen" erfasst, wenngleich es auf den Schutz von Prostituierten und nicht von deren Arbeitgebern oder Dritten abzielt.

Im Fall einer Stripteasetänzerin hat das BAG offen gelassen, ob der Arbeitsvertrag sittenwidrig ist, da sich der Entgeltanspruch auch nach den Grundsätzen über das fehlerhafte Arbeitsverhältnis ergab; der Sittenverstoß wird aber überwiegend abgelehnt, angesichts des ProstG teilweise auch bei Peep-Shows.

Die Sittenwidrigkeit von Verträgen über Telefonsex ist nach heute h. M. abzulehnen. Wenn schon Prostitution nicht sittenwidrig ist, so muss dies demnach erst recht für Telefonsex gelten.

▶ Wann ist ein sog. Geliebtentestament sittenwidrig?   **457**

Aufgrund der Testierfreiheit und des Pflichtteilrechts ist die Erbeinsetzung der Geliebten heutzutage in der Regel kein Sittenverstoß mehr. Die bisherige Rspr., nach der die Zuwendung sittenwidrig ist, wenn sie allein die Belohnung für die geschlechtliche Hingabe darstellt, ist angesichts des ProstG nicht mehr aufrecht zu halten.

VI. Rechtsfolgen der Sittenwidrigkeit

458   ▶ Zieht die Nichtigkeit eines Verpflichtungsgeschäftes nach § 138 BGB auch diejenige
des Verfügungsgeschäfts nach sich?

Grundsätzlich nicht, denn das Verfügungsgeschäft ist in der Regel abstrakt vom
Verpflichtungsgeschäft und für sich genommen wertneutral. Ausnahmsweise ist
auch das Erfüllungsgeschäft nichtig, wenn gerade der Erfolg, d. h. die Veränderung
der Güterzuordnung missbilligt wird, der Sittenverstoß also im Vollzug der Leistung liegt und somit Fehleridentität besteht (Beispiel: gläubigergefährdende Sicherungsübereignung). Beim Wucher nach § 138 II BGB dagegen ist ausdrücklich auch
das Verfügungsgeschäft des Bewucherten nichtig („gewähren lässt"). Hier kommen
daher neben § 812 I 1 Fall 1 BGB auch Ansprüche aus § 985 BGB in Betracht. Das
Verfügungsgeschäft des Wucherers ist dagegen grundsätzlich wirksam.

459   ▶ Ist bei Sittenverstößen eine geltungserhaltende Reduktion möglich, z. B. die Ver-
ringerung des Kaufpreises oder des Zinses auf die marktübliche Höhe?

Das ist problematisch. Dagegen spricht, dass § 138 BGB – im Gegensatz zu § 134
BGB – gerade keine andere Sanktion als Nichtigkeit vorsieht. Außerdem droht so
ein Übermaß an richterlichen Vertragskorrekturen, und eine geltungserhaltende Reduktion hätte zur Folge, dass den sittenwidrig Handelnden kein Risiko für den Fall
trifft, dass der Vertragspartner im Nachhinein die Erfüllung verweigert, weil ihm
z. B. immer noch der zulässige Preis verbleibt. Dennoch gibt es in der Rspr. die Ten-
denz, einzelne abtrennbare sittenwidrige Abreden aus einem Vertragswerk heraus-
zulösen, insbesondere wenn die Hauptleistung quantitativ aufteilbar ist. In diesen
Fällen stelle sich das Rechtsgeschäft nach der Reduktion nicht mehr als sittenwidrig
dar. Eine derartige Reduktion ist aber nur ausnahmsweise zuzulassen. Sie kommt
v. a. dann in Betracht, wenn der nicht sittenwidrig handelnde Vertragsteil ein starkes
Interesse an der Aufrechterhaltung des Vertrags hat, etwa beim Lohnwucher. Dort
hat der Arbeitnehmer nach den Grundsätzen über das fehlerhafte Arbeitsverhältnis
gem. § 612 II BGB einen Anspruch auf die übliche Vergütung. Entsprechendes gilt
für den Mietwucher. Dort wird der Vertrag mit der angemessenen Miete aufrechterhalten (vgl. auch die Fragen 359 und 360).

460   ▶ Kann die Berufung auf § 138 BGB ausnahmsweise ausgeschlossen sein? Kann der
sittenwidrig Benachteiligte durch sein Einverständnis die Sittenwidrigkeit beseitigen?

§ 138 BGB ist eine rechtshindernde Einwendung und daher von Amts wegen zu
berücksichtigen. Ob die Berufung des einseitig sittenwidrig Handelnden auf die
Nichtigkeit im Einzelfall rechtsmissbräuchlich und daher nach § 242 BGB unzulässig ist, ist streitig. Dagegen spricht wie bei Frage 459, dass § 138 BGB keine
andere Sanktion als Nichtigkeit vorsieht und andernfalls einem für die Rechtsordnung unerträglichen Rechtsgeschäft über den Umweg des § 242 BGB doch Geltung
verschafft würde. Daher ist auch kein Einverständnis des durch das sittenwidrige

Geschäft Benachteiligten zur Abwendung der Sittenwidrigkeit möglich. Einen Sonderfall stellt insofern das kollusive Zusammenwirken von Vertreter und Drittem dar. Dort kann der Benachteiligte den Vertrag analog § 177 BGB genehmigen (str.).

▶ Ein Vertrag ist wegen sittenwidriger Benachteiligung einer Seite nichtig. Kann auch **461** der sittenwidrig handelnde A vom übervorteilten Vertragspartner B seine Leistung zurückverlangen?

In Betracht kommt ein Anspruch aus § 812 I 1 Fall 1 BGB. Aufgrund der Nichtigkeit gem. § 138 BGB hat A ohne Rechtsgrund geleistet. Der Anspruch ist jedoch ausgeschlossen, wenn wegen des Sittenverstoßes § 817 S. 2 BGB eingreift. Diese Regelung gilt nicht nur im Fall des S. 1, sondern ist auf alle Leistungskonditionen anwendbar. Anderenfalls entstünden Wertungswidersprüche, da dann, wenn der Anspruch aus § 817 S. 1 BGB ausgeschlossen wäre, der Anspruch aus § 812 BGB trotzdem bestünde. § 817 S. 2 BGB gilt zudem entgegen dem Wortlaut erst recht auch dann, wenn nur dem Leistenden ein Sittenverstoß zur Last fällt. Grundsätzlich kann A daher nicht Rückgabe des Geleisteten verlangen.

▶ Gilt dies auch, wenn A z. B. im Rahmen eines Werkvertrages in Vorleistung getreten **462** ist?

Dagegen könnte sprechen, dass B die erhaltenen Leistungen dann überhaupt nicht vergüten müsste, also von der Nichtigkeit des Vertrags profitiert. Soweit die Vermögensverschiebung unbillig ist, wird deshalb eine Korrektur über § 242 BGB diskutiert. Dies darf jedoch nicht zu einer Aushebelung des Verbots geltungserhaltender Reduktion führen. Die Korrektur ist daher nur ausnahmsweise und nur dann zulässig, wenn auch A schutzwürdig ist (vgl. Frage 366).

▶ Muss der Darlehensnehmer im Rahmen eines Ratenkreditvertrages mit einem sit-   **463** tenwidrigen Zinssatz das Darlehen zurückgewähren?

a) Ein Anspruch des Darlehensgebers aus § 488 I 2 BGB besteht wegen der Nichtigkeit des Darlehensvertrags gem. § 138 I BGB nicht.
b) In Betracht kommt aber ein Anspruch aus § 812 I 1 Fall 1 BGB. Die Auszahlung der Darlehensvaluta erfolgte ohne Rechtsgrund. Auch hier ist jedoch ein Ausschluss nach § 817 S. 2 BGB zu erwägen. Leistung ist hier aber nur der Vermögensvorteil, der endgültig in das Vermögen des Leistungsempfängers übergehen soll. Das Darlehen sollte nur vorübergehend beim Darlehensnehmer verbleiben. Endgültig sollte nur die zeitweise Nutzungsmöglichkeit des Kapitals in sein Vermögen übergehen. Der Rückzahlungsanspruch hinsichtlich des Darlehens ist daher nicht nach § 817 S. 2 BGB ausgeschlossen. Fällig ist der Bereicherungsanspruch aber erst zu dem Zeitpunkt, zu dem das Darlehen nach der vertraglichen Vereinbarung zurückzuzahlen gewesen wäre, da die zeitweise Nutzungsmöglichkeit beim Darlehensnehmer verbleibt.

464 ▸ Muss er für die Zeit, während der er die Darlehenssumme behalten darf, Zinsen zahlen?

a) Der vertragliche Anspruch auf Zahlung der Zinsen ist wegen § 138 I BGB ausgeschlossen.

b) Jedoch könnte ein Anspruch auf Zahlung eines marktüblichen Zinses aus § 812 I 1 Fall 1, 818 II BGB bestehen. Erlangt wurde die Überlassung des Geldes während der Laufzeit des Darlehens. Dieser Gebrauchsvorteil kann aufgrund seiner Beschaffenheit nicht herausgegeben werden. Nach § 818 II BGB ist daher Wertersatz zu leisten, der dem marktüblichen Zins entspricht. Der Anspruch ist jedoch nach h. M. gem. § 817 S. 2 BGB ausgeschlossen, denn die Nutzungsmöglichkeit sollte dauerhaft beim Darlehensnehmer verbleiben. Andernfalls käme dies auch einer geltungserhaltenden Reduktion gleich und der Kreditgeber könnte risikolos wirtschaften. Ein Anspruch auf den marktüblichen Zins besteht also nicht.

VII. Verhältnis zu anderen Vorschriften

465 ▸ Wie bleiben dem sittenwidrig Übervorteilten die Vorteile aus dem Rechtsgeschäft wenigstens teilweise erhalten?

Über §§ 280 I, 311 II, 241 II BGB sowie über § 826 BGB hat er bei einem schuldhaften bzw. vorsätzlichen einseitigen Sittenverstoß einen Schadensersatzanspruch. So kann z. B. der Wegfall der Gewährleistungsansprüche aufgefangen werden. Ansprüche auf Primärleistungen dürfen so allerdings grundsätzlich nicht begründet werden, weil sonst die angeordnete Nichtigkeit umgangen würde. Zudem ist die Berufung des einseitig sittenwidrig Handelnden auf die Nichtigkeit unter Umständen nach Treu und Glauben ausgeschlossen.

466 ▸ Ist ein unter dem Einfluss einer arglistigen Täuschung oder rechtswidrigen Drohung zustande gekommenes Rechtsgeschäft nach § 138 I BGB nichtig?

Nein, es ist lediglich gem. §§ 123, 142 I BGB anfechtbar. § 123 BGB ist insoweit lex specialis. Andernfalls würden die Voraussetzungen der §§ 123, 124 BGB unterlaufen. § 138 BGB kommt nur dann in Betracht, wenn zusätzliche Umstände hinzutreten, z. B. ein grobes Missverhältnis der Leistungen oder die Ausnutzung einer gegenwärtigen Zwangslage (nicht nur eines zukünftigen Übels). Zudem ist die AGB-Kontrolle nach §§ 305 ff. BGB vorrangig.

467 ▸ Wie ist das Verhältnis von § 134 und § 138 I BGB?

Verstößt ein Rechtsgeschäft sowohl gegen ein Verbotsgesetz als auch gegen die guten Sitten, geht § 134 BGB der unbestimmten Generalklausel des § 138 I BGB vor. § 134 BGB ist aber nicht abschließend. Soweit ein Verstoß gegen das Verbotsgesetz oder die Rechtsfolge der Nichtigkeit verneint wird, kommt noch ein Verstoß gegen § 138 I BGB in Betracht. Das ist insbesondere dann von Bedeutung, wenn die

Gesetzesverletzung und das Rechtsgeschäft nur in einem lockeren Zusammenhang stehen. Für den tatbestandlich konkretisierten Wuchertatbestand des § 138 II BGB gilt der Vorrang des § 134 BGB (iVm. § 291 StGB) dagegen nicht.

Beispiel   **468**

Das Versandunternehmen V verschickt gezielt an ältere, geschäftlich unerfahrene Personen Gewinnzusagen iHv. 5.000 €, deren Auszahlung aber an Warenbestellungen geknüpft sind. Dabei schickt es mehrere Bestellanforderungen in kurzen Abständen, in denen die Adressaten gedrängt werden, doch endlich Waren zu bestellen und so den Gewinn einzulösen. Die 70-jährige K bestellt daraufhin eine Heizdecke bei V und erhält diese auch; den Gewinn bekommt sie aber nicht ausgezahlt. Ist der Kaufvertrag sittenwidrig?

§ 138 I BGB könnte zunächst wegen des Vorrangs des § 123 I Fall 1 BGB unanwendbar sein. Mit dem falschen Gewinnversprechen hat V die K darüber getäuscht, dass sie im Fall einer Bestellung 5.000 € erhält. Aufgrund des entsprechenden Irrtums hat sie die Warenbestellung vorgenommen, also eine kausale Willenserklärung abgegeben. Die Arglist ist aufgrund des gezielten Vorgehens der V zu bejahen. Eine arglistige Täuschung iSd. § 123 I Fall 1 BGB ist daher gegeben.

Eine Nichtigkeit des Vertrags nach § 138 BGB neben der Anfechtbarkeit kann nur dann vorliegen, wenn weitere Umstände hinzutreten, die den Kaufvertrag in seinem Gesamtcharakter als sittenwidrig erscheinen lassen. Dies könnte hier das unlautere Werbeverhalten der V sein. Die Teilnahme an einem Gewinnspiel vom Erwerb einer Ware abhängig zu machen, verstößt gegen § 4 Nr. 6 UWG. Die Vorschriften des UWG stellen grundsätzlich keine Verbotsgesetze für durch unlauteren Wettbewerb zustande gekommene Verträge iSd. § 134 BGB dar. Der BGH und die h. M. haben bislang aufgrund der verschiedenen Normzwecke – einerseits die Lauterkeit des Wettbewerbs, andererseits der Schutz vor missbräuchlichen Beschränkungen der Privatautonomie – auch abgelehnt, aus wettbewerbswidrigem Verhalten die Sittenwidrigkeit des Geschäfts herzuleiten, obwohl § 1 UWG a. F. ausdrücklich den Begriff der guten Sitten verwendet hat. In diesem Fall hat der BGH jedoch explizit aus den Werbemaßnahmen die Sittenwidrigkeit hergeleitet. Durch die mehrfachen Gewinnbenachrichtigungen und das Drängen zur Abgabe einer Bestellung, um den angeblichen hohen Gewinn nicht zu verlieren, sei die bei den älteren und geschäftsunerfahrenen Personen schon reduzierte Entscheidungsfreiheit und Fähigkeit zur unvoreingenommenen Beurteilung der Sinnhaftigkeit und Wirtschaftlichkeit der angebotenen Vertragsschlüsse bewusst weiter geschwächt worden. Dafür spricht auch, dass der Schutz der Verbraucher im neuen § 1 S. 1 UWG ausdrücklich als Schutzzweck genannt wird.

Ob es sich hier um eine Einzelfallentscheidung handelt oder wettbewerbswidriges Verhalten nun generell Auswirkungen auf die Wirksamkeit zivilrechtlicher Verträge haben kann, ist umstritten.

Sittenwidrigkeit

1. Objektiver Sittenverstoß
   Sittenwidrig ist ein Rechtsgeschäft, das seinem Inhalt oder seinem Gesamt-charakter nach gegen das Rechts- und Anstandsgefühl aller billig und gerecht Denkenden verstößt.
2. Subjektiver Sittenverstoß
   verwerfliche Gesinnung (str.)
3. Rechtsfolge: grds. Nichtigkeit → Bereicherungsrecht, § 817 S. 2 BGB

§ 138 II BGB: Spezialfall Wucher

1. objektiv:
   a. Austauschgeschäft
   b. auffälliges Missverhältnis
   c. auf Seiten des Bewucherten ein die rationale ökonomische Disposition behindernder Faktor (Zwangslage, Unerfahrenheit etc.);
2. subjektiv: das bewusste Ausnutzen der Zwangslage etc. durch den Wucherer.

§ 138 I BGB: Wichtige Fallgruppen

- sittenwidriges Verhalten gegenüber dem **Vertragspartner**
- das sog. **wucherähnliche Geschäft** (abzugrenzen vom Wucher nach § 138 II BGB)
   1. auffälliges (unter ca. 100 %) oder besonders grobes Missverhältnis (idR. wenn der objektive Wert der einen denjenigen der anderen Leis-tung um etwa 100 % übersteigt)
   2. verwerfliche Gesinnung; Vermutung bei besonders grobem Missver-hältnis (ab ca. 100 %)

Nahbereichsbürgschaften

1. krasse finanzielle Überforderung des Bürgen; insbesondere, wenn der Bürge nicht einmal in der Lage ist, aus seinem pfändbaren Einkommen und Vermögen die auf die Hauptverbindlichkeit entfallenden laufenden Zinsen aufzubringen
2. Beeinträchtigung der Entscheidungsfreiheit: idR. durch emotionale Verbundenheit
3. Ausnutzen seiner Beeinträchtigung durch den Kreditgeber (wird vermutet, wenn der Bürge kein wirtschaftliches Eigeninteresse an dem gesicherten Geschäft hat)
4. kein schutzwürdiges Interesse des Gläubigers an der Mithaftung (ein solches Interesse kann insbesondere bestehen bei Gefahr der Vermögensverschiebung).

Wirtschaftliche Knebelungsverträge

1. Objektive Knebelung
   - Langfristige Vertragsbindungen (idR. 15 Jahre)

- Übersicherung, (+) wenn bei einer Sicherungsübereignung oder -zession der Wert des Sicherungsgutes in einem unangemessenen Verhältnis zur gesicherten Forderung steht,
- → anfängliche Übersicherung ab einem Wert des Sicherungsgutes von über ca. 200 % der zu sichernden Forderungen → Nichtigkeit ex tunc gem. 138 I BGB
- → nachträgliche Übersicherung ab einem realisierbaren Wert von über ca. 110 % oder einem Nennwert über ca. 150 % der Forderung → (schuldrechtlicher) Freigabeanspruch aus treuhänderischen Charakter der Sicherungsgeschäfte bzgl. nicht mehr benötigter Sicherheiten im Wege ergänzender Vertragsauslegung
- Wettbewerbsverbote, Hinauskündigungsklauseln etc.

2. Verwerfliche Gesinnung
   - gegenüber **Dritten**
   - insbesondere Globalzession bei branchenüblichem verlängertem Eigentumsvorbehalt. Bei Fehlen einer dinglichen Teilverzichtsklausel Nichtigkeit nach § 138 I BGB
   - gegenüber der **Allgemeinheit** (gegen Rechtsgüter der Allgemeinheit gerichtete Handlungsweisen, die aber nicht schon durch eine Rechtsnorm verboten sind und damit § 134 BGB unterfallen).

Teilnichtigkeit, Umdeutung, Bestätigung (§§ 139–141, 144 BGB)

8

▶ Welchen Zweck verfolgen die §§ 139–141 BGB? **469**

Zweck dieser Normen ist es, im Fall der Nichtigkeit eines Rechtsgeschäfts trotzdem dem (mutmaßlichen) Parteiwillen zur Durchsetzung zu verhelfen, und damit die Wahrung der Privatautonomie. Dies geschieht einerseits dadurch, dass den Parteien bei Teilnichtigkeit nicht durch Anordnung der Restgültigkeit ein Geschäft mit anderem Inhalt aufgezwungen wird. Andererseits kann bei einem entsprechenden mutmaßlichen Parteiwillen das Restgeschäft wirksam sein (§ 139 BGB). Mit Umdeutung und Bestätigung besteht die Möglichkeit, trotz Wahl einer rechtlich unzulässigen Regelung den wirtschaftlichen Erfolg zu verwirklichen, zum einen ex tunc durch Umdeutung in ein wirksames Rechtsgeschäft (§ 140 BGB), zum anderen ex nunc durch Bestätigung (§ 141 BGB).

▶ Welche Voraussetzungen müssen für eine Teilnichtigkeit nach § 139 BGB vorliegen? **470**

§ 139 BGB setzt ein einheitliches Geschäft, die Teilbarkeit dieses Geschäfts und die Nichtigkeit eines Teils des Geschäfts voraus. Sind diese Voraussetzungen erfüllt, ist durch Auslegung zu ermitteln, ob das einheitliche Geschäft insgesamt oder ob nur der unwirksame Teil nichtig sein soll.

▶ Wann liegt ein einheitliches Geschäft vor? **471**

Ein einheitliches Geschäft erfordert nicht zwingend ein einheitliches Zustandekommen (umgekehrt reicht das allein auch nicht aus!); es genügt eine wirtschaftliche Einheit, bei der nach dem Willen der Parteien die abgeschlossenen Geschäfte miteinander „stehen und fallen sollen". Beispiel: Kaufvertrag, der eine nichtige Gerichtsstandsvereinbarung beinhaltet. Keine Einheit dagegen bilden das Verpflichtungs- und das Erfüllungsgeschäft, da dies das Abstraktionsprinzip in Frage stellen würde (s. Fragen 11, 361; str.). Für Geschäfte einer Person mit verschiedenen anderen Personen ist die Möglichkeit einer Einheit streitig, hierfür gibt es z. B. in § 358 BGB (verbundene Geschäfte) spezielle Regelungen.

C. Armbrüster, *Examinatorium BGB AT,* Springer-Lehrbuch,
DOI 10.1007/978-3-642-45123-2_8, © Springer-Verlag Berlin Heidelberg 2015

472 ▸ Wann liegt eine Teilbarkeit des Geschäfts iSd. § 139 BGB vor?

Voraussetzung für die Teilbarkeit eines Geschäfts ist, dass nach Abtrennung des unwirksamen Teils vom wirksamen Teil des Geschäfts ein Rest zurückbleibt, der als selbstständiges Rechtsgeschäft bestehen kann.

Eine Teilbarkeit ist insbesondere dann zu bejahen, wenn sich die Nichtigkeit auf Einzelbestimmungen beschränkt, wenn mehrere Personen an dem Rechtsgeschäft beteiligt sind, das Geschäft aber nur gegenüber einer Person nichtig ist (z. B. wegen Geschäftsunfähigkeit dieser Person) oder wenn die von den Vertragspartnern zu erbringenden Leistungen teilbar sind. So können etwa der Kaufvertrag auch ohne Gerichtsstandsvereinbarung und der Darlehensvertrag ohne Sicherungsvertrag als selbstständige Rechtsgeschäfte bestehen.

473 ▸ Was kann für eine Teilnichtigkeit sprechen, was dagegen? Was gilt im Zweifel?

Umfangreichere Verträge enthalten häufig salvatorische Klauseln, wonach bei Nichtigkeit eines Teils der Vertrag im Übrigen gültig bleiben soll. Gibt es eine solche Klausel nicht, so wird nach den Grundsätzen der ergänzenden Vertragsauslegung (vgl. Fragen 186 ff.) aufgrund aller Umstände des Einzelfalls geprüft, was die Parteien vereinbart hätten (hypothetischer Parteiwille). Im Zweifel ist von Gesamtnichtigkeit auszugehen, es gibt aber auch anderslautende spezialgesetzliche Regelungen wie §§ 306 und 2085 BGB. Nur Teilnichtigkeit ist anzunehmen in Fällen, in denen der nichtige Teil nur eine geringfügige Nebenabrede betraf (z. B. die Gerichtsstandsvereinbarung aus Frage 471), oder wenn die Nichtigkeit v. a. die Partei nachteilig trifft, die durch die nichtige Klausel geschützt werden sollte. So führt die Nichtigkeit der Globalzession nicht zur Nichtigkeit des Darlehensvertrages, da die nichtige Klausel den Darlehensgeber schützen sollte. Eine Gesamtnichtigkeit würde seine Ansprüche auf Bereicherungsrecht beschränken.

474 ▸ Nennen Sie die Voraussetzungen einer Umdeutung gem. § 140 BGB.

Objektiv setzt eine Umdeutung nach § 140 BGB zunächst die Nichtigkeit des gesamten, ursprünglich gewollten Rechtsgeschäfts voraus. Nicht erfasst sind daher anfechtbare oder schwebend unwirksame Rechtsgeschäfte: Solche Rechtsgeschäfte sind entweder noch gar nicht nichtig (Anfechtung) oder sie können noch durch eine Genehmigung wirksam werden (schwebend unwirksame Geschäfte).

Weiter muss das nichtige Geschäft den Erfordernissen des anderen, zulässigen Geschäfts (Ersatzgeschäft) entsprechen. Für das Ersatzgeschäft müssen daher alle Wirksamkeitsvoraussetzungen erfüllt sein und es darf in seinen Rechtsfolgen nicht weiter reichen als das nichtige Rechtsgeschäft. Auch darf der durch das nichtige Geschäft angestrebte Erfolg nicht vom Gesetz missbilligt werden (z. B. bei Nichtigkeit wegen §§ 134, 138 BGB oder Formnichtigkeit der Bürgschaft durch Umdeutung in einen formlosen Schuldbeitritt).

Subjektiv muss das Ersatzgeschäft dem mutmaßlichen Willen der Parteien entsprechen. Dies kann sich aus einer vertraglich vorgesehenen Ersatzregelung ergeben, die dann vorrangig ist; fehlt diese, aus ergänzender Vertragsauslegung. Hierfür ist maßgeblich, ob durch das Ersatzgeschäft der durch das nichtige Rechtsgeschäft erstrebte wirtschaftliche Erfolg im Wesentlichen erreicht wird.

▶ Welche Standardfälle können mittels Umdeutung gelöst werden?   **475**

Ein Beispiel ist die Umdeutung einer außerordentlichen/fristlosen in eine ordentliche/fristgemäße Kündigung, wenn der sachliche Grund für die außerordentliche Kündigung fehlt. Die Voraussetzungen für eine fristgemäße Kündigung sind dann regelmäßig erfüllt und das wirtschaftliche Interesse des Erklärenden geht dahin, wenn schon nicht sofort, so doch wenigstens nach Ablauf der Fristen das Dauerschuldverhältnis beenden zu können.

Für das Arbeitsverhältnis stellt das BAG allerdings besondere Anforderungen an die Erkennbarkeit des Umdeutungswillens, indem es verlangt, dass der unbedingte Beendigungswille eindeutig erkennbar sein muss. Stellt sich etwa heraus, dass der Diebstahl nicht vom Arbeitnehmer A begangen wurde, kann sich trotz der Beschuldigungen wieder ein annehmbares Betriebsklima entwickeln und ein Interesse des Arbeitgebers an der Arbeitskraft des A bestehen, so dass dieser in Kenntnis des fehlenden sachlichen Grundes und damit der Nichtigkeit der fristlosen Kündigung gerade keine fristgemäße Kündigung ausgesprochen hätte. Es gibt zudem auch Fallkonstellationen, in denen nicht alle Wirksamkeitsvoraussetzungen des Ersatzgeschäfts ordentliche Kündigung eingehalten worden sind, etwa wenn Kündigungsschutz nach KSchG besteht und kein Kündigungsgrund nachgewiesen wurde oder wenn der Betriebsrat nach BetrVG nur wegen der außerordentlichen, nicht aber hilfsweise auch wegen einer ordentlichen Kündigung angehört wurde.

Ein anderes Beispiel ist die Umdeutung eines nichtigen Erbvertrages in ein Testament.

▶ Welche sind die Voraussetzungen einer Bestätigung nach § 141 BGB?   **476**

Zunächst muss ein nichtiges Rechtsgeschäft vorliegen, wobei der Grund der Nichtigkeit unbedeutend ist. Dieses nichtige Rechtsgeschäft muss durch die Parteien bestätigt werden. Hierfür ist ein nach außen erkennbarer Bestätigungswille erforderlich. Die Parteien müssen hierfür Kenntnis von der möglichen Fehlerhaftigkeit des Rechtsgeschäfts oder zumindest Zweifel an der Wirksamkeit haben. Schließlich muss das bestätigte Geschäft sämtlichen Wirksamkeitsvoraussetzungen entsprechen, so müssen etwa das gesetzliche Verbot, z. B. durch Aufhebung der Norm, oder die Gründe für die Sittenwidrigkeit, z. B. die Zwangslage, entfallen sein.

▶ Welche Rechtsfolge hat § 141 BGB? Worin liegt der Unterschied zu § 144 BGB?   **477**

Liegen die Voraussetzung des § 141 BGB vor, wird das Rechtsgeschäft durch die Bestätigung erneut vorgenommen. Da die Bestätigung eine Neuvornahme darstellt, besitzt sie keine Rückwirkung; das Rechtsgeschäft ist ab dem Zeitpunkt der Bestätigung (ex nunc) wirksam. Die Bestätigung kann aber auch so auszulegen sein, dass sich die Vertragspartner so stellen wollen, wie sie bei Wirksamkeit von Anfang an stünden. In diesem Fall müssen z. B. Gebrauchsvorteile durch Nutzung der Kaufsache nicht zurückerstattet werden. Der Unterschied zu § 144 BGB besteht darin, dass die Parteien dort nicht ein nichtiges Rechtsgeschäft bestätigen, sondern dass der Anfechtungsberechtigte auf sein Anfechtungsrecht verzichtet und damit zum Ausdruck bringt, dass er an dem Geschäft trotz Anfechtbarkeit festhalten will. Es findet keine Neuvornahme des Rechtsgeschäfts statt. Erst wenn das Rechtsgeschäft angefochten und nichtig ist, müsste es nach § 141 BGB neu vorgenommen werden.

478 ▶ Welche Anforderungen sind an den Bestätigungswillen zu stellen? Spricht im Fall der Anfechtbarkeit aufgrund arglistiger Täuschung allein die weitere Vertragserfüllung für einen Bestätigungswillen?

Eine Bestätigung nichtiger oder anfechtbarer Rechtsgeschäfte gem. §§ 141, 144 I BGB kann auch stillschweigend erfolgen, soweit der Bestätigende die Nichtigkeit oder Anfechtbarkeit kannte oder mit ihr rechnete und sich aus dem Verhalten eindeutig ein Bestätigungswille ergibt, z. B. durch die Geltendmachung von Gewährleistungsansprüchen. So ist bei der bloßen Vertragserfüllung gegenüber der anderen Seite nicht ohne weiteres anzunehmen, dass der Anfechtungsberechtigte auf seine Gestaltungsrechte verzichten will. Sonst müsste er vertragsbrüchig werden, um eine Bestätigung zu vermeiden. Bei der Irrtumsanfechtung spielt dies keine Rolle, da die Anfechtungsfrist „unverzüglich" ab Kenntnis des Anfechtungsgrundes läuft. Bei arglistiger Täuschung gilt aber gerade die längere Frist des § 124 BGB, die der Anfechtungsberechtigte auch – ohne gleich dauerhaft gebunden zu sein – ausnützen können muss, um sich die Handlungsalternativen überlegen und zwischen ihnen entscheiden zu können.

Vertrag (§§ 145–157 BGB)

A. Allgemeines

▶ Was ist ein Vertrag?   479

Ein Vertrag ist eine Willenseinigung zwischen zwei oder mehreren Rechtssubjekten über die Herbeiführung eines bestimmten rechtlichen Erfolges. Er besteht aus inhaltlich übereinstimmenden, mit Bezug aufeinander abgegebenen Willenserklärungen und ist der häufigste Fall mehrseitiger Rechtsgeschäfte.

▶ Welche anderen mehrseitigen Rechtsgeschäfte gibt es?   480

Neben dem aus wechselseitigen Willenserklärungen bestehenden Vertrag gibt es gleichgerichtete Willenserklärungen mehrerer Personen, d. h. die Erklärungen richten sich parallel auf dasselbe Ziel. Dies können Beschlüsse sein, d. h. Sozialakte der körperschaftlichen Willensbildung, die auf Regelung der inneren Organisation einer Vereinigung gerichtet sind. Beispiel: Vereinsbeschlüsse, die nicht zwingend einstimmig erfolgen müssen, sondern auch durch Mehrheitsbeschluss gefasst werden können. Als Gesamtakte werden dagegen übereinstimmende gleichgerichtete Willenserklärungen bezeichnet, wie die Kündigung zweier Mieter einer Wohnung gegenüber dem Vermieter.

▶ Kann man zum Abschluss von Verträgen gezwungen werden?   481

Grundsätzlich nicht. Die Freiheit des Einzelnen, seine privaten Lebensverhältnisse durch Verträge zu gestalten (Vertragsfreiheit) ist die wichtigste Erscheinungsform der Privatautonomie (vgl. Frage 7). Der Einzelne ist frei darin, ob und mit wem er einen Vertrag schließt (Abschlussfreiheit); die negative Vertragsfreiheit steht Abschlusszwängen entgegen. Des Weiteren können beide Vertragsparteien frei entscheiden, wie sie den Vertrag inhaltlich gestalten (Gestaltungsfreiheit), was nicht nur die Beschreibung der Primär- und Sekundärpflichten, sondern auch die Wahl des Vertragstyps (sog. Typenfreiheit) und des dem Vertrag zugrunde liegenden Rechts

C. Armbrüster, *Examinatorium BGB AT,* Springer-Lehrbuch,
DOI 10.1007/978-3-642-45123-2_9, © Springer-Verlag Berlin Heidelberg 2015

(Rechtswahlfreiheit) betrifft. Allerdings muss die Vertragsfreiheit dort zurücktreten,
wo der Schutz überwiegender Interessen der Allgemeinheit oder des einzelnen dies
gebietet. Daher gibt es Fälle, in denen ein Kontrahierungszwang besteht, und – je
nach Regelungsmaterie – umfangreiches (halb-) zwingendes Recht.

482 ▶ Wann liegt Kontrahierungszwang vor?

Der Kontrahierungszwang, also die Pflicht, mit einem anderen den von diesem
gewünschten Vertrag abzuschließen, sofern nicht wichtige Gründe eine Ablehnung rechtfertigen, kann sich unmittelbar aus dem Gesetz (z. B. § 22 PBefG; § 10
AEG; § 21 II LuftVG; § 5 II PflVG), aus einer marktbeherrschenden Stellung gem.
Art. 101 AEUV bzw. § 20 II GWB oder mittelbar im Wege eines Schadensersatz-
anspruches ergeben: Dazu muss die Weigerung des Vertragsschlusses eine vorsätzliche sittenwidrige Schädigung gem. § 826 BGB darstellen, um im Wege der Naturalrestitution nach § 249 I BGB den Abschluss eines Vertrags verlangen zu können.
Darüber hinaus kann ein Kontrahierungszwang vertraglich, nämlich mittels eines
Vorvertrags begründet werden.

483 ▶ Wie kommt ein Vertrag zustande?

Voraussetzung für das Zustandekommen eines Vertrages sind mindestens zwei übereinstimmende, mit Bezug aufeinander abgegebene Willenserklärungen (zu deren
Voraussetzungen vgl. Fragen 152 ff.). Die zeitlich frühere Erklärung wird Angebot
oder Antrag genannt (§ 145 BGB), die spätere Erklärung Annahme (§ 146 ff. BGB).
Die beiden Willenserklärungen können auch zeitlich zusammenfallen, so dass sich
Angebot und Annahme nicht unterscheiden lassen (z. B. bei Unterzeichnung derselben Vertragsurkunde). Der Vertragsgegenstand muss hinreichend bestimmt oder
bestimmbar sein.

484 ▶ Ist bei „gentlemen's agreement", „letter of intent" und Vorvertrag ein Rechtsbindungswille gegeben?

Die Abgrenzung, ob einer Absprache im Einzelfall ein Rechtsbindungswille oder
lediglich außerrechtliche Geltungsgründe wie Ehre, Anstand oder Sitte zugrunde
liegen, ist schwierig (vgl. Frage 160 f. zur Gefälligkeit). Bei einem „gentlemen's
agreement" fehlt regelmäßig ein Rechtsbindungswille. Unabhängig von der Bezeichnung ist jedoch in jedem Einzelfall zu prüfen, ob sich die Parteien rechtlich
binden wollten. Das gleiche gilt für den „letter of intent", der gewöhnlich eine reine
Absichtserklärung darstellt, z. B. später einen Vertrag unter gewissen Bedingungen
zu schließen; er kann aber Grundlage für Schadensersatzansprüche aus §§ 280 I,
311 II, 241 II BGB (c.i.c.) und im Einzelfall auch als verbindliche Abrede auszulegen sein. Im Gegensatz hierzu ist ein Vorvertrag stets verbindlich und verpflichtet
die Parteien zum späteren Abschluss des Hauptvertrags, dessen Inhalt bereits bestimmt oder wenigstens bestimmbar ist, dem jedoch noch tatsächliche oder recht-

liche Hindernisse (z. B. steuerliche und bilanzielle Gründe beim Unternehmensverkauf) entgegenstehen (zur Form des Vorvertrags vgl. Frage 336).

▶ Welchen Mindestinhalt muss ein Vertrag haben?   **485**

Der Vertrag braucht zwar nicht sämtliche Rechtsfolgen abschließend zu regeln (hier tritt ggf. das zwingende oder dispositive Recht des jeweiligen Vertragstyps ein), der wesentliche Vertragsinhalt muss aber zumindest bestimmbar sein. Zu den essentialia negotii (im Unterschied zu accidentalia negotii = bloße Nebenabreden) gehören regelmäßig der Vertragsgegenstand, die Vertragsparteien und der Vertragstyp (Kaufvertrag, Werkvertrag etc.). Diese Vertragspunkte müssen hinreichend klar sein. Zusätzliche regelungsbedürftige Punkte können sich aus dem jeweiligen Vertragstyp ergeben. Es genügt jedoch, dass die Bestimmung der essentialia negotii ausdrücklich oder stillschweigend einer Partei oder einem Dritten überlassen wird (§§ 315 ff. BGB). Ausnahmsweise kann ein wesentlicher Punkt späterer Einigung vorbehalten sein. Auch eine Individualisierung der Vertragsparteien kann zunächst offen bleiben. Sind die genannten Voraussetzungen nicht gegeben, ist ein Vertrag nicht zustande gekommen.

▶ Kann sich eine Partei einseitig vom Vertrag lösen?   **486**

Zur Aufhebung eines Vertrages bedarf es – ebenso wie zum Abschluss – grundsätzlich einer Willensübereinstimmung der Parteien („pacta sunt servanda"). Gesetzlich vorgesehene Ausnahmen gibt es nur bei Vorliegen bestimmter Gründe, die ein einseitiges Gestaltungsrecht begründen (z. B. ein Irrtum für die Anfechtung, die nicht behobene Mangelhaftigkeit für den Rücktritt, ein außerordentlicher Kündigungsgrund). Grundlos vom Vertrag lösen kann sich dagegen der Verbraucher bei Vorliegen eines Widerrufsrechts.

B. Angebot/Antrag

▶ Was ist ein Antrag? Welchen Inhalt muss er haben?   **487**

Der Antrag bzw. das Angebot ist eine empfangsbedürftige Willenserklärung, durch die einem anderen ausdrücklich oder konkludent ein Vertragsschluss angetragen wird. Er muss alle wesentlichen Punkte (essentialia negotii, Frage 485) enthalten und inhaltlich so bestimmt sein, dass die Annahme durch bloße Zustimmung der anderen Partei erfolgen kann. Eine ausreichende Bestimmbarkeit liegt auch dann vor, wenn der Antragende die Festlegung einzelner Punkte dem Angebotsempfänger oder einem Dritten überlässt; ferner genügt es, wenn das Verfahren zur Bestimmung der Gegenleistung vertraglich geregelt ist (z. B. bestimmter Börsenkurs) oder sich im Wege der Auslegung ermitteln lässt (s. etwa die gesetzlichen Auslegungsregeln der §§ 612, 632 BGB). Zudem muss der Wille zu einer rechtlichen Bindung zum Ausdruck kommen.

488 ▶ Wovon ist der Antrag abzugrenzen?

Der rechtlich verbindliche Antrag (§ 145 BGB) ist insbesondere von der unverbindlichen, schlichten Aufforderung zur Abgabe eines Angebots (invitatio ad offerendum) abzugrenzen. Bei dieser fehlt der Rechtsbindungswille. Der Auffordernde möchte sich das Zustandekommen des Vertrages vorbehalten, bis ihm ein konkretes Angebot eines Interessenten zugeht und er seinen Warenvorrat oder ggf. die Kreditwürdigkeit des Kunden geprüft hat. Auch bzgl. des Inhalts ist der Auffordernde nicht an die invitatio gebunden. Ist z. B. die Preisauszeichnung falsch, kann er ein Angebot des Kunden zu diesen Konditionen ablehnen und ein eigenes unterbreiten. Ob im Einzelfall ein Angebot oder lediglich eine invitatio vorliegt, ist durch Auslegung aus dem objektiven Empfängerhorizont zu ermitteln. Liegt es erkennbar nicht im Interesse der Partei, sich jedem gegenüber zu verpflichten, liegt kein Angebot vor. Typische Beispiele für eine invitatio ad offerendum sind Speisekarten, Zeitungsanzeigen und Schaufensterauslagen.

489 ▶ Was versteht man unter einer offerta ad incertas personas?

Das ist ein Angebot an jedermann. Es kommt v. a. dann in Betracht, wenn der Antragende darauf verzichtet, sich den Vertragspartner auszusuchen oder ein individueller Antrag nicht möglich ist, etwa beim Betrieb des öffentlichen Nahverkehrs: Das Angebot besteht im Bereitstellen der Beförderungsmöglichkeit für jedermann und wird durch Zahlung des Fahrpreises oder Einsteigen angenommen. Nach überwiegender Ansicht liegt ein Angebot an eine Vielzahl von Personen auch bei einer betriebsbereiten Zapfsäule an einer Selbstbedienungstankstelle und bei den Waren in einem Verkaufsautomaten vor (allerdings unter einer dreifachen Bedingung: ausreichender Vorrat, technisches Funktionieren, Einwurf der richtigen Münzen bzw. insgesamt ordnungsgemäße Bedienung und Zahlungswille).

490 | **Beispiel**

Der Lebensmitteldiscounter A bietet seinen Kunden für kurze Zeit einen PC für 799 € an. Damit will der Unternehmer X seine Büroräume ausstatten. Als er mit 18 Computern an der Kasse erscheint, weigert sich die Kassiererin, ihm diese Menge zu überlassen, da auch die anderen Kunden von dem Verkaufsschlager profitieren sollen. X meint, dass er alle 18 PCs mitnehmen dürfe. Stimmt das?

Wäre ein Kaufvertrag bereits zustande gekommen, müsste A dem X die PCs Zug um Zug gegen Kaufpreiszahlung übereignen. Wann im Selbstbedienungsladen ein Vertrag zustande kommt, ist umstritten. Eine Meinung sieht die Präsentation der Ware im Regal als Angebot ad incertas personas an, welches der Kunde durch Vorlegen an der Kasse annehme. Nach dieser Auffassung ist bereits ein Vertrag zustande gekommen. Nach h.M. ist die Warenaufstellung lediglich eine Aufforderung zur Angebotsabgabe. Eine Liquiditätsprüfung soll erst an der Kasse stattfinden. Der Unterschied zum Selbstbedienungstanken rechtfertigt sich aus der faktischen Unumkehrbarkeit des Tankvorgangs im Gegensatz zur Warenauswahl durch den

Kunden. Das Angebot macht erst der Kunde durch Vorlegen der Ware an der Kasse. Der Antrag wird durch Feststellung des Rechnungsbetrags angenommen. Folglich konnte A das Angebot des X ablehnen, so dass kein Vertrag zustande gekommen ist und X keinen Anspruch auf Übereignung aller 18 PCs hat (vgl. auch Frage 181).

▶ Unter welchen Voraussetzungen ist der Antragende nicht an sein Angebot   **491**
gebunden?

Neben den allgemeinen Fällen fehlender Bindung aufgrund vorherigen oder gleichzeitigen Zugangs eines Widerrufs gem. § 130 I 2 BGB kann der Antragende gem. § 145 Hs. 2 BGB die Bindungswirkung seines Angebots ausschließen. Auch dies ist jedoch nur in Grenzen möglich. Will der Antragende jede Bindung ausschließen, so handelt es sich nicht mehr um einen Antrag, sondern um eine bloße invitatio. Der Antragende kann sich jedoch gem. Hs. 2 ein Widerrufsrecht vorbehalten, das dann ggf. sogar nach Annahme ausgeübt werden kann. Ein Antrag iSd. § 145 BGB liegt dann vor, er kann aber über § 130 BGB hinaus widerrufen werden.

Beispiel   **492**

Das Werbeunternehmen W benötigt für die Erledigung eines Auftrags mehrere Drucke. A schickt W hierfür aus eigener Initiative ein „freibleibendes" Angebot über die Herstellung für 10.000 €. Nach mehreren Telefongesprächen zwischen den Parteien übersendet W dem A ein gleichlautendes, mit „Auftrag" überschriebenes Schreiben. A hat es sich mittlerweile aber anders überlegt, weil die eigenen Kostenanalysen aufgrund von Preissteigerungen nach oben korrigiert werden mussten. Er sagt dies dem W aber erst, als dieser nach einer Woche nachfragt, was aus dem Auftrag geworden ist. Ist A gebunden?

A ist gebunden, wenn ein Vertrag zwischen ihm und W zustande gekommen ist. Das Angebot auf Abschluss des Vertrages könnte in dem ersten Schreiben des A zu sehen sein. Fraglich ist jedoch, ob diesem „freibleibenden Angebot" ein Rechtsbindungswille entnommen werden kann. Wird ein Angebot „freibleibend" erklärt, kann dies je nach den Umständen des Einzelfalls zu unterschiedlichen Auslegungsergebnissen führen: Zu einer bloßen unverbindlichen invitatio ad offerendum, zu einem mit Rechtsbindungswillen erklärten Angebot mit Widerrufsvorbehalt bis unverzüglich nach Zugang der Annahme oder zu einem Angebot, das nur bis zum Zugang der Annahme widerrufen werden kann. Letzteres ist bei erkennbarem Bindungswillen gegeben, etwa wenn sich der Offerent bis zur Annahme die Möglichkeit anderer Dispositionen offen halten möchte (so v. a. bei der Einschränkung „Zwischenverkauf vorbehalten", um den eigenen Vorrat mehreren Interessenten anbieten zu können, ohne sich gegenüber allen zu binden und sich so wegen der Begrenztheit des Vorrats evtl. schadensersatzpflichtig zu machen). Auch bei einer „Antwort" auf eine vorangegangene invitatio ad offerendum der anderen Seite kann von einem bindenden Angebot ausgegangen werden. Der Vertrag kommt dann mit Zugang der Annahme zustande. A hat aber das freibleibende Angebot von sich aus ohne Vorverhandlungen abgegeben und möchte sich erkennbar noch nicht binden. Es ist daher davon auszugehen, dass A lediglich den W auffordern wollte, selbst ein Angebot abzugeben. Sein Schreiben ist eine invitatio ad offerendum; der Antrag liegt erst im Schreiben des W, das von A angenommen werden muss. Unter bestimmten Voraussetzungen – Vertragsverhandlungen, die zur Abschlussreife geführt haben – kann zwar im Schweigen auf das Angebot eine Annahme gesehen werden, da in diesen Fällen mit einer unverzüglichen Ablehnung des Angebots gerechnet werden darf (vgl. Frage 501). Ein solcher Fall ist hier aber nicht gegeben, womit mangels Vertrags keine Bindung des A besteht.

493 ▶ Wann erlischt der Antrag?

Ein Angebot erlischt, wenn es von der anderen Partei abgelehnt oder nicht rechtzeitig (vgl. Fragen 499 ff.) angenommen wird (§ 146 BGB). Eine nach Ablauf der Annahmefrist erklärte Annahme gilt dann gem. § 150 I BGB als neuer Antrag. Die Ablehnung ist eine einseitige empfangsbedürftige Willenserklärung. Sie lässt den Antrag auch schon vor Ablauf der Bindungsfrist erlöschen. Als Willenserklärung ist die Ablehnung anfechtbar (d. h. nach Anfechtung der Ablehnung kann der Antrag wieder angenommen werden, soweit er nicht anderweitig, insbesondere durch Ablauf der Annahmefrist, erloschen ist), und es gelten die Regeln zur Geschäftsfähigkeit, d. h. z. B. die Ablehnung eines Antrags durch einen Minderjährigen kann als rechtlich nachteilhaft nur mit Zustimmung des Vertreters erfolgen.

494 ▶ Hindert der Tod des Antragenden die Rechtsfolgen des Angebots?

Grundsätzlich nicht (§ 153 BGB). Verstirbt der Antragende nach Abgabe des Angebots, bleibt der Antrag annahmefähig. Die Annahme muss dann – soweit nicht der Antragende gem. § 151 S. 1 Fall 2 BGB auf den Zugang der Erklärung verzichtet hat – dem Erben gegenüber erklärt werden. Entsprechendes gilt für den Fall des Eintritts der Geschäftsunfähigkeit. § 153 BGB ergänzt § 130 II BGB, nach dem eine Willenserklärung auch dann mit Zugang wirksam wird, wenn der Erklärende nach ihrer Abgabe stirbt oder geschäftsunfähig wird. Eine Ausnahme besteht, wenn ein entgegenstehender Wille des Antragenden anzunehmen ist (§ 153 Hs. 2 BGB), insbesondere bei höchstpersönlichen Geschäften, aber z. B. auch dann, wenn erkennbar allein der verstorbene Antragende ein Interesse an dem Geschäft hatte. Dann steht dem Antragsempfänger analog § 122 BGB ein Schadensersatzanspruch auf das negative Interesse zu, wenn er bereits im Vertrauen auf den Bestand des Angebots eine Vermögensdisposition getroffen hat, z. B. frustrierte Anfertigungs- und Lieferkosten hatte.

495   Beispiel

O hat auf den Namen ihres Enkels E bei Sparkasse S ein Sparbuch angelegt, das nach ihrem Tod an E ausgezahlt werden soll. Nach ihrem Tod zahlt S an E den Sparbetrag aus. Ist zwischen O und E ein Schenkungsvertrag zustande gekommen?

Diese Fallkonstellation ist problematisch: Das Deckungsverhältnis zwischen O und S stellt einen Vertrag zu Gunsten Dritter auf den Todesfall dar, wodurch E gem. § 331 I BGB im Zweifel erst nach dem Tod das Recht auf die Leistung erwerben soll. Streitig ist, ob das zugrunde liegende Valutaverhältnis zwischen O und E schuldrechtlicher (§§ 516 ff. BGB) oder erbrechtlicher (§ 2301 BGB) Natur ist, was wieder für die Formwirksamkeit von Bedeutung ist. Die Rspr. nimmt ein Schenkungsversprechen gem. § 518 BGB an: Der Antrag der O zum Abschluss des Schenkungsvertrags wird von S als Bote dem E übermittelt (oder erfolgt durch Stellvertretung durch S: postmortale Vollmacht, vgl. Frage 591). Der Antrag erlischt nicht durch den Tod des Antragenden, § 153, 130 II BGB. Auf den Zugang der Annahme, die spätestens mit Abholung des Geldes durch E vorliegt, wird regelmäßig gem. § 151 S. 1 Fall 1 BGB verzichtet, sie muss daher nicht den Erben gegenüber erklärt werden. Der Schenkungsvertrag ist folglich zustande gekommen. Bereits durch Erwerb des Forderungsrechts aufgrund des Vertrags zugunsten Dritter wird die Schenkung vollzogen und der Formmangel geheilt, § 518 II BGB. Für diese Lösung wird angeführt, dass der Vertrag zu Gunsten Dritter auf den Todesfall im Schuldrecht geregelt ist und nicht im Erbrecht. § 331 BGB sei eine Spezialvorschrift gegenüber § 2301 BGB. Dagegen wird vorgebracht, damit werde § 2301 BGB umgangen. Um einen Bereicherungsanspruch der Erben gegen E zu vermeiden, muss die Form des § 2301 BGB (Erbvertrag oder Testament) eingehalten oder die Zuwendung noch zu Lebzeiten vollzogen worden sein. Beides ist bei Verträgen iSd. § 331 BGB so gut wie nie der Fall, so auch hier, da die Form nicht eingehalten wurde, und die O das Sparbuch behalten und bis zu ihrem Tode allein die Verfügungsgewalt hatte. Damit wäre § 331 BGB praktisch gegenstandslos, was gegen eine Anwendung des § 2301 BGB spricht.

▶ Welche Folgen hat der Tod des Antragsgegners?   **496**

Der Tod des Antragsgegners vor Absendung einer Annahmeerklärung ist gesetzlich nicht geregelt. In diesen Fällen entfaltet das Angebot keine Wirksamkeit, es sei denn, dass es auch für die Erben gelten soll. Hat der Angebotsempfänger bereits die Annahme erklärt und ist die Annahmeerklärung nur noch nicht dem Antragenden zugegangen, ist der Tod des Antragsgegners für die Wirksamkeit der Annahme unbeachtlich (§ 130 II BGB).

C. Annahme

▶ Was ist eine Annahme und welchen Inhalt muss sie haben?   **497**

Die Annahme ist eine empfangsbedürftige Willenserklärung, mit welcher der Angebotsempfänger ausdrücklich oder konkludent (z. B. durch Inanspruchnahme oder Erfüllung der vertraglichen Leistung) zum Ausdruck bringt, dass er sich mit dem angebotenen Vertragsabschluss uneingeschränkt einverstanden erklärt. Die Annahme ist abzugrenzen von der Empfangsbestätigung des Angebots, welche nur mitteilt, dass der Antrag zugegangen ist, ohne die Annahme zu erklären.

498   Beispiel

Getränkelieferant G bietet zwölf Kisten Weißwein zu je 18 € an. Restaurantinhaber R antwortet auf dieses Angebot wie folgt: „Ich nehme 15 Kisten." Ist ein Vertrag zustande gekommen? Wenn ja, worüber?

Da R, indem er mehr als die angebotenen Kisten bestellt hat, von dem Angebot des G abgewichen ist, wäre grundsätzlich keine Annahme gegeben (§ 150 II BGB). Aus der Antwort des R ergibt sich aber, dass er zumindest die zwölf Kisten haben will. Eine Einigung hierüber liegt also vor. Ausnahmsweise ist daher ein Kaufvertrag über zwölf Kisten Weißwein anzunehmen. Hinsichtlich der zusätzlichen drei Kisten besteht ein Angebot des R, welches G annehmen kann. Anders wäre eine solche „überschießende" Annahme zu beurteilen, wenn der Käufer (etwa für ein Fest) erkennbar gerade 15 Kisten benötigt oder – im umgekehrten Fall – wenn der Verkäufer einen Posten erkennbar nur als Ganzes verkaufen will, etwa eine Kiste mit 50 Zigarren, und der Käufer nur zu einem Teil annimmt.

499   ▶ Bis wann muss die Annahme erfolgen?

Der Antragende ist nicht für unbegrenzte Zeit an sein Angebot gebunden, da dies eine unerträgliche Beeinträchtigung seiner Dispositionsfreiheit bedeuten würde, während dem Antragsgegner die Möglichkeit der Spekulation eröffnet wäre. Der Antragende kann daher selbst ausdrücklich oder konkludent eine beliebige Frist bestimmen, innerhalb derer die Annahme zu erfolgen hat (§ 148 BGB). Er kann die Frist nachträglich verlängern, aber nicht verkürzen.

Hat der Antragende keine Frist bestimmt oder ist die gesetzte Frist nach § 308 Nr. 1 BGB unwirksam, ist die gesetzliche Frist des § 147 BGB maßgeblich. Danach kann das Angebot unter Anwesenden nur sofort angenommen werden (§ 147 I 1 BGB), d. h. ohne jegliches Zögern (enger als „unverzüglich", § 121 I 1 BGB, das ein Verschuldenselement beinhaltet). Vertragsschlüsse per Telefon oder Internetchat sind denen unter Anwesenden gleichgestellt (§ 147 I 2 BGB). Unter Abwesenden muss die Annahme in dem Zeitraum erfolgen, in welchem der Antragende den Eingang der Antwort unter regelmäßigen Umständen erwarten darf (§ 147 II BGB). Die Frist ist objektiv entsprechend der Verkehrssitte auszulegen. Einzubeziehen sind die Transportzeiten der beiden Erklärungen und die Überlegungsfrist, die sich vor allem an der wirtschaftlichen Bedeutung des Vertrages orientiert, aber auch die Art der Ware (Verderblichkeit) oder einer sonstigen erkennbaren Eilbedürftigkeit. Bei der Nutzung moderner Kommunikationsmittel sind die Transportzeiten sehr kurz. Für den traditionellen Postweg sind zwei bis drei Tage einzurechnen. Für die Rechtzeitigkeit der empfangsbedürftigen Annahme kommt es auf ihren Zugang an.

500   Beispiel

A will einen Gebrauchtwagen kaufen und lässt sich dazu von Händler H beraten, der allerdings keinen Wagen vorrätig hat, der den Wünschen des A entspricht. Als H wenige Tage später einen passenden Gebrauchtwagen bekommt, schickt er A ein Angebot für dieses Fahrzeug zum Preis von 3.500 €. A erhält das Schreiben am 15.6. Am nächsten Tag schreibt A an H, er sei mit dem Kauf einverstanden, und bringt diesen Brief zur Post. Durch einen Fehler bei der Post wird der Brief falsch zugestellt und kommt nie bei H an. Als A am 6.7. den Wagen abholen will, teilt ihm H mit, dass der Wagen zwar noch da sei, er ihn aber anderweitig verkauft habe. Kann A von H Übergabe und Übereignung des Kfz aus Kaufvertrag (§ 433 I BGB) verlangen?

Dazu müsste ein Kaufvertrag zustande gekommen sein. H hat A durch das am 15.6. zugegangene Schreiben ein bindendes Angebot unterbreitet. Dieses Angebot könnte A durch den Brief vom 16.6. angenommen haben. Voraussetzung hierfür ist der Zugang der Erklärung bei H, die aber fehlt, da das Schreiben nie in den Machtbereich des H gelangt ist.

A könnte das Angebot jedoch konkludent durch Herausverlangen des Wagens am 6.7. angenommen haben. Fraglich ist dabei, ob die Annahme rechtzeitig erfolgt ist. Gem. § 147 II BGB kann ein Antrag unter Abwesenden nur innerhalb einer Frist angenommen werden, in der der Antragende eine Antwort unter regelmäßigen Umständen erwarten kann. Bei Erklärungen, die per Post übermittelt werden, sind die normalen Postlaufzeiten (2 bis 3 Tage) und eine angemessene Überlegungsfrist zu berücksichtigen. Dabei hängt die Überlegungsfrist vom Wert der Kaufsache ab. Hier wird man eine Woche als angemessen betrachten können. Da die Annahme erst nach drei Wochen erfolgte, war sie verspätet. Eine verspätete Annahme gilt nach § 150 I BGB als neues Angebot. Dieses hat H nicht angenommen. Mangels Vertrags hat A keinen Anspruch auf Übergabe und Übereignung des Gebrauchtwagens. Fehlendes Verschulden des A spielt dabei keine Rolle.

▶ Kann eine verspätete Annahme trotzdem zum Vertragsschluss führen?   **501**

Ja. Ist die Annahme für den Antragenden erkennbar rechtzeitig abgesendet worden (Beispiel Poststempel) und nur aufgrund unregelmäßiger Beförderung verspätet zugegangen, gilt sie als rechtzeitig erfolgt, wenn der Antragende die Verspätung nicht unverzüglich beim Annehmenden anzeigt (§ 149 BGB). Die Rechtzeitigkeit wird also fingiert und es kommt ein Vertrag zustande. Damit wird dem Gedanken des Vertrauensschutzes Rechnung getragen. Darüber hinaus muss – auch wenn keine unregelmäßige Beförderung die Verspätung verursacht hat – nach § 242 BGB der Erstantragende eine nur geringfügig verspätete Annahme unverzüglich zurückweisen. Ein Schweigen des Erstantragenden wird als Annahme gewertet, sofern nicht die Umstände eine Sinnesänderung des Erstantragenden nahe legen (str., a. A.: extensive Anwendung des § 149 BGB).

▶ Muss eine Annahme stets zugehen?

502

Als empfangsbedürftige Willenserklärung wird die Annahme grundsätzlich erst mit Zugang beim Empfänger wirksam. Nach § 151 S. 1 BGB ist die Erklärung der Annahme gegenüber dem Antragenden aber entbehrlich, wenn der Antragende auf diese Erklärung ausdrücklich oder konkludent verzichtet oder sie nach der Verkehrssitte nicht zu erwarten ist. § 151 S. 1 BGB macht nicht die Annahme selbst,

sondern nur ihren Zugang überflüssig; sie wird dadurch zur nicht empfangsbedürftigen Willenserklärung und daher bereits mit ihrer Abgabe wirksam. Erforderlich ist
dafür eine nach außen hervortretende eindeutige Betätigung des wirklichen Annahmewillens, regelmäßig durch schlüssiges Verhalten. Ein bloßes Schweigen genügt
hierfür grundsätzlich nicht (vgl. schon Frage 156). Die Annahme muss innerhalb
der Frist des S. 2 erfolgen. Trotz Entbehrlichkeit des Zugangs der Annahme, steht
es dem Antragsgegner zudem natürlich frei, die Annahme dennoch gegenüber dem
Antragenden zu erklären.

Auch in den Fällen des § 152 BGB (sukzessive Beurkundung, vgl. Frage 318) ist
die Annahmeerklärung nicht empfangsbedürftig.

503   **Beispiel**

S hat bei Bank B ein Darlehen in Höhe von 10.000 € aufgenommen, das zur
Rückzahlung fällig ist. S zahlt zunächst nur 4.000 € zurück. Als B den Restbetrag
anmahnt, übersendet er B am 14.10. ein Schreiben, in dem er seine schlechte
wirtschaftliche Situation schildert. Das Schreiben endet wie folgt: „Ich kann also
das Darlehen trotz aller Bemühungen nicht vollständig zurückzahlen. Ich biete
Ihnen daher folgenden Kompromiss an: In der Anlage finden Sie einen Verrech-
nungsscheck über 4.000 €. Mit dessen Einlösung soll die Angelegenheit für beide Seiten endgültig erledigt sein. Eine Antwort auf dieses Schreiben erwarte ich
nicht." X, Angestellter bei B, liest das Anschreiben nur oberflächlich und geht
deshalb davon aus, dass die in dem Scheck ausgewiesene Summe der Höhe der
noch offenen Forderung entspricht. Er lässt den Scheck mit dem „Verwendungs-
zweck: s. Schreiben vom 14.10." daher zugunsten der B einlösen. Als X sein
Versehen bemerkt, schreibt er umgehend an S, dass B die von S vorgeschlagene
Lösung ablehne. Kann B von S die Rückzahlung der restlichen Darlehenssumme
verlangen?

Der Rückzahlungsanspruch aus Darlehen gem. § 488 I 2 BGB könnte durch Erlassvertrag zwischen B und S gem. § 397 I BGB erloschen sein. Das Schreiben des S
mit der Formulierung, dass die Angelegenheit bei Scheckeinlösung für beide Seiten
„endgültig erledigt" sein soll, ist als solches Angebot auszulegen. Fraglich ist, ob
es von X im Namen der B angenommen wurde. S hat in seinem Schreiben ausdrücklich auf eine Erklärung der Annahme verzichtet (§ 151 S. 1 Fall 2 BGB). Die
Annahmeerklärung war daher nicht empfangsbedürftig. Das hat auch Folgen für
die Anforderungen, die an den Tatbestand der Annahmeerklärung zu stellen sind:
Entscheidend ist nicht der Empfängerhorizont. Vielmehr muss objektiv lediglich
ein äußerlich erkennbares Verhalten des Angebotsempfängers vorliegen, das vom
Standpunkt eines unbeteiligten Dritten, der alle äußeren Indizien kennt, eindeutig
auf einen Annahmewillen schließen lässt (§ 133 BGB). Wenn der Anbietende dem
Angebotsempfänger eine Handlung nur für den Fall des Vertragsschlusses anbie-
tet und der Angebotsempfänger diese Handlung vornimmt, ist grundsätzlich davon auszugehen, dass sich der Angebotsempfänger redlich verhält und deshalb die
Handlung nur ausführt, wenn er auch die Bedingungen des Anbietenden akzeptiert

und das Angebot also annimmt. Etwas anderes gilt nur dann, wenn besondere äußere Umstände gegen einen Annahmewillen sprechen, etwa wenn die Forderung, um deren Erlass es geht, unstreitig besteht und zudem ein krasses Missverhältnis zwischen dem Betrag des übersandten Schecks und der Höhe der Forderung besteht, so dass eine Zustimmung des Gläubigers zu einem Erlass vernünftigerweise ausgeschlossen ist und folglich auch nicht auf einen Annahmewillen geschlossen werden kann. Macht der erlassene Betrag ein Drittel der ausstehenden Forderung und ein Fünftel des Darlehens aus, liegt ein krasses Missverhältnis aber nicht vor. Ein plausibler Grund für die Annahme kann z. B. darin zu sehen sein, dass B einer weiteren Vermögensverschlechterung bei S zuvorkommen will.

Problematisch ist aber, dass sich X (auf den es nach § 166 I BGB ankommt) nicht bewusst war, dass er etwas Rechtserhebliches erklärt. Zwar kommt es bei empfangsbedürftigen Willenserklärungen nach h.M. nur auf das potentielle Erklärungsbewusstsein an, d. h. für eine wirksame Willenserklärung reicht es aus, wenn der Erklärende bei ordnungsgemäßer Sorgfalt hätte erkennen können, dass er etwas Rechtserhebliches erklärt (Frage 172), womit eine Annahme durch X vorläge. Fraglich ist aber, ob diese Grundsätze auch für nach § 151 S. 1 BGB nicht empfangsbedürftige Erklärungen gelten. Einen vertrauenden Erklärungsempfänger, den die h.M. für die Zurechnung der Willenserklärung voraussetzt, gibt es hier nicht. Die Annahme ist daher nur bei tatsächlichem Erklärungsbewusstsein gegeben. Mangels zustande gekommenen Erlassvertrags besteht daher noch der vertragliche Rückzahlungsanspruch der B.

504

Beispiel

Der Buchclub B sendet der A ein Buch unbestellt als Probeexemplar zu. In dem beigelegten Schreiben stellt sich B vor und bietet der A an, das Buch für nur 5 € zu behalten, wenn es ihr gefällt. Wenn sie dies nicht möchte, soll sie das Buch kostenlos zurücksenden. A liest das Schreiben nicht, sondern wirft das Päckchen einfach auf den Berg alter Zeitungen und zahlt auch nicht die 5 €. Hat B einen Anspruch gegen A auf Zahlung der 5 € oder – wenn nicht – einen Anspruch auf Herausgabe des Buches? Abwandlung: A findet das Buch interessant, liest es und stellt es anschließend in ihr Regal, möchte aber nicht in einem Buchclub gebunden sein und reagiert deshalb in keiner Weise auf das Schreiben der B.

B könnte einen Kaufpreisanspruch gegen A haben. B hat mit dem Zusenden des Buches ein Angebot zum Abschluss eines Kaufvertrages zu 5 € abgegeben (ggf. iVm. mit dem Angebot zum Vereinsbeitritt). Fraglich ist, ob die A dieses angenommen hat. Da B auf den Zugang der Annahme verzichtet hat, genügt grundsätzlich jedes Verhalten, das einen Annahmewillen zum Ausdruck bringt. Aus dem Weglegen durch A lässt sich ein solcher Annahmewillen nicht schließen. Das Nichtzurückschicken, wie es die B in ihren Bedingungen beschreibt, genügt nicht. Diese Regelung – sollte sie nicht ohnehin als Allgemeine Geschäftsbedingung nach § 308 Nr. 5 BGB unwirksam sein – müsste erst durch Annahme der A Vertragsbestandteil geworden sein und kann die Annahme selbst nicht vorschreiben. Mangels Äußerung eines Annahmewillens liegt daher keine Annahme vor.

Aber auch wenn A – wie in der Abwandlung – das Buch gebraucht und einen Annahmewillen äußert, kann der Anspruch nach § 241a I BGB ausgeschlossen sein. B ist als gewerblich tätiger Buchclub Unternehmer iSd. § 14 BGB, A, die nicht zu gewerblichen oder selbstständig beruflichen Zwecken handelt, Verbraucher iSd. § 13 BGB. Das Buch wurde unbestellt zugesandt. Es lag auch seitens des B kein irrtümliches Zusenden und keine Ersatzlieferung anstelle einer bestellten Ware nach § 241a II, III BGB vor. Folglich hat B auch in der Abwandlung keine Kaufpreisansprüche gegen A. Auch Herausgabeansprüche scheitern an § 241a I BGB, der nicht nur vertragliche Ansprüche, sondern alle, auch dingliche Herausgabeansprüche wie § 985 BGB ausschließt. B kann somit in beiden Fällen weder Zahlung noch Herausgabe verlangen.

505 ▶ Wann ist eine Annahmeerklärung nach der Verkehrssitte nicht zu erwarten (§ 151 S. 1 Fall 1 BGB)?

Von einer solchen Verkehrssitte ist auszugehen, wenn bei einem Geschäft der betreffenden Art auf den Zugang der Annahme üblicherweise verzichtet wird, z. B. bei Rechtsgeschäften, die für den Angebotsempfänger lediglich rechtlich vorteilhaft sind, etwa einer Bürgschaftserklärung. Dasselbe gilt, wenn der Zugang der Annahme aufgrund des Massenverkehrs nicht möglich ist, etwa bei öffentlichen Verkehrsmitteln, bei der die offerta ad incertas personas durch Benutzung angenommen wird.

506 | Beispiel

A findet die Preise für die Nutzung öffentlicher Nahverkehrsmittel überteuert. Bevor er in die U-Bahn steigt, erklärt er über eine Infosäule, dass er die unverschämten Preise des Verkehrsbetriebs V nicht zahlen wird. Kann ein Kontrolleur von A Zahlung des „erhöhten Beförderungsentgeltes" gem. der (wirksamen) AGB an V verlangen?

Eine Zahlungspflicht kann sich aus einem in einem Beförderungsvertrag enthaltenen Vertragsstrafeversprechen zwischen V und A ergeben. Nach dem Sachverhalt ist davon auszugehen, dass die AGB des V wirksam in die Verträge mit seinen Kunden einbezogen sind und die Voraussetzungen für ein erhöhtes Entgelt (= Vertragsstrafe) vorliegen. Problematisch ist indes, ob ein solcher Vertrag zwischen V und A zustande gekommen ist. Das Angebot zum Vertragsschluss liegt im Bereitstellen der Beförderungsmöglichkeit (vgl. Frage 489). A hat einen Vertragsschluss aber ausdrücklich abgelehnt. Wie in solchen Konstellationen ein Vertragsschluss zu konstruieren ist, ist streitig. Anders als bei bloß innerem Vorbehalt „gewöhnlicher Schwarzfahrer" kommt eine Lösung über § 116 S. 1 BGB daher nicht in Betracht.

Nach früherer Ansicht kommt der Vertrag ohne Willenserklärung des A durch sozialtypisches Verhalten zustande. Nach heute überwiegender Ansicht ist diese Lehre vom faktischen Vertrag jedoch überflüssig. Der Vertrag kommt – trotz ausdrücklichen Fehlens des Rechtsbindungswillens – durch eine konkludente Willenserklärung, ausgedrückt durch die Inanspruchnahme der Gegenleistung, zustande.

Das konkludente „Ja" überwiegt gegenüber dem ausdrücklichen „Nein". A nimmt das Angebot des V folglich durch Besteigen der U-Bahn an. Dass A zuvor zum Ausdruck gebracht hat, keinen Vertrag zu diesen Bedingungen schließen zu wollen, stellt sich als widersprüchliches Verhalten dar, welches nach § 242 BGB unbeachtlich ist (protestatio facto contraria non valet). Der Vertrag kommt zu den von V zugrunde gelegten Bedingungen zustande. A muss danach das erhöhte Beförderungsentgelt zahlen.

▶ Exkurs: Was sind AGB und wie werden sie in einen Vertrag einbezogen?   **507**

Allgemeine Geschäftsbedingungen sind für eine Vielzahl von Verträgen vorformulierte Vertragsbedingungen, die von einer Partei gestellt werden (§ 305 I 1 BGB), im Gegensatz zu Individualvereinbarungen, die nach § 305 b BGB Vorrang haben. AGB werden durch Einbeziehung gem. § 305 II BGB Vertragsbestandteil. Dies setzt dreierlei voraus: Erstens muss der Verwender den Vertragspartner ausdrücklich auf die AGB hinweisen. Nur wenn dies mit unverhältnismäßigen Schwierigkeiten verbunden ist, kann es durch einen deutlich sichtbaren Aushang ersetzt werden (Nr. 1). Dies gilt etwa in Kaufhäusern oder auch in der Autowaschstraße, wo ein ausdrücklicher Hinweis oft nur schwer möglich ist. Der Hinweis hat am Ort des Vertragsschlusses zu erfolgen (nicht etwa erst hinter der Kasse oder im Hotelzimmer). Zweitens muss die Möglichkeit zumutbarer Kenntnisnahme durch den Vertragspartner bestehen. Drittens muss der Vertragspartner mit der Einbeziehung der AGB einverstanden sein. Abweichungen hierzu enthalten § 305 III (Rahmenvereinbarungen, Beispiel Banken), § 305a BGB (behördliche Genehmigung); zudem gilt § 305 II BGB gem. § 310 I BGB für Verträge unter Unternehmern nicht. Dennoch müssen die AGB wenigstens schlüssig in den Vertrag einbezogen werden. Zur Auslegung von AGB vgl. schon Frage 184.

▶ Gilt beim kaufmännischen Bestätigungsschreiben das Schweigen als Annahme?   **508**

Grundsätzlich ist das kaufmännische Bestätigungsschreiben schon seinem Namen nach nur eine kurze schriftliche Bestätigung eines zuvor abgeschlossenen Vertrages und nicht die Annahme eines Angebots. Die Annahme hat bereits in den vorangegangenen Vertragsverhandlungen mit dem Vertragsabschluss stattgefunden. Das Bestätigungsschreiben ist bzgl. des Abschlusses rein deklaratorisch. Nur wenn der Vertragsinhalt durch das Bestätigungsschreiben abgeändert wird oder wenn nur aus Sicht des Absenders bei den vorangegangenen Vertragsverhandlungen ein Vertragsschluss vorgelegen hat, objektiv aber keiner vorlag, kann dem Bestätigungsschreiben konstitutive Wirkung zukommen und das Schweigen eine Annahme unter den Bedingungen des Bestätigungsschreibens darstellen. Abzugrenzen vom kaufmännischen Bestätigungsschreiben ist die sog. Auftragsbestätigung, der aus Sicht beider Parteien kein Vertragsschluss vorausgegangen ist und die regelmäßig als konstitutive Annahme auszulegen ist.

▶ Welche Voraussetzungen hat ein kaufmännisches Bestätigungsschreiben?   **509**

1. Unmittelbar vorausgegangene Vertragsverhandlungen, die zumindest aus der Sicht des Absenders des Bestätigungsschreibens zu einem Vertragsschluss geführt haben;
2. Der Absender muss den vorangegangenen Vertragsschluss unter Wiedergabe des Vertragsinhalts bestätigen;
3. Empfänger und Absender sind Kaufleute oder nehmen ähnlich einem Kaufmann in größerem Umfang am Rechtsverkehr teil (z. B. Architekt; für Absender str., bei Schreiben von Privatpersonen besteht aber richtigerweise keine Verkehrserwartung dahin, dass zur Vermeidung der Rechtsfolge unverzüglich reagiert werden muss);
4. Kein unverzüglicher Widerspruch des Empfängers (innerhalb von zwei bis drei Tagen);
5. Redlichkeit des Absenders, d. h. er muss davon ausgegangen sein, der Inhalt des Schreibens stimme mit dem abgeschlossenen Vertrag überein oder weiche nur in solche Punkten ab, die der Empfänger billigt (Vertrauensschutzgedanke).

510   ► Kann der Empfänger eines kaufmännischen Bestätigungsschreibens sein Schweigen anfechten?

Beispiel 1

K erfährt nachträglich von der Wirkung seines Schweigens und will daher sein Schweigen anfechten.

Ob K anfechten kann, hängt zum einen von der Art seines Irrtums ab und zum anderen davon, wie man das Schweigen auf ein kaufmännisches Bestätigungsschreiben dogmatisch einordnet. Der Irrtum über die Auswirkungen seines Schweigens in Beispiel 1 stellt einen reinen Rechtsirrtum dar, der unbeachtlich ist. Andernfalls wäre auch der Sinn und Zweck des kaufmännischen Bestätigungsschreibens in Frage gestellt.

511   **Beispiel 2**

K hatte sich bei dem Bestätigungsschreiben verlesen und hielt es deshalb für zutreffend.

Hier ist die Rechtslage schwieriger zu beurteilen. Bei einem gewöhnlichen Vertragsschluss durch Angebot und Annahme hätte K ohne Weiteres nach §§ 142, 119 I BGB anfechten können. Würde das Schweigen auf ein kaufmännisches Bestätigungsschreiben als fingierte Willenserklärung angesehen, so müsste K daher ein Anfechtungsrecht haben. Das Schweigen kann K nicht stärker binden als eine ausdrückliche Willenserklärung. Nach anderer Ansicht ist das Schweigen hier aber nur ein Zurechnungstatbestand, der allein auf Vertrauensgesichtspunkten beruht. Eine

Anfechtbarkeit würde dieses Vertrauen wieder enttäuschen. Außerdem ist der Kaufmann verpflichtet, das kaufmännische Bestätigungsschreiben sorgfältig zu prüfen, die Irrtumsanfechtung aber von Verschuldensaspekten unabhängig. Andererseits besteht bei einer Anfechtung die Vertrauenshaftung nach § 122 BGB, die die Interessen des Geschäftspartners wenigstens teilweise ausgleichen könnte.

D. Konsens und Dissens (§§ 154 f. BGB)

▶ Was versteht man unter Konsens, was unter Dissens? Was sind die Rechtsfolgen des   **512**
Dissenses?

Konsens ist die Übereinstimmung der Willenserklärungen der Vertragschließenden und somit Voraussetzung für einen Vertragsschluss. Nicht maßgeblich hierfür ist, ob ein natürlicher oder normativer Konsens vorliegt. Ein natürlicher (faktischer) Konsens ist gegeben, wenn der subjektive Wille beider Parteien übereinstimmt, gleichgültig, ob eine normative Auslegung der Erklärungen aus Sicht eines objektiven Empfängers etwas anderes ergeben würde oder ob sich die Parteien irrtümlich oder absichtlich einer fehlerhaften Ausdrucksweise bedient haben. Der Vertrag kommt über das Gewollte zustande („falsa demonstratio non nocet", Beispiel „Haakjöringsköd", vgl. Frage 177). Ein normativer Konsens liegt dagegen vor, wenn beide dasselbe erklären, aber unterschiedliches wollen. Nach ganz h.M. ist eine empfangsbedürftige Willenserklärung so auszulegen, wie der Erklärungsempfänger sie nach Treu und Glauben und nach der Verkehrsanschauung verstehen musste (vgl. Frage 176). Dadurch kann es zu einer objektiven Willensübereinstimmung kommen, ohne dass der Wille subjektiv übereinstimmt – sog. normativer Konsens. Demjenigen, dessen Erklärung von dem Gewollten abweicht, steht ggf. ein Anfechtungsrecht wegen Irrtums zu.

Dissens ist die Uneinigkeit der Parteien in mindestens einem zum Regelungsprogramm gehörenden Punkt. Gehört dieser zu den essentialia negotii, ist kein Vertrag zustande gekommen (logischer oder Totaldissens, Ausnahmen: übliche Vergütung §§ 612 II, 632 II BGB, oder Bestimmung durch eine Vertragsseite, §§ 315 ff. BGB; Frage 485). Betrifft die Uneinigkeit einen Nebenpunkt (accidentalia negotii), kann der Vertrag dennoch wirksam sein (Teildissens). §§ 154 f. BGB enthalten für die Rechtsfolgen Auslegungsregeln, § 154 für den offenen, § 155 BGB für den versteckten Dissens.

Beispiel   **513**

Absolvent A schickt seinem Freund Student F ein Fachbuch, das dieser dringend braucht. F glaubt, es sei geschenkt, A wollte es ihm aber nur leihen. Liegt ein Vertrag vor?

Keine der beiden konkludenten Erklärungen – Senden und Entgegennahme des Buches – lässt sich gem. §§ 133, 157 BGB eindeutig als auf eine Leihe oder Schenkung gerichtet auslegen. A will sein Buch nur verleihen, F glaubt er nehme ein

Angebot für eine Handschenkung nach § 516 BGB an. Es liegt somit ein Dissens vor. Der Vertragstyp und damit die Primärleistung der unentgeltlichen zeitweiligen Überlassung oder der endgültigen Übereignung gehört aber zu den wesentlichen Vertragsbestandteilen. Es handelt sich daher um einen Totaldissens (logischer Dissens). Ein Vertrag ist folglich nicht zustande gekommen.

514   ▶ Was unterscheidet den offenen vom versteckten Einigungsmangel? Was sind die Rechtsfolgen?

Bei einem offenen Dissens sind sich beide Parteien der Divergenz bewusst. Die Vertragspartner wissen, dass noch nicht alle Nebenpunkte des Vertrages abschließend geklärt sind. Dann hängt die Frage, ob ein Vertrag zustande gekommen ist, davon ab, ob die nicht geklärten Nebenpunkte nach Ansicht der Parteien so große Bedeutung haben, dass sie von ihnen die Wirksamkeit des Vertrags abhängig machen wollen (dann kein Vertrag) oder ob sie so nebensächlich sind, dass sich die Parteien erkennbar auch ohne eine diesbezügliche Einigung binden wollen (dann Vertrag). Eine solche Auslegung kann sich z. B. aus der einvernehmlichen Vertragsdurchführung ergeben. Im Zweifel gilt der Vertrag freilich gem. § 154 I 1 BGB als nicht geschlossen.

Ein verdeckter Einigungsmangel liegt vor, wenn eine oder beide Vertragsparteien irrig davon ausgehen, sie hätten sich bereits vollständig geeinigt, etwa wenn die Parteien einen regelungsbedürftigen Punkt vergessen (versehentliche Unvollständigkeit), einen mehrdeutigen Begriff unterschiedlich verstanden (Scheinkonsens) oder unbemerkt zwei voneinander abweichende Erklärungen abgegeben haben (Erklärungsdissens). Auch hier ist der Vertrag grundsätzlich nicht zustande gekommen, es sei denn, dass die Parteien auch ohne den Nebenpunkt den Vertrag geschlossen hätten, § 155 BGB.

Die durch einen Teildissens bedingte Lücke des ansonsten wirksamen Vertrags ist durch dispositives Recht oder im Wege der ergänzenden Vertragsauslegung zu schließen.

515   Beispiel

Musiker K schließt mit dem Musikproduzenten S einen Vertrag, der die Herstellung verschiedener Kompilationen beinhaltet: ein neues Album, eine Single und ein „Best-of-Album". Nachdem mit der Aufnahme von Single und Album begonnen wurde, streiten sich beide über die Tracklist für das „Best-of-Album", weil S aktuelle Songs mit aufnehmen möchte, die auch in anderen aktuellen Alben enthalten sind. Nur dann lasse es sich gut verkaufen. K meint, das sei unwirtschaftlich, weil durch ein solches „Best-of-Album" den laufenden Alben Konkurrenz gemacht würde. Ist der Produktionsvertrag zustande gekommen?

Der Vertrag setzt zwei übereinstimmende Willenserklärungen voraus. Die Erklärungen von K und S zielten hier scheinbar übereinstimmend auf die Produktion eines „Best-of-Album". Über den Inhalt hat jedoch keine Einigung stattgefunden. Viel-

mehr hatten beide Seiten unter dem Begriff „Best-of" und dessen Inhalt etwas anderes verstanden, der Begriff war mehrdeutig und nicht nach dem objektiven Empfängerhorizont in einer bestimmten Weise auszulegen. Es liegt ein Scheinkonsens
vor, der in Wahrheit ein Dissens, ein versteckter Einigungsmangel, ist. Er betrifft
nicht die Hauptleistungspflichten des Vertrages, Produktion und Vertrieb eines Ton-
trägers und ein entsprechendes Entgelt, sondern die Ausgestaltung im Einzelnen.
Dies spricht dafür, § 155 BGB anzuwenden. Maßgeblich ist demnach, ob der Vertrag auch ohne die Regelung geschlossen werden sollte. Die Tracklist war aber von
großer Bedeutung, in wirtschaftlicher Sicht für S, in künstlerischer und wirtschaftlicher Sicht für K. Entsprechend der Auslegungsregel des § 155 a.E. BGB ist daher
davon auszugehen, dass bzgl. des „Best-of-Albums" keine Einigung und damit kein
Vertrag vorliegt.

Fraglich ist, welche Auswirkungen dies auf den Produktionsvertrag als Ganzes
hat. Die Vereinbarung über das „Best-of-Album" stellt nur einen Teil der Vereinbarungen dar und der diesbezügliche (Total-)Dissens ist im Kontext des ganzen
Vertrags wieder ein Teildissens. Wieder ist daher zu fragen, ob K und S den Vertrag auch ohne diese Vereinbarung geschlossen hätten, oder ob im Zweifel keine
Einigung vorliegt. (Die Situation ist vergleichbar mit der Teilnichtigkeit nach § 139
BGB, Frage 470, diese Vorschrift ist aber nicht anwendbar, weil sie ein (teil-)nich-
tiges Rechtgeschäft voraussetzt, das hier mangels Konsenses gar nicht vorliegt.)
Die fehlende Einigung betrifft eine von drei Produktionen, von denen die anderen
beiden, Album und Single, schon unabhängig vom „Best-of-Album" aufgenommen werden. Neue Alben sind regelmäßig auch wichtiger. Ein entgegenstehender
hypothetischer Parteiwille ist nicht zu erkennen. Daher ist davon auszugehen, dass
der Vertrag entgegen der Regel des § 155 BGB bzgl. Album und Single zustande
gekommen ist.

Beispiel   **516**

V bietet K 20 Waschmaschinen an und legt seine Verkaufsbedingungen bei,
K nimmt zu den Konditionen des V an, legt seinem Schreiben aber seine Ein-
kaufsbedingungen bei. Beide AGB enthalten u. a. Gewährleistungsregeln, die
unterschiedlich – jeweils zugunsten des Verwenders – lauten: Während nach den
AGB des V die Haftung beschränkt ist und die Verjährungsfristen stark verkürzt
sind, ist die Gewährleistung bei K erweitert. Hinzu kommen jeweils „Abwehr-
klauseln", wonach nur zu den eigenen AGB kontrahiert werden soll. V liefert
die Waschmaschinen, von denen einige mangelhaft sind. V und K streiten nun,
welche Gewährleistungsregeln gelten.

Bei einander widersprechenden AGB ist problematisch, was Vertragsinhalt geworden ist. Das Schreiben des K könnte als modifizierende Annahme und daher gem.
§ 150 II BGB als neues Angebot anzusehen sein, das V durch Lieferung der Waschmaschinen konkludent angenommen hat. Durchsetzen würde sich somit, wer das
letzte Schreiben versandt hat (sog. Theorie des letzten Wortes). Ob dieses Ergebnis
interessengerecht ist, ist zweifelhaft. Dagegen spricht, dass V gerade seine AGB

einbringen, die Einbeziehung fremder AGB sogar durch eine „Abwehrklausel" verhindern wollte. Es käme entweder zu einem ewigen Hin und Her von Schreiben, um
die Einbeziehung der gegnerischen AGB zu verhindern, oder es gäbe bei zeitgleich
zugehenden Schreiben überhaupt kein eindeutiges Ergebnis. Richtigerweise ist daher bzgl. der sich widersprechenden AGB keine Einigung anzunehmen. Es liegt ein
offener Dissens iSd. § 154 BGB vor. Da mit der Erfüllung begonnen wurde, ist trotz
der Abwehrklausel und bestehender Uneinigkeiten davon auszugehen, dass V und
K den Vertrag im Übrigen gelten lassen wollten. Entsprechend § 306 II BGB tritt
an die Stelle der sich widersprechenden Klauseln das dispositive Recht, also kaufrechtliche Mängelgewährleistung gem. §§ 434 ff. BGB. Ähnliche Probleme können
auch im Falle sich kreuzender kaufmännischer Bestätigungsschreiben auftauchen.
Ein Vertrauen der jeweiligen Gegenseite in die Geltung der eigenen, den anderen
widersprechenden Bedingungen besteht dann erst gar nicht. Die Parteien hatten sich
schon zuvor über die essentialia negotii geeinigt, was noch mehr für ein Zustandekommen des Vertrags spricht.

517   ▶ Wann kommt der Vertrag zustande, wenn eine Beurkundung vereinbart ist?

Wenn eine ausdrücklich oder konkludent vereinbarte Beurkundung noch nicht erfolgt ist, ist der Vertrag gem. § 154 II BGB im Zweifel nicht geschlossen. Der Vertrag kommt also erst mit der Beurkundung zustande. Der Begriff „Beurkundung"
ist hier weit auszulegen, so dass neben notarieller Beurkundung (§ 128 BGB) und
Schriftform (§ 126 BGB) auch die elektronische Form (§ 126a BGB) und die Textform (§ 126 b BGB) darunter fallen. Die Vorschrift ist allerdings nicht anwendbar,
wenn die Beurkundung nur Beweiszwecken dienen soll. Ob dies der Fall ist, muss
durch Auslegung ermittelt werden.

E. Vertragsschluss bei Versteigerung (§ 156 BGB)

518   ▶ Wie kommt ein Vertrag bei einer Versteigerung zustande?

Mit dem Ausruf der zu versteigernden Ware fordert der Versteigerer alle Interes-
sierten zur Abgabe ihrer Gebote auf. Das Gebot ist der Antrag und der Zuschlag die
Annahmeerklärung des Versteigerers (§ 156 S. 1 BGB). Abweichend von § 147 I 1
BGB erlischt ein Gebot mit der Abgabe eines Übergebots oder bei Schließung der
Versteigerung ohne Zuschlagserteilung (§ 156 S. 2 BGB). Der Zuschlag ist eine
Willenserklärung, die nicht empfangsbedürftig ist. Somit kommt der Vertrag also
auch dann zustande, wenn der entsprechende Bieter bei Erteilung des Zuschlages
nicht mehr anwesend war und daher gar nichts von dem Zuschlag weiß. Regelmäßig handelt der Versteigerer im Namen des Einlieferers, der dann Vertragspartner
des Bieters wird. Der Vertrag, der per Versteigerung zustande kommt, hat – wie
ein normaler Kaufvertrag – keine dingliche Wirkung, die Übereignung erfolgt nach
§§ 929 ff. oder §§ 873, 925 BGB.

§ 156 BGB ist nur auf freiwillige („privatrechtliche") Versteigerungen anzuwenden, also nicht etwa auf die Zwangsversteigerung nach ZPO und ZVG. Da es sich um dispositives Recht handelt, kann von dieser Regelung im Rahmen der §§ 307 ff. BGB abgewichen werden.

▶ Welche sind die Unterschiede zu einer öffentlichen Versteigerung im Rahmen der   **519**
Zwangsvollstreckung?

Die öffentliche Versteigerung im Rahmen der Zwangsvollstreckung erfolgt gem. § 814 ZPO durch den Gerichtsvollzieher, während § 156 BGB auch Versteigerungen durch Private ermöglicht. Der Zuschlag iSd. § 817 I ZPO ist keine privatrechtliche Willenserklärung, sondern ein Hoheitsakt, der einen kaufähnlichen öffentlich-rechtlichen Vertrag zustande bringt und mit der Ablieferung der Sache an den Ersteigerer zu einer Übereignung kraft hoheitlicher Gewalt führt. Für öffentliche Versteigerungen in der Zwangsvollstreckung sind die Gewährleistungsrechte gänzlich ausgeschlossen, im Gegensatz zu privatrechtlichen Versteigerungen, bei denen dies durch abweichende Parteivereinbarung nur in den Grenzen der §§ 475 ff. und §§ 305 ff. BGB möglich ist (für öffentliche Pfandversteigerungen gilt § 445 BGB).

▶ Wie kommt es bei sog. Internet-Auktionen zum Vertragsschluss?   **520**

Bei sog. Internet-Auktionen gibt es verschiedene Möglichkeiten des Vertragsschlusses, die sich regelmäßig aus den AGB des Internet-Auktionshauses ergeben, z. B. folgende: Der Verkäufer stellt seine Ware ins Netz, was eine invitatio ad offerendum darstellt. Der interessierte Kunde gibt sein Angebot ab. Der „Zuschlag" wird durch Zeitablauf ersetzt. Die Annahmeerklärung liegt dann erst in der Bestätigung durch den Verkäufer oder das Auktionshaus als Stellvertreter.

Eine andere Möglichkeit ist, dass der Verkäufer bereits ein bindendes Angebot abgibt und sich verpflichtet, mit dem Höchstbietenden abzuschließen. Der Vertrag kommt dann bei Zeitablauf automatisch mit dem fristgerecht Höchstbietenden zustande.

Eine Versteigerung iSd. § 156 BGB liegt in beiden Fällen nicht vor. Die entsprechende Website stellt nur die Plattform für den Austausch der Willenserklärungen zur Verfügung, § 156 BGB ist unanwendbar. Abzugrenzen ist die „Auktion" auch von dem bloßen Ausstellen einer Produktpalette mit Bestellmöglichkeit, wenn z. B. Buchläden auch über das Internet verkaufen. Die Situation ist rechtlich nicht anders zu bewerten als die Bestellung aus dem Katalog: Die Internetpräsentation ist eine unverbindliche invitatio (vgl. Frage 488), die Bestellung das Angebot. Die Annahme erfolgt durch Bestätigungsmail oder Zusenden der Ware. Im Einzelfall kann dies aber auch anders sein. So lässt sich z. B. das Bereitstellen von Software im Internet, die sogleich herunter geladen wird, als bindendes Angebot des Unternehmens ansehen, das der Kunde durch den Download annimmt.

Bedingung und Zeitbestimmung (§§ 158–163 BGB)

10

▶ Welche Bedeutung haben die Regelungen der §§ 158 ff. BGB?   **521**

Gewöhnlich sind Rechtsgeschäfte mit ihrem Zustandekommen wirksam, etwa eine empfangsbedürftigen Willenserklärung mit Zugang, der Vertrag mit Zugang der Annahme oder die Übereignung mit der Übergabe. Die §§ 158 ff. erlauben hiervon Abweichungen durch privatautonome Gestaltung, soweit dies nicht für die sog. bedingungsfeindlichen Geschäfte entweder durch Gesetz (wie bei Aufrechnung, § 388 S 2, Auflassung, § 925 II, oder Eheschließung, § 1311 S 2 BGB) oder bei einseitigen Gestaltungsrechten (wie Rücktritt oder Anfechtung) aufgrund der andernfalls unzumutbaren Rechtsunsicherheit für den Geschäftspartner ausgeschlossen ist.

▶ Wann ist mangels Rechtsunsicherheit eine Bedingung in den vorstehend genann-   **522**
ten Fällen trotzdem ausnahmsweise zulässig?

Eine Rechtsunsicherheit besteht nicht bei einer innerprozessualen Bedingung (Hilfsantrag) oder bei einer sog. Potestativbedingung, z. B. bei der Änderungskündigung oder der Kündigung unter der Bedingung, dass das Angebot zur Vertragsänderung nicht angenommen wird. Bei ihr knüpft der Eintritt der Rechtswirkung an ein Verhalten (Tun oder Unterlassen) an, das vom Belieben des Geschäftspartners abhängig ist: Die Vertragspartei kann daher durch entsprechendes Verhalten die Bedingung und damit die Rechtswirkungen eintreten lassen oder nicht (abzugrenzen von der sog. Wollensbedingung, die den Willen der Partei selbst zur Bedingung macht, gesetzliches Beispiel: Kauf auf Probe in §§ 454 f. BGB).

▶ Was ist der Unterschied zwischen aufschiebender und auflösender Bedingung, was   **523**
derjenige zwischen Bedingung und Befristung?

Bei der aufschiebenden Bedingung nach § 158 I BGB entsteht, bei der auflösenden Bedingung endet die Rechtswirkung eines Rechtsgeschäfts mit Eintritt der Bedingung. Ob und welche Bedingung vorliegt, ergibt sich durch Auslegung, §§ 133, 157

C. Armbrüster, *Examinatorium BGB AT,* Springer-Lehrbuch,
DOI 10.1007/978-3-642-45123-2_10, © Springer-Verlag Berlin Heidelberg 2015

BGB. Beispiel Eigentumsvorbehalt: Übereignung unter der aufschiebenden Bedingung der vollständigen Kaufpreiszahlung, vgl. Auslegungsregel des § 449 I BGB.

Maßgeblicher Unterschied zwischen Bedingung und Befristung ist die (Un-)Gewissheit des Ereignisses: Während bei der Bedingung iSd. § 158 BGB die Rechtswirkung von einem künftigen, objektiv ungewissen Ereignis abhängig gemacht wird, das entweder eintritt oder ausfällt, ist bei der Befristung der Eintritt des Ereignisses gewiss, wenn auch sein Zeitpunkt ungewiss sein kann. So kann der Tod eines Menschen, dessen Eintritt sicher ist, nur dessen Zeitpunkt nicht, nur Anknüpfungspunkt für eine Befristung sein. Etwas anderes gilt indes dann, wenn der Tod innerhalb eines bestimmten Zeitraums eintreten muss. Dann ist der Eintritt innerhalb des Zeitraums ungewiss und es handelt sich um eine Bedingung. Nicht immer leicht ist auch die Abgrenzung der aufschiebenden Befristung zur noch nicht fälligen Leistung (Beispiel: die Miete für den kommenden Monat ist eine künftige, d. h. aufschiebend befristete Forderung).

Ist das Ereignis objektiv bereits eingetreten, den Parteien subjektiv aber noch nicht bekannt, handelt es sich nicht um eine Bedingung iSd. § 158 BGB (sog. uneigentliche Bedingung), die Vorschriften werden aber für die Zeit der Ungewissheit der Parteien entsprechend angewendet. Auf die Befristung finden die Regeln zur Bedingung nach § 163 BGB entsprechende Anwendung.

524 ▶ Was ist das Besondere am Rechtszustand bei einem aufschiebend oder auflösend bedingten Verfügungsgeschäft?

Während der Zeit bis zum Eintritt der aufschiebenden Bedingung sind die Vertragsparteien an den Vertrag gebunden und können sich nicht mehr einseitig davon lösen, die Rechtswirkung ist aber noch nicht eingetreten. Es besteht ein Schwebezustand, während dessen der bedingt Berechtigte bereits eine gesicherte Rechtsposition, ein Anwartschaftsrecht hat, s. §§ 161, 162 BGB. Der Schwebezustand endet durch Eintritt der Bedingung mit Erwerb des Vollrechts ex nunc (d. h. ohne Rückwirkung) oder durch Ausfall der Bedingung mit Verlust der Anwartschaft, da das Geschäft nie wirksam geworden ist.

Umgekehrt hat beim auflösend bedingten Rechtsgeschäft z. B. der Veräußerer ein Anwartschaftsrecht, das bei Eintritt der auflösenden Bedingung wieder zum Vollrecht erstarkt, so dass der frühere Rechtszustand wieder eintritt, jedoch ebenfalls nur ex nunc. Anders als beim Rücktrittsrecht nach §§ 346 ff. BGB, das nur eine schuldrechtliche Rückgewährpflicht auslöst, kann die Bedingung also dingliche Wirkung haben. Wird das schuldrechtliche Rücktrittsrecht aber bspw. auf der dinglichen Ebene um die auflösende Bedingung der Ausübung des Rücktrittsrechts ergänzt, kann auch hier eine dingliche Wirkung erreicht werden.

525 ▶ Ändert § 159 BGB etwas an der ex-nunc-Wirkung des Bedingungseintritts?

Nein. § 159 BGB stellt gerade klar, dass es bei der dinglichen Wirkung ex nunc bleibt und – wenn eine solche Rückbeziehungsabrede besteht – nur ein schuldrechtlicher Anspruch darauf besteht, so gestellt zu werden, als wenn die Rechtswirkungen schon zu Beginn und nicht erst mit Eintritt der Bedingung eingetreten wären. Der schuldrechtliche Anspruch kann sich aus ergänzender Vertragsauslegung, aus dem bedingten Rechtsgeschäft selbst oder aus Bereicherungsrecht (aufgrund späteren Wegfalls des rechtlichen Grundes, § 812 I 2 Fall 1 BGB, insbesondere bei bedingtem Verpflichtungsgeschäft) ergeben.

▶ Wie wird der Anwartschaftsberechtigte trotz der ex-nunc-Wirkung geschützt?   **526**

Der Anwartschaftsberechtigte wird durch die §§ 160–162 BGB geschützt. Nach § 160 BGB hat er gegen den anderen Teil – also regelmäßig denjenigen, der bis zum Eintritt der aufschiebenden (Abs. 1) oder auflösenden (Abs. 2) Bedingung noch Berechtigter ist – einen Schadensersatzanspruch, wenn dieser das von der Bedingung abhängige Recht vereitelt oder beeinträchtigt, etwa wenn der Sicherungsnehmer die zur Sicherung bedingt an ihn übereignete Sache zerstört oder beschädigt. Ist nichts Besonderes vereinbart, haftet er für Vorsatz und Fahrlässigkeit nach § 276 I BGB. Der Schadensersatzanspruch steht dann regelmäßig neben einem solchen aus dem zugrunde liegenden Rechtsverhältnis, etwa der Sicherungsabrede, setzt aber den Eintritt der Bedingung voraus, etwa dass der Sicherungsgeber die gesicherte Forderung erfüllt und damit die auflösende Bedingung für die Sicherungsübereignung eintreten lässt (Hinweis: Regelmäßig ist die Sicherungsübereignung selbst unbedingt und es besteht nur ein schuldrechtlicher Rückübertragungsanspruch).

Daneben ist der Anwartschaftsberechtigte vor anderweitigen Verfügungen des anderen Teils während der Schwebezeit durch das absolute Verfügungsverbot des § 161 BGB geschützt, soweit die Verfügung das Recht vereiteln oder beeinträchtigen würde und nicht die Gutglaubensregeln gem. Abs. 3 etwas anderes ergeben. § 162 BGB fingiert den Eintritt der Bedingung, wenn der durch sie Benachteiligte ihren Eintritt wider Treu und Glauben verhindert (Abs. 1), bzw. der Nichteintritt wird fingiert, wenn der durch sie Begünstigte sie wider Treu und Glauben herbeigeführt hat (Abs. 2), etwa wenn der Gläubiger den Hauptschuldner dazu veranlasst, nicht zu zahlen, um den Bürgen in Anspruch nehmen zu können.

Beispiel   **527**

K kauft von seinem Bekannten V dessen gebrauchten, aber noch fast neuen Fernseher. Da K momentan kein Geld hat, vereinbart er Zahlung in drei Raten zu 300 €. K darf den Fernseher gleich mit nach Hause nehmen, bis zur letzten Rate soll aber V Eigentümer bleiben. Als V's Freund D eine guten Preis in bar bietet, verkauft V den Fernseher an ihn und sagt, er könne ihn sich bei K abholen. Kann D von K die Herausgabe des Fernsehers verlangen?

Aus eigenem Recht kann D gegen K einen Herausgabeanspruch aus § 985 BGB haben. K ist Besitzer. Eigentümer war ursprünglich V. Die Eigentumsübertragung an K erfolgte unter der aufschiebenden Bedingung der vollständigen Kaufpreiszahlung. K hat noch nicht alle Raten gezahlt, die Bedingung ist daher noch nicht eingetreten und V ist mithin Eigentümer des Fernsehers geblieben. In Betracht kommt aber, dass er sein Eigentum an D übertragen hat. Eine entsprechende Einigung gem. § 929 S. 1 BGB liegt vor. Die Übergabe kann durch Abtretung des Herausgabeanspruchs des V gegen K aus einem Besitzmittlungsverhältnis nach § 931 BGB ersetzt worden sein. Ein solches Besitzmittlungsverhältnis ergibt sich hier entweder aus dem Kaufvertrag oder aus einer separaten Sicherungsabrede. Der Herausgabeanspruch setzt zwar die Nichterfüllung des Vertrages voraus. Trotzdem genügt dieser Herausgabeanspruch iRd. § 931 BGB. Die Übereignung von V an D ist demnach wirksam.

Etwas anderes kann sich aus § 161 I BGB ergeben. Danach ist eine während der Schwebezeit getroffene weitere Verfügung im Falle des Bedingungseintritts insoweit unwirksam, als die die von der Bedingung abhängige Wirkung beeinträchtigen würde. Ein Schwebezustand besteht hier aufgrund der aufschiebenden Bedingung der Eigentumsübertragung des V an K. Die Übereignung an D stellt auch eine unmittelbare Rechtsänderung und damit eine Verfügung dar. Indessen fehlt es bislang am Eintritt der Bedingung vollständiger Kaufpreiszahlung, so dass die Wirksamkeit der Zwischenverfügung von V an D (noch) nicht durch § 161 I BGB berührt sein kann.

Allerdings steht K aus dem Kaufvertrag ein Recht zum Besitz zu. Solange er seine eigenen vertraglichen (Zahlungs-)Pflichten erfüllt, kann V dieses Besitzrecht auch nicht durch einen Rücktritt gem. § 323 I BGB beseitigen. Nach § 986 II BGB kann K das Recht zum Besitz auch dem neuen Eigentümer entgegenhalten. Derzeit kann D von K daher nicht Herausgabe des Fernsehers aus § 985 BGB verlangen. Nach Abzahlung wird K im Übrigen automatisch aufgrund Eintritts der aufschiebenden Bedingung Eigentümer. Auch hieran kann D wegen des bestehenden Anwartschaftsrechts nichts ändern.

Eine andere Frage ist es, ob die Übereignung des Fernsehers von V an den gutgläubigen D das bereits zuvor entstandene Anwartschaftsrecht des K berührt hat. Dies ist dann der Fall, wenn jenes Recht durch die Übereignung nach § 936 BGB erloschen ist. Nach dessen Abs. 1 S. 1 erlischt das Recht mit Erwerb des Eigentums, soweit der Erwerber bzgl. des Rechts des Dritten gutgläubig war (Abs. 2). Die Ausnahme nach Abs. 1 S. 3 ist aufgrund des zwischen V und K bestehenden Besitzmittlungsverhältnisses nicht anwendbar. Jedoch erlischt das Recht auch dann nicht (Abs. 3), wenn dessen Inhaber im Falle des § 931 BGB Besitzer ist. K ist Besitzer, sein Anwartschaftsrecht daher nach § 936 III BGB nicht erloschen. Die Eigentumsübertragung an D berührte mithin das Anwartschaftsrecht des K nicht.

Vertretung und Vollmacht

11

A. Allgemeines

▶ Welche Gründe machen die Möglichkeit einer Stellvertretung notwendig?   **528**

Hierfür gibt es tatsächliche Gründe wie die Arbeitsteilung im modernen Wirtschaftsleben, fehlende Sachkunde oder Abwesenheit, aber auch rechtliche Gründe wie Geschäftsunfähigkeit.

▶ Welche Arten der Stellvertretung sind zu unterscheiden?   **529**

Zu unterscheiden ist die aktive Stellvertretung (Abgabe von Willenserklärungen durch den Vertreter) von der passiven Stellvertretung (Empfang von Willenserklärungen eines Dritten, Empfangsvertretung). Zudem lassen sich gewillkürte und gesetzliche Vertretung unterscheiden.

▶ Wovon ist die Stellvertretung gem. §§ 164 ff. BGB abzugrenzen?   **530**

Von der mittelbaren Stellvertretung und von der Botenschaft, sowie von der bloßen Vermittlung (Beispiel: Makler) und von nicht-rechtsgeschäftlichen Handlungen für einen anderen, wie Realakte (Beispiel: Übergabe im Rahmen des § 929 S. 1 BGB, wo sich die Stellvertretung in Besitzdienerschaft, Besitzmittlungsverhältnis oder antizipiertem Besitzkonstitut wiederfindet; dagegen gilt bzgl. des dinglichen Vertrages § 164 I BGB!). In diesen Fällen sind die §§ 164 ff. BGB nicht anwendbar. Anwendung finden sie dagegen auf geschäftsähnliche Handlungen wie Fristsetzungen, Mahnungen, etc., vgl. Frage 168.

▶ Welche Voraussetzungen hat die Stellvertretung nach § 164 I BGB?   **531**

C. Armbrüster, *Examinatorium BGB AT,* Springer-Lehrbuch,
DOI 10.1007/978-3-642-45123-2_11, © Springer-Verlag Berlin Heidelberg 2015

Für eine wirksame Stellvertretung bedarf es
1. einer eigenen Willenserklärung des Vertreters
2. im Namen des Vertretenen
3. innerhalb der ihm zustehenden Vertretungsmacht.

(1) und (2) werden im Rahmen des Zustandekommens, (3) von manchen erst im Rahmen der Wirksamkeit des Vertrages geprüft (vgl. § 177 I BGB: „hängt die Wirksamkeit des Vertrages für und gegen den Vertretenen von dessen Genehmigung ab").

Vorab ist ggf. zu prüfen, ob die Stellvertretung überhaupt zulässig ist, was bei höchstpersönlichen Rechtsgeschäften insbesondere im Familien- und Erbrecht (Eheschließung, § 1311 BGB, Testamentserrichtung, § 2064 BGB) oder bei der Ausübung bestimmter Ämter, wie dem des Aufsichtsratsmitglieds einer AG, ausgeschlossen ist.

532   ▶ Woraus kann sich die Vertretungsmacht ergeben?

Es gibt rechtsgeschäftliche Vertretungsmacht, beruhend auf einer Vollmachtserteilung gem. § 167 I BGB, und gesetzliche, bspw. der Eltern aus § 1629 I BGB, des Vormunds aus § 1793 BGB und des Betreuers aus § 1902 BGB. Hinzu kommt das Organhandeln juristischer Personen.

533   ▶ Besteht ein Unterschied zwischen Organhandeln und Stellvertretung gem. §§ 164 ff. BGB?

Nach § 26 I 1 Hs. 2 BGB hat der Vorstand des Vereins (der Grundform der juristischen Person, auf der die GmbH mit ihrem Geschäftsführer gem. § 35 I GmbHG und die AG mit ihrem Vorstand nach § 78 I AktG aufbauen) die „Stellung eines gesetzlichen Vertreters". Das Organhandeln steht der gesetzlichen Stellvertretung gleich; es ist ihr verwandt, aber nicht mit ihr identisch: Das Organ handelt nicht für die juristische Person, es geht um das Handeln der juristischen Person selbst. Dennoch sind die §§ 164 ff. BGB wegen der ähnlichen Struktur und Interessenlage größtenteils anwendbar (da die §§ 164 ff. BGB auf die rechtsgeschäftliche Stellvertretung zugeschnitten sind, sind Abweichungen bei gesetzlicher Stellvertretung und Organhandeln möglich, z. B. die fehlende Weisungsmöglichkeit des gesetzlich Vertretenen, § 166 II BGB).

I. Abgrenzung zur mittelbaren Stellvertretung

534   ▶ Warum ist die mittelbare Stellvertretung in Wahrheit keine Stellvertretung? Welche Beispiele gibt es für die mittelbare Stellvertretung?

Im Gegensatz zu § 164 I 1 BGB wird bei der mittelbaren Stellvertretung das Handeln für einen anderen nicht offenkundig gemacht. Der Handelnde tritt im eigenen Namen auf und ihn treffen die Rechtswirkungen des Geschäfts, auch wenn er für Rechnung und im Interesse des Geschäftsherrn handelt. Beispiel: A will auf einer Auktion unerkannt bleiben und bittet K für ihn, aber nicht in seinem Namen von V ein Gemälde zu erwerben. Speziell geregelt sind das Kommissionsgeschäft als Handelsgeschäft in den §§ 383 ff. HGB und das Speditionsgeschäft in den §§ 453 ff. HGB. Sonst liegt häufig auch ein Arbeits-/Dienstverhältnis oder ein Auftragsverhältnis zu Grunde.

► An welche Probleme ist bei der mittelbaren Stellvertretung im Rahmen des Scha-   **535**
denersatzrechts oder im Rahmen des Zwangsvollstreckungsrechts zu denken?

In diesem Zusammenhang tritt häufig das Problem der Drittschadensliquidation auf. Die atypische Schadensverlagerung rührt daher, dass wegen des fehlenden Handelns im fremden Namen die Rechtswirkungen, also auch Ansprüche gegen den Dritten, nur den mittelbaren Stellvertreter treffen bzw. ihm zustehen, das wirtschaftliche Risiko und damit der Schaden aber beim Vertretenen liegt. Im Zwangsvollstreckungsrecht können im Kontext der mittelbaren Stellvertretung Fragen des Zugriffs der Gläubiger des Kommissionärs auf die Rechte auftreten, die der Kommissionär bei der Auftragsausführung erlangt (§ 392 HGB, Vorausabtretung, antizipiertes Besitzkonstitut, Durchgangserwerb etc.).

Beispielsfall   **536**

B soll für A einen Computer bei C kaufen. Versehentlich macht er dabei nicht deutlich, dass er für A handelt. C verlangt von B den Kaufpreis. Kann B seine Erklärung anfechten?

In Betracht kommt hier ein Erklärungsirrtum nach § 119 I BGB. Indessen ist eine Anfechtung im Fall der versehentlichen Eigengeschäftsführung nach § 164 II BGB zum Schutz des Dritten ausdrücklich ausgeschlossen.

► Handelt es sich hierbei um eine mittelbare Stellvertretung, bei der B Schäden des   **537**
A, z. B. aufgrund Nicht- oder Spätleistung, im Wege der Drittschadensliquidation gegenüber C geltend machen könnte?

Voraussetzung für eine Drittschadensliquidation (DSL) ist eine zufällige Schadensverlagerung, aus der der Schädiger keinen Vorteil ziehen können soll. Die Rspr. hat diese Voraussetzungen bislang im Wesentlichen in drei Fallgruppen angenommen: obligatorische Gefahrentlastung (Beispiel §§ 447, 644 BGB), Obhutspflicht und mittelbare Stellvertretung. Der mittelbare Vertreter schließt einen Vertrag im eigenen Namen für fremde Rechnung; Musterbeispiel ist der Kommissionär. Hier wollte B aber in fremdem Namen handeln. Wenn man die Voraussetzung der Zufälligkeit oder Atypizität wegen des Ausnahmecharakters der DSL eng verstehen möchte, ist

sie demnach hier zu verneinen. Andererseits ist die versehentliche Eigengeschäftsführung „atypischer" als ein (im Handel übliches) Kommissionsgeschäft. Die wirtschaftlichen Folgen treffen – wenn man zwischen A und B zumindest einen Aufwendungsersatzanspruch aus Auftrag annimmt – ebenso wie bei der Kommission
den Geschäftsherrn. Auch besteht kein Grund, warum gerade hier C einen Vorteil
aus der Schadensverlagerung soll ziehen können. Diese Erwägungen sprechen dafür, die Regeln der DSL hier anzuwenden.

II. Abgrenzung zur Botenschaft

538 ▶ Wodurch unterscheidet sich die Botenschaft von der Stellvertretung? Wonach wird
hierbei abgegrenzt?

Der Stellvertreter gibt eine eigene Erklärung ab, der Bote übermittelt eine fremde,
nämlich die des Geschäftsherrn.

Maßgeblich ist, wie die Erklärung des Handelnden aus dem objektiven Empfängerhorizont auszulegen ist, §§ 133, 157 BGB. Entscheidend ist also nicht, wozu
die Hilfsperson im Innenverhältnis verpflichtet ist, insbesondere welchen Ermes-
sensspielraum der Handelnde hat, sondern wie sie dem Dritten gegenüber auftritt,
wobei auch ihre soziale Stellung zum Geschäftsherrn und ihre Qualifikation zu berücksichtigen sind.

539   Beispiel

A gibt seinem Angestellten B ein Schreiben für C mit, in dem er drei Paletten
Torf bestellt. B verliert den Brief, geht trotzdem zu C und sagt, er bestelle im
Namen des A drei Paletten Torf. C nimmt an. Ist A vertraglich gebunden? Abwandlung 1: B findet das Angebot sehr günstig und bestellt fünf Paletten. Abwandlung 2: B ist für den Einkauf allein zuständig, sollte daher als Vertreter
auftreten, äußert sich aber gegenüber C so, als überbringe er eine Bestellung des
A, und bestellt drei bzw. fünf Paletten.

A ist vertraglich gebunden, wenn zwei übereinstimmende Willenserklärungen des
A und des C vorliegen. A hat zwar durch Übergabe des Briefes und Entsenden des
B eine Willenserklärung abgegeben; diese ist aber nicht dem C zugegangen. Die
Erklärung des B ist aus Empfängersicht des C als Stellvertretung auszulegen. Fraglich ist nur, ob B auch Vertretungsmacht hatte, schließlich sollte er als Bote agieren.
Letztlich entspricht die Willenserklärung aber dem Willen des A, gleichgültig ob
B bewusst oder unbewusst als Vertreter aufgetreten ist. Die Botenmacht begründet
auch die Vertretungsmacht, und B hat wirksam den Kaufvertrag für A abgeschlossen. In der Abwandlung 1 handelt B dagegen ohne Boten- oder Vertretungsmacht
und §§ 177 ff. BGB sind anwendbar (vgl. Fragen 628 ff.). Entsprechendes gilt auch
in Abwandlung 2, also dem Fall, dass der Vertreter B als Bote auftritt: Entspricht

sein Handeln der Vollmacht, führt auch die Botenschaft zu einer vertraglichen Bindung des A. Ist sein Handeln nicht von der Vertretungsmacht gedeckt, werden für den Boten ohne Botenmacht §§ 177 ff. BGB entsprechend angewendet. Bei unbewusst fehlerhafter Übermittlung durch den Boten ist an eine Anfechtung gem. § 120 BGB zu denken (Frage 243 ff.).

▶ Ist der Kassierer im Supermarkt Vertreter oder Bote? **540**

Der Kassierer verfügt nur noch über ein äußerst geringes Maß an Entscheidungsfreiheit; er kann weder den Vertragspartner noch den Kaufpreis wählen. Dennoch muss es sich um einen Fall der Stellvertretung handeln, weil die Geschäftsleitung nicht bei jedem einzelnen Vertragsschluss einen eigenen Willen bilden kann. Er ist daher Vertreter gem. § 164 I BGB (sog. Vertreter mit gebundener Marschrichtung).

▶ In welchen Fällen ist die Abgrenzung zwischen Vertreter und Bote von besonderer **541**
Bedeutung?

- Geschäftsfähigkeit der Hilfsperson: Während ein Stellvertreter zumindest beschränkt geschäftsfähig sein muss (§ 165 BGB), kann ein Bote auch geschäftsunfähig sein. Dies ist schon im Rahmen der Auslegung zu berücksichtigen, so dass ein Fünfjähriger trotz seines Ermessensspielraums bei der Auswahl der gekauften Süßigkeiten als Bote agiert (vgl. Frage 96). Nach a. A. ist eine teleologische Reduktion des § 165 BGB dogmatisch vorzugswürdig.
- Formvorschriften: Bei der Botenschaft bedarf die übermittelte Willenserklärung des Geschäftsherrn der entsprechenden Form, bei der Stellvertretung grundsätzlich nur die Willenserklärung des Vertreters und nicht die Vollmacht (oder die Genehmigungserklärung nach § 177 I BGB), vgl. §§ 167 II, 182 II BGB. Ausnahmen s. Frage 568.
- Zurechnung von Wissen und Willensmängeln: Maßgeblich ist das Kennen oder Kennen müssen des Erklärenden: Bei der Botenschaft ist dies stets der Geschäftsherr, bei der Stellvertretung gem. § 166 I BGB regelmäßig der Vertreter, nur bei Handlung nach Weisung der Vertretene, § 166 II BGB.
- Übermittlungsfehler: Für unbewusste Übermittlungsfehler des Boten sieht § 120 BGB ein spezielles Anfechtungsrecht wegen Erklärungsirrtums vor (zu den bewussten Übermittlungsfehlern vgl. Frage 245); für die Erklärung des Vertreters gelten die üblichen Irrtumsregeln des § 119 BGB.
- Zugang: Eine Willenserklärung gegenüber einem Empfangsvertreter geht mit Zugang beim Vertreter auch dem Vertretenen zu (§ 164 III BGB), eine Willenserklärung gegenüber einem Empfangsboten erst dann, wenn sie in den Machtbereich des Geschäftsherrn gelangt ist und mit der Weiterleitung an ihn zu rechnen ist (vgl. Frage 192).

III. Zurechnungsaspekte, § 166 BGB

542   ▶ Welchen Hintergrund hat die Regelung des § 166 BGB?

Während § 164 I BGB die Zurechnung von Willenserklärungen betrifft, regelt § 166 I BGB die Zurechnung von Willensmängeln, Kenntnis und grob fahrlässiger Unkenntnis. Derjenige, der einen anderen mit der Erledigung bestimmter Angelegenheiten in eigener Verantwortung beauftragt, muss sich das in diesem Rahmen erlangte Wissen des anderen zurechnen lassen. Willensmängel (etwa ein Eigenschaftsirrtum) und eine bestimmte (Un-) Kenntnis (etwa von Mängeln iSd. § 442 I BGB) können nur dort bedeutsam werden, wo ein Wille gebildet wird. Da der Stellvertreter eine eigene Willenserklärung abgibt, kommt es daher nach Abs. 1 regelmäßig auf den Vertreter an. Findet aber die Willensbildung im Fall einer Weisung des Vertretenen an den Vertreter maßgeblich beim Vertretenen statt, kommt es gem. Abs. 2 auch auf dessen Kenntnis an. Anderenfalls könnte sich der bösgläubige Vertretene durch die Bevollmächtigung eines Dritten den gesetzlichen Folgen seiner Bösgläubigkeit entziehen und so z. B. die Voraussetzungen der Gutgläubigkeit gem. §§ 929 S. 1, 932 BGB umgehen.

543   ▶ Was ist eine Weisung iSd. § 166 II BGB?

Der Begriff der Weisung wird weit ausgelegt. Eine Veranlassung durch den Vertretenen reicht aus. Auch wenn der Vertretene nach der Bevollmächtigung, aber vor Tätigwerden des Vertreters von den Umständen Kenntnis erlangt und nicht eingreift, obwohl er es könnte, ist § 166 II BGB anwendbar.

544 | Beispiel

K hat sich im Geschäft des V Waschmaschinen angeschaut. Er schreibt sich zwei Modelle auf und sagt V, er werde es sich noch einmal überlegen und sein Freund F werde in den nächsten Tagen die richtige Waschmaschine in seinem Namen kaufen. Aus Versehen hatte er sich die Modelle falsch aufgeschrieben: T 32 mit einer 4-Kg-Trommel hat er sich als 6-Kg-Modell notiert, T 48 (6 Kg) als 4-Kg-Modell. Als sich die Frau von K für die größere Maschine ausspricht, bittet K den F, die T 32 zu kaufen, wenn er sie für gute Qualität hält. F kauft die Maschine im Namen des K. Kann K den Kaufvertrag anfechten?

K irrte, als er F die Weisung erteilte, die T 32 zu kaufen. Er könnte daher ein Anfechtungsrecht aufgrund Inhaltsirrtums nach § 119 I Fall 1 BGB haben. Fraglich ist, ob es überhaupt auf seine Willensmängel ankommt, d. h. ob § 166 II BGB auch für Willensmängel des Vertretenen gilt. § 166 BGB, der in Abs. 1 ausdrücklich auch von Willensmängeln spricht, bezieht sich in Abs. 2 allein auf die Wissenszurechnung. Gegen eine entsprechende Anwendung wird vorgebracht, dass Abs. 2 eine nicht analogiefähige Ausnahmevorschrift sei, die nur den Rechtsverkehr (Beispiel Gutglaubenserwerb), nicht aber den Vertretenen schützen solle. Zudem seien Vertretergeschäft und Innenverhältnis streng zu trennen. Dies widerspricht jedoch dem Grundgedanken des § 166 I und II BGB, nach dem es jeweils auf die Person und die Bewusstseinslage bei der Willensbildung desjenigen ankommt, auf dessen Entschluss der Geschäftsabschluss beruht. Das ist bei Selbstständigkeit des Vertreters dieser, im Falle einer Weisung, die Abgabe und Inhalt der Vertretererklärung entscheidend bestimmt, der Vertretene. Für den Fall der arglistigen Täuschung ist dies überwiegende Ansicht, konsequenterweise muss es aber auch für andere Willensmängel gelten. K hat daher gegenüber V ein Anfechtungsrecht aus §§ 119 I Fall 1, 142 I BGB. Wenn V hierauf besteht, muss sich K jedoch an einem Kaufvertrag über die andere, eigentlich gewollte Waschmaschine festhalten lassen (vgl. Frage 278). Nicht verwechselt werden darf die Problematik der Anfechtung des Vertretergeschäfts mit der Anfechtung der Vollmachtserklärung (vgl. Frage 609). Bei der Erteilung der Außenvollmacht gegenüber V lag hier z. B. noch gar kein Irrtum vor.

► Ist § 166 II BGB auch auf den gesetzlichen Vertreter anwendbar? **545**

Nach h.M. ist § 166 II BGB gem. seinem Wortlaut grundsätzlich nur auf die rechtsgeschäftliche Vollmacht anzuwenden, da ein gesetzlich Vertretener keine bestimmte Weisung erteilen kann. Anders ist dies nur, wenn der gesetzlich Vertretene ausnahmsweise weisungsbefugt ist.

► Kann § 166 BGB auf andere Fallkonstellationen entsprechend angewendet werden? **546**

Der Rechtsgedanke des § 166 I BGB, dass man sich das Wissen der Personen, die man zur Erledigung eigener Aufgaben beauftragt, zurechnen lassen muss, ist auch auf andere Fälle übertragbar. Entsprechend angewendet wird § 166 I BGB daher u. a. auf Wissensvertreter, die nach der Arbeitsorganisation des Geschäftsherrn dazu berufen sind, im Rechtsverkehr als dessen Repräsentant bestimmte Aufgaben in eigener Verantwortung zu erledigen und Informationen entgegenzunehmen oder weiterzugeben, ohne dass Vertretungsmacht oder sonstige Bestellung notwendig wäre (z. B. Vermittler und Verhandlungsgehilfen). Weitere Anwendungsfälle sind das Kriterium der Gutgläubigkeit im Rahmen des Eigentümer-Besitzer-Verhältnisses (§§ 989, 990 I 1 BGB, a. A.: bei deliktsähnlicher Haftung seien §§ 31 und 831 BGB sachnäher), im Rahmen der verschärften Haftung bei der Leistungskondiktion (sog. Flugreisefall, str.) und beim sog. entschuldigten Überbau nach § 912 I BGB.

► Wie erfolgt eine Wissenszurechnung bei größeren Betrieben, juristischen Personen **547**
oder Behörden, wenn die einzelnen Angestellten oder Sachbearbeiter im Laufe der
Zeit wechseln? Beispiel: Die A-AG handelt mit Kfz, auch mit Gebrauchtwagen. Sie
kauft den alten Pkw des G. Er hatte dem zwar nicht zum Kauf bevollmächtigten,
aber in der Einkaufsabteilung tätigen Angestellten X mitgeteilt, dass die Gesamt-
laufleistung des Wagens entgegen der Anzeige des Kilometerzählers von 37.000
in Wirklichkeit rund 53.000 km beträgt. Das Formular für den späteren Verkauf füllt
X entgegen sonstiger Gepflogenheiten im Betrieb nicht gleich bei Hereinnahme
des Fahrzeugs, sondern erst später aus, als ihm die Mitteilung des G bereits wieder

entfallen ist. Auf Grundlage der Angaben in dem Formular wird der Pkw mit der Angabe 37.000 km Fahrleistung von dem nichts ahnenden Angestellten B an C verkauft. Die Verjährung der Gewährleistungsrechte ist auf ein Jahr verkürzt. C macht anderthalb Jahre später unter Berufung auf eine arglistige Täuschung iSd. § 444 BGB Gewährleistungsrechte geltend. Greift der in der Verkürzung der Verjährungsfrist liegende Haftungsausschluss?

A kann sich nicht auf den Haftungsausschluss berufen, wenn ihr die Arglist ihrer Angestellten als Wissensvertreter gem. § 166 I BGB zuzurechnen ist. Arglist setzt voraus, dass der Verkäufer den Mangel der Kaufsache kennt, dass er damit rechnet oder weiß, dass der Käufer diesen Mangel nicht kennt, und dass er die Vorstellung hat, der Käufer würde bei Kenntnis des Mangels den Vertrag nicht oder nicht mit dem vereinbarten Inhalt abschließen. X war zwar nicht Vertreter iSd. § 164 BGB, jedoch damit betraut, Informationen über das Fahrzeug zur Kenntnis zu nehmen und sie weiterzuleiten. Die Kenntnis des X ist daher der A als deren Wissensvertreter analog § 166 I BGB zuzurechnen. X hat am Verkauf an C jedoch nicht mitgewirkt. Allerdings dürfen größere Betriebe nicht durch die mit der Arbeitsteilung verbundene Wissensaufspaltung bessergestellt werden. Es besteht daher eine Pflicht zur Organisation eines Informationsaustauschs, soweit 1.) Anlass zur Speicherung des Wissens bestand, was bei „typischerweise aktenmäßig festgehaltenem Wissen" der Fall ist und davon abhängt, mit welcher Wahrscheinlichkeit es später rechtserheblich werden kann, und ob es 2.) einen Anlass gab, dieses Wissen abzurufen, wofür Bedeutung des Anlasses und Schwierigkeit (oder Umfang) der Suche maßgeblich sein können. Bei einer Abweichung der Kilometeranzeige besteht angesichts der besonderen Bedeutung, die der Käufer eines Gebrauchtwagens gerade dessen Kilometerleistung beimisst, ein Anlass zu Speicherung, damit die Information nicht verloren geht. Diese Dokumentationspflicht hat die A nicht ordnungsgemäß erfüllt. Dies sieht der BGH jedoch nur als fahrlässig an, nicht aber als Kenntnis voraussetzende Arglist. Daran wird kritisiert, dass es zu Beweisschwierigkeiten kommt, die durch die „Typik" der aktenmäßigen Speicherung vermieden werden sollten, und dass auf diese Weise nachlässig arbeitende Betriebe gegenüber ordnungsgemäß handelnden ungerechtfertigt privilegiert werden. Andererseits darf eine Wissenszurechnung nicht zur Fiktion werden: Der Großbetrieb darf nicht besser, aber auch nicht schlechter als der Einmannbetrieb gestellt werden. Die Situation ist nicht anders zu beurteilen als wenn ein kleiner einzelkaufmännischer Kfz-Händler, der sowohl einkauft als auch verkauft, zwischenzeitlich die Eigenschaften vergessen hat. Die Wissenszurechnung endet daher auch bei größeren Einheiten an den Grenzen menschlichen Erinnerungsvermögens.

548 ▶ Auf welche Person kommt es für die Begründung eines Widerrufsrechts (z. B. nach § 312 I 1 BGB) an? Beispiel: A wird von einem Angestellten der Treuhandgesellschaft B in seiner Privatwohnung dazu überredet, über B mittels Darlehensfinanzierung iHv. 50.000 € einem Immobilienfonds beizutreten, und erteilt der B hierfür Vollmacht. Nach Abschluss des Beitrittsvertrags mit C und des Darlehensvertrags mit der Bank D möchte sich A über sein Widerrufsrecht aus § 312 I BGB von beidem lösen.

Ob es in solchen Fällen für die Voraussetzungen des § 312 I BGB auf die Person des Vertreters oder des Vertretenen ankommt und ob es um den Widerruf des Vertretergeschäfts oder der Vollmacht geht, ist umstritten. Stellt man auf die Bevollmächtigung ab, so liegen die Voraussetzungen Verbrauchereigenschaft und Haustürsituation in der Person des A vor. Problematisch ist jedoch die „Entgeltlichkeit des Geschäfts". Andererseits enthält die zugrunde liegende Haustürgeschäfterichtlinie 87/102/EWG eine solche Einschränkung nicht, weshalb in richtlinienkonformer Auslegung des § 312 I BGB eine Widerruflichkeit der Vollmacht bejaht wird. A kann daher die Vollmacht widerrufen mit der Folge, dass dann auch das Vertretergeschäft keine Rechte und Pflichten für ihn entfaltet, solange keine Rechtsscheinhaftung etwa aufgrund der – in der Praxis häufigen – Vorlage einer Vollmachtsurkunde gem. § 172 BGB greift. Ohne konkrete Anhaltspunkte muss der Geschäftspartner auch die Widerruflichkeit der Vollmacht nicht prüfen, so dass § 173 BGB nicht greift und A aus Rechtsschein haften würde.

Entscheidend ist daher, auf welche Person es beim Vertretergeschäft (hier Darlehensvertrag und Fondsbeitritt) ankommt. Für die Verbrauchereigenschaft ist der Vertragspartner maßgeblich, also A und nicht die unternehmerisch handelnde B. Für das Vorliegen einer Haustürsituation hat der BGH jedoch gem. § 166 I BGB auf den Vertreter (hier: B) abgestellt. Dieser hat den Darlehensvertrag und Fondsbeitritt nicht in einer Haustürsituation abgeschlossen, womit nach Ansicht des BGH ein Widerrufsrecht ausscheidet. Dagegen spricht jedoch, dass im Zeitpunkt der Bevollmächtigung eine Überrumpelungssituation vorliegt, die im Abschluss des Vertretergeschäfts noch fortwirkt. Teils werden daher Vollmacht und Vertretergeschäft insgesamt betrachtet und dem A wird ein Widerrufsrecht zugestanden. Andere wollen die Haustürsituation in den Grenzen des § 123 II BGB analog zurechnen. Dagegen stehen jedoch Bedenken einerseits in Bezug auf die Abstraktheit der Vollmacht, andererseits im Hinblick auf eine effektive Durchsetzung der Haustürgeschäfterichtlinie, nach der es aus Sicht des EuGH bei Vorliegen eines Widerrufsrechts auf weitere Zurechnungselemente gar nicht ankommt. In diesem Sinne ist auch § 166 II BGB weit auszulegen, und es könnte danach auf den Vertretenen abzustellen sein: Das Widerrufsrecht soll die Entscheidungsfreiheit des A schützen, die durch Überrumpelung und mangelnde Information beeinträchtigt wird. Eine analoge Anwendung auf das Widerrufsrecht als Willensmangel scheint daher interessengerecht. Zwar lag keine bestimmte Weisung zur Berücksichtigung konkreter Vorgaben vor, für das Vorliegen einer Weisung reicht aber schon die Veranlassung zum Abschluss des Vertretergeschäfts aus. Mit der Vollmacht zum Beitritt zu einem Immobilienfonds in bestimmter Höhe und zum Abschluss eines entsprechend hohen Darlehensvertrags ist dies gegeben. Auch im Hinblick auf das Gebot einer effektiven Anwendung der europarechtlichen Vorgaben (sog. Effektivitätsgrundsatz oder „effet utile") sollte daher auf die Person des Vertretenen abgestellt und ein Widerrufsrecht des A bzgl. der Vertretergeschäfte bejaht werden.

Schließt dagegen A selbst den Darlehensvertrag mit der Bank D aufgrund einer Einwirkung eines Dritten ab, der weder im Lager des A noch der D steht, so hängt nach neuester BGH- und EuGH-Rspr. das Widerrufsrecht allein vom Vorliegen einer Haustürsituation ab, nicht dagegen von der Zurechenbarkeit analog § 123 BGB (hier tritt wieder das Problem der Rückabwicklung über die Grundsätze der fehlerhaften Gesellschaft auf, vgl. auch Fragen 260, 274 und 358).

B. Offenkundigkeitsprinzip

549 ▶ Muss der Vertreter ausdrücklich in fremdem Namen handeln?

Nach dem Offenkundigkeitsprinzip des § 164 I BGB ist die Stellvertretung offen-
zulegen. Dies kann durch ausdrückliches, aber auch durch konkludentes Handeln
(S. 2) in fremdem Namen geschehen. Ob die Erklärung im eigenen oder in fremdem
Namen erfolgt, ergibt sich also durch Auslegung gem. §§ 133, 157 BGB.

550 ▶ Wie ist in folgenden Fällen zu entscheiden: Beispiel 1: Der Lehrer bucht unter Vorlage der Teilnehmerliste für seine Schulklasse einen Ausflug. Beispiel 2: Die Eltern
schließen einen Behandlungsvertrag für ihr Kind mit dem Arzt A. Wer ist Vertragspartner?

Bei der Auslegung gem. §§ 133, 157 BGB ist auf alle Umstände, z. B. auch die
nach außen erkennbaren Rechtsbeziehungen zwischen den Beteiligten zu achten.
Im Fall des Lehrers, der eine Teilnahmeliste seiner Schüler beim Reiseveranstalter
abgibt, ist offensichtlich, dass er nur die Organisation erleichtern, nicht aber für die
Schüler haften will, weshalb nur Stellvertretung in Betracht kommt. Anders ist es
bei eigenen Kindern, für die Unterhaltspflichten bestehen, weshalb eine Auslegung
regelmäßig dazu führt, dass Vertragspartner die Eltern sind (vgl. Frage 76).

551 ▶ Welcher klassische Fall fällt unter § 164 I 2 BGB?

Ein typischer Fall ist das sog. unternehmensbezogene Geschäft. Dabei geht im
Zweifel der Wille der Beteiligten dahin, dass Vertragspartner der Inhaber des Unternehmens werden soll. Indizien für das Vorliegen eines unternehmensbezogenen Geschäfts sind die Verwendung von Firmenpapier, -stempeln, der Ort des Vertragsschlusses (Geschäftsräume) oder eine entsprechende Leistungsbestimmung (Vertragsgegenstand; Lieferung an den Betrieb).

552 ▶ Was gilt, wenn sich der Dritte über die Person des Vertretenen falsche Vorstellungen
macht und der Handelnde dies hätte erkennen müssen? Beispiel 1: Der Angestellte
der Zementbau-GmbH schließt ohne GmbH-Zusatz oder Hinweis auf die Haftungsbeschränkung Verträge über Zementlieferungen, so dass der Eindruck entsteht, der
Inhaber hafte persönlich und unbeschränkt. Beispiel 2: Der Angestellte tritt nach
außen wie der Inhaber des Betriebes auf.

Wieder ist der objektive Empfängerhorizont maßgeblich. In beiden Fällen musste
der Dritte die jeweilige Erklärung zum Erwerb von Zement als unternehmensbezogenes Geschäft verstehen, Vertragspartner wird daher der wahre Unternehmens-
träger. Dies gilt auch dann, wenn der Inhaber falsch bezeichnet wird oder über ihn
sonstige Fehlvorstellungen bestehen.

Hat der Handelnde aber den Eindruck erweckt, der Betriebsinhaber sei eine natürliche Person und hafte unbeschränkt persönlich (z. B. durch Verschweigen der

beschränkten Haftung entgegen der §§ 4, 35a GmbHG), oder vermittelt er den Eindruck, er sei selbst Inhaber des Betriebes, kommt neben der vertraglichen Beziehung zum Inhaber eine persönliche Rechtsscheinhaftung des Handelnden in Betracht, wenn der andere Teil im Vertrauen auf die Richtigkeit dieses Rechtsscheins gehandelt hat. (Zur Rechtsscheinhaftung Fragen 593 ff., zur Haftung bei Firmenfortführung im Handelsrecht vgl. §§ 25 ff. HGB.)

▶ Gilt dies auch, wenn die Haftungsbeschränkung korrekt im Handelsregister einge-   **553**
   tragen ist?

Gem. § 15 II 1 HGB muss ein Dritter alle im Handelsregister eingetragenen und bekannt gemachten Tatsachen gegen sich gelten lassen, unabhängig davon, ob er sie kannte oder nicht. Aufgrund dessen könnte eine Rechtsscheinhaftung ausgeschlossen sein. Dadurch würde aber die Verpflichtung aus § 4 GmbHG zur Offenlegung der beschränkten Haftung unterlaufen. Ihr Zweck liegt in der Sicherheit und Leichtigkeit des Rechtsverkehrs. Die beschränkte Haftung soll auch ohne vorherigen Blick in das Handelsregister erkennbar sein. Dieser Zweck könnte nicht erreicht werden, wenn die Rechtsscheinhaftung wegen des Verstoßes gegen § 4 GmbHG nicht Vorrang vor § 15 II 1 HGB hätte. Außerdem betrifft § 15 II 1 HGB nur das „allgemeine" Vertrauen in den Fortbestand einer einmal bestehenden Rechtslage. Wenn ein „besonderer" Scheintatbestand gegeben ist, hat die Rechtsscheinhaftung Vorrang vor § 15 II 1 HGB.

▶ Spielt der tatsächliche Wille des Handelnden, für sich zu erwerben, eine Rolle, wenn   **554**
   nach den äußeren Umständen für den Dritten eine Stellvertretung (etwa bei einer
   Übereignung) vorliegt?

Ergibt sich aus den Umständen eine Stellvertretung (vgl. Frage 549), so wird allein der Vertretene berechtigt und verpflichtet. Daher erlangt bspw. der Angestellte, der verbotenerweise Waren für sich selbst erwerben will, kein Eigentum an den Waren, wenn er die Eigengeschäftsführung nicht deutlich macht. Der schuldrechtliche wie der dingliche Vertrag kommen mit dem vertretenen Geschäftsinhaber zustande. Der abweichende, gegen eine Besitzdienerschaft zugunsten des Inhabers gerichtete Wille ist unerheblich, solange der Besitzdiener aufgrund des Besitzdienerverhältnisses die tatsächliche Gewalt anstelle des und für den Besitzherrn ausübt. Damit hat der Betriebsinhaber gegen seinen Angestellten nicht nur Ansprüche aus der Verletzung des Arbeitsvertrages, sondern auch aus §§ 985, 861 I, 1007 I, II 1, ggf. aus §§ 823 ff. und aus § 812 I 1 Fall 2 BGB.

▶ Könnte der Angestellte in diesem Fall seine Willenserklärung, die Ware für den Be-   **555**
   triebsinhaber zu erwerben, anfechten?

Er wollte die Willenserklärung zur Übereignung im eigenen Namen abgeben, tatsächlich vertrat er aber seinen Chef. Er gab also eine andere Erklärung ab als beabsichtigt und könnte daher gem. § 119 I Fall 1 BGB zur Anfechtung der Übereignung berechtigt sein. Ob dem Vertreter in einem solchen Fall ein Anfechtungsrecht zusteht, ist streitig. Gegen ein Anfechtungsrecht lässt sich der Rechtsgedanke des § 164 II BGB anführen. Der nicht erkennbar gewordene Wille, im eigenen Namen zu handeln, könnte ebenso wie der Wille, in fremdem Namen zu handeln, für eine Anfechtung unbeachtlich sein. Allerdings soll die Regelung des § 164 II BGB nur denjenigen Dritten schützen, der nach dem Verhalten des Handelnden davon ausgehen musste, dass dieser sein Vertragspartner sein würde. Nicht geregelt wird der Vertragsschluss durch eine Person, die irrtümlich den objektiven Erklärungstatbestand der Stellvertretung verwirklicht. Auch der Zweck der Vorschrift, Unklarheiten zwischen mittelbarer und unmittelbarer Stellvertretung auszuschließen, erfasst diesen Fall nicht. Daher schließt nach überwiegender Ansicht § 164 II BGB im Umkehrschluss die Berufung auf den Willen, im eigenen Namen zu handeln, nicht aus.

Streitig ist allerdings, ob der „versehentliche" Vertreter überhaupt das Anfechtungsrecht ausüben dürfte oder ob dieses Recht allein dem Vertretenen zusteht. Richtigerweise ist zu differenzieren: Im Falle fehlender Vertretungsmacht ist das Geschäft nicht wirksam mit dem Vertretenen zustande gekommen, eine Anfechtung durch den Geschäftsherrn scheidet daher aus. In diesem Fall kann der Vertreter seiner Haftung aus § 179 I BGB durch Anfechtung entgehen, muss sich aber, wenn der Anfechtungsgegner darauf besteht, an dem gewollten Vertragsschluss im eigenen Namen festhalten lassen (vgl. Frage 278). Hat der Vertreter jedoch mit Vertretungsmacht gehandelt und ist das Rechtsgeschäft somit für den Vertretenen wirksam geworden, treffen letzteren die Rechtsfolgen des Geschäfts. Daher steht hier nur ihm das Anfechtungsrecht zu.

556 ▶ Gibt es Ausnahmen vom Offenkundigkeitsprinzip?

Grundsätzlich ist eine Stellvertretung nach außen kenntlich zu machen. Eine allgemeine Verpflichtungsermächtigung außerhalb des § 1357 BGB, durch die ein im eigenen Namen Handelnder einen Dritten aufgrund einer von diesem erteilten Ermächtigung (§ 185 I BGB) schuldrechtlich berechtigen und verpflichten könnte, wäre mit § 164 I BGB unvereinbar. Das Offenkundigkeitsprinzip dient nach h.M. dem Schutz des Geschäftsgegners, der insbesondere im Hinblick auf die Liquidität ein berechtigtes Interesse daran hat, die Identität seines Vertragspartners zu kennen. Auf die Offenkundigkeit kann daher nur verzichtet werden, wenn ausnahmsweise kein schutzwürdiges Interesse des Geschäftspartners besteht. Bei Bargeschäften des täglichen Lebens, in denen auf beiden Seiten sofortige Erfüllung eintritt, ist es dem Geschäftsgegner regelmäßig gleichgültig, wer sein Vertragspartner ist. Es genügt daher, dass der Vertreter für den anderen handeln will, ohne dies offenzulegen (sog. verdecktes Geschäft für den, den es angeht). Nach a. A. liegt der Zweck des Offenkundigkeitsprinzips darüber hinaus im Schutz des Rechtsverkehrs im Sinne einer eindeutigen Zuordnung der aus einem Rechtsgeschäft folgenden Wirkungen. Es muss daher zwar nicht für den Geschäftsgegner, jedoch für einen mit den Verhältnissen Vertrauten erkennbar sein, dass die Rechtsfolgen des Geschäfts einen anderen treffen sollen, z. B. daraus, dass der Erwerb mit Mitteln des Vertretenen erfolgt oder dass der Gegenstand für den gemeinsamen Haushalt von Eheleuten gedacht ist und daher im Miteigentum beider stehen soll. Auf diese Weise kommt sowohl das schuldrechtliche Verpflichtungsgeschäft als auch das dingliche Erfüllungsgeschäft mit dem verdeckten Hintermann zustande, der dann auch ohne Zwischenerwerb des Vertreters Eigentümer wird. Teils wird das Geschäft, für den, den es angeht, als Rechtsinstitut freilich aus Gründen des Verkehrsschutzes abgelehnt.

▶ Was ist unter dem offenen Geschäft für den, den es angeht, zu verstehen?   **557**

In dieser Konstellation tritt der Vertreter in fremdem Namen auf, ohne zu sagen, wer der Vertretene ist. Hier macht der Vertreter deutlich, dass er für einen anderen tätig wird, so dass es das Risiko des Geschäftspartners ist, wenn er sich auf das Geschäft einlässt. Um eine Ausnahme vom Offenkundigkeitsgrundsatz handelt es sich daher nicht. Die Person des Vertretenen muss auch im Zeitpunkt des Vertragsschlusses noch nicht feststehen. Allerdings wird dann der Vertrag erst mit Bestimmung des Vertragspartners, d. h. ex nunc wirksam und es muss zuvor festgelegt werden, wie und durch wen der Vertragspartner bestimmt wird.

▶ Was regelt § 1357 I 2 BGB? Beispiel: K, deren Ehemann E gut verdienender Ange-   **558**
stellter einer Bank ist, geht mit ihrer Freundin F shoppen. Von F lässt sie sich überreden, bei A einen sehr teuren Armani-Mantel für ihren Mann zu kaufen. Außerdem
kauft sie gleich eine Designer-Couch-Garnitur bei B im Laden nebenan. Als E davon
erfährt, will er beide Geschäfte nicht gegen sich gelten lassen. Können A und B
auch von E Zahlung verlangen?

Durch die von K abgeschlossenen Verträge könnte auch der E verpflichtet worden sein. Nach § 1357 I 2 BGB (sog. Schlüsselgewalt) hat jeder Ehegatte die Befugnis, für Geschäfte zur angemessenen Deckung des Lebensbedarfs der Familie auch den anderen Ehegatten zu berechtigen und verpflichten. Es handelt sich um eine allgemeine Verpflichtungsermächtigung, die (ohne Offenlegung der Voraussetzungen des § 1357 BGB) dem Geschäftspartner einen zweiten (Gesamt-) Schuldner verschafft. Erfasst werden Rechtsgeschäfte, die im konkreten Fall der individuell angemessenen Bedarfsdeckung der Familie zu dienen bestimmt sind, d. h. sich im Rahmen der durchschnittlichen Verbrauchsgewohnheiten von Familien in vergleichbarer sozialer Lage halten. Zur Abgrenzung wird oft darauf abgestellt, ob sich die Ehegatten vor einer entsprechenden Entscheidung gewöhnlich verständigen. Bei Kleidung, bei wohlhabenden Eheleuten auch teurere, ist eine vorherige Absprache regelmäßig nicht erforderlich, eine Verpflichtung des Ehegatten gem. § 1357 BGB daher zu bejahen. Anders ist dies bei Einrichtungsgegenständen, die für längere Zeit erworben werden und daher regelmäßig nur in Absprache erworben werden, mithin nicht von der Schlüsselgewalt umfasst sind. Ursprünglich sollte die Vorschrift der Eigenständigkeit der Haushaltsführung des nicht verdienenden Ehegatten dienen. Heute wirkt sie fast ausschließlich gläubigerschützend und wird deshalb als Benachteiligung von Eheleuten (Art. 6 GG) und rechtspolitisch zweifelhaft kritisiert. Sie ist aber vom BVerfG für verfassungsgemäß erklärt worden.

559 ▶ Wirkt § 1357 BGB auch dinglich?

Der Wortlaut umfasst nur Verpflichtungsgeschäfte. Ob § 1357 BGB auf dingliche
Verträge analog angewendet werden kann, ist streitig; dies würde aber dem grundsätzlich auf Vermögenstrennung ausgerichteten Güterrechtssystem des BGB widersprechen. In Betracht kommt freilich für die dingliche Einigung beim Erwerb
von Haushaltsgegenständen oder für den Ehegatten bestimmten Gebrauchsgegen-
ständen eine konkludente Stellvertretung oder ein Verzicht auf die Offenlegung der
Stellvertretung über das verdeckte Geschäft für den, den es angeht.

560 ▶ Gibt § 1357 BGB bei Verbraucherverträgen auch dem Ehegatten ein Widerrufsrecht,
etwa wenn K eine Kaffeemaschine im Katalog bestellt und damit ein Widerrufsrecht
aus § 312d I 1 BGB hat?

Ob das Widerrufsrecht auch durch den Ehegatten ausgeübt werden kann, ist streitig.
Zur Erhaltung der Handlungsfähigkeit des handelnden Ehegatten wird dies nach
einer Ansicht abgelehnt. Nur derjenige, von dem das Schuldverhältnis stammt, soll
die Einwirkungsbefugnis haben, der andere hafte nur akzessorisch. Damit würde
er allerdings schlechter stehen, als wenn er selbst durch Stellvertretung Vertragspartner geworden wäre. Daher muss auch der Ehegatte das Widerrufsrecht ausüben
können.

561 ▶ Welche Rechtsfolgen hat ein „Handeln unter fremdem Namen"? Beispiel 1: Filmstar
F übernachtet inkognito unter dem Namen Sigrid Müller im Hotel, bezahlt aber bar.
Beispiel 2: Der bei der Schufa mit zahlreichen Krediten gemeldete K kauft bei Sport-
wagenhändler V einen Porsche „auf Raten" und unterschreibt mit dem Namen seines wohlhabenden Onkels O.

Beim Handeln unter fremdem Namen ist zum Schutz des Erklärungsempfängers
danach zu unterscheiden, wie er die Erklärung objektiv verstehen durfte. Will der
Erklärungsempfänger mit der vor ihm stehenden Person kontrahieren und ist ihm
deren Identität gleichgültig wie im Beispiel 1, so kommt das Geschäft zwischen den
anwesenden Personen als Eigengeschäft des Handelnden zustande. Die §§ 164 ff.
BGB finden keine Anwendung (sog. Namenstäuschung).

Kommt es dem Geschäftspartner dagegen entscheidend auf die genannte Person
als Vertragspartner an wie im Beispiel 2, muss zum Schutz des Vertragspartners
ein Fremdgeschäft für den wahren Namensträger angenommen werden. Dasselbe
gilt, wenn der Händler nur mit ausgewählter Kundschaft verhandelt, sowie bei tele-
fonischen oder schriftlichen Geschäftsabschlüssen, bei denen der andere Teil auf
die Identifizierbarkeit über den Namen angewiesen ist. Wegen der ähnlichen Interessenlage werden die §§ 164 ff. BGB analog angewendet, d. h. der Vertretene ist
nur bei vorheriger Vollmachtserteilung oder späterer Genehmigung nach § 177 I
BGB oder nach den allgemeinen Grundsätzen der Rechtsscheinhaftung gebunden,
ansonsten haftet der Handelnde als falsus procurator nach § 179 BGB (sog. Identitätstäuschung).

▶ Ist es zulässig, als Vertreter mit dem Namen des Vertretenen zu unterschreiben?   **562**

Grundsätzlich ist die Stellvertretung (durch Vertretungszusatz) offenkundig zu
machen. Da der Vertrag aber letztlich dem von beiden Vertragspartnern Gewollten
entspricht, wird dieses Vorgehen überwiegend für zulässig gehalten (a. A.: widerspricht dem Verkehrsschutz und dem Ausstellerbegriff des § 126 I BGB).

C. Vollmacht

▶ Bedarf die Vollmachtserteilung einer Annahme durch den Vertreter?   **563**

Nein. Die Bevollmächtigung ist ein einseitiges Rechtsgeschäft, durch das nur eine
Rechtsmacht erteilt, keine Pflichten auferlegt werden. Sie setzt eine empfangsbedürftige Willenserklärung voraus. Eine Pflicht zum Tätigwerden ergibt sich für den
Vertreter oft aus dem zugrunde liegenden Arbeits-, Dienst-, Geschäftsbesorgungs-
oder Auftragsverhältnis.

▶ In welcher Beziehung stehen Vollmacht und zugrunde liegendes Rechtsverhältnis   **564**
  zwischen Vertreter und Vertretenem?

Die Vollmacht ist vom zugrunde liegenden Rechtsverhältnis abstrakt. Zwar bestimmt sich gem. § 168 S. 1 BGB das Erlöschen der Vollmacht „nach dem ihrer Erteilung zugrunde liegenden Rechtsverhältnis". Das bedeutet jedoch nur, dass darin
die Erlöschensgründe bestimmt sein können. Regelmäßig ergibt die Beendigung
des Grundverhältnisses ausgelegt nach Treu und Glauben auch das Erlöschen der
Vollmacht. Die Wirksamkeit beider Rechtsgeschäfte ist aber unabhängig voneinander zu bestimmen. Zum Schutz des Rechtsverkehrs kann die Unwirksamkeit des
zwischen den Beteiligten bestehenden Rechtsverhältnisses auf die Wirksamkeit der
Vollmacht grundsätzlich keinen Einfluss haben.

▶ Ist die Vollmachtserteilung im Rahmen eines Auftragsverhältnisses mit einem Min-   **565**
  derjährigen ohne Zustimmung des gesetzlichen Vertreters unwirksam?

Die Wirksamkeit einer empfangsbedürftigen Willenserklärung wie der Vollmachtserteilung gegenüber einem Geschäftsfähigen bestimmt sich nach § 131 II BGB. Die
Willenserklärung wird danach nicht wirksam, bevor sie dem gesetzlichen Vertreter
zugeht. Eine Ausnahme gilt aber gem. S. 2 für Erklärungen, die dem Minderjährigen
lediglich rechtliche Vorteile bringen. Bei der Bevollmächtigung wird der Minderjährige nicht zum Tätigwerden und später auch nicht aus dem Vertretergeschäft verpflichtet. Die Stellvertretung erweitert also nur seine Rechtsmacht und ist folglich
zumindest rechtlich neutral (dies wird vorausgesetzt in § 165 BGB, vgl. Frage 112).
Es genügt daher Zugang beim Minderjährigen. Fraglich ist, welche Auswirkungen
die (schwebende) Unwirksamkeit des rechtlich nachteiligen Auftragsverhältnisses
mit dem Minderjährigen hat. Eine Betrachtung von Auftrag und Vollmacht als ein-

heitliches Geschäft iSd. § 139 BGB und eine entsprechende Erstreckung der Nichtigkeit auf die Vollmacht missachtet ebenso das Abstraktionsprinzip wie die Ansicht, die Vollmacht solle erst wirksam entstanden sein, wenn auch das Grundverhältnis wirksam zustande gekommen ist, um die von § 168 S. 1 BGB nicht gewollte Bindungslosigkeit des Vertreters zu vermeiden. Daher ist die Vollmacht mit Zugang beim Minderjährigen und unabhängig vom Auftragsverhältnis wirksam.

566 ▶ Kollidiert die Zulässigkeit der Stellvertretung durch einen beschränkt Geschäftsfähigen gem. § 165 BGB mit dem Minderjährigenschutz?

Nein. Der Minderjährige ist in allen Fällen vor einer Inanspruchnahme geschützt: Die Rechtsfolgen treffen bei einer wirksamen Stellvertretung allein den Vertretenen. Eine Haftung als falsus procurator ist nach § 179 III 2 BGB ausgeschlossen – außer bei Zustimmung des gesetzlichen Vertreters. Auch bei (versehentlicher) Eigengeschäftsführung gem. § 164 II BGB ist der Minderjährige über die §§ 107 ff. BGB geschützt. Sollte er als OHG-Gesellschafter nicht nur andere, sondern wegen der akzessorischen Haftung nach § 128 S. 1 HGB auch sich verpflichten, greift das Zustimmungserfordernis von gesetzlichem Vertreter und Familiengericht nach § 112 I BGB.

567 ▶ Können Vollmacht und zugrundeliegendes Rechtverhältnis als einheitliches Rechtsgeschäft iSv. § 139 BGB gesehen werden mit der Folge, dass die Teilnichtigkeit des Grundverhältnisses zur Nichtigkeit auch der Vollmacht führt?

Das Abstraktionsprinzip lässt es grundsätzlich nicht zu, das für das Innenverhältnis maßgebende Rechtsverhältnis zusammen mit der Bevollmächtigung als einheitliches Rechtsgeschäft iSv. § 139 BGB anzusehen. Jedoch kann das Verbotsgesetz es nach seiner Zielsetzung gebieten, dass sich die Nichtigkeit auch auf die Vollmacht erstreckt.

568 | Beispiel

A bevollmächtigt B mündlich zum Erwerb eines Grundstücks. Dieser schließt mit C einen notariellen Kaufvertrag. Hat der Vertrag Wirkung für und gegen A?

Dazu müsste B den A wirksam vertreten, d. h. insbesondere aufgrund wirksamer Vollmacht mit Vertretungsmacht gehandelt haben. Die Vollmacht könnte jedoch formnichtig gem. §§ 311 b I 1, 125 BGB sein. Grundsätzlich ist die Bevollmächtigung formlos möglich, auch wenn das Rechtsgeschäft, auf das sich die Vollmacht bezieht, formbedürftig ist, § 167 II BGB. Die Vollmacht ist nämlich grundsätzlich gem. § 168 S. 2 BGB widerruflich, so dass kein Übereilungsschutz geboten ist. Es gibt jedoch Ausnahmen, die sich teils aus besonderen gesetzlichen Vorschriften (§ 492 IV 1 BGB, § 1945 III 1 BGB, § 2 II GmbHG und § 134 III AktG), teils aus dem geschilderten Zweck des § 167 II BGB ergeben: Besonders dann, wenn der Geschäftsherr schon mit Abgabe der Vollmachtserklärung in gleicher Weise gebunden wäre wie durch die Vornahme des Rechtsgeschäfts selbst, würde die Warnfunktion (Übereilungsschutz) der Form nicht erfüllt und der Zweck der Formvorschrift umgangen. § 167 II BGB ist daher in diesem Fall teleologisch zu reduzieren. Das ist regelmäßig bei einer unwiderruflichen Vollmacht, im Einzelfall aber auch bei widerruflicher Vollmacht anzunehmen, wenn mit der Bevollmächtigung tatsächlich schon die gleiche rechtliche Bindungswirkung eintreten sollte und aus Sicht des Vollmachtgebers auch eingetreten ist, z. B. wenn der Vertretene schwer krank ist und mit der Vollmacht vollendete Tatsachen geschaffen werden (z. B. bei widerruflicher Bürgschaftsvollmacht). Im vorliegenden Fall liegen eine widerrufliche Vollmacht und keine besonderen Umstände vor, die auf eine frühzeitige Bindung schließen lassen würden. Die Vollmacht ist demnach formlos wirksam und B konnte A wirksam vertreten. Der Kaufvertrag mit C entspricht dem Formerfordernis und entfaltet somit Wirkung für und gegen A.

▶ Ist beim Handeln ohne Vertretungsmacht die Genehmigung nach § 177 I iVm. 184 I BGB formbedürftig? **569**

Grundsätzlich nicht. Gem. § 182 II BGB bedarf die Zustimmung nicht der für das Rechtsgeschäft bestimmten Form. Entsprechend eng werden daher die Fälle gesehen, in denen dennoch eine Formbedürftigkeit besteht, nach Rspr. und Teilen des Schrifttums noch enger als bei der Vollmacht. Begründung: Im Gegensatz zur vorausgehenden Vollmacht sei im Nachhinein ein Übereilungsschutz nicht mehr geboten. Dagegen spricht aber, dass die Genehmigung den Vertretenen unmittelbar bindet, anders als bei der Vollmacht, bei der das Vertretergeschäft zeitlich „zwischengeschaltet" ist und der Vertretene sich ggf. durch Widerruf wieder lösen kann. Deshalb muss auch und gerade bei der Genehmigung auf den Zweck des Formerfordernisses geachtet werden.

▶ Weshalb bietet sich trotz der grundsätzlichen Formlosigkeit die Erstellung einer Vollmachtsurkunde an? **570**

Bei einseitigen Rechtsgeschäften des Vertreters ohne Vorlage einer Vollmachtsurkunde kann der Dritte das Geschäft unverzüglich zurückweisen, wenn ihn der Vollmachtgeber nicht in Kenntnis gesetzt hat. Das Rechtsgeschäft ist dann unwirksam, 174 I BGB – mit unter Umständen erheblichen Folgen: So kann etwa eine Kündigungsfrist abgelaufen sein. Bei Verträgen wird der Dritte durch den Rechtsschein der Urkunde auch bei Erlöschen der Vollmacht nach § 172 BGB geschützt (Fragen 597 ff.) und wird eher zum Abschluss mit einem Vertreter bereit sein.

▶ Welche Arten der Vollmacht gibt es? **571**

Unterschieden wird z. B. nach Außen- und Innenvollmacht, je nachdem ob sie gegenüber dem Geschäftspartner oder gegenüber dem Vertreter erteilt wurde. Des Weiteren nach General-, Gattungs- und Spezialvollmacht, je nach Umfang der Vollmacht für alle Geschäfte, bei denen Stellvertretung zulässig ist, für eine Art von Geschäften oder für ein bestimmtes Geschäft. Ferner nach Einzel- und Gesamtvollmacht, je nachdem, ob die Vertreter nur gemeinsam oder auch einzeln handeln können sollen. Schließlich entsprechend einer evtl. Stufung nach Haupt- und Untervollmacht.

572 ▶ Was ist eine kundgegebene Innenvollmacht?

Bei der gem. § 171 I Fall 1 BGB nach außen kundgegebenen Innenvollmacht erklärt
der Geschäftsherr die Bevollmächtigung gegenüber dem Vertreter und gibt dies
dem Geschäftspartner bekannt. Diese Kundgabe ist selbst keine Willenserklärung,
da sie keine Rechtsfolge setzt: Die Vollmacht wurde bereits gegenüber dem Vertreter erteilt; eine evtl. Rechtsscheinhaftung nach § 171 I Fall 1 BGB (vgl. Frage 595)
tritt kraft Gesetzes ein. Dem anderen Teil wird lediglich mitgeteilt, dass eine Innenvollmacht erteilt worden sei, die Kundgabe ist also eine Wissenserklärung (zu den
Folgeproblemen bei einer Anfechtung vgl. Frage 614). Sie ist zudem streng von der
Erteilung einer Außenvollmacht zu unterscheiden, bei der die Bevollmächtigung
erst durch Erklärung gegenüber dem Dritten erfolgt. Beispiel 1: A bevollmächtigt
den B, in seinem Namen bei C eine Maschine zu kaufen. Danach ruft er bei C an
und gibt ihm bekannt, dass B für ihn handeln darf (kundgegebene Innenvollmacht).
Beispiel 2: A will sich die Sache noch einmal überlegen und sagt dem C, er werde
den B schicken, um den Vertrag für ihn abzuschließen. Später bittet er B, die Maschine zu kaufen (Außenvollmacht).

573 ▶ Woraus ergibt sich der Umfang der Vollmacht?

Grundsätzlich ist der Geschäftsherr frei, den Umfang der Vollmacht zu bestimmen.
Er wird durch Auslegung der Bevollmächtigung nach den allgemeinen Regeln der
§§ 133, 157 BGB vom objektiven Empfängerhorizont her ausgelegt. Die Beschränkung der Vollmacht kann sich daher unmittelbar aus der Vollmacht selbst ergeben
(„ich bevollmächtige B, für maximal 5.000 € eine Maschine zu kaufen"), sie kann
sich aber auch aus den weiteren Umständen, bei einer reinen Innenvollmacht z. B.
aus einem zugrunde liegenden Arbeitsvertrag ergeben.

Problematischer ist dies bei einer kundgetanen Innenvollmacht, die streng genommen nur aus der Sicht des Vertreters ausgelegt werden könnte. Zum Schutz des
Rechtsverkehrs muss es jedoch ebenso wie bei einer Außenvollmacht auf den Hori-
zont des Vertragspartners ankommen. Bei der reinen Innenvollmacht kann dagegen
auch auf das zugrundeliegende Rechtsverhältnis abgestellt werden, aus dem sich
meist die Befugnisse im Innenverhältnis ergeben.

Wird bei einer nach außen kundgegebenen Innenvollmacht die Beschränkung
nicht ebenfalls kundgetan, haftet der Vertretene aus dem durch die Kundgabe der
unbeschränkten Vertretungsmacht entstandenen Rechtsschein nach § 171 I BGB.
Der BGH berücksichtigt dies gelegentlich schon bei der Auslegung der Innenvollmacht; dagegen sprechen jedoch die allgemeinen Auslegungsgrundsätze, wonach
die Erklärung nur unter Berücksichtigung der zu diesem Zeitpunkt vorliegenden
Umstände ausgelegt werden, eine spätere Kundgabe aber nicht berücksichtigt werden kann; das Ergebnis ist vor dem Hintergrund des § 171 I BGB gleich.

574 ▶ Was ist das Besondere an der Prokura?

Die Prokura ist eine rechtsgeschäftliche Vertretungsmacht, deren Umfang gesetzlich bestimmt ist (nicht zu verwechseln mit der gesetzlichen Vertretungsmacht):

Nach § 49 HGB umfasst sie alle „Arten von gerichtlichen und außergerichtlichen Geschäften und Rechtshandlungen, die der Betrieb eines Handelsgewerbes mit sich bringt", Abs. 1, wobei es für Grundstücksgeschäfte einer besonderen Ermächtigung bedarf, Abs. 2. Eine Beschränkung ist Dritten gegenüber unwirksam, § 50 I HGB. Hält der Prokurist sich nicht an sie, macht er sich freilich im Innenverhältnis evtl. schadensersatzpflichtig. Die Prokura kann nur ausdrücklich und nur durch den Inhaber eines Handelsgeschäfts erteilt werden (§ 48 I HGB); die Erteilung wie das Erlöschen sind in das Handelsregister einzutragen (§ 53 I, II HGB). Die Prokura ist durch einen Zusatz (p.pa/per procura) kenntlich zu machen (§ 51 HGB).

▶ Kann der Prokurist, dessen Prokura nicht im Handelsregister eingetragen ist, wirksam vertreten?   **575**

Ja. § 53 I 1 HGB stellt lediglich eine Ordnungsvorschrift dar. Der Eintragung kommt damit nur deklaratorische Bedeutung zu. Dies gilt nicht nur für die Erteilung der Prokura, sondern auch für ihr Erlöschen nach Abs. 2.

Beispiel

Geschäftsführer G der A-GmbH hatte B Prokura erteilt, aber wegen Vertrauensverlusts widerrufen, was noch nicht ins Handelsregister eingetragen worden ist. B ist über die Zurücksetzung empört und schließt aus Protest einen weiteren Liefervertrag mit C im Namen der A. Kann C von A Erfüllung verlangen?   **576**

B hat eine eigene Willenserklärung im Namen der A abgegeben. Fraglich ist, ob er Vertretungsmacht hatte. Als Handelsgesellschaft und damit Kaufmann (§ 6 I HGB) hatte die A, organschaftlich vertreten durch G (§ 35 GmbHG), dem B gem. § 48 I HGB, §§ 164 ff. BGB Prokura erteilt. Sie ist jedoch gem. § 52 I HGB widerrufen worden. A könnte jedoch wegen fehlender Eintragung im Handelsregister nach § 15 I HGB haften. Danach kann eine einzutragende Tatsache, die nicht eingetragen und bekannt gemacht ist, einem Dritten, dem sie nicht bekannt war, nicht entgegen gehalten werden (negative Publizität des Handelsregisters). A kann C daher die fehlende Vertretungsmacht nicht entgegenhalten und muss den Vertrag erfüllen.

▶ Gilt dies auch, wenn schon die Erteilung der Prokura nicht im Handelsregister eingetragen war?   **577**

Das ist umstritten. Teils wird vertreten, hier fehle der Vertrauenstatbestand. Dagegen spricht aber, dass der Dritte auch dann schutzwürdig ist, wenn er von der Erteilung der Prokura nicht durch einen Blick ins Handelsregister, sondern auf andere Weise erfahren hat. Somit besteht auch bei fehlender Voreintragung ein Bedürfnis nach Klarstellung der inzwischen bestehenden Rechtslage. Demnach ist § 15 I HGB auch dann anwendbar, wenn es an einer Voreintragung fehlt (sog. sekundäre Unrichtigkeit des Handelsregisters).

578 ► Welches andere vertretungsrechtliche Problem tritt häufig im Zusammenhang mit
der Prokura auf?

Da sie nach außen nicht beschränkbar ist, trifft sie nicht selten mit der Problematik
des Missbrauchs der Vertretungsmacht zusammen. Grundsätzlich hat der Vertretene
das Risiko einer Überschreitung der im Innenverhältnis bestehenden Grenzen zu
tragen. Der Vertragspartner hat keine Prüfungspflicht, ob und inwieweit der Vertreter im Innenverhältnis gebunden ist. In zwei Fällen muss jedoch der Vertretene
geschützt werden: Im Falle kollusiven Zusammenwirkens des Vertreters mit dem
Vertragspartner zu Lasten des Vertretenen ist das Geschäft schon nach § 138 I BGB
nichtig (vgl. Fragen 446, 460). Beispiel: C hat finanzielle Probleme. Sein Freund
P – als Prokurist bei A angestellt – möchte ihm helfen und verkauft ihm Waren von
A zum halben Preis. Der Vertrag ist wegen Kollusion nach § 138 I BGB nichtig. Die
zweite Fallgruppe ist die des evidenten Missbrauchs.

579 Beispiel

Gebrauchtwagenhändler A hat seinem Angestellten P Prokura erteilt. Weil es
unter P aber wegen Verschweigens von Mängeln usw. vermehrt „Rückläufe" von
Kunden gab, verbietet er P den Verkauf von Wagen. Er solle seine Verhand-
lungskünste nur noch im Einkauf ausspielen. Aus Verärgerung verkauft P einen
Gebrauchtwagen (Marktwert: 20.000 €) im Namen des A für 10.000 € nach Geschäftsschluss auf dem Parkplatz des A an C. Dieser weiß, dass P Prokurist ist,
wundert sich zwar über die Umstände des Geschäfts, unterlässt aber jede Nachfrage bei A. Liegt ein Missbrauch der Vertretungsmacht vor?

Es könnte ein Fall evidenten Missbrauchs vorliegen. Neben positiver Kenntnis des
Vertragspartners von der Überschreitung der internen Geschäftsführungsbefugnisse
durch den Vertreter genügt es auch, wenn erhebliche Verdachtsmomente die objektive Evidenz des Missbrauchs begründen: Zwar muss sich der Dritte grundsätzlich
nicht über Beschränkungen im Innenverhältnis informieren; positive Kenntnis als
subjektives Merkmal ist jedoch nur schwer nachzuweisen, weshalb die Offenkundigkeit der Überschreitung ausreichen muss. Die zwielichtigen Umstände der Verhandlungen haben C misstrauisch gemacht, dennoch hat er sich diesen offenkundi-
gen Zweifeln an der Rechtmäßigkeit des Handelns des P verschlossen. Evidenz ist
daher gegeben.

Für die gesetzlich unbeschränkte Vertretungsmacht (z. B. Prokura) wird außerdem teils verlangt, dass der Vertreter bewusst zum Nachteil des Vertretenen gehandelt hat. Ob dafür bereits die bloße Kenntnis von der Pflichtwidrigkeit ausreicht
oder ob zudem ein Schädigungsvorsatz erforderlich ist, ist allerdings streitig. Gegen
die Notwendigkeit eines Schädigungsvorsatzes spricht, dass der bösgläubige Vertragspartner unabhängig von der Willensrichtung des Vertreters nicht schutzwürdig
ist. Hier handelte P bewusst pflichtwidrig, womit ein Missbrauch der Vertretungsmacht gegeben ist.

▶ Als C am nächsten Tag „seinen" Wagen abholen will, verweigert A die Herausgabe. **580**
   Kann C von A Zug um Zug gegen Zahlung des Kaufpreises die Übergabe und Übereignung des Wagens verlangen?

Der Übereignungsanspruch setzt einen wirksamen Kaufvertrag zwischen A und C
voraus. Dabei könnte P den A vertreten haben. Eine wirksame Vollmachtserteilung
liegt vor. Die Prokura wurde nicht widerrufen und die Beschränkung ist gem. § 50 I
BGB gegenüber Dritten unwirksam, womit Vertretungsmacht bestand. Aufgrund
des evidenten Missbrauchs der Vertretungsmacht kann C sich aber gem. § 242 BGB
nicht auf die Vertretungsmacht des P berufen. Ist der vertretene A also nicht zur Erfüllung bereit – was bei dem schlechten Geschäft zu erwarten ist – braucht er nicht
zu leisten, ebenso wie wenn der Vertreter ohne Vertretungsmacht gehandelt hatte.
C hat somit keinen Übereignungsanspruch gegen A. Ansprüche des C gegen P als
falsus procurator analog § 179 BGB scheiden wegen zumindest grob fahrlässiger
Unkenntnis des Missbrauchs gem. Abs. 3 aus. Der Vertretene könnte aber auch analog § 177 I BGB den Vertrag genehmigen, so dass C einen Anspruch auf die Gegenleistung hätte, wenn A Erfüllung verlangt – eine Wahlmöglichkeit des Vertretenen,
die auch bei kollusivem Zusammenwirken bestehen muss (str.).

▶ Was gilt, wenn der Vertretene z. B. durch mangelnde Kontrolle des Vertreters den **581**
   Missbrauch quasi mitverschuldet hat?

Die Rspr. berücksichtigt dies im Rahmen der Anwendung des § 242 BGB, indem
sie dessen Schutz nach dem Rechtsgedanken des § 254 BGB ganz oder teilweise
entfallen lässt, wenn es zum Missbrauch nur deshalb kommen konnte, weil der
Vertretene die gebotene Kontrolle des Vertreters unterlassen hat. Damit wendet der
BGH im Ergebnis § 254 BGB auf den vertraglichen Erfüllungsanspruch an. Das ist
bereits deshalb problematisch, weil § 254 BGB allein für Schadensersatzansprüche gilt (vgl. Wortlaut und Systematik). Ein Mitverschulden des Vertretenen kann
nur im Rahmen eines Anspruchs des Vertragspartners gegen den Vertretenen aus
§§ 280 I 1, 311 II Nr. 1, 241 II BGB berücksichtigt werden. Das Verhalten des Vertreters ist dem Vertretenen gem. § 278 BGB zuzurechnen. Möglich ist auch, schon
die Evidenz des Missbrauchs zu verneinen: Soweit die verkehrsübliche Kontrolle
unterbleibe, könne der Anschein entstehen, als dulde der Vertretene das Vertreter-
handeln und billige es.

▶ Welche Möglichkeit gibt es, die nach außen unbeschränkbare Prokura dennoch in **582**
   gewisser Weise einzuschränken?

Es kann eine Gesamtprokura erteilt werden, § 48 II HGB. Die Gesamtvertretungsmacht kann allseitig ausgestaltet sein, d. h. jeder Vertreter kann nur mit den anderen
gemeinschaftlich vertreten, oder halbseitig, wenn einer der Vertreter nicht allein
handeln können soll. Eine Gesamtvertretung ist auch zusammen mit einem vertre-
tungsberechtigten Organ einer Handelsgesellschaft möglich. Nach dem Prinzip der
Selbstorganschaft müssen aber die Organe von Personengesellschaften stets auch
ohne Vertreter handeln können.

583 ▶ Sind die Handlungsvollmacht nach § 54 HGB und die Regelung zu den Ladenange-
stellten in § 56 HGB der Prokura vergleichbare Regelungen?

Die Handlungsvollmacht ist ebenfalls eine gesetzlich ausgestaltete rechtsgeschäftli-
che Vertretungsmacht für bestimmte zum konkreten (!) Handelsgewerbe gehörende
Geschäfte (sog. kleine Prokura). § 56 HGB normiert dagegen nur eine spezielle
Rechtsscheinhaftung für Ladenangestellte und Angestellte eines Warenlagers.

584 ▶ Wann ist die Erteilung einer Untervollmacht zulässig?

Die Befugnis, einen Unterbevollmächtigten zu bestellen, besteht dann, wenn der
Geschäftsherr kein erkennbares Interesse an einer persönlichen Wahrnehmung
durch den Bevollmächtigten hat. Die wirksame Untervertretung setzt sowohl eine
wirksame Vertretungsmacht des Hauptvertreters als auch eine wirksame Untervollmacht voraus.

585 ▶ Wonach wird bei der Untervollmacht differenziert?

Die Rspr. unterscheidet zwei Arten der Untervollmacht. Möglich sei eine direkte
Vertretung des Geschäftsherrn durch den Untervertreter (verdeckte Untervertretung). Bei der offengelegten Untervertretung dagegen handele der Untervertreter als Vertreter des Hauptvertreters. Dann gingen die „Wirkungen der rechtsgeschäftlichen Erklärungen des Unterbevollmächtigten gleichsam durch den Haupt-
bevollmächtigten hindurch (in einer juristischen Sekunde) und träfen sodann den
Geschäftsherrn" (vgl. BGHZ 68, 391, 394). Danach würde der Untervertreter bei
offengelegter Unterstellvertretung nur als Vertreter des Hauptvertreters und nicht
des Geschäftsherrn auftreten. Dies ist aber abzulehnen: Nach den Grundsätzen des
Vertretungsrechts treten die Folgen des Geschäfts allein und direkt in der Person
des Vertretenen ein, allein letzterer ist stets Zurechnungssubjekt. Auch im Gesetz
sind keine Anhaltspunkte für die von der Rspr. vorgenommene Unterscheidung zu
finden. Trotz der Mehrstufigkeit der Vertretung vertritt daher auch der Unterbevollmächtigte stets direkt den Geschäftsherrn.

586 ▶ An welcher Stelle wirkt sich der Meinungsstreit aus?

Der Streit ist bedeutsam v. a. bei der Haftung des Haupt- und des Untervertreters,
wenn ersterer bei Bevollmächtigung des Untervertreters ohne Vertretungsmacht gehandelt hat. Beispiel: A beauftragt und bevollmächtigt den V zum Erwerb von Maschinen für seinen Betrieb. Als Grenze nennt er insgesamt 10.000 €. V kauft einige
Maschinen für 3.500 €. Für den Kauf einer weiteren Maschine schaltet er den Experten U ein, dem er eine Untervollmacht erteilt. Dabei nennt V nur die Begrenzung
von 10.000 €, ohne den bereits ausgegebenen Betrag zu erwähnen. U kauft – unter
Offenlegung der Vertretungsverhältnisse – eine gute Maschine für 8.000 € bei C.
Da dies um 1.500 € über die Vollmacht hinausgeht, ist A nicht gebunden. V hatte
Vollmacht bis 10.000 €. Die Bevollmächtigung des U über 10.000 € (nur so konnte

dieser die Begrenzung gem. §§ 133, 157 BGB verstehen) ging über die Vertretungsmacht des V hinaus. Dadurch fehlt auch dem Untervertreter U die Vertretungsmacht
für den Abschluss des Geschäfts im Namen des Geschäftsherrn A. Die „Durch-
gangs-Rechtsprechung" versucht nun, einen Anknüpfungspunkt für die Haftung des
Hauptvertreters V nach § 179 BGB zu schaffen, indem sie den Untervertreter U im
Rahmen seiner durch den Hauptvertreter erteilten Vertretungsmacht handeln und
nur den Hauptvertreter als falsus procurator haften lässt.

▶ Wie lässt sich dieses Ziel auf andere Weise erreichen? **587**

Die Differenzierung erfolgt im Rahmen der Haftung nach § 179 BGB: Diese Regelung wird einschränkend so ausgelegt, dass der Untervertreter nur dann für Mängel
der Hauptvollmacht haftet, wenn er dem Geschäftspartner als Vertreter des Geschäftsherrn wie ein von diesem selbst Bevollmächtigter gegenübertritt (verdeckte
Untervertretung). Wird der Unterbevollmächtigte aber unter Aufdeckung der mehrstufigen Vertretung tätig (offene Untervertretung), haftet er nicht für Mängel der
Hauptvollmacht.

Dagegen wird vorgebracht, das Gesetz weise das Risiko der fehlerhaften Vollmacht ausdrücklich dem Vertreter, auch dem Untervertreter zu, solange er Bedenken hinsichtlich seiner Vertretungsmacht nicht kundtue. Zweifele der Untervertreter
selbst nicht, so müsse der Geschäftspartner dies erst recht nicht tun. Im Übrigen
hänge das Bestehen der Untervollmacht, wofür der Untervertreter unstreitig hafte,
vom Bestand der Hauptvollmacht ab. Hinzu komme eine ungerechtfertigte Ver-
schiebung des Insolvenzrisikos zu Lasten des Geschäftspartners. Der Untervertreter
hafte nach § 179 II BGB und könne aus dem Grundverhältnis mit dem Hauptvertreter, hier V, Rückgriff nehmen.

Dagegen spricht folgendes: Mit einem Untervertreter, der selbst nicht von seiner Vertretungsmacht überzeugt ist, wird niemand einen Vertrag schließen. Auch
die These, jeder Vertreter handele auf eigenes Risiko, ist zu pauschalisierend und
kann nur für den verdeckt handelnden Untervertreter gelten, der das Vertrauen er-
weckt, er könne den Geschäftsherrn unmittelbar rechtsgeschäftlich verpflichten.
Wer dagegen die mehrstufige Vertretung offenlegt, nimmt nur das Vertrauen des
Geschäftspartners hinsichtlich einer wirksam erteilten Untervollmacht in Anspruch.
Außerdem hat der Untervertreter auf das Hauptvertretungsverhältnis und dessen
Mängel keinen Einfluss. Im Gegenzug haftet der Hauptvertreter – im Beispiel der
V – bei offengelegter Untervertretung für Mängel der Hauptvollmacht nach § 179
BGB, auch wenn er selbst nicht nach außen aufgetreten ist.

▶ Welche Gründe gibt es für das Erlöschen der Vollmacht? **588**

Erlöschensgründe für die Vollmacht können sich aus dem zugrunde liegenden
Rechtsverhältnis ergeben, § 168 S. 1 BGB (s. dazu Frage 564). Außerdem kann die
Vollmacht durch Widerruf erlöschen, S. 2. Regelmäßig ist daher bei Beendigung
des zugrunde liegenden Rechtsverhältnisses von einem Erlöschen der Vollmacht
(durch konkludenten Widerruf) auszugehen. Daneben kann sich ihr Erlöschen aus

der Vollmacht selbst ergeben. So kann sie etwa bedingt oder befristet sein und deshalb bei Eintritt der Bedingung oder bei Fristablauf automatisch erlöschen. Eine für ein bestimmtes Geschäft erteilte Vollmacht erlischt durch Zweckerreichung mit Abschluss des Geschäfts oder bei dessen Unmöglichkeit, wenn etwa der zu verkaufende Gegenstand zerstört ist. Auch wenn die Vollmacht ein einseitiges Rechtsgeschäft ist und damit keiner „Annahme" durch den Bevollmächtigten bedarf, kann dieser auf die Vollmacht verzichten (andernfalls müsste der Vollmachtgeber widerrufen, um einen anderen bevollmächtigen zu können oder das Geschäft selbst vorzunehmen, ohne dass er bei „Umschwenken" des Bevollmächtigten doppelt verpflichtet würde). Nach § 117 InsO enden mit der Eröffnung des Insolvenzverfahrens die erteilten Vollmachten. Ob eine Vollmacht angefochten werden kann, ist streitig (vgl. Fragen 609 ff.).

589 ▶ Muss der Widerruf in derselben Weise erfolgen, in der die Vollmacht erteilt wurde?

Nach § 168 S. 3 BGB ist auf die Widerrufserklärung § 167 I BGB anzuwenden. Der Widerruf kann also durch Erklärung gegenüber dem Bevollmächtigten oder dem Dritten erfolgen, gleichgültig ob eine Innen- oder Außenvollmacht vorliegt. Allerdings muss beim Widerruf einer kundgegebenen Innen- oder einer Außenvollmacht der Rechtsschein gem. §§ 170 ff. BGB zerstört werden, um einer evtl. Haftung zu entgehen (vgl. Fragen 595 ff.).

590 ▶ Kann ein Widerruf ausgeschlossen werden?

Grundsätzlich ja, vgl. § 168 S. 2 Hs. 2 BGB. Danach kann sich die Unwiderruflichkeit der Vollmacht aus dem Grundverhältnis ergeben. Der Ausschluss kann sich aber auch bereits aus der Vollmacht (str., a. A.: nur durch Vertrag) und ihrem Zweck ergeben, insbesondere wenn sie im Interesse des Bevollmächtigten erteilt wurde, etwa das Vertretergeschäft der Begleichung einer Schuld des Vertretenen gegenüber dem Vertreter dienen sollte. Beispiel: V und K haben einen Grundstückskaufvertrag geschlossen und V hat K eine Auflassungsvollmacht erteilt, d. h. zur Erklärung der Auflassung in seinem Namen bevollmächtigt (als Erfüllung einer Verbindlichkeit stellt die Auflassung als dinglicher Vertrag des K in Vertretung des V mit sich selbst keinen Verstoß gegen das Verbot des Insichgeschäfts nach § 181 BGB dar). Unwirksam ist ein Ausschluss, wenn der Vollmachtgeber andernfalls völlig fremdbestimmt wäre, wie bei einer Generalvollmacht, oder wenn es keine rechtfertigende Grundlage für den Ausschluss gibt, insbesondere wenn das zugrunde liegende Rechtsverhältnis allein den Interessen des Vollmachtgebers dient oder wenn ein solches ganz fehlt (isolierte Vollmacht). Die unwiderrufliche Vollmacht kann allerdings auch durch Beendigung des Grundverhältnisses beseitigt werden, z. B. durch die Kündigung des Arbeitsverhältnisses. Ob darüber hinaus die Vollmacht auch aus wichtigem Grund isoliert widerrufen werden kann, ist streitig. Der wichtige Grund würde wohl auch stets zur Beendigung des Grundverhältnisses berechtigen, so dass der Vollmachtgeber auch auf diese Weise seine Interessen wahren könnte. Andererseits sollte iSd. Verhältnismäßigkeit und der Privatautonomie dem Vollmachtgeber die Wahl einer milderen Maßnahme – und das ist regelmäßig der Widerruf der Vollmacht – gestattet sein.

▶ Erlischt die Vollmacht durch Tod oder Geschäftsunfähigkeit des Vollmachtgebers?   **591**
  Beispiel: Der 80-jährige A will sein Kfz verkaufen und den Erlös dem Zoo spenden.
  Mit der Durchführung dieser Geschäfte beauftragt er B. Außerdem bevollmächtigt
  er B, für den Fall seines Todes seinen Hausstand ebenfalls zu Geld zu machen und
  den Zoo zu beschenken. Zwei Tage später stirbt A unerwartet an einem Herzinfarkt.
  B veräußert sowohl Auto als auch Möbel und schenkt das Geld dem Zoo. Handelte
  er mit Vertretungsmacht?

Die Vertretungsmacht für die schuldrechtlichen und die dinglichen Verträge mit den
Erwerbern der Gegenstände und dem Zoo ergibt sich aus den von A erteilten Vollmachten. Sie könnten aber mit dem Tod des A durch Beendigung des zugrunde liegenden Auftragsverhältnisses erloschen sein. Gem. §§ 672 S. 1 BGB führt der Tod
des Auftraggebers im Zweifel nicht zum Erlöschen des Auftrags und aus demselben
Rechtsgedanken auch nicht zum Erlöschen der Vollmacht. Eine Vollmacht über den
Tod hinaus, wie diejenige bzgl. des Wagens, wird transmortale Vollmacht genannt,
jene, die aufschiebend bedingt auf dem Eintritt des Todesfalls ist, wie die bzgl. des
Hausstands, heißt postmortale Vollmacht. Beide können aber durch den Erben widerrufen werden. Geschieht das erst nach Vornahme der Vertretergeschäfte, hat dies
jedoch keinen Einfluss auf deren Wirksamkeit.

▶ Was geschieht bei Tod des Bevollmächtigten? Beispiel: Im vorigen Fall stirbt B, be-   **592**
  vor er tätig werden kann.

Nach § 673 S. 1 BGB endet das Auftragsverhältnis im Zweifel mit dem Tod des
Beauftragten. Gem. § 168 S. 1 BGB erlischt dann auch die Vollmacht – so auch
die an B. Diese Vermutung kann auf andere Fälle der Vollmachtserteilung erstreckt
werden. Sie gilt jedoch nicht, wenn die Vollmacht lediglich im Interesse des Bevollmächtigten erteilt wurde, bspw. eine Auflassungsvollmacht. Eine solche Vollmacht
kann auf die Erben übergehen.

D. Rechtsscheinhaftung

▶ Was sind die konstitutiven Elemente jeder Rechtsscheinhaftung?   **593**

Besteht tatsächlich keine Vollmacht, so kommt eine Rechtsscheinhaftung in
Betracht. Sie hat drei Voraussetzungen:
1. einen Rechtsscheinstatbestand;
2. die Zurechenbarkeit dieses Rechtsscheins zum Vertretenen;
3. das schutzwürdige Vertrauen des Dritten, d. h. diesem darf entsprechend
   § 173 BGB die fehlende Vertretungsmacht weder bekannt noch grob fahrlässig unbekannt sein und sein Vertrauen muss schutzwürdig sein.

594 ▶ Was begründet in diesem Zusammenhang die Zurechenbarkeit?

Erforderlich ist, dass die dem Geschäftsgegner erkennbar werdenden Umstände bei objektiver Betrachtungsweise den Schluss rechtfertigen, der Vertreter handele mit Einverständnis des Vertretenen. Hierfür genügt es nicht, dass sich diese Umstände allein aus dem Verhalten des Vertreters ergeben. Vielmehr ist es für die Zurechenbarkeit erforderlich, dass der Rechtsscheintatbestand auf einem dem Vertragspartner erkennbar gewordenen Verhalten des Vertretenen beruht (z. B. die Kundgabe iSd. § 171 BGB oder das Dulden bei der Duldungsvollmacht). Von Geschäftsunfähigen und Minderjährigen kann kein zurechenbarer Rechtsschein gesetzt werden. Der Minderjährigen- und Geschäftsunfähigenschutz geht dem Verkehrsschutz vor.

595 ▶ Was regeln die §§ 170 ff. BGB?

In diesen Vorschriften ist die Rechtsscheinhaftung in Fällen der Außenvollmacht (§ 170 BGB), der kundgegebenen Innenvollmacht (§ 171 BGB) und der Aushändigung einer Vollmachtsurkunde (§ 172 BGB) geregelt. Nach anderer Ansicht besteht aufgrund der §§ 170 ff. BGB die Vollmacht gegenüber dem gutgläubigen Dritten fort, was praktisch zum gleichen Ergebnis führt.

596 ▶ Wie wird der Rechtsschein bei §§ 170, 171 BGB beseitigt?

Der Rechtsschein einer Außenvollmacht wirkt bis zur Anzeige ihres Erlöschens fort. Der durch die Kundgabe einer Innenvollmacht entstandene Rechtsschein wird nach § 171 II BGB durch actus contrarius zerstört. Möglich ist stets auch der Widerruf gegenüber dem Dritten selbst.

597 ▶ Genügt für den Rechtsschein nach § 172 I BGB die Vorlage einer Kopie?

Der an die Vorlage einer Vollmachtsurkunde anknüpfende Rechtsschein erfordert die Vorlage der Urkunde im Original. Anderenfalls würde der Vertretene mit einem sehr weitreichenden Missbrauchsrisiko belastet.

598 **Beispiel**

> A hat ihrem Ehemann B eine schriftliche Vollmacht zum Erwerb eines Pkw erteilt, lässt sie sich aber nach einem Streit zurückgeben. Statt sie zu zerreißen, wirft A sie bloß in den Papierkorb. B nimmt sie von dort wieder an sich und schließt unter Vorlage der Urkunde einen Kaufvertrag mit Verkäufer C im Namen der A. Hat C Ansprüche gegen A?

C hat gegen A einen Kaufpreisanspruch aus Vertrag gem. § 433 II BGB, wenn B die A wirksam vertreten, insbesondere mit Vertretungsmacht gehandelt hat. Die Vollmacht ist konkludent durch Rückforderung der Urkunde widerrufen. In Betracht kommt daher nur eine Haftung der A aus Rechtsschein. Mit Rückgabe der

Vollmachtsurkunde ist deren Rechtsschein aus § 172 I BGB jedoch ebenfalls gem. § 172 II BGB erloschen. Dadurch, dass B sie wieder an sich genommen hat, hat A keine neue Willenserklärung abgegeben. Folglich kann sie keinen Rechtsschein nach § 172 I BGB entfalten. In Betracht käme aber eine Anscheinsvollmacht aufgrund zurechenbaren Rechtsscheins (vgl. Fragen 605 ff.), weil A einen Rechtsschein fahrlässig veranlasst hat, als sie die Urkunde nicht vernichtete. Um einen zurechenbaren Anschein einer Bevollmächtigung zu begründen, müsste B aber schon mehrmals die A vertreten haben, wofür hier keine Anhaltspunkte gegeben sind. Es bleibt zuletzt die Möglichkeit einer Vertrauenshaftung aus c.i.c.

▶ Wie ist zu entscheiden, wenn B die Vollmachtsurkunde gefälscht hat?   **599**

Hier fehlte es zunächst an einer Aushändigung der Vollmachtsurkunde gem. § 172 I BGB, womit eine gesetzliche Rechtsscheinhaftung entfällt. Für die Anscheinsvollmacht müsste wiederum der Rechtsschein der A auch zurechenbar sein, was aber bei einer gefälschten Willenserklärung schon mangels Veranlassung nicht der Fall ist.

▶ Wozu bedarf es über die §§ 170 ff. BGB hinaus weiterer Rechtsscheintatbestände?   **600**

Dem Dritten ist es nicht zuzumuten, das Bestehen der Vollmacht nachzuprüfen, wenn das Verhalten des Vertretenen darauf schließen lässt und er so zurechenbar zum Rechtsschein einer Vollmacht beigetragen hat. Ein solches Verhalten des Vertretenen liegt nicht nur in den in den §§ 170 ff. BGB geregelten Fällen vor, sondern auch in anderen Konstellationen, in denen der bloße Ersatz von Vertrauensschäden (ggf. über §§ 280 I, 311 II, 241 II BGB, c.i.c.) nicht den Interessen des Dritten entspricht, es vielmehr einer Erfüllungshaftung durch Bindung an das Vertretergeschäft bedarf.

▶ Was sind die Voraussetzungen der Duldungsvollmacht?   **601**

Eine Duldungsvollmacht setzt voraus, dass
1. der Vertretene es weiss, dass ein anderer für ihn als Vertreter auftritt,
2. der Vertretene in zurechenbarer Weise nichts dagegen unternimmt, und
3. der Vertragspartner dieses Dulden dahin versteht und nach Treu und Glauben auch verstehen darf, dass der als Vertreter Handelnde bevollmächtigt ist.

Beispiel   **602**

Kfz-Meister A hat seinen 23-jährigen Neffen B als Aushilfe in seinem Betrieb aufgenommen. B bewährt sich, so dass A ihm gelegentlich den Einkauf von Ersatzteilen überlässt. Einmal schießt B jedoch übers Ziel hinaus und bestellt einen viel zu großen Vorrat bei C. A will diese Bestellung nicht bezahlen. Abwandlung 1: B bewährt sich nicht, A traut sich jedoch – weil er von seinem Bruder finanziell abhängig ist – nicht, dem B Einhalt zu gebieten, als er wiederholt Bestellungen des C im Namen des A entgegennimmt. Abwandlung 2: B hat keinen Kundenkontakt. Eines Tages gibt er hinter dem Rücken von A eine größere Bestellung bei C im Namen des A ab, um diesen zu ärgern. In welchen dieser Fälle liegt eine Duldungsvollmacht vor und worin liegt der Unterschied zur konkludenten Vollmacht?

Die Einordnung der Duldungsvollmacht ist streitig. Einige sehen sie als Rechtsscheinvollmacht an, andere als Unterfall der Außenvollmachtserteilung durch konkludentes Verhalten, also als rechtsgeschäftliche Vollmacht. Der fehlende Wille, den Vertreter zu bevollmächtigen, stehe ebenso wie fehlendes Erklärungsbewusstsein der Qualifikation als konkludente Willenserklärung nicht entgegen. Dagegen spricht, dass bloßes Schweigen (mit Ausnahme des kaufmännischen Verkehrs) grundsätzlich nicht als Willenserklärung zu sehen ist (vgl. Fragen 156 f., 502, 508). Auch auf den Dritten wirkt das Dulden nicht wie eine Willenserklärung, die Erteilung einer Außenvollmacht, sondern eher wie eine (deklaratorische) Kundgabe einer Innenvollmacht. Aus diesen Gründen ist – trotz letztlich gleichen Ergebnisses: wirksamer Vertretung – zwischen konkludenter und Duldungsvollmacht zu unterscheiden und bspw. in der 1. Abwandlung dem bloßen Dulden des A kein Erklärungswert beizumessen. Er unternimmt nur in zurechenbarer Weise nichts gegen das Auftreten des B in seinem Namen und muss daher bei Gutgläubigkeit des C diesem aus Rechtsschein haften. Im Ausgangsfall kann dagegen das Überlassen von Verhandlungen als stillschweigende Bevollmächtigung des A angesehen werden, deren unangemessene Ausübung zu seinen Lasten geht, solange nicht für den C erkennbare Grenzen im Innenverhältnis von A und B überschritten werden. In der 2. Abwandlung fehlt es dagegen schon an einem willentlichen Dulden seitens des A, womit auch eine Duldungsvollmacht abzulehnen ist (mangels einer längeren oder häufigeren Tätigkeit des B für A im Übrigen auch eine Anscheinsvollmacht, vgl. Frage 605). Bedeutsam wird die Einordnung der Duldungsvollmacht im Rahmen ihrer Anfechtbarkeit (vgl. Frage 609).

603 ▶ Kommt eine Duldungsvollmacht auch dann in Betracht, wenn zuvor eine Rechtsscheinhaftung nach §§ 170 ff. BGB abgelehnt wurde?

Ja. Es darf jedoch nicht zu einer Umgehung der §§ 170 ff. BGB kommen, indem man z. B. die Vorlage der Kopie einer Vollmachtsurkunde doch als rechtsscheinbegründend ansieht. Der Rechtsschein muss sich dann aus anderen Umständen als der Vollmachtsurkunde ergeben.

604 ▶ Kann eine Duldung in der widerspruchslosen Durchführung des Geschäfts liegen?

Nein. Das vertrauensbegründende Verhalten muss bereits vor oder spätestens bei Vertragsschluss vorliegen. In Betracht kommt aber eine konkludente Genehmigung (vgl. Frage 632).

▶ Was setzt die Anscheinsvollmacht voraus? **605**

Eine Anscheinsvollmacht liegt vor, wenn
1. der angebliche Vertreter regelmäßig mit einer gewissen Dauer oder Häufigkeit (wiederholtes Auftreten und während eines gewissen Zeitraums) für den Vertretenen handelt (rechtsscheinbegründendes Verhalten),
2. der Vertretene das Handeln seines angeblichen Vertreters zwar nicht kennt, er es aber bei pflichtgemäßer Sorgfalt hätte erkennen und verhindern können (Zurechenbarkeit des Rechtsscheins), und
3. der Geschäftsgegner nach Treu und Glauben annehmen darf, der Vertreter billige (kenne und dulde) das Handeln des Vertreters.

▶ Genügt eine bloße Veranlassung oder ist ein Vertretenmüssen notwendig? **606**

Nach überwiegender Ansicht ist fahrlässiges Verursachen für die Zurechnung notwendig. Es ergibt sich regelmäßig aus einem „Organisa tionsmangel" in der eigenen Rechtssphäre, z. B. wenn Arbeitgeber A nicht hinreichend die Tätigkeit seiner Angestellten kontrolliert und deshalb nicht bemerkt, dass der hierzu nicht bevollmächtigte Lagerarbeiter B seit geraumer Zeit mehrfach bei C Bestellungen im Namen des A aufgegeben hat. Das gilt auch, wenn A mangels Auffälligkeiten keinen Anlass und aufgrund anderweitiger Arbeitsauslastung auch keine Möglichkeit zur Kontrolle hatte.

▶ Welche Rechtsfolgen hat die Anscheinsvollmacht? **607**

Ob der Vertretene im Falle einer Anscheinsvollmacht auf Erfüllung oder nur auf den Vertrauensschaden (§§ 280 I, 311 II, 241 II BGB, c.i.c.) haftet, ist streitig. Nach einer Ansicht entspricht die bloße Fahrlässigkeit anders als die bewusste Duldung nicht der willentlichen Kundgabe bei §§ 171, 172 BGB und vermag keine Erfüllungshaftung zu begründen. Diese könne nicht aus einer Sorgfaltspflichtverletzung, sondern nur aus privatautonomem Handeln des Vertretenen hergeleitet werden. Anderes könne allenfalls für das Handelsrecht im Hinblick auf die dort bestehenden Sonderregeln gelten.

Für eine Erfüllungshaftung spricht hingegen das schützenswerte Interesse des Dritten, dem die Nachprüfung der Vollmacht nicht zugemutet werden kann, wenn der Vertretene einen zurechenbaren Rechtsschein gesetzt hat. Der Nachweis der Kenntnis des Vertretenen im Rahmen einer Duldungsvollmacht ist als subjektives Merkmal kaum möglich und muss daher aus objektiven Kriterien wie dem Sorgfaltspflichtverstoß geschlossen werden. Auch die gesetzliche Rechtscheinhaftung in §§ 170 ff. BGB gewährt das positive Interesse.

608   ▶   Haftet der Vertreter bei Vorliegen einer Rechtsscheinvollmacht dennoch nach § 179
          BGB?

Von einer Ansicht wird dem Geschäftspartner ein Wahlrecht zugestanden, ob er vom
Vertretenen die Erfüllung des Vertrages verlangen oder nach § 179 BGB gegen den
Vertreter vorgehen möchte. Der Vertreter habe tatsächlich ohne Vertretungsmacht
gehandelt. Dagegen spricht aber, dass auch der Rechtsschein in den §§ 170 ff. BGB
der rechtsgeschäftlichen Vollmacht gleichgestellt wird und folglich kein Raum für
die Anwendung des § 179 BGB bleibt. Auch sollte der Geschäftspartner bei einer
Rechtsscheinvollmacht durch ein Wahlrecht nicht besser gestellt sein als bei einer
rechtsgeschäftlichen Vollmacht.

Übersicht: Rechtsschein

Rechtsscheinstatbestand

§§ 170 ff. BGB	Duldungsvollmacht	Anscheinsvollmacht
Außenvollmacht, § 170, Kundgabe der Innenvollmacht, § 171 I, Vollmachtsurkunde, § 172 I	*Der Vertretene lässt es wissentlich geschehen, dass ein anderer für ihn als Vertreter auftritt*	*Der angebliche Vertreter handelt idR. mit einer gewissen Dauer oder Häufigkeit für den Vertretenen*

Zurechenbarkeit des Rechtsscheins

Der Vertretene unterlässt: *die Anzeige des Erlöschens der Außenvollmacht, § 170* *den actus contrarius zur Kundgabe der Innenvollmacht, § 171 II* *das Zurücknehmen oder Fürkraftloserklären der Vollmachtsurkunde, § 172 II*	*Der Vertretene unternimmt in zurechenbarer Weise nichts gegen das Auftreten in seinem Namen*	*Der Vertretene kennt das Handeln seines angeblichen Vertreters zwar nicht, er hätte es aber bei pflichtgemäßer Sorgfalt erkennen und verhindern können*

Schutzwürdiges Vertrauen des Dritten

d. h. (entsprechend) § 173 BGB weder Kenntnis noch grob fahrlässige Unkenntnis von
der fehlenden Vertretungsmacht und Schutzwürdigkeit des Vertrauens

Weder Kenntnis noch grob fahrlässige Unkenntnis von der fehlenden Vertretungsmacht, § 173 BGB	*Der Vertragspartner versteht dieses Dulden so, dass der als Vertreter Handelnde bevollmächtigt ist, und darf es nach Treu und Glauben auch so verstehen*	*Der Geschäftsgegner darf nach Treu und Glauben annehmen, der Vertreter billige (kenne und dulde) das Handeln des Vertreters*
	Teilw.A.: echte Vollmacht durch konkludente Erteilung	*a. A.: begründet keine Erfüllungs-, sondern lediglich eine Vertrauenshaftung (auf das negative Interesse)*

E. Willensmängel bei Erteilung der Vollmacht

▶ Kann sich der Vollmachtgeber von der Vollmacht auch nach ihrer Ausübung lösen,   **609**
um sich den rechtlichen Wirkungen des Vertretergeschäfts zu entziehen? Beispiel:
A verschreibt sich bei der Ausstellung der Vollmachtsurkunde für den Kauf eines
Pkw durch B: Statt eines Höchstpreises von 10.500 € gibt er 15.000 € an. Nachdem
B unter Vorlage der Urkunde mit C einen Kaufpreis von 14.000 € vereinbart hat, will
A nicht zahlen. Zu Recht?

In Betracht kommt ein Widerruf nach § 168 S. 3 iVm. § 167 BGB (vgl. Frage 588).
Er wirkt jedoch nur ex nunc, so dass er bei ausgeübter Vollmacht nicht weiterhilft.
Übrig bleibt eine Anfechtung nach §§ 142 I, 119 I Fall 2 BGB. Der Vertreter B
würde dadurch ex tunc zum falsus procurator und die Rechtsfolgen des Vertretergeschäfts mit C würden nicht mehr den A treffen. Ob dies möglich ist, ist streitig,
insbesondere bei der Innenvollmacht und der kundgegebenen Innenvollmacht (zu
letzterer s. Frage 572), bei denen sich die Willensmängel nur aus dem Innenverhältnis zwischen Vertreter und Vertretenem ergeben.

▶ Was spricht gegen die Anfechtbarkeit der Vollmachtserteilung?   **610**

Nach einer Ansicht widerspricht die Zulassung einer Anfechtung im Falle der bereits ausgeübten Vollmacht dem Rechtsgedanken des § 166 I BGB. Dieser Vorschrift lasse sich entnehmen, dass die von einem Vertreter abgegebene Erklärung
nur am Willen einer Person gemessen werden solle (nämlich grundsätzlich an der
des Vertreters, nur ausnahmsweise an der des Vertretenen). Wenn nun aber der Vertretene das Vertretergeschäft im Ergebnis auf zwei Wegen zu Fall bringen könnte
– zum einen durch die Anfechtung des Vertretergeschäfts (wegen Willensmängeln
des Vertreters, § 166 I BGB), zum anderen durch Anfechtung der Vollmacht (wegen eigener Willensmängel) – so werde dem Vertretenen damit gerade durch die
Einschaltung eines Vertreters eine zusätzliche Möglichkeit zur Vernichtung des
Vertretergeschäfts eröffnet, die er nicht gehabt hätte, wenn er das Geschäft selbst
vorgenommen hätte. Fehlerquellen bei der Bevollmächtigung sollen sich deshalb
grundsätzlich nicht zu Lasten des Geschäftspartners auswirken können. Außerdem
würde dem Geschäftspartner das Insolvenzrisiko des falsus procurator aufgebürdet.

▶ Warum wird nach verbreiteter Auffassung dennoch eine Anfechtbarkeit angenom-   **611**
men?

Die Bevollmächtigung ist eine Willenserklärung, für die daher die allgemeinen Anfechtungsregeln gelten. Auch die Schutzbedürftigkeit des Geschäftsgegners spricht
nicht gegen die Zulassung einer Anfechtung: Zwar sieht sich dieser im Einzelfall
zwei Fehlerquellen ausgesetzt. Der Geschäftspartner wird aber trotz der Anfechtung
durch die weiterhin anwendbaren §§ 170 ff. BGB und die allgemeine Rechtsscheinhaftung geschützt (es sei denn, die Kundgabe oder der Rechtsschein aus Urkunde, Duldung oder Anschein ist ebenfalls anfechtbar, vgl. Fragen 614 und 618). Ist
er Anfechtungsgegner, steht ihm ein Anspruch auf Ersatz des Vertrauensschadens
nach § 122 I BGB zu.

612   Beispiel

Wie bei Frage 609; B hat die Vollmachtsurkunde jedoch nicht dem C vorgelegt.
Wer ist Anfechtungsgegner?

Es handelt sich hier um eine reine Innenvollmacht. Nach dem Wortlaut des
§ 143 III 1 BGB, der für einseitige Rechtsgeschäfte wie die Bevollmächtigung gilt,
müsste die Anfechtung der Bevollmächtigung nur gegenüber dem Erklärungsempfänger, d. h. dem Vertreter B erfolgen. Der Schutz des Vertragspartners C erfordert
es aber, dass dieser Kenntnis von der Anfechtung der Vollmacht erlangt. Letztlich
treffen ihn die Wirkungen der Anfechtung, da er seinen Vertragspartner verliert. Die
Anfechtung zielt letztlich gegen das Vertretergeschäft. Daher ist die Anfechtung der
bereits ausgeübten Innenvollmacht nach zutreffender Ansicht (zumindest auch; ob
eine Anfechtung nur gegenüber dem Geschäftspartner ausreicht, ist str.) gegenüber
dem Vertragspartner C zu erklären.

613   ▶ Wer haftet in diesem Fall dem Geschäftspartner C für Vertrauensschäden?

Bei wortgetreuer Anwendung des Gesetzes und Anfechtung der Vollmacht nur
gegenüber dem Vertreter B hätte C gem. § 179 II BGB nur einen Schadensersatzanspruch gegen den Vertreter. Dieser könnte dann gem. § 122 I BGB gegen den
Geschäftsherrn A Regressansprüche geltend machen. Bei diesem Ergebnis würde
daher der C das Insolvenzrisiko des B tragen. Zudem wären seine Ansprüche gem.
§ 179 III 2 BGB ausgeschlossen, wenn der Vertreter beschränkt geschäftsfähig war
(nach a. A. geht C dieses Risiko bewusst ein, wenn er ohne rechtsscheinbegründendes Verhalten des vertretenen A mit B kontrahiert, und ist daher nicht schutzbedürftig). Auch um dieses interessenwidrige Ergebnis zu vermeiden, ist die Anfechtung auch dem Vertragspartner gegenüber zu erklären und ihm ein Anspruch analog
§ 122 I BGB unmittelbar gegen den Geschäftsherrn einzuräumen. Ob B in diesem
Fall weiterhin nach § 179 II, bei Kenntnis der Anfechtbarkeit nach §§ 142 II, 179 I
BGB haftet, ist ebenfalls streitig. Einerseits stellt die Haftung des falsus procurator eine Garantiehaftung dar. Andererseits würde ein Wahlrecht des C, gegen A
nach § 122 oder gegen B nach § 179 BGB vorzugehen, ihn ungerechtfertigt besser
stellen.

614   ▶ Ist die Kundgabe einer Innenvollmacht anfechtbar, etwa wenn A dem C telefonisch
        angekündigt hätte, dass B für ihn einen Pkw erwerben wird?

Die Kundgabe iSv. § 171 Fall 1 BGB stellt keine Willenserklärung, sondern eine
Wissenserklärung dar: C wird lediglich mitgeteilt, dass eine Innenvollmacht erteilt
worden sei (s. Frage 572), wodurch ein Rechtsschein nach § 171 BGB erzeugt wird.
Ob ein Rechtsschein angefochten werden kann, ist streitig (vgl. noch Frage 618).
Als geschäftsähnliche Handlung können auf die Kundgabe die Regeln der Willenserklärung aber entsprechende Anwendung finden. Anderenfalls würde C im Falle
einer Außenvollmacht (A bevollmächtigt B gegenüber C und bittet anschließend
den B, für ihn den Pkw zu erwerben) schlechter stehen, als wenn ihm die Ertei-

lung einer Innenvollmacht bloß mitgeteilt worden ist. Im ersten Fall könnte der A anfechten, im zweiten hingegen nicht. Dieser Wertungswiderspruch spricht dafür, dass die Kundgabe iSv. § 171 I Fall 1 BGB dann anfechtbar sein muss, wenn eine Außenvollmacht dies wäre.

Insofern darf auch die Kundgabe nicht isoliert betrachtet werden, wenn es um den Gegenstand der Anfechtung für die Feststellung eines Willensmangels geht. Hinsichtlich der bloßen Mitteilung, dass der Vertreter bevollmächtigt wurde, läge regelmäßig kein Irrtum und keine arglistige Täuschung vor. Diese(r) liegt meist nur der Bevollmächtigung selbst zugrunde. Zur Vermeidung von Wertungswidersprüchen muss die Kundgabe nach überwiegender Ansicht auch wegen solcher Irrtümer dann anfechtbar sein, wenn es auch die Außenvollmacht wäre. Hätte sich A gegenüber C versprochen, hätte er die Außenvollmacht nach §§ 142 I, 119 I BGB wegen eines Erklärungsirrtums anfechten können. Daher kann er in diesem Fall auch die bloße Kundgabe anfechten.

Beispiel   **615**

V bittet seinen Freund, den Bankkaufmann F, sich nach einem Käufer für seine Eigentumswohnung umzuschauen. F findet jedoch niemanden und versucht sie nun seinem Bekannten K „aufzuschwatzen". Dies gelingt nur, indem er vorgibt, die Darlehensraten ließen sich aus Steuerersparnissen und Mieteinnahmen decken. Daraufhin bevollmächtigt K den B, mit F den Kaufvertrag auszuhandeln und dann mit V abzuschließen. Als er merkt, dass die Kalkulationen des F nicht aufgehen und er erheblich zuschießen muss, ficht er an. Zu Recht?

Ein Anfechtungsrecht gem. § 123 BGB (s. Fragen 248 ff.) könnte einerseits bzgl. der von K dem B erteilten Vollmacht bestehen. K hatte sie kausal aufgrund der arglistigen Täuschung durch F gegeben. Problematisch ist die Person des Täuschenden: Erklärungsempfänger der Vollmacht ist der Vertreter B, der jedoch nicht getäuscht hat. F ist nicht dem Lager des B zurechenbar und daher Dritter iSd. § 123 II 1 BGB. B kannte weder die Täuschung durch F noch musste er sie kennen (§ 123 II 1 BGB). Jedoch könnte § 123 II 2 BGB zur Anwendung kommen. Danach ist eine Erklärung, aus der ein anderer als der Erklärungsempfänger ein Recht erworben hat, diesem Begünstigten gegenüber anfechtbar, wenn er die Täuschung kannte oder kennen musste. Der Vertragspartner V hat zwar nicht unmittelbar aus der Erteilung der Vollmacht, sondern erst aus dem abgeschlossenen Vertrag Ansprüche erworben. Wegen jenes engen Zusammenhangs zwischen Vollmacht und Vertretergeschäft ist § 123 II 2 BGB aber zumindest analog anwendbar. Dafür spricht auch, dass auf diese Weise eine Gleichbehandlung von Innen- und Außenvollmacht ermöglicht wird: Im vergleichbaren Fall einer Außenvollmacht gegenüber V hätte K nach § 123 II 1 BGB dann anfechten können, wenn V die Täuschung des Dritten kannte oder kennen musste oder sie ihm zuzurechnen ist. V hatte den F als Verhandlungsgehilfen eingesetzt, seine Kenntnis ist ihm analog § 166 I BGB zuzurechnen (s. Frage 546). Deshalb muss auch die Innenvollmacht nach § 123 II 2 BGB ihm gegenüber (teil-) anfechtbar sein. Bei einer Bevollmächtigung lässt sich der „Rechtserwerb" des

Geschäftspartners V, d. h. die Ausübung der Vollmacht, kaum von der Vollmacht selbst trennen; die Anfechtung muss deshalb zur Gesamtnichtigkeit der Bevoll- mächtigung führen, ohne dass es auf § 139 BGB ankommt. Mangels Vertretungs- macht bindet der Kaufvertrag K daher nicht.

Andererseits beruhte auch die Weisung an B, die Wohnung zu erwerben, auf der Täuschung durch F, so dass A bei entsprechender Anwendung des § 166 II BGB auf Willensmängel (vgl. Frage 544) auch das Geschäft selbst anfechten kann (zur Möglichkeit der Doppelnichtigkeit s. Fragen 285 f.).

616 | Beispiel |

B täuscht bei seiner Einstellung Arbeitgeber A über bestehende Vorstrafen we- gen Untreue und Unterschlagung. Im Rahmen seiner Tätigkeit für A wird er zur Entgegennahme von Kaufpreiszahlungen bevollmächtigt, was auch den Ver- tragspartnern nach außen kundgegeben wird. Nachdem C dem B als Empfangs- vertreter 10.000 € überreicht hat, taucht dieser unter. A ficht die Vollmacht an und verlangt von C erneut Zahlung. Zu Recht?

Der ursprüngliche Kaufpreisanspruch aus Vertrag ist durch Erfüllung gem. § 362 I BGB untergegangen, wenn A, vertreten durch B, im Wege der Übereignung gem. § 929 S. 1 BGB Eigentümer des Geldes geworden ist. Die Vertretungsmacht könnte jedoch aufgrund der Anfechtung der Vollmacht nach §§ 142 I, 123 I BGB fehlen. Eine für die Vollmachtserteilung kausale arglistige Täuschung durch B liegt vor. Erklärungsempfänger der Innenvollmacht ist auch hier wieder der Vertreter B. Im Gegensatz zum vorigen Beispiel hat er aber auch selbst getäuscht, womit ein An- fechtungsrecht nach § 123 I BGB gegeben ist.

Nun wird teilweise zum Schutz des Dritten dennoch § 123 II 2 BGB (einschrän- kend) angewendet, um die Außen- und Innenvollmacht gleichzustellen: Hätte A gegenüber C eine Außenvollmacht erteilt, wäre der täuschende Vertreter B im Verhältnis zu C nur Dritter und A könnte nur bei Kenntnis oder grob fahrlässiger Unkenntnis des C ihm als Begünstigten gegenüber nach § 123 II 2 BGB anfechten (eine Zurechnung als dem Lager des C zugehörig scheidet aus, da B Vertreter von A ist). Genauso solle auch im Fall der Innenvollmacht eine Arglistanfechtung nur möglich sein, wenn der Dritte die Täuschung kannte oder kennen musste. Dagegen spricht aber der gesetzgeberische Zweck des § 123 II 2 BGB, der das Anfechtungs- recht nach Abs. 1 nur ausweiten, nicht einschränken soll. Liegt bereits ein Anfech- tungsrecht nach Abs. 1 vor, ist Abs. 2 unanwendbar. Der Vertragspartner C wird durch die Rechtsscheinsregeln hinreichend geschützt. Die Innenvollmacht selbst ist daher nach § 123 I BGB anfechtbar.

Eine Rechtsscheinhaftung des A könnte sich aus der Kundgabe der Vollmacht gem. § 171 I BGB ergeben. Doch auch diese Kundgabe könnte angefochten worden sein (vgl. Frage 614). Hier ist aber C als „Empfänger" der Kundgabe anzusehen. Er kannte die Täuschung durch den insoweit „dritten" B nicht und musste sie auch nicht kennen. Eine Arglistanfechtung entfällt daher, es bleibt nur eine Anfechtung der Kundgabe wegen Eigenschaftsirrtums über die Person des Vertreters gem.

§ 119 II BGB. Unabhängig davon, ob trotz dieser Anfechtung noch eine Duldungsvollmacht des B besteht (vgl. dazu die beiden nachfolgenden Fragen), führt dies
im Ergebnis dazu, dass C nicht nochmals leisten muss. Das ergibt sich aus § 122 I
BGB: C hätte – wenn er nicht aufgrund der Kundgabe von einer Vertretungsmacht
des B ausgegangen wäre – nicht gezahlt, kann also die vollen 10.000 € als Schadensersatz gegenüber A aufrechnen.

▶ Kann der Geschäftsherr trotz Anfechtung der Vollmacht durch Rechtsscheinhaftung **617**
gebunden werden?

Sofern die Voraussetzungen der §§ 170 ff. BGB oder diejenigen der allgemeinen
Rechtsscheinhaftung vorliegen, kommt ein Vertrag zwischen Vertretenem und Vertragspartner auch dann zustande, wenn der Vertretene die (ausgeübte Innen-)Voll-
macht angefochten hat (vgl. Frage 603). Die Duldungsvollmacht setzt voraus, dass
der Vertretene das Handeln des vollmachtlosen Vertreters kennt und es duldet. Die
bloße Veranlassung genügt nicht. Wenn der Vertretene nichts von der Anfechtbarkeit wusste und daher davon ausging, dass die Vollmacht wirksam sei und Vertretungsmacht bestehe, hat er es daher nicht geduldet, dass der Vertreter auch ohne
Vertretungsmacht für ihn tätig wird. Eine Duldung in diesem Sinne könnte nur dann
angenommen werden, wenn der Vertretene den Irrtum vor Abschluss des Vertrages
erkannt hätte, was aber im vorigen Beispiel nicht der Fall ist. In Betracht kommt
dann nur eine Anscheinsvollmacht, wenn der Vertretene fahrlässig gehandelt hat,
was aber bei der Unkenntnis von Vorstrafen ebenfalls zu verneinen wäre. Dann
bleibt allein der Anspruch auf Ersatz des Vertrauensschadens nach § 122 I BGB
(dazu Frage 613).

▶ Ist der Rechtsschein selbst bei Anscheins- und Duldungsvollmacht anfechtbar? Bei- **618**
spiel: Wie Frage 616, jedoch hat der über seine Vorstrafen täuschende Angestellte
B in der Probezeit noch keine Vollmacht erteilt bekommen und nimmt dennoch an
der Kasse Zahlungen u. a. des C entgegen. A nimmt das einfach hin.

Bzgl. der Duldungsvollmacht hängt die Antwort auch davon ab, ob sie als konkludente Bevollmächtigung angesehen wird oder als Rechtsscheinvollmacht. Als
Willenserklärung wäre sie nach obiger Argumentation anfechtbar. Soweit man sie
als bloßen Rechtsschein, der keine Willenserklärung oder rechtsgeschäftsähnliche
Handlung darstellt, ansieht, ist sie – und ebenso die Anscheinsvollmacht – nach
einer Ansicht weder anfechtbar noch kann sie nichtig sein. Der Rechtsschein solle
dem Geschäftspartner gerade auch gegen den Willen des Vertretenen Erfüllungsansprüche und nicht nur einen Anspruch auf das negative Interesse geben; eine Anfechtbarkeit würde dem Verkehrsschutz widersprechen. Nach wohl überwiegender
Ansicht sind Anscheins- und Duldungsvollmacht aber auch als Rechtsschein anfechtbar, soweit der Irrtum nicht bloß die Tatsache betrifft, dass aus dem Dulden
Vertretungsmacht gefolgert wird. Der Rechtsschein einer Vollmacht könne nicht
stärker wirken als eine wirksam erteilte Vollmacht. A kann daher auch in diesen
Fällen gegenüber C anfechten, was eine Haftung nach § 122 I BGB allerdings nicht
verhindern könnte.

Stellvertretung

Zustandekommen des Vertrages
- eigene Willenserklärung des Vertreters (↔ Bote)
- in fremdem Namen (auch konkludent, z. B. unternehmensbezogenes Geschäft)
- Ausnahme: verdecktes (↔ offenes) Geschäft für den, den es angeht

Wirksamkeit des Vertrags
Vertretungsmacht des Vertreters:
- organschaftlich (z. B. § 26 II 1 Hs. 2 BGB, § 35 I GmbHG, § 78 I AktG)
- gesetzlich (z. B. § 1629 I BGB)
- rechtsgeschäftlich: durch Vollmacht (Legaldefinition: § 166 II 1 BGB)
- zu unterscheiden nach:
  - Erklärungsempfänger: Innenvollmacht, kundgegebene Innenvollmacht, Außenvollmacht
  - Umfang: General-, Gattungs- und Spezialvollmacht
    gesetzlich geregelter Umfang: Prokura §§ 49 ff. HGB, Handlungsvollmacht § 54 HGB (Problem: Missbrauch der Vertretungsmacht)
  - Einzel- oder Gesamtvollmacht (Allein- oder Gesamtvertretungsmacht)
  - Stufung: Haupt- und Untervollmacht
- Rechtsschein einer Vollmacht
  - Spezielle Rechtsscheintatbestände: §§ 15, 56 HGB
  - §§ 170 ff. BGB: Außenvollmacht: bei fehlender Anzeige, kundgegebene Innenvollmacht: bei fehlendem actus contrarius, Vollmachtsurkunde: bei fehlender Rückgabe oder Kraftloserklärung
  - Duldungs- und Anscheinsvollmacht (str.)
- Anfechtbarkeit: der Vollmacht (als gewöhnliche Willenserklärung) und des Rechtsscheins (keine stärkere Bindung durch Rechtsschein als durch Vollmacht) str.; ebenso str. Anfechtungsgegner und Haftung nach § 122 I BGB bei Innenvollmacht
  Abzugrenzen von der Anfechtung des Vertretergeschäfts (§ 166 BGB)

F. Insichgeschäft, besondere Beschränkungen der Vertretungsmacht

619 ▶ Was ist ein Insichgeschäft? Welche Konstellationen können dabei auftreten?

Beim Insichgeschäft nimmt eine Person ein Rechtsgeschäft gegenüber sich selbst vor. Das kann durch Selbstkontrahieren geschehen, wenn der Vertreter im Namen des Vertretenen mit sich selbst einen Vertrag schließt (§ 181 Fall 1 BGB), oder durch Mehrvertretung, wenn der Vertreter im Namen des Vertretenen mit sich als Vertreter eines Dritten ein Rechtsgeschäft vornimmt (Fall 2). Der (im Gesetz ja auch nicht enthaltene) Begriff „Selbstkontrahieren" ist dabei nicht einschränkend zu sehen. Es sind nicht nur Verträge umfasst, sondern auch einseitige Rechtsgeschäfte, bei denen Erklärender und Erklärungsempfänger identisch sind.

▶ Warum ist das Insichgeschäft grundsätzlich nicht möglich?   **620**

Hintergrund dieser Regelung sind zwei Gedanken. In erster Linie dient § 181 BGB der Vermeidung einer Interessenkollision: Vertritt der Vertreter gleichzeitig zwei Geschäftsherrn oder handelt er gleichzeitig für sich und für einen anderen, so besteht abstrakt die Gefahr, dass das Geschäft zum Nachteil des (einen) Geschäftsherrn ausfällt. Zum anderen kann es auch um die Erkennbarkeit des Rechtsgeschäfts nach außen gehen, was aber im Einzelnen umstritten ist.

▶ Was ist Rechtsfolge des Verbots?   **621**

Die Vertretungsmacht ist begrenzt, sie umfasst gerade keine Insichgeschäfte. Der Vertreter handelt also bei Vornahme eines solchen Geschäfts ohne Vertretungsmacht; das Geschäft ist schwebend unwirksam, bis es vom Vertretenen nach § 177 I, einem Ergänzungspfleger nach § 1909 oder dem volljährig Gewordenen nach § 108 III BGB genehmigt wurde.

                                                                             622

▶ Welche Ausnahmen zum Verbot nach § 181 BGB gibt es?

Das Gesetz nennt als Ausnahmen die Gestattung durch den Vertretenen (typisches Beispiel: Auflassungsvollmacht) sowie den Fall, dass das Insichgeschäft sich in der Erfüllung einer Verbindlichkeit erschöpft (Beispiel: Zuwendungen der Eltern an ihr Kind im Rahmen der Unterhaltspflicht oder die Entnahme von Geld aus der Kasse durch den Prokuristen oder Geschäftsführer, der einen Aufwendungsersatzanspruch gegen den Vertretenen bzw. die Gesellschaft hat). Aufgrund des Hauptzwecks der Vermeidung einer Interessenkollision wird § 181 BGB zudem für den Fall teleologisch reduziert, dass eine Gefahr von Interessenkollisionen abstrakt von vornherein ausgeschlossen ist: Dies ist insbesondere bei Geschäften der Fall, die für den Vertretenen lediglich rechtlich vorteilhaft sind. Dabei wird die Wertung des § 107 BGB übernommen, da in diesen Fällen nicht einmal der beschränkt Geschäftsfähige schutzbedürftig ist.

Beispiel

Ist die Schenkung eines vermieteten Grundstücks, das den Eltern E des fünfjährigen M gehört, als lediglich rechtlich vorteilhaft von ihrer Vertretungs-   **623** macht gedeckt?

Auch auf die gesetzliche Vertretung durch die Eltern sind gem. §§ 1629 II 1, 1795 II BGB die Beschränkungen des § 181 BGB anwendbar (s. Frage 77). Den Schenkungsvertrag haben die E einerseits für sich selbst, andererseits als Vertreter des M abgeschlossen. Ein Insichgeschäft ist also gegeben. Dieses könnte für M lediglich rechtlich vorteilhaft und deshalb ausnahmsweise zulässig gewesen sein. Für sich gibt der (notariell beurkundete, § 518 I 1 BGB) Schenkungsvertrag dem Beschenkten nur einen Anspruch auf Übereignung des Grundstücks. Die Nachteile durch den Eintritt in bestehende Mietverträge gem. § 566 I BGB und die daraus folgenden persönlichen Pflichten (Schadensersatzpflicht gem. § 536 a, Rückerstattungspflicht von Sicherheiten des Mieters nach § 566a BGB etc.) folgen erst aus dem Eigentumserwerb, betreffen aber nicht den Schenkungsvertrag (Abstraktionsprinzip).

Diese isolierte Betrachtung hätte allerdings zur Folge, dass der Schenkungsvertrag unabhängig von den persönlichen Belastungen des Grundstückserwerbs wirksam und die nachteilige Übereignung als Erfüllungsgeschäft iSd. § 181 letzter Hs. BGB ebenfalls ohne Hinzuziehung eines Ergänzungspflegers nach § 1909 BGB möglich wäre. Im Ergebnis blieben damit die den Minderjährigen persönlich treffenden Verpflichtungen außer Betracht.

Um dies zu vermeiden und um dem Schutzzweck des § 181 BGB gerecht zu werden, hat die Rspr. bisher eine Gesamtbetrachtung des schuldrechtlichen und des dinglichen Vertrages vorgenommen. Danach sind bereits bei der Prüfung des Kausalgeschäfts (Schenkung) die den Geschäftsunfähigen durch den Vollzug der Schenkung treffenden rechtlichen Nachteile zu berücksichtigen. Wenn die Übereignung des Grundstücks zur Folge habe, dass der Minderjährige persönlich verpflichtet werde, sei schon das Kausalgeschäft – hier der Schenkungsvertrag – nicht lediglich rechtlich vorteilhaft und damit schwebend unwirksam.

Eine starke Gegenansicht, der nun auch der BGH zuzuneigen scheint, lehnt diese Gesamtbetrachtung im Hinblick auf das Trennungs- und Abstraktionsprinzip ab, sieht den Schenkungsvertrag daher (isoliert) als lediglich rechtlich vorteilhaft und damit wirksam an. Diese Ansicht möchte die Interessen des M durch teleologische Reduktion des § 181 BGB schützen: Die Ausnahme für die Erfüllung einer Verpflichtung gelte vor dem Hintergrund, dass in diesem Fall kein Interessenkonflikt bestehe. Liegt aber dennoch ein Konflikt vor, weil das Verfügungsgeschäft über die Erfüllung hinaus rechtliche Nachteile für den Geschäftsunfähigen begründet – wie hier die persönliche Verpflichtung aus dem Mietvertrag – die also noch nicht im Rahmen des Verpflichtungsgeschäfts berücksichtigt werden konnten, so ist die Ausnahme vom Vertretungsverbot für Erfüllungsgeschäfte nicht anwendbar. Die Auflassung des Grundstücks durch die E ist daher mangels wirksamer Vertretung bis zur Genehmigung durch den Ergänzungspfleger nach § 1909 BGB schwebend unwirksam. Auf die Wirksamkeit des Schenkungsvertrages hat dies aber keinen Einfluss.

Entsprechendes gilt übrigens in dem Fall, dass die Eltern ihren 17-jährigen Sohn selbst den Grundstückskaufvertrag unterschreiben lassen: Der Streit, ob es einer Gesamtbetrachtung bedarf, ist dann im Rahmen der Frage zu erörtern, ob der Minderjährige aufgrund lediglich rechtlichen Vorteils nach § 107 BGB selbstständig handeln kann und damit keine Einwilligung der gesetzlichen Vertreter notwendig ist. Eine Zustimmung könnten die Eltern nur in dem Umfang erteilen, in dem ihnen auch die Vertretungsmacht zusteht. Hier tritt dann das Problem des Insichgeschäfts auf.

▶ Wie wäre dies bei einer eingetragenen Hypothek oder Grundschuld, bei einem **624**
Nießbrauch oder bei der Schenkung einer Eigentumswohnung? Begründen schon
öffentlich-rechtliche Pflichten (wie Steuerlast und Verkehrssicherungspflichten)
eine rechtliche Nachteilhaftigkeit?

Öffentlich-rechtliche Pflichten wurden bisher von der h.M. als Kehrseite des Eigentums (Art. 14 II GG), als gesetzliche und nicht durch der Parteivereinbarung vorgesehene, also mittelbare Rechtsfolgen nicht als rechtlich nachteilhaft gewertet. In
einer neueren Entscheidung hat der BGH dieses Kriterium jedoch nicht als maßgeblich angesehen, da der Minderjährige auch durch gesetzliche Rechtsfolgen nicht
weniger gefährdet sei als durch Parteivereinbarung. Stattdessen stellt er darauf ab,
ob bestimmte Rechtsnachteile aufgrund ihres typischerweise ganz unerheblichen
Gefährdungspotentials nicht unter den Anwendungsbereich gefasst werden können.
Sie würden eine Verweigerung des Ergänzungspflegers nicht rechtfertigen können,
eine Genehmigungsbedürftigkeit wäre daher bloße Formalie. Öffentliche Lasten,
deren Kosten durch den Wert des Grundstücks oder die Kosten der öffentlichen
Hand begrenzt und durch die Erträge des Grundstücks zu erwirtschaften seien, fie-
len daher nicht unter rechtliche Nachteile iSd. § 107 BGB und die Ausnahme zu
den §§ 181 und 1795 BGB. Problematisch ist diese Begründung deshalb, weil auf
eine – auch im Hinblick auf die Rechtssicherheit bedenkliche – wirtschaftliche Betrachtungsweise zurückgegriffen wird, auf die es in diesem Rahmen aber gerade
nicht ankommt. Schwierigkeiten, wie sie bisher bei der Abgrenzung zwischen unmittelbaren und mittelbaren Nachteilen auftraten, werden nun im Rahmen der (Un-)
Erheblichkeit der Gefährdung auftreten.

Die Haftung bei Hypothek und Grundschuld stellt keine persönliche Verpflichtung dar, sondern beschränkt sich auf das Grundstück. Im „schlimmsten Falle" verliert der Minderjährige das Grundstück wieder, womit das Geschäft für ihn rechtlich
neutral wäre, anderenfalls mindert sich nur der Vorteil. Ein eingetragener Nießbrauch begründet, zumindest soweit in Abweichung zu § 1047 BGB die Lastentra-
gung gänzlich auf den Nießbraucher übertragen wurde, wie es bei Schenkungen im
Wege der vorweggenommenen Erbfolge meist der Fall ist, keine persönlichen Verpflichtungen. Die dingliche Übereignung ist damit ausschließlich rechtlich vorteilhaft und wirksam. Ob der Erwerb einer Eigentumswohnung aufgrund der Pflichten
gegenüber den anderen Mitgliedern der Wohnungseigentümergemeinschaft, insbesondere der Zahlungspflichten hinsichtlich der Verwaltung des Wohnungseigentums
nachteilhaft ist, ist streitig. Jedenfalls wenn die durch die Gemeinschaftsordnung
auferlegten Pflichten über die des Wohnungseigentumsgesetzes nicht nur unerheblich hinausgehen, wird dies überwiegend angenommen und ein Ergänzungspfleger
für erforderlich gehalten.

▶ Ist auch die Auflassung eines Grundstücks nach § 181 BGB schwebend unwirksam, **625**
wenn ein unbelastetes Grundstück veräußert werden soll und der zugrunde liegende Schenkungsvertrag ein vertragliches Rücktrittsrecht für den Fall enthält, dass
das beschenkte Kind ohne Zustimmung der Eltern zu deren Lebzeiten weiterveräußert? Was ist mit einer Auflassungsvormerkung, die zur Sicherung dieses Anspruchs
eingetragen wird?

Auch hier sind nach dem Trennungs- und dem Abstraktionsprinzip Schenkung und Auflassung einzeln zu betrachten. Der Schenkungsvertrag mag aufgrund des Rücktrittsrechts und der damit gem. § 346 II bis IV BGB verbundenen Wertersatz- und Schadensersatzansprüche für den Minderjährigen rechtlich nachteilhaft und damit schwebend unwirksam sein. Auf die lediglich rechtlich vorteilhafte dingliche Übereignung eines unbelasteten Grundstücks hat dies keinen Einfluss. Sie ist wirksam. Für eine Gesamtbetrachtung ist hier kein Raum, es handelt sich gerade um den umgekehrten Fall wie in Frage 623. Sollte das Verpflichtungsgeschäft nicht vom Ergänzungspfleger genehmigt werden und endgültig nichtig sein, so kommen bereicherungsrechtliche Ansprüche der Eltern in Betracht, die aber auf die Herausgabe des Grundstücks beschränkt sind. Eine verschärfte Haftung des Minderjährigen scheidet aus, da es für die Leistungskondiktion nach überwiegender Ansicht auf die Kenntnis der Eltern ankommt. Diese Ansprüche mindern daher allenfalls den Vorteil durch die Übereignung auf Null, führen aber ebenfalls nicht zu einem Nachteil im Rahmen des Verfügungsgeschäfts. Auch eine zeitgleich eingetragene Auflassungsvormerkung führt nicht zu einem rechtlichen Nachteil: Sie wäre – soweit sie den schwebend unwirksamen Rückgewähranspruch sichern sollte – mangels sicherungsfähigen Anspruchs iSd. § 883 I BGB überhaupt nicht entstanden. Soweit sie auch etwaige Bereicherungsansprüche sichern sollte, würde sie wieder im schlimmsten Fall nur zur Minderung des Vorteils auf Null führen, nicht aber zu einem rechtlichen Nachteil.

626 ► Können die Eltern das Problem des Insichgeschäfts auf die Weise ausklammern, dass etwa der Vater, dem das Grundstück gehört, die Mutter zur Alleinvertretung des Kindes ermächtigt und dann mit ihr abschließt?

Bei mehreren Gesamtvertretern wie hier gem. § 1629 I 2 Hs. 1 BGB kann einer den anderen für einzelne oder eine bestimmte Art von Rechtsgeschäften ermächtigen. Die Vertretungsmacht des ermächtigten Gesamtvertreters erstarkt damit zur Alleinvertretungsmacht, ohne dass er im Namen des anderen Gesamtvertreters handeln muss (vgl. Frage 79). Ein Verstoß gegen § 181 BGB würde dann mangels Beteiligung des ermächtigenden Gesamtvertreters nicht vorliegen. Jedoch bliebe bei Eltern aufgrund des engen Familienbandes der Einfluss des einen Elternteils, hier des Vaters auf die Mutter, weiterhin stark und ein Interessenkonflikt wäre immer noch vorhanden. Aufgrund dieser „mittelbaren" Beteiligung liegt daher nach überwiegender Ansicht auch hier ein Insichgeschäft vor. Anders ist dies etwa bei gesamtvertretungsberechtigten Geschäftsführern einer GmbH, bei denen der eine nicht an die Weisungen des anderen gebunden ist, sondern in völliger Eigenverantwortung handelt, ein Interessenkonflikt daher nicht zu befürchten ist.

627 ► Kann § 181 BGB auf andere Fälle der Interessenkollision analog angewendet werden, auch wenn keine Personenidentität vorliegt? Beispiel 1: R ist Mehrfachvertreter von S und T. Da er für beide kontrahieren will, dies aber nach § 181 BGB nicht kann, setzt er im Verhältnis zu T einen Unterstellvertreter U ein. Beispiel 2: Prokurist P übernimmt im Namen seines Chefs C eine Bürgschaft für seine eigene Darlehensschuld gegenüber dem Kreditinstitut I. Beispiel 3: M schlägt in Vertretung ihres Kindes K die Erbschaft des Vaters V aus und wird damit selbst Alleinerbe gem. § 1931 II BGB. Beispiel 4: Geschäftsführer B der A-GmbH ist Eigentümer eines Grundstücks, das mit einer Grundschuld zugunsten der A belastet ist. In Vertretung der A verzichtet er gem. § 875 II 2 BGB gegenüber dem Grundbuchamt auf die Grundschuld.

Im Interesse der Rechtssicherheit und des Schutzes des Vertragspartners ist das Verbot des § 181 BGB eng auszulegen und grundsätzlich auf die dort geregelten Fälle der Personenidentität zu beschränken (und allenfalls ein Missbrauch der Vertretungsmacht zu prüfen, vgl. Fragen 578 ff.). Eine Ausweitung wird nur dann vorgenommen, wenn es sich nur um einen formalen Kunstgriff zur Umgehung des Wortlauts handelt, etwa im Beispiel 1 bei Einschaltung eines Untervertreters durch den Vertreter: Derjenige, der einen Untervertreter für sich handeln lässt, hat gewöhnlich erheblichen Einfluss auf dessen Handeln. Eine Ausweitung auf andere, materielle Interessenkonflikte wird dagegen überwiegend abgelehnt, so etwa in Beispiel 2 und in Fällen, in denen mit nahe stehenden Personen wie Ehegatten kontrahiert wird. Diesbezüglich ist nur beim Vormund ein Verbot in § 1795 I Nr. 1 BGB vorgesehen, in anderen Fällen e contrario nicht. Auch Beispiel 3 wird nicht unter § 181 BGB gefasst, da die Ausschlagung gegenüber dem Amtsgericht erfolgt. Eine Ausnahme wurde von der Rspr. nur dann angenommen, wenn die Erklärung gegenüber einer staatlichen Stelle genauso auch gegenüber dem tatsächlich begünstigten, handelnden Vertreter hätte erfolgen können, wie im Beispiel 4 der Verzicht nach § 875 II 2 BGB. Durch diese Wahlmöglichkeit soll der Vertreter nicht dem Verbot des Insichgeschäfts entgehen können.

G. Vertretung ohne Vertretungsmacht

▶ Was ist die Rechtsfolge fehlender Vertretungsmacht bei Verträgen und bei einseiti-   **628**
gen Rechtsgeschäften?

Die Wirksamkeit eines Vertrages für und gegen den Vertretenen hängt von dessen Genehmigung ab, § 177 I BGB. Wird sie verweigert, unterliegt der Vertreter ohne Vertretungsmacht gem. § 179 BGB einer verschuldensunabhängigen gesetzlichen Garantiehaftung, deren Grund darin liegt, dass er das Vertrauen des Dritten, er sei zur Vertretung berechtigt, veranlasst und enttäuscht hat. Bei einseitigen Rechtsgeschäften ist gem. § 180 S. 1 BGB die Vertretung ohne Vertretungsmacht grundsätzlich – allerdings mit bedeutenden Ausnahmen, vgl. folgenden Frage – unzulässig, d. h. das Rechtsgeschäft ist nichtig und muss neu vorgenommen werden, wenn der Vertretene es will.

▶ Warum gelten für einseitige Rechtsgeschäfte Besonderheiten? Wann ist ein einsei-   **629**
tiges Rechtsgeschäft, das ohne Vertretungsmacht vorgenommen wurde, dennoch
genehmigungsfähig? Was ist der Unterschied zwischen § 180 S. 2 und S. 3 BGB?

Während bei einem Vertrag der Geschäftsgegner frei entscheiden kann, ob er mit einem Vertreter ohne Vertretungsmacht kontrahieren will oder nicht, hat der Empfänger einer einseitigen Willenserklärung keine Wahl. Das Gesetz schützt ihn daher zum einen über die Möglichkeit der Zurückweisung nach § 174 BGB, wenn keine Vollmachtsurkunde vorgelegt werden kann, zum anderen durch § 180 S. 1 BGB. Für die Fälle, in denen ein solcher Schutzbedarf nicht besteht, regeln S. 2 und 3 Ausnahmen, bei denen wie bei Verträgen eine Genehmigungsmöglichkeit besteht. In S. 2 ist die Konstellation geregelt, dass der Erklärende als Vertreter ohne Vertretungsmacht handelt, etwa eine Mahnung abgibt. §§ 177 ff. BGB sind danach dann anwendbar, wenn die fehlende Vertretungsmacht vom Erklärungsempfänger nicht beanstandet wurde oder dieser einverstanden war, also z. B. wenn er nicht von seinem Zurückweisungsrecht nach § 174 BGB Gebrauch gemacht hat (str. für Gestaltungsrechte, nach e.A. widerspricht der Schwebezustand der Rechtssicherheit; dagegen spricht, dass der Erklärungsempfänger wegen seines Einverständnisses gerade nicht schutzbedürftig ist). Im Fall des S. 3 handelt dagegen der Empfangsvertreter (§ 164 III BGB) ohne Vertretungsmacht. Genehmigungsfähig ist die Erklärung dann, wenn der Vertreter ohne Vertretungsmacht mit der Erklärung ihm gegenüber einverstanden ist.

630   ▶ Welche Wirkung hat die Genehmigung nach § 177 I BGB?

Die Genehmigung wirkt ex tunc und der Vertretene wird berechtigt und verpflichtet, als hätte der Vertreter schon bei Vertragsschluss mit Vertretungsmacht gehandelt.

631   ▶ Was geschieht bis dahin? Welche Rechte hat der Geschäftspartner? Zu welcher Situation bestehen Ähnlichkeiten?

Der Vertrag ist ähnlich wie beim Geschäft eines beschränkt Geschäftsfähigen (vgl. Frage 75) schwebend unwirksam. Der Unsicherheit des Geschäftspartners über die Wirksamkeit des Geschäfts wird durch verschiedene Rechte Rechnung getragen: Einerseits kann er gem. § 178 BGB gegenüber dem Vertretenen oder Vertreter widerrufen, wenn er von der fehlenden Vertretungsmacht nichts wusste und solange der Vertretene noch nicht genehmigt hat. Andererseits kann er den Vertretenen gem. § 177 II 1 BGB zur Erklärung über die Genehmigung auffordern, womit dem Vertretenen eine zweiwöchige Frist bleibt, gegenüber dem Geschäftspartner zu genehmigen, und eine vorausgegangene Genehmigung oder Verweigerung des Vertretenen gegenüber dem Vertreter unwirksam wird. Wird die Genehmigung nicht rechtzeitig erklärt, so wird das Geschäft endgültig unwirksam. Hatte der Geschäftspartner von der Genehmigung bereits Kenntnis erlangt, hat er mangels Schutzbedürftigkeit kein Aufforderungsrecht mehr.

632   ▶ Welche Anforderungen sind an eine konkludente Genehmigung zu stellen? Ist sie schon in der Durchführung des Vertrages zu sehen?

Eine Genehmigung durch schlüssiges Verhalten setzt voraus, dass das Verhalten des Genehmigenden bei Auslegung nach dem objektiven Empfängerhorizont als Zustimmung zu verstehen ist. Aus einer schlichten Durchführung des unwirksamen

Geschäftes, z. B. der Abzahlung eines Kredits, allein ergibt sich meist nicht, dass das rechtliche Schicksal des Vertrages geändert werden soll. Daher muss der Genehmigende regelmäßig zumindest erkennbare Zweifel an der Wirksamkeit haben. Aber auch ohne Erklärungsbewusstsein kann die Erklärung – ist sie objektiv als schlüssige Genehmigung zu verstehen – wirksam sein (str., vgl. Fragen 172 ff., 133 f.). Dies setzt aber voraus, dass der Erklärende bei Anwendung der im Verkehr erforderlichen Sorgfalt hätte erkennen können, dass das Geschäft mangels Vertretungsmacht schwebend unwirksam ist, und er hätte vermeiden können, dass seine Äußerung nach Treu und Glauben und der Verkehrssitte als Genehmigung aufgefasst werden durfte, und dass der Vertragspartner sie auch tatsächlich so verstanden hat.

Beispiel   **633**

GmbH G hat zwei Geschäftsführer, X und Y, die die GmbH nur in Gesamtvertretung vertreten können (vgl. § 35 II 2 GmbHG). X schließt mit V einen Mietvertrag über Geschäftsräume, in denen die GmbH die Geschäftstätigkeit zwei Monate später aufnimmt und in denen auch Y tätig ist. Kann V von G Zahlung der vereinbarten Miete verlangen?

Voraussetzung für den Anspruch des V auf Zahlung der Miete ist ein wirksamer Mietvertrag mit G. Diese könnte von X gem. § 164 BGB vertreten worden sein. Eine Willenserklärung des X im Namen der G auf Abschluss des Mietvertrages liegt vor. Jedoch hat er aufgrund der Gesamtvertretung gem. § 35 II 2 GmbHG nicht mit Vertretungsmacht gehandelt. Der Mietvertrag ist somit schwebend unwirksam. In Betracht kommt jedoch eine stillschweigende Genehmigung des Y durch Aufnahme der Geschäftstätigkeit. Y nutzte die Geschäftsräume mit und führte den von X abgeschlossenen Mietvertrag damit durch, obwohl er wissen musste, dass für dessen Wirksamkeit wegen der Gesamtvertretung auch seine Zustimmung erforderlich war. In seinem Verhalten liegt daher eine schlüssige Genehmigung. Diese bedarf nach § 182 II BGB nicht der Form des genehmigten Rechtsgeschäfts, der Schriftform nach § 578 I iVm. 550 BGB. Folglich ist der Mietvertrag wirksam und V hat gegen G einen Anspruch auf Zahlung der Miete.

▶ Kann der Vertretene ohne Weiteres seine Genehmigung anfechten, wenn er sich   **634**
   irrt, oder taucht hier derselbe Streit auf wie schon bei der Anfechtung der Vollmacht?

Für die Genehmigung gelten die allgemeinen Regeln für Willenserklärungen. Sie ist also auch nach §§ 142, 119 I BGB anfechtbar. Der Streit bei der Vollmacht taucht hier nicht wieder auf: Anders als bei der Anfechtung der Vollmacht, wo es darum geht, dem Vertreter wegen Fehlern bei der Bevollmächtigung (also aus dem Innenverhältnis) rückwirkend die Vertretungsmacht zu nehmen, stehen nämlich nicht zusätzliche Anfechtungsmöglichkeiten in Rede. Der Vertretene entscheidet bei der Genehmigung vielmehr allein über das Vertretergeschäft (als wäre es erst die Annahme eines Angebots).

635 ▶ Welche Anspruchsvoraussetzungen und Rechtsfolgen hat § 179 I BGB?

> Der Dritte hat ein Wahlrecht bzgl. Erfüllungsanspruch oder Schadenersatzan-
> spruch gegen den Vertreter, wenn
> 1. dieser in fremdem Namen, aber ohne Vertretungsmacht gehandelt hat,
> 2. er den Mangel seiner Vertretungsmacht gekannt hat (Umkehrschluss aus
>   Abs. 2)
> 3. das Geschäft genehmigungsfähig ist (nicht bei § 180 S. 1 BGB),
> 4. die Genehmigung aber verweigert wurde.

636

Beispiel

B hat ohne Vertretungsmacht bei C im Namen des A eingekauft. Als C davon
erfährt, widerruft er nach § 178 BGB, will aber gem. § 179 BGB gegen B vorgehen. Kann er das?

Nein. Durch den Widerruf hat C die Genehmigung und damit ein Wirksamwerden
des Geschäfts selbst vereitelt. Das Geschäft war nicht mehr genehmigungsfähig, so
dass A gar nicht mehr iSd. § 179 I BGB verweigern konnte.

637 ▶ Abwandlung: C hat nicht widerrufen und verlangt, nachdem A die Genehmigung
verweigert hat, von B Erfüllung. Was für ein Rechtsverhältnis besteht zwischen beiden?

B unterliegt als Vertreter ohne Vertretungsmacht der Garantiehaftung nach § 179 I
BGB. Dadurch tritt er nicht an Stelle des A in das Rechtsgeschäft mit C ein; diesem
darf kein anderer Geschäftspartner aufgezwungen werden. Wählt C Erfüllung, so
entsteht ein gesetzliches Schuldverhältnis, dessen Inhalt sich nach dem des Vertrages richtet. Macht C die kaufvertraglichen Primär- und Sekundäransprüche gem.
§§ 433, 437 BGB geltend, so kann B seine Leistung von der Erbringung der Gegenleistung abhängig machen (§ 320 BGB) und zudem alle Einwendungen geltend
machen, die A zugestanden hätten (also z. B. anfechten oder ein Verbraucherwider-
rufsrecht nach §§ 312 ff. BGB ausüben). Einen eigenen Erfüllungsanspruch hat er
– solange er selbst noch nicht geleistet hat – nicht.

638 ▶ Hat C auch dann einen Erfüllungsanspruch, wenn A den Vertrag z. B. wegen Insolvenz nicht hätte erfüllen können?

Dies ist umstritten. Die überwiegende Ansicht verneint dies, da C dann bei fehlender Vertretungsmacht besser stünde als bei vorhandener. Dagegen wird vorgebracht,
dass dadurch das Insolvenzrisiko des Vertretenen und des Vertreters bei C kumuliert
würde. Auch spielt der Vertretene in § 179 BGB keine Rolle.

▶ Was ist der Unterschied zwischen dem Schadensersatzanspruch nach Abs. 1 und **639**
dem nach Abs. 2? Warum wird dieser Unterschied gemacht?

Während der Schadensersatzanspruch nach Abs. 1 das positive Interesse umfasst
(der Dritte ist so zu stellen, wie er stünde, wenn der Vertrag mit dem Vertretenem
zustande gekommen und ordnungsgemäß erfüllt worden wäre, umfasst z. B. auch
den entgangenen Gewinn), ist der Vertreter nach Abs. 2 nur zum Ersatz des negativen Interesses verpflichtet (Vertrauensschaden: der Dritte ist so zu stellen, wie er
stünde, wenn er nichts von dem Geschäft gehört hätte, etwa frustrierte Aufwendungen), maximal bis zur Höhe des positiven Interesses. Der Hintergrund ist, dass in
diesem Fall auch der Vertreter schutzwürdig ist, da auch er nichts von der fehlenden
Vertretungsmacht wusste.

▶ Auf welcher Grundlage könnte sich der Vertreter schadlos halten?   **640**

Die §§ 177 ff., insbesondere die Haftungsregelung des § 179 BGB, werden
analog angewendet
• auf den bewusst fehlerhaft übermittelnden Boten und den Boten ganz ohne
  Botenmacht (vgl. Frage 245),
• auf das Handeln unter fremdem Namen im Fall der sog. Identitätstäuschung (vgl. Frage 561),
• wenn der Vertreter die Stellvertretung bei Vertragsschluss offen legt, nicht
  aber den Vertretenen genannt hat und dies trotz Aufforderung auch nicht
  nach Vertragsschluss nachholt, und
• wenn der vermeintlich Vertretene überhaupt nicht existiert (Beispiel: Per-
  sonenhandelsgesellschaften und juristische Personen, soweit nicht die
  Sonderregeln in §§ 41 AktG, 11 II GmbHG anwendbar sind).

Er könnte gegen den (unwirksam) Vertretenen einen Anspruch auf Aufwendungsersatz aus dem zugrunde liegenden Rechtsverhältnis haben, z. B. aus Auftrag gem.
§ 670 BGB.

▶ Warum ist die Haftung in den Fällen des § 179 III BGB ausgeschlossen?   **641**

In § 179 III BGB spiegeln sich die Rechtsgedanken des Vertrauensschutzes, dessen
es bei Kenntnis oder fahrlässiger Unkenntnis des Geschäftspartners nicht bedarf,
und des Minderjährigenschutzes. Ein – teils vorgeschlagener – weiterer Ausschluss
für den Fall, dass der Vertreter den Mangel seiner Vertretungsmacht unter keinen
Umständen kennen konnte, widerspricht dem Charakter des § 179 BGB als Garantiehaftung (Frage 628) und der größeren Nähe von Vertretenem und Vertreter.

▶ Auf welche Konstellationen sind die §§ 177 ff. BGB analog anwendbar?   **642**

643   ▶ Wird eine Haftung des Vertreters aus §§ 280 I, 311 II, 241 II BGB (c.i.c.) durch die
§§ 177 ff. BGB verdrängt?

Das ist streitig. Nach einer Ansicht würde durch die c.i.c. der vom Verschulden
des Vertreters unabhängige Haftungsausschluss des § 179 III 1 BGB umgangen.
§ 179 III 1 BGB schließt die Haftung des Vertreters vollständig aus, auch wenn
dieser den Mangel der Vertretungsmacht kannte oder fahrlässig nicht kannte; für
eine Abwägung zwischen Verschulden von Vertreter und Drittem gem. § 254 BGB
im Rahmen der c.i.c. bleibe daher kein Raum. Der Vertreter hat für den Mangel der
Vertretungsmacht deshalb nur aus § 179 BGB einzustehen, auch wenn ihn insoweit
ein Verschulden trifft. Nach anderer Ansicht schließt § 179 BGB als reine Risiko-
haftung die Verschuldenshaftung aus c.i.c. nicht aus.

644   ▶ Kann der Vertretene in dem Fall, dass sein Vertreter ohne Vertretungsmacht handelt, nach §§ 280 I, 311 II, 241 II BGB haften?

Wiederum könnten die §§ 177 ff. BGB als leges speciales andere Ansprüche ausschließen. Indes ist zu berücksichtigen, dass der Geschäftspartner auch dann schutzbedürftig ist, wenn zwar keine Vertretungsmacht und auch keine Rechtsscheinvollmacht bestand, der Vertretene aber in anderer Weise sorgfaltswidrig gehandelt, etwa
bei der Auswahl des Vertreters auf dessen ihm bekannte Unzuverlässigkeit keine
Rücksicht genommen hat. Zudem ist die Haftung aus c.i.c. wegen der Anwendbarkeit des § 254 BGB flexibler. Demnach sind die c.i.c.-Regeln gegen den Vertretenen auch neben den §§ 177 ff. BGB anwendbar. Er haftet aber nicht nur für
eigenes, sondern gem. § 278 BGB auch für das Verschulden des Vertreters, sofern
er diesen als Verhandlungsgehilfen eingesetzt hat. Hinzu kommt die Deliktshaftung
aus § 831 BGB.

Einwilligung und Genehmigung (§§ 182–185 BGB)

12

▶ Was versteht man unter Einwilligung und Genehmigung?   **645**

Einwilligung ist die vorherige (§ 183 BGB), Genehmigung die nachträgliche (§ 184 BGB) Zustimmung eines Dritten zu einem von einem oder mehreren anderen vorgenommenen Rechtsgeschäft (§ 182 I BGB). Es handelt sich um ein einseitiges Rechtsgeschäft, das durch eine Einwilligungs- oder Genehmigungserklärung (=empfangsbedürftige Willenserklärung) gebildet wird. Die Zustimmung ist von dem zustimmungsbedürftigen Rechtsgeschäft zu unterscheiden. Auf sie sind die allgemeinen Regeln über Rechtsgeschäfte anwendbar.

▶ Bei welchen Rechtsgeschäften ist nach dem Gesetz die Zustimmung eines Dritten   **646**
für deren Wirksamkeit erforderlich? Aus welchem Grund?

Zustimmungserfordernisse bestehen dann, wenn derjenige, der das Geschäft abschließt, dafür nicht (allein) zuständig ist, sei es weil die Rechte eines anderen betroffen sind, sei es dass ein Aufsichtsrecht besteht. Das ist z. B. der Fall

- bei der Vornahme von Rechtsgeschäften durch den beschränkt Geschäftsfähigen: Einwilligung und Genehmigung des gesetzlichen Vertreters, §§ 107, 108 I BGB;
- bei Vertretung ohne Vertretungsmacht: die Genehmigung des Vertretenen, § 177 BGB;
- bei Verfügungen von Nichtberechtigten: die Zustimmung des Berechtigten, § 185 BGB;
- bei der Schuldübernahme zwischen Schuldner und Drittem: die Zustimmung des Gläubigers, § 415 BGB (andernfalls nur Innenwirkung: Erfüllungsübernahme);

C. Armbrüster, *Examinatorium BGB AT,* Springer-Lehrbuch,
DOI 10.1007/978-3-642-45123-2_12, © Springer-Verlag Berlin Heidelberg 2015

- bei der Aufhebung eines Grundstücksrechts, das mit dem Recht eines Dritten belastet ist: die Zustimmung des Dritten, §§ 876 f.;
- bei Verfügungen über das Vermögen oder Haushaltsgegenstände eines Ehegatten im Rahmen des gesetzlichen Güterstands der Zugewinngemeinschaft: die Zustimmung des anderen Ehegatten, §§ 1365 f., 1369 BGB;
- bei bestimmten gefährlichen Geschäften des gesetzlichen Vertreters für den Geschäftsunfähigen, den beschränkt Geschäftsfähigen oder Betreuten: die Genehmigung des Familien-/Betreuungsgerichts, §§ 1819 ff., 1643 ff., 1908 i I 1 BGB (s. Frage 77).

Besonders bedeutsam sind Einwilligung und Genehmigung im Bereich des Minderjährigenrechts (s. Fragen 130 ff.), des Stellvertretungsrechts (s. Fragen 630 ff.) und der Verfügung eines Nichtberechtigten (§ 185 BGB, s. hierzu folgende Fragen).

647   ► Was regelt § 185 BGB und welchen Hintergrund hat dies?

Rechtsobjekte (Sachen und Rechte, vgl. Fragen 40 ff.) sind in der Regel nur einem oder einer begrenzten Anzahl von Rechtssubjekten (natürliche und juristische Personen oder rechtsfähige Personengesellschaften; vgl. Fragen 18, 25) zuzuordnen, und grundsätzlich sind nur diese, die Berechtigten, für Verfügungen über das Rechtsobjekt zuständig. Alle übrigen Personen sind Nichtberechtigte und können damit grundsätzlich nicht wirksam darüber verfügen. § 185 BGB regelt, unter welchen Voraussetzungen die Verfügung eines Nichtberechtigten, die dieser im eigenen Namen vorgenommen hat, mangels Schutzbedürfnisses des Berechtigten ausnahmsweise doch wirksam ist.

648   ► Was ist eine Verfügung iSv. § 185 BGB?

Eine Verfügung ist ein Rechtsgeschäft, das unmittelbar auf ein bestehendes Recht einwirkt, indem es dieses ändert, überträgt, aufhebt oder belastet. In den Anwendungsbereich des § 185 BGB fallen auch die grundbuchrechtliche Eintragungsbewilligung gem. § 19 GBO, die allein zwar keine Verfügung darstellt, aber notwendiger Teil eines Verfügungsgeschäfts ist, und die Zustimmung zu einer Verfügung. Ob die Zustimmung eines Nichtberechtigten zur Verfügung eines Dritten ihrerseits nach § 185 II 1 Fall 1 BGB als Verfügung vom Berechtigten genehmigt oder ob § 185 BGB zumindest entsprechend angewendet werden kann, ist streitig. Regelmäßig kann die Genehmigung der Genehmigung auch als Genehmigung des eigentlichen Geschäfts angesehen werden. Bedeutung hat die Frage für die Bestimmung des Anspruchsgegners im Rahmen des § 816 I 1 BGB.

649   ► Erlaubt § 185 BGB auch die Ermächtigung zum Abschluss von Verpflichtungsgeschäften?

Nein. § 185 BGB gilt ausdrücklich nur für Verfügungen. Für Verpflichtungen eines Dritten gilt das Stellvertretungsrecht (§§ 164 ff. BGB). Sie müssen in fremdem Namen erfolgen. Andernfalls würde das Offenkundigkeitsprinzip umgangen und dem Geschäftsgegner ein anderer Vertragspartner als der Gewollte mit möglicherweise höherem Insolvenzrisiko aufgezwungen. Eine Verpflichtungsermächtigung ist daher grundsätzlich unzulässig (Ausnahme § 1357 I BGB, vgl. Frage 558). Allerdings wird sie teilweise dann für zulässig erachtet, wenn der Ermächtigende nur neben dem Handelnden gebunden sein soll oder die Verpflichtungsermächtigung offen gelegt wird. Dafür besteht angesichts der Möglichkeiten der Stellvertretung jedoch kein Bedürfnis – der Handelnde kann ja für sich und den Vertretenen abschließen.

Streitig ist die Behandlung einer Verpflichtung zur Überlassung des Besitzes an fremden Sachen (Beispiel: ein Hausverwalter vermietet fremde Mietwohnungen in Absprache mit dem Eigentümer im eigenen Namen) mit Einwilligung des Eigentümers. In Frage steht in diesem Fall ein mögliches Recht zum Besitz iSv. § 986 I 1 BGB, welches dem Herausgabeanspruch des Eigentümers nach § 985 BGB entgegengehalten werden kann. Die Literatur wendet überwiegend bei der Einräumung obligatorischer Besitzrechte § 185 BGB analog an, weil es sich um einen verfügungsähnlichen Tatbestand handele, und bejaht ein Recht des Mieters gegen den Eigentümer. Die Rspr. lehnt dies ab und weist den Herausgabeanspruch stattdessen wegen Treuwidrigkeit gem. § 242 BGB ab.

▶ Wer ist Berechtigter und wer Nichtberechtigter iSv. § 185 BGB?   **650**

Berechtigter ist derjenige, dem die Verfügungsmacht zusteht, also regelmäßig der Rechtsinhaber. Nichtberechtigter ist folglich, wer nicht verfügungsbefugt ist. Auch wer nicht die volle bzw. alleinige Verfügungsmacht hat, ist nichtberechtigt, so im Fall der Verfügung eines Mit- oder Gesamthandseigentümers oder der Verfügung über eine belastete Sache als lastenfrei.

Die Verfügungsmacht muss zum Zeitpunkt der Vornahme der Verfügung (Vollendung des Rechtserwerbs) gegeben sein. Deshalb ist der Zedent, der die Forderung zum zweiten Mal abtritt, nicht mehr Berechtigter, und der Vorbehaltskäufer, der über das Eigentum verfügt, ist für das Vollrecht noch nicht berechtigt (aber bzgl. des Anwartschaftsrechts, das als wesensgleiches Minus ebenfalls nach §§ 929 ff. übertragen wird; eine Einigung über das Vollrecht ist daher regelmäßig so auszulegen, dass zumindest das Anwartschaftsrecht übertragen werden soll). Schließlich ist auch der nicht verfügungsbefugte Rechtsinhaber, z. B. der Insolvenzschuldner (§ 80 I InsO) oder der Erbe im Falle der Testamentsvollstreckung oder Nachlassverwaltung (§§ 2211 I, 1984 I 1 BGB) Nichtberechtigter iSv. § 185 BGB.

▶ Wann ist die Verfügung eines Nichtberechtigten wirksam?   **651**

Außer in den vier Fällen des § 185 BGB (lesen!) bei einem gutgläubigen Erwerb z. B. gem. §§ 892, 932, 1155, 1207 BGB. In diesen Fällen wird der gute Glaube des Erwerbers an die Rechtsinhaberschaft (nicht die Verfügungsbefugnis, Ausnahme

§ 366 HGB) des Verfügenden geschützt. Dies ist allerdings nur beim Erwerb von Sachen und daran bestehenden Rechten möglich; einen gutgläubigen Forderungserwerb gibt es grundsätzlich nicht (Ausnahme § 405 BGB). Im Fall einer Ermächtigung nach § 185 I BGB ist ein gutgläubiger Erwerb nicht zu prüfen. Dagegen ist die nachträgliche Genehmigung nach § 185 II BGB nicht mehr anwendbar, da nicht mehr notwendig, wenn die Verfügung bereits kraft guten Glaubens wirksam ist.

652   ▶ Welche Rechtsfolgen hat die Einwilligung des Berechtigten für die Verfügung eines Nichtberechtigten?

Durch die Einwilligung erlangt der Nichtberechtigte eine abgeleitete Verfügungsmacht. Der Nichtberechtigte hat dann die Befugnis, wirksam über ein fremdes Recht zu verfügen, ohne dies kenntlich zu machen (§ 185 I BGB). Die Verfügungsbefugnis des Berechtigten wird dadurch nicht verdrängt (§ 137 S. 1 BGB) und der Verfügende bleibt Nichtberechtigter. Die Ermächtigung ist akzessorisch und erlischt aufgrund des sachenrechtlichen Prioritätsprinzips, wenn der einwilligende Berechtigte seine Verfügungsmacht – durch eine eigene Verfügung oder die Zustimmung zu einer fremden – verliert und damit selbst zum Nichtberechtigten wird. Ob im Einzelfall eine solche Einwilligung oder eine Vollmacht iSd. § 167 I BGB vorliegt, ist durch Auslegung nach dem Sinn und Zweck der Erklärung zu ermitteln. Die Ermächtigung kann – ähnlich wie die Vollmacht – bis zur Vornahme der Verfügung gem. § 183 I BGB widerrufen werden.

653   ▶ Welche praktischen Anwendungsfälle gibt es für die Verfügungsermächtigung?

Anwendungsfälle sind z. B.

- die Verkaufskommission (§§ 383 ff. HGB): der Kommittent ermächtigt den Kommissionär, über die Ware des Kommittenten im eigenen Namen zu verfügen;
- die Einzugsermächtigung (die Ermächtigung des Schuldners an den Gläubiger, die zu leistende Zahlung mittels Lastschrift bei der Bank des Schuldners einzuziehen, § 675 f ff. BGB a. F., sehr str.; vgl. jetzt § 675 j BGB zur SEPA-Lastschrift);
- bei der Auflassung: in der Auflassung eines Grundstücks liegt regelmäßig eine konkludente Einwilligung in die Weiterveräußerung durch den Erwerber vor seiner Eintragung ins Grundbuch;
- der verlängerte Eigentumsvorbehalt und die Sicherungsübereignung von Warenlagern.

654

▶ Welche Bedeutung hat § 185 BGB beim verlängerten Eigentumsvorbehalt?

Der Verkäufer ermächtigt den Käufer, über die unter Eigentumsvorbehalt (§§ 929 S. 1, 158 I BGB) verkaufte Ware im gewöhnlichen Geschäftsgang im eigenen Namen zu verfügen (§ 185 I BGB). Zugleich ermächtigt er den Käufer, die im Gegenzug an ihn (den Verkäufer) abgetretenen Forderungen im eigenen Namen einzuziehen (Einziehungs- = Einzugsermächtigung, §§ 362 II, 185 I BGB).

Ergänzender Hinweis: Dogmatische Begründung und Zulässigkeit der Einziehungsermächtigung sind – außerhalb des Eigentumsvorbehalts – sehr umstritten, da durch sie nicht über die Forderung verfügt wird, Anspruchsinhaber bleibt der Ermächtigende; der Schuldner soll aber verpflichtet sein, an den Ermächtigten zu leisten, womit er der Inanspruchnahme durch zwei Personen ausgesetzt ist, nämlich Ermächtigendem und Ermächtigtem.

▶ Welche Rechtsfolge hat die Genehmigung der Verfügung eines Nichtberechtigten? **655**

Die zuvor schwebend unwirksame Verfügung wird durch die Genehmigung ex tunc wirksam (§§ 185 II 1 Fall 1, 184 I BGB), es sei denn, der Genehmigende hat die Verfügungsmacht erst später erlangt; dann wirkt die Genehmigung erst von diesem Moment an. Bei mehreren Verfügungen über einen Gegenstand hat der Berechtigte die Wahl, ob er überhaupt und welche er genehmigt. Die anderen werden dann endgültig nichtig. Hat der Berechtigte mehrere sich widersprechende Verfügungen genehmigt, ist nur die zuerst genehmigte Verfügung wirksam, bei den anderen handelte er selbst als Nichtberechtigter. Bei sog. Kettenverfügungen führt die Genehmigung der ersten Verfügung dazu, dass auch die darauf folgenden rückwirkend wirksam werden, da der Erwerber bei seiner Verfügung im Nachhinein als Berechtigter gilt.

Beispiel: **656**

A stiehlt dem P ein Notebook. Er verkauft und übereignet es für 1.200 € an den gutgläubigen K. Da K unauffindbar ist, verlangt P von A zumindest den erzielten Kaufpreis. Zu Recht?

P kann von A nach § 816 I 1 BGB nur dann Herausgabe des durch die Verfügung Erlangten verlangen, wenn die Verfügung ihm gegenüber wirksam ist. Einem gutgläubigen Eigentumserwerb des K gem. §§ 929 S. 1, 932 I 1 BGB steht § 935 I 1 BGB entgegen, da das Notebook gestohlen wurde, so dass die Verfügung P gegenüber grundsätzlich nicht wirksam ist. P kann die Verfügung des A allerdings durch Genehmigung wirksam werden lassen (§ 185 II 1 Fall 1 BGB), die auch konkludent erfolgen kann (vgl. Frage 132). In der Aufforderung zur Herausgabe des Veräußerungserlöses ist eine konkludente Genehmigung der Verfügung zu sehen (nach verbreiteter Ansicht erst ab Klageerhebung), so dass P einen Anspruch gegen A aus § 816 I 1 BGB auf Herausgabe der 1.200 € hat. Obwohl die Genehmigung bedingungsfeindlich ist, kann sie als sog. Potestativbedingung, deren Eintritt allein vom Verhalten des Erklärungsempfängers abhängt (vgl. Frage 522), nach h. M. Zug um Zug gegen Herausgabe des erlangten Kaufpreises erteilt werden (str.; nach a. A. ist das durch die Verfügung Erlangte nicht der Kaufpreis aus dem zugrunde liegenden Kaufvertrag mit K – Abstraktionsprinzip! –, sondern nur die Befreiung von der Verbindlichkeit aus dem Vertrag, also der Wert der veräußerten Sache; ob dem Dieb A aber ein evtl. Mehrerlös zustehen soll, ist fraglich, andererseits wird gehehlte Ware meist unter Wert veräußert, was dem P nicht schaden soll). Durch die Genehmigung wird die Verfügung an K wirksam, dieser somit Eigentümer des Notebooks.

657 ► Wird die Pfändung eines schuldnerfremden Gegenstandes durch den Gerichtsvollzieher wirksam, wenn der Berechtigte der Pfändung nachträglich zustimmt?

Der Begriff der Verfügung in § 185 BGB umfasst keine Verfügungen im Rahmen der Zwangsvollstreckung. Für die Sachpfändung wird § 185 BGB aber analog angewendet, so dass die Pfändung wirksam wird (§ 185 II 1 Fall 1 BGB). Bei Forderungspfändungen ist die analoge Anwendbarkeit streitig. Die h. M. lehnt sie ab, weil eine solche Pfändung mangels beim Vollstreckungsschuldner vorhandener Forderung ins Leere gehe.

658 ► Wie unterscheiden sich die beiden Fälle der Konvaleszenz? Welchen Hintergrund und welche Rechtsfolgen haben die Regelungen? Beispiel: Der 19-jährige S verkauft an den gutgläubigen K die wertvolle Standuhr seines Vaters V, ohne dass dieser davon weiß. Weil K keine Transportmöglichkeit hat, verwahrt S die bereits übereignete Uhr, bis K sie abholen kann. Variante 1: Welche Folgen hat es, wenn V stirbt und S Alleinerbe wird, S nun aber die Uhr als Andenken behalten will? Variante 2: Was passiert, wenn nicht V, sondern S bei einem Unfall stirbt und V Alleinerbe seines Sohnes ist? Muss er die Uhr an K herausgeben?

In Variante 1 hat K gegen S neben dem kaufvertraglichen Erfüllungsanspruch (vgl. § 433 I 1 BGB) auch einen Herausgabeanspruch gem. § 985 BGB, wenn K Eigentümer der Uhr geworden ist. Zwar haben S und K sich über den Eigentumsübergang geeinigt und ein Besitzmittlungsverhältnis vereinbart. S war aber weder Eigentümer noch verfügungsbefugt nach § 185 I BGB, so dass K kein Eigentum nach §§ 929 S. 1, 930 BGB erworben hat. Ein gutgläubiger Erwerb nach §§ 932 I 1, 933 BGB scheitert an der fehlenden Übergabe der Uhr und überdies an ihrem Abhandenkommen (§ 935 I 1 BGB). Die Übereignung kann jedoch nach § 185 II 1 Fall 2 BGB wirksam geworden sein. S als Verfügender hat den Gegenstand, über den er als Nichtberechtigter verfügt hat, aufgrund der Universalsukzession nach §§ 1922, 1967 BGB erworben und ist dadurch selbst zum Berechtigten geworden. Damit ist die Verfügung ex nunc mit dem Eintritt des heilenden Ereignisses, d. h. dem Tod des V, wirksam. K ist Eigentümer geworden und hat einen Herausgabeanspruch aus § 985 BGB. Auf diese Weise wird der ehemals Nichtberechtigte also an seine frühere Erklärung gebunden. (Hinweis: § 185 II 1 Fall 2 BGB ist auch anwendbar, wenn der Eigentümer – z. B. der Insolvenzschuldner – die Verfügungsbefugnis wiedererlangt.)

In Variante 2 kann die Übereignung nach § 185 II 1 Fall 3 BGB wirksam geworden sein. V ist Alleinerbe des S, der Verfügende wurde also vom Berechtigten beerbt. V ist damit Schuldner des Kaufvertrags mit K und wäre damit ohnehin verpflichtet, die Uhr zu übereignen, müsste also die Genehmigung erteilen. Das Gesetz nimmt ihm diese Erklärung zur Vereinfachung und zur Verhinderung von Rechts-streitigkeiten ab (sog. „Heilung kraft Haftung"). (Anders wäre dies, wenn V nur auf den Nachlass beschränkt haftet (§§ 1975 ff. BGB), weil in diesem Fall der Nachlass vom sonstigen Eigentum des Erben getrennt wird, Berechtigung und Verfügung damit nicht zusammentreffen.) Hier wird die Übereignung der Uhr an K mit dem Tod des S wirksam und V muss sie gem. § 985 BGB an K herausgeben, wenn er die Erbschaft nicht ausschlägt.

Hätte V dagegen bereits vor seinem oder dem Tod des S von dessen Vorgehen erfahren und die Genehmigung verweigert, wäre der Schwebezustand damit been-det, die Verfügung endgültig nichtig und eine Konvaleszenz in beiden Fällen nicht mehr möglich.

▶ Was gilt, wenn im Fall der Konvaleszenz mehrere sich widersprechende Verfügun-   **659**
gen vorgenommen wurden?

Da die Verfügungen im Fall der Konvaleszenz nur ex nunc und damit alle gleich-zeitig wirksam würden, dies aber, soweit sie sich widersprechen, nicht möglich ist, ordnet § 185 II 2 BGB den Vorrang der zeitlich früheren Verfügung an.

Fristen, Termine (§§ 186–193 BGB)

13

▶ Was ist eine Frist, was ein Termin iSv. §§ 186 ff. BGB?   **660**

Eine Frist ist ein bestimmter oder bestimmbarer Zeitraum, innerhalb dessen in der Regel eine bestimmte Handlung vorzunehmen ist (z. B. Kündigungsfrist von einem Monat). Der Termin ist dagegen ein bestimmter Zeitpunkt, zu dem eine Handlung vorgenommen werden soll oder eine Rechtswirkung eintritt (z. B. Fälligkeit der Leistung am 1.12., aber auch der Anfangs- und Endpunkt einer Frist).

▶ Welche Arten von Fristen gibt es?   **661**

Zu unterscheiden ist insbesondere zwischen Ausschluss- und Verjährungsfristen. Bei der Ausschlussfrist kann eine bestimmte Handlung nur innerhalb der Frist vorgenommen werden. Danach erlischt das Recht zur Vornahme der Handlung. Beispiel: Rücktritt (§§ 438 IV, 218 BGB), Anfechtung (§§ 121, 124 BGB), Klageerhebung (§§ 864, 1002 BGB). Mit Fristablauf können aber auch Rechte entstehen, z. B. bei der Ersitzungsfrist des § 937 I BGB.

Bei der Verjährungsfrist führt der Zeitablauf dagegen nicht zum Erlöschen des Anspruchs, begründet aber ein Leistungsverweigerungsrecht (§ 214 I BGB, s. Frage 671); diese Fristen können unter besonderen Umständen in ihrem Ablauf gehemmt oder unterbrochen werden (vgl. §§ 203 ff.). Auch rechtsgeschäftlich können Fristen bestimmt werden. Darum geht es z. B. bei einer Annahmefrist nach § 148 BGB, bei der Befristung eines Rechtsgeschäfts nach § 163 BGB (soweit eine Befristung nicht gesetzlich verboten ist, z. B. durch das TzBfG im Arbeitsrecht, vgl. Frage 453) und bei der Setzung einer Frist zur Nacherfüllung nach §§ 281 I 1, 323 I BGB.

▶ Welche Funktion haben die Vorschriften der §§ 187 ff. BGB?   **662**

Die §§ 187–193 BGB sind gem. § 186 BGB Auslegungsvorschriften für die Berechnung von durch Gesetz (auch außerhalb des BGB, z. B. § 222 I ZPO oder öffentlich-rechtliche Vorschriften wie § 57 II VwGO) oder gerichtliche Verfügung angeordneten sowie rechtsgeschäftlich vereinbarten Fristen und Terminen. Sie sind

C. Armbrüster, *Examinatorium BGB AT*, Springer-Lehrbuch,
DOI 10.1007/978-3-642-45123-2_13, © Springer-Verlag Berlin Heidelberg 2015

also insoweit anwendbar, als sich aus dem Schutzzweck des Gesetzes bzw. dem Inhalt und den Umständen des Rechtsgeschäfts nicht etwas anderes ergibt.

663   ▶ Wie wird der Fristbeginn berechnet?

Das BGB geht von zwei Fallkonstellationen aus. In § 187 I BGB wird vorausgesetzt, dass für den Fristanfang ein Ereignis maßgeblich ist. Der Tag, in dessen Verlauf das Ereignis fällt, bleibt bei der Berechnung der Frist außer Ansatz. Es wird nur nach vollen Tagen gerechnet (sog. Grundsatz der Zivilkomputation). Fristbeginn ist also der Tag nach dem Ereignis um 0.00 Uhr. Beispiel: Die Entdeckung der Täuschung iSv. § 124 II 1 BGB ist ein Ereignis, so dass die Jahresfrist nach Abs. 1 erst am darauffolgenden Tag zu laufen beginnt. Ausnahme ist gem. § 187 II 1 BGB der Geburtstag, der bei der Berechnung des Lebensalters mitgerechnet wird.

Nach § 187 II 1 BGB ist dagegen der erste Tag mitzurechnen, wenn nicht ein bestimmtes Ereignis, sondern der Beginn eines Tages der entscheidende Zeitpunkt ist (Beispiel: Beginn eines Arbeits- oder Mietverhältnisses).

664   ▶ Wann endet eine nach Tagen bestimmte Frist? Beispiel: A macht B am Montag früh ein Angebot, an das er sich bis Mittwoch gebunden hält. Weiteres Beispiel: A erklärt sich drei Tage an sein Angebot gebunden.

Nach § 188 I BGB endet eine nach Tagen bestimmte Frist mit Ablauf des letzten Tages der Frist (um 24.00 Uhr). Die Frist bis Mittwoch im obigen Beispiel schließt den Mittwoch mit ein. Die Dreitagesfrist im weiteren Beispiel beginnt gem. § 187 I BGB am Dienstag, weil es sich bei dem Angebot um ein Ereignis handelt, und endet mit Ablauf des dritten Tages, also des Donnerstags. Ob das Angebot z. B. aufgrund des Postwegs erst später zu B gelangt, ist gleichgültig, weil die Annahmefrist wegen des Interesses des A an genauer Kenntnis des Fristablaufs mit der Abgabe des Angebots läuft und nicht erst mit Zugang. Zum Schutz des Antragenden ist grundsätzlich auch der Zugang der Annahme bis zum Fristablauf erforderlich, was häufig dazu führt, dass die Frist nicht voll bis 24.00 Uhr ausgeschöpft werden kann, sondern nur bis zum Geschäftsschluss (vgl. Frage 195).

665   ▶ Wie wird das Ende einer Frist berechnet, die nach Wochen, Monaten oder länger bestimmt ist? Beispiel 1: A hält das Angebot vom Montag, dem 31.3. eine Woche/ einen Monat aufrecht. Beispiel 2: C und D schließen einen Mietvertrag. Die Mietzeit soll am 1.6. beginnen und auf „ein Vierteljahr" befristet sein.

Gem. § 188 II BGB kommt es wieder darauf an, ob ein Ereignis (§ 187 I BGB) oder der Beginn eines Tages (§ 187 II BGB) maßgeblich ist. Kommt es auf ein Ereignis an, so endet die Frist mit Ablauf des gleichen Wochentages der letzten Woche bzw. des gleichen Tages des letzten Monats wie dem, in den das Ereignis gefallen ist. Beispiel 1: Bei einem Angebot handelt es sich um ein Ereignis, so dass das auf eine Woche befristete Angebot gem. § 188 II Hs. 1 BGB mit Ablauf des darauf folgenden Montags (des 7.4.) erlischt. Die Monatsfrist würde am 31.4. erlöschen.

(Hinweis: Vierwochenfristen dürfen keinesfalls mit Einmonatsfristen gleichgesetzt werden.) Fehlt jedoch wie hier der entsprechende Monatstag, so endet gem. § 188 III BGB die Frist am Ende des Monats, also hier am 30.4. Ist wie im Beispiel 2 dagegen der Beginn des Tages maßgeblich, so zählt dieser Tag gem. § 187 II 1 BGB mit, und die Frist endet entsprechend einen Tag früher, im Beispiel also gem. §§ 188 II Hs. 2, 189 I BGB mit Ablauf des 31.8.

Beispiel   666

Am 7.2. wird eine Frist von acht Tagen/„14 Tagen ab heute" gesetzt. Wann endet die Frist?

Mit einer Frist von acht Tagen wird häufig eine Woche gemeint sein, so dass die Frist mit Ablauf des 14.2. endet, dies muss aber im Einzelfall durch Auslegung ermittelt werden. Bei Handelsgeschäften sind gem. § 359 II HGB im Zweifel volle acht Tage – also ein Fristende am 15.2. – anzunehmen. Bei einer Frist von „14 Tagen ab heute" gilt das heute ebenfalls als Ereignis und wird daher nicht mitgerechnet, es sei denn aus dem Parteiwillen ergibt sich etwas anderes. Dies gilt auch für eine Frist „innerhalb von 14 Tagen". Die Frist beginnt daher ebenfalls am 8.2. und endet daher am 21.2.

▶ Was gilt, wenn der Tag des Fristendes ein Sonntag ist?   667

Nach § 193 BGB verlängert sich, wenn der letzte Tag der Frist auf einen Samstag (Sonnabend), Sonntag oder Feiertag fällt, die Frist bis zum nächsten Werktag. Diese Regelung gilt nicht für den Fristbeginn. Wenn eine Frist nach Stunden oder Tagen bemessen, z. B. ein Angebot auf drei Tage befristet ist, und es sich um ein eilbedürftiges Geschäft handelt, wird die Auslegung der Erklärung häufig ebenfalls ergeben, dass § 193 BGB nicht anwendbar ist. Auch für Kündigungsfristen soll § 193 BGB teilweise nicht gelten, weil sie dem Gekündigten zu seinem Schutz für die erforderlichen Dispositionen unverkürzt zur Verfügung stehen müssen.

Beispiel   668

Vermieter V und Mieter M haben vor drei Jahren einen Mietvertrag über Wohnraum geschlossen. Wann muss M spätestens kündigen, wenn das Mietverhältnis zum 30.6. enden soll und der dritte Kalendertag des Monats April auf einen Samstag/auf einen Sonntag/auf einen Montag fällt?

Gem. § 573c I 1 BGB hat die Kündigung spätestens am dritten Werktag eines Kalendermonats für den Ablauf des übernächsten Monats zu erfolgen. Ob auch der Samstag als Werktag in diesem Sinne gilt, ist streitig; er wird aber – im Gegensatz zu § 193 BGB, der ausdrücklich den Sonnabend mit einschließt, – überwiegend als solcher angesehen. Das hat die Folge, dass auch ein Samstag (in allen drei Fallkonstellationen) beim Zählen der drei Werktage mitgerechnet wird. Nur wenn der letzte Tag auf einen Samstag (oder Sonn- oder Feiertag) fällt, kann gem. § 193 BGB noch am nächsten Werktag – das ist regelmäßig der folgende Montag – gekündigt werden (str.). In der ersten Fallkonstellation, bei der Samstag, der 3. auch der dritte Werktag ist, muss die Kündigung (wegen § 193 BGB) daher spätestens am Montag, den 5. April zugehen. Im zweiten Fall ist der 3. ein Sonntag, als Werktage zählen nur der vorangegangene Freitag und Samstag sowie der folgende Montag, der 4. an dem die Kündigung noch zugehen kann. In der dritten Fallkonstellation zählt wieder Samstag, der 1. nach § 573c I 1 BGB als Werktag; Sonntag, der 2. zählt nicht; Montag, der 3. zählt als zweiter Werktag, der dritte Werktag, an dem die Kündigung spätestens zugehen muss, ist somit Dienstag, der 4. April.

Verjährung (§§ 194–218 BGB) 14

▶ Welchen Zweck verfolgt die Anordnung der Verjährung von Ansprüchen?   **669**

Die Verjährung ist durch den Schuldnerschutz und das öffentliche Interesse an Rechtsfrieden und Rechtssicherheit gerechtfertigt. Der Schuldner soll vor einer zeitlich unbegrenzten und damit unkalkulierbaren Inanspruchnahme aus ggf. unbekannten, unerwarteten oder auch unbegründeten Forderungen geschützt werden. Denn je länger die Entstehung eines Anspruchs zurückliegt, desto schwieriger wird es, zuverlässige Feststellungen über jene Tatsachen zu treffen, die für die Rechtsbeziehungen der Parteien maßgebend sind. So soll der Schuldner, der hinsichtlich der rechtsvernichtenden Einwendung der Erfüllung nach § 362 BGB die Beweislast trägt, nicht auf unabsehbare Zeit Quittungen aufheben müssen. Zudem wird es dem Schuldner erschwert, evtl. Regressansprüche gegen Dritte geltend zu machen (Gebot der Rücksichtnahme; Vermeidung von Beweisnöten).

▶ Wie ist angesichts dieser Zwecke die Verjährung dinglicher Herausgabeansprüche   **670**
(§ 197 I Nr. 2 BGB) zu bewerten?

Diese Regelung ist problematisch. Sie führt etwa bei gestohlenen Kunstgegenständen zu bedenklichen Konsequenzen. Hat der Besitzer einer abhanden gekommenen Sache weder durch Ersteigerung (§§ 932, 935 II BGB) noch durch Ersitzung (§ 937 BGB) Eigentum erlangt, so schlägt die Vindikation trotzdem fehl, wenn er sich auf Verjährung berufen kann. Dem Zweck der Verjährung dürfte dies kaum entsprechen. Schon der Aspekt einer möglichen Beweisnot des Beklagten verfängt bei der Vindikation nicht. Dass der Beklagte Besitzer und der Kläger Eigentümer ist, hat der Kläger zu beweisen. Vor allem aber würde ein Verjährungseintritt nur solchen Besitzern nutzen, denen das BGB wegen Bösgläubigkeit keinen Eigentumserwerb nach § 932 oder § 937 BGB ermöglicht. Von einem schutzwürdigen Vertrauen dieser Personen darauf, nicht mehr in Anspruch genommen zu werden, kann keine Rede sein. Ob ein öffentliches Interesse an Rechtsfrieden die Benachteiligung des bestohlenen Eigentümers rechtfertigen kann, ist fraglich. Im Rahmen der Schuldrechtsreform von 2002, die auch entscheidende Änderungen bei den Ver-

C. Armbrüster, *Examinatorium BGB AT*, Springer-Lehrbuch,
DOI 10.1007/978-3-642-45123-2_14, © Springer-Verlag Berlin Heidelberg 2015

jährungsregeln mit sich brachte, wurde deshalb vorgeschlagen, die Vindikation von der Verjährung auszunehmen, was jedoch trotz einer entsprechenden Aufforderung des Bundesrats (in Gestalt eines ausdrücklichen Vorbehalts bei Verabschiedung der Schuldrechtsmodernisierung bezogen auf Kulturgüter) bisher nicht erfolgt ist. Infolge des Münchener Kunstfunds von 2013 ist die rechtspolitische Diskussion um die Verjährbarkeit der Vindikation wieder neu entflammt.

671   ▶ Welche Wirkung tritt ein, wenn ein Anspruch verjährt?

Der Verjährungseintritt begründet gem. § 214 I BGB ein dauerndes Leistungsverweigerungsrecht. Dem Verpflichteten steht mithin eine dauernde (peremptorische) Einrede (Gegenteil: dilatorisch, d. h. vorübergehend, Beispiel: §§ 273, 320) gegen die Inanspruchnahme durch den Gläubiger zu. Diese wird nicht von Amts wegen beachtet; vielmehr bleibt der Anspruch bestehen, ist aber nicht mehr durchsetzbar. Klausurhinweis: Fehlt es lediglich noch an der Geltendmachung der Verjährung, so ist – sofern der Aufgabentext nichts Abweichendes besagt – als Ergebnis der Prüfung festzuhalten, dass der Anspruch besteht, der Schuldner seine Durchsetzbarkeit jedoch beseitigen kann, indem er die Verjährungseinrede erhebt.

672   ▶ Wird die Verjährung von Amts wegen beachtet?

Nein, es handelt sich ja gerade nur um eine Einrede. Es bleibt dem Schuldner überlassen, ob er von diesem Leistungsverweigerungsrecht Gebrauch machen will oder nicht. Er kann auf die Einrede auch verzichten (§ 202 BGB).

673   ▶ Wovon ist die Verjährung abzugrenzen?

Außer von den Ausschlussfristen (s. Frage 661) und der zum Rechtsverlust führenden Ersitzung nach § 937 I BGB insbesondere von der (aus Treu und Glauben, vgl. § 242 BGB, hergeleiteten) Verwirkung. Eine Verwirkung liegt vor, wenn ein Anspruch oder ein sonstiges Recht längere Zeit nicht geltend gemacht wird („Zeitmoment"). Darüber hinaus müssen besondere Umstände hinzutreten, die beim Verpflichteten ein schutzwürdiges Vertrauen darauf begründet haben, auch in Zukunft nicht in Anspruch genommen zu werden („Umstandsmoment"). Aufgrund jenes Vertrauenstatbestands muss die verspätete Geltendmachung als unzulässige, unzumutbare Rechtsausübung und damit als Verstoß gegen Treu und Glauben anzusehen sein.

Bspw. kann ein Verkäufer, der wegen geltend gemachter Gewährleistungsansprüche vorerst die ausstehende Kaufpreisrate nicht eingefordert hat, nicht plötzlich Zahlung verlangen, wenn der Schuldner im Vertrauen darauf, dass damit die Mängel ausgeglichen seien, auf die Sicherung von Beweisen verzichtet oder die Gewährleistungsfristen verstreichen lässt, auch wenn die regelmäßige dreijährige Verjährungsfrist nach § 195 BGB noch nicht abgelaufen ist.

▶ In welchem Kontext sind bei der Verjährung kaufrechtliche Besonderheiten zu be-   **674**
achten?

Die Sonderregel des § 438 BGB ist sowohl bei der Bestimmung der Verjährungsfrist (§ 438 I BGB als Abweichung zu § 195 BGB) als auch beim Verjährungsbeginn (§ 438 II BGB als Abweichung zu §§ 199, 200 BGB) anzusprechen.

▶ Was kann Gegenstand der Verjährung sein?   **675**

Gem. § 194 I BGB unterliegen ausschließlich Ansprüche der Verjährung (und auch
hier gibt es Ausnahmen, z. B. §§ 194 II, 758, 898, 902 BGB). § 194 I BGB enthält
diesbezüglich eine Legaldefinition: Unter einem Anspruch ist das Recht zu verstehen, von einem anderen ein Tun oder Unterlassen zu verlangen. Dabei bezieht
sich die Regelung ausschließlich auf den materiellen Anspruch; nicht erfasst ist der
prozessuale Anspruch i. S. des Streitgegenstands.
    Gestaltungsrechte können selbst nicht verjähren, es bestehen aber vielfach Aus-
schlussfristen (z. B. §§ 121, 124, 355 I 2, 532, 1944 BGB), die sich im Fall des
Rücktritts gem. § 218 I 1 BGB sogar nach der Verjährung des Leistungs- oder Nach-
erfüllungsanspruchs richten. Allerdings kann die Ausübung eines Gestaltungsrechts
Rückabwicklungsansprüche begründen, die dann der Verjährung unterliegen.

▶ Wie läuft die Verjährung bei Dauerschuldverhältnissen ab?   **676**

Bei Dauerschuldverhältnissen unterliegen grundsätzlich nur die einzelnen aus ihnen
erwachsenen Ansprüche der Verjährung. Es kommt daher für die Berechnung der
Verjährungsfristen z. B. auf die Fälligkeit der Monatsmiete für Oktober an, um die
Verjährung für diese Miete konkret zu berechnen.

▶ Wie lange dauert die Regelverjährung nach dem BGB und wann beginnt sie zu lau-   **677**
fen?

Nach § 195 BGB beträgt die regelmäßige Verjährungsfrist drei Jahre. Sie beginnt
gem. § 199 I BGB am Schluss des Jahres, in dem der Anspruch entstanden ist
(objektives Element) und in dem der Gläubiger von den anspruchsbegründenden
Umständen sowie der Person des Schuldners Kenntnis erlangt oder grob fahrlässig
nicht erlangt hat (subjektives Element).

▶ Wann ist ein Anspruch iSv. § 199 I Nr. 1 BGB entstanden?   **678**

Im Verjährungsrecht (im Gegensatz zur gewöhnlichen Anspruchsprüfung) ist ein
Anspruch entstanden, sobald er im Wege der Klage geltend gemacht werden kann.
Dafür muss der Anspruch grundsätzlich fällig sein (während dies in der Prüfung
„Anspruch entstanden, untergegangen, durchsetzbar" eine Frage der Durchsetzbar-
keit ist). Der Zeitpunkt der Fälligkeit ergibt sich insbesondere aus der Vereinbarung

von Leistungsterminen durch die Parteien, aus Spezialnormen wie § 556 b I BGB
zur Miete oder als Auffangtatbestand aus § 271 BGB.

679   Beispiel

A wurde am 21.11.2013 bei einem Autounfall schwer verletzt. Am 7.4.2014 wird
der unfallflüchtige Verursacher V von der Polizei identifiziert und dies A mitgeteilt. Wann beginnt und wann endet die Verjährungsfrist für Schadensersatzansprüche des A gegen V?

Die Verjährung beginnt nach § 199 I BGB mit dem Schluss des Jahres, in dem der
Anspruch entstanden ist (das wäre hier der 31.12.2013) und der Gläubiger Kenntnis von den Anspruch begründenden Umständen und der Person des Schuldners
erlangt hat. Für letzteres ist die Kenntnis von Name und Anschrift erforderlich, weil
diese Angaben für eine Klage gem. §§ 253 II Nr. 1, 130 Nr. 1 ZPO notwendig sind.
Dies war erst am 7.4.2014 der Fall. Die Verjährungsfrist beginnt daher erst mit dem
Schluss des Jahres 2014, d. h. am 31.12.2014 um 24.00 Uhr, und endet gem. § 195
BGB nach drei Jahren, nach § 188 II Hs. 1 BGB also am 31.12.2017, gleichfalls
um 24.00 Uhr.

680   Beispiel

A ist 2007 bei einem durch B verschuldeten leichten Auffahrunfall an der Hals-
wirbelsäule verletzt worden, verkennt dies aber, weil er glaubt, bei den Schmerzen handele es sich um eine vorübergehende Unpässlichkeit. Im Jahr 2013 treten motorische Beeinträchtigungen der Hände auf, weil Nervenstränge in der
Wirbelsäule stärker verletzt wurden und sich entzündet haben. Wann beginnt
die Verjährung? Wie wäre der Fall zu bewerten, wenn A ein leichtes Schleuder-
trauma vermutet, das Ganze aber bagatellisiert und erst bei den späteren starken
Beschwerden seine Rechte verfolgen möchte?

In der ersten Fallkonstellation kannte A die Körperverletzung nicht. Hiervon erfährt
er erst im Rahmen der späteren Untersuchungen. Als grob fahrlässig iSv. § 199 I
BGB ist die Unkenntnis des A noch nicht zu bewerten: Sie beruht nicht auf einem
besonders schwerwiegenden Sorgfaltsverstoß. Die Verjährung beginnt daher noch
nicht mit dem Schluss des Unfalljahres (2007), sondern erst am Ende des Jahres der
Kenntniserlangung (2013) zu laufen.

Im zweiten Fall wusste A, dass er aufgrund des Unfalls im Halsbereich verletzt
wurde. Kenntnis (oder grobfahrlässige Unkenntnis) über den Umfang und die Ursache der Verletzung ist nicht notwendig. Ebenso wenig muss A wissen, dass ihm
Schadensersatzansprüche zustehen, es genügt die Kenntnis der anspruchsbegründenden Umstände, um die Verjährungsfrist in Gang zu setzen. Spätere Schadens-
folgen, auch Verschlimmerungen, die erst in der Zukunft entstehen, verjähren nach
dem Grundsatz der Schadenseinheit grundsätzlich einheitlich ab dem Zeitpunkt, in
dem zum ersten Mal ein Teilbetrag eingeklagt werden könnte. Dies gilt aber nur für
solche Folgen, die als möglich vorhersehbar waren. Ansprüche wegen unvorherseh-

barer Folgen beginnen erst dann zu verjähren, wenn der Geschädigte von den neuen Schäden und ihrem kausalen Zusammenhang mit der rechtsverletzenden Handlung Kenntnis erlangt. Schwerere Verletzungsfolgen bei Auffahrunfällen sind zwar allgemein nicht ungewöhnlich. In diesem Fall waren jedoch die unmittelbaren Folgen, die Schmerzen und Beeinträchtigungen in der Zeit nach dem Unfall, relativ gering, so dass A nicht mit derart schweren Folgen rechnen musste. Auch hier beginnt die Verjährung gem. § 199 I Nr. 2 BGB daher erst mit Erlangung der Kenntnis von den schweren Verletzungen (a. A. vertretbar).

▶ Verjährt ein Anspruch nie, wenn der Gläubiger ohne Fahrlässigkeit keine Kenntnis   **681** erlangt?

Es gibt Höchstgrenzen: Nach der Grundregel des § 199 IV BGB verjähren alle der regelmäßigen Verjährung unterliegenden Ansprüche spätestens zehn Jahre nach ihrer Entstehung, unabhängig von Kenntnis oder Kennenmüssen, Ansprüche nach den Sonderregeln der Abs. 2 bis 3a spätestens nach 30 Jahren, wenngleich aufgrund der Regeln zu Hemmung, Neubeginn usw. die Vollendung der Verjährung ggf. noch später liegen kann. Die Höchstfristen werden gem. §§ 187 I, 188 II Hs. 1 BGB ab dem Zeitpunkt der Entstehung des Anspruchs bzw. des schadensauslösenden Ereignisses berechnet, nicht erst ab Ende des Jahres wie nach § 199 I BGB.

▶ Wann verjähren Schadensersatzansprüche nach § 199 II, III BGB, wann genau beginnt die Verjährungsfrist?   **682**

Schadensersatzansprüche wegen Verletzung von Leben, Körper, Gesundheit und Freiheit verjähren, wenn der Gläubiger keine Kenntnis erlangt und dies nicht auf grober Fahrlässigkeit beruht, 30 Jahre nach dem schadensauslösenden Ereignis, selbst wenn bis dahin durch die Handlung oder Pflichtverletzung noch gar kein Schaden entstanden ist, § 199 II BGB (die Ansprüche verjähren also schon vor ihrer Entstehung!). Dabei ist streitig, ob wie bei § 823 I BGB auch andere Rechtsgüter wie das allgemeine Persönlichkeitsrecht umfasst werden. Andere Schadensersatzansprüche verjähren, wenn bereits ein Schaden eingetreten ist, zehn Jahre nach ihrer Entstehung, also dem Schadenseintritt, § 199 III 1 Nr. 1 BGB, ansonsten wie nach Abs. 2 30 Jahre nach dem schadensauslösenden Ereignis, § 199 III 1 Nr. 2 BGB. Verjährungsbeginn ist nach § 187 I BGB der Tag nach dem schadensauslösenden Ereignis bzw. nach dem Schadenseintritt.

▶ Wann ist die regelmäßige Verjährungsfrist nicht anwendbar?   **683**

§§ 195, 199 BGB sind nicht anwendbar, wenn spezielle Verjährungsvorschriften gelten. Zu nennen sind insbesondere die §§ 196, 197 BGB. Auch aus Vorschriften des Besonderen Schuldrechts, des Handels- und Gesellschaftsrechts und des Sachenrechts ergeben sich einige Besonderheiten (z. B. §§ 438, 548, 634a, 1057 S. 2, 1226 S. 2 BGB, 439 HGB, 43 IV GmbHG), die teils die Verjährungsfrist betreffen (grundsätzlich nur zwei Jahre, bei Bauwerken fünf), teils den Fristbeginn (mit Ablieferung der Sache bzw. Abnahme des Werks).

684

> **Beispiel 1**
>
> Der unberechtigte Besitzer B veräußert die gestohlene Sache des E an D weiter.

> **Beispiel 2**
>
> D stiehlt sie dem B. Beginnt eine neue (30-jährige!) Verjährungsfrist hinsichtlich des Anspruchs aus § 985 BGB?

Für dingliche Ansprüche wie § 985 BGB ordnet § 198 BGB an, dass die verstrichene Verjährungszeit dem Rechtsnachfolger zugutekommt. Eine Rechtsnachfolge liegt dann vor, wenn der Besitz mit dem Willen des bisherigen Besitzers auf den neuen Besitzer übergeht. Im Beispiel 1 läuft daher die alte Frist weiter. Der unfreiwillige Wechsel des Besitzes wie in Beispiel 2 führt dagegen zu einem neuen Verjährungsbeginn. Im Übrigen kann sich auch bei Abtretung, gesetzlichem Forderungsübergang und Schuldübernahme der Schuldner aufgrund des Rechtsgedankens des § 404 (iVm. § 412) bzw. § 417 I 1 BGB auf die verstrichene Verjährungszeit berufen.

685   ▶ Wie ist beim Zusammentreffen mehrerer Verjährungsfristen zu verfahren?

Es sind verschiedene Fälle zu unterscheiden, bei denen mehrere Verjährungsfristen zusammentreffen. Sind mehrere Verjährungsfristen auf ein und denselben Anspruch anwendbar, so gilt die speziellere Norm, z. B. § 634a BGB und für handelsrechtliche Beförderungsverträge § 439 HGB. Besteht hingegen Anspruchskonkurrenz, d. h. begründet ein und derselbe Sachverhalt mehrere nebeneinander bestehende Ansprüche, so verjährt grundsätzlich jeder Anspruch selbstständig in der für ihn maßgeblichen Frist. Dies gilt auch dann, wenn unterschiedlich lange Fristen miteinander konkurrieren, z. B. bei vertraglichen Ansprüchen und solchen aus Eigentum, wo die Regelverjährung mit der dreißigjährigen Verjährung des § 197 I Nr. 1 BGB in Konkurrenz tritt.

686

> **Beispiel**
>
> Nach Beendigung des Mietverhältnisses übergibt M dem Vermieter und Eigentümer E die Wohnung. Dieser macht erst nach sieben Monaten einen Schadensersatzanspruch gegen M geltend, weil die Kratzer im Parkett über die normale Abnutzung hinausgehen. Ist der Anspruch verjährt?

Der vertragliche Schadensersatzanspruch wegen Verschlechterungen der Mietsache aus § 280 BGB verjährt gem. § 548 I BGB in sechs Monaten, der deliktsrechtliche aus § 823 I BGB dagegen gem. §§ 195, 199 I BGB erst in drei Jahren. Die Verkürzung der Verjährungsfrist in § 548 I BGB würde – da der Vermieter regelmäßig auch Eigentümer der Mietsache ist – damit praktisch weitgehend bedeutungslos. Ausnahmsweise ist diese kurze Frist daher auch auf den Deliktsanspruch anzuwenden. Dagegen wird zwar vorgebracht, der Schuldner könne nicht allein deswegen begünstigt werden, weil er zusätzlich einen Vertrag verletzt hat. Allerdings begründet der Vertrag eine Sonderrechtsverbindung, die eine beschleunigte Abwicklung der bestehenden Ansprüche zumutbar macht; hiervon ausgenommen sind Ansprüche nach § 826 BGB. Anders ist die Lage bei Werkverträgen, wo Identität von Eigentümer und Besteller nicht so häufig ist und § 634a BGB auch dann selbstständige Bedeutung hat, wenn der konkurrierende Deliktsanspruch der regelmäßigen Verjährungsfrist unterliegt.

▶ Kann von den gesetzlichen Verjährungsvorschriften abgewichen werden?　　**687**

Grundsätzlich kann durch rechtsgeschäftliche Vereinbarung von allen verjährungsrelevanten Umständen wie Fristbeginn, Fristlänge, Hemmung und Neubeginn der Frist sowie Fristablauf von den gesetzlichen Vorgaben abgewichen werden. Grenzen ergeben sich für Verjährungserleichterungen für Vorsatzhaftung und die Verlängerung über 30 Jahre hinaus aus § 202 BGB und Spezialregelungen wie § 475 II BGB; für AGB s. ferner §§ 309 Nr. 7a, 8b ff.) BGB.

▶ Was bedeutet Verjährungshemmung? Wovon ist die Hemmung abzugrenzen?　　**688**

Die Hemmung der Verjährungsfrist hat gem. § 209 BGB zur Folge, dass der Lauf der Verjährungsfrist mit Eintritt des Hemmungsgrundes angehalten wird und erst nach dem Wegfall des Hemmungsgrundes die alte Frist wieder weiterläuft. Davon abzugrenzen ist der Neubeginn der Verjährung gem. § 212 BGB, d. h. der Abbruch einer bereits laufenden Verjährung, verbunden mit dem Ingangsetzen einer neuen Verjährungsfrist von Anfang an. Darüber hinaus sind Konstellationen denkbar, in denen Hemmung und Neubeginn aufeinander treffen, etwa wenn eine vermeintlich bestehende Forderung teilweise anerkannt wird, über den Rest jedoch Verhandlungen zwischen dem Schuldner und dem Gläubiger schweben. Seit der Schuldrechtsmodernisierung 2002 ist die Verjährung in den meisten Fällen nur noch gehemmt, während zuvor die Unterbrechung (entspricht dem heutigen Neubeginn) eine größere Rolle gespielt hatte. Hemmungsgründe sind in den §§ 203–208 aufgezählt (lesen!).

▶ Kann eine Ausschlussfrist gehemmt werden?　　**689**

Die Hemmung einer Ausschlussfrist kommt in der Regel nicht in Betracht, sofern dies nicht ausdrücklich gesetzlich geregelt ist. Umstritten ist, ob § 204 BGB auf Ausschlussfristen analog angewandt werden kann. Die Frage ist zu verneinen. Dagegen spricht insbesondere, dass der Gesetzgeber für bestimmte Ausschlussfristen ausdrücklich Bezug auf die Hemmungsvorschriften des BGB nimmt. Hierdurch wird deutlich, dass die Anwendung der Vorschriften auf Ausschlussfristen lediglich ausnahmsweise gestattet sein soll. Für vertragliche Ausschlussfristen kann sich aus der getroffenen Vereinbarung oder der Vertragsauslegung etwas anderes ergeben.

▶ Was bedeutet Ablaufhemmung der Verjährung?　　**690**

Die Ablaufhemmung stellt einen Unterfall der Hemmung dar und bedeutet, dass die Verjährungsfrist frühestens eine bestimmte Zeit nach Wegfall von Gründen abläuft, die der Geltendmachung des Anspruchs entgegenstehen (z. B. nachdem der beschränkt Geschäftsfähige volljährig geworden ist, § 210 BGB). Hierunter wird auch die Regelung in § 203 S. 2 BGB gefasst, wonach bei einer Hemmung aufgrund von Verhandlungen die Verjährung frühestens drei Monate nach dem Ende der Hemmung eintritt. (Eine andere rechtliche Konstruktion enthält § 204 II 1 BGB, wonach die Hemmung selbst erst sechs Monate nach der rechtskräftigen Entscheidung oder anderweitigen Beendigung, z. B. Klagerücknahme, endet.)

691   ▶ Wann ist ein Neubeginn einer Verjährungsfrist möglich?

Die Frist beginnt bei einem Anerkenntnis und bei bereits erfolgten Vollstreckungsmaßnahmen neu zu laufen. Ein solches Anerkenntnis kann auch konkludent erfolgen, z. B. durch Zinszahlung oder Nacherfüllung. Allerdings beginnt die Frist nur dann neu, wenn die Verjährungsfrist noch nicht abgelaufen ist. Nach Ablauf könnte allenfalls ein abstraktes Schuldanerkenntnis einen neuen Anspruch mit dann neu beginnender Verjährungsfrist begründen, welches aber nur selten anzunehmen ist.

692   ▶ Kann mit einem verjährten Anspruch aufgerechnet oder gegenüber einem Anspruch ein Zurückbehaltungsrecht geltend gemacht werden, wenn dieses auf einen verjährten Anspruch gestützt ist? Beispiel: Der Käufer einer mangelhaften Sache, dessen Gewährleistungsrechte jedoch verjährt sind, will den noch ausstehenden Kaufpreis erst nach Reparatur bezahlen.

Ja. Voraussetzung ist gem. § 215 BGB, dass die Aufrechnungslage bzw. das Leistungsverweigerungsrecht schon bestand, als der Anspruch noch nicht verjährt war. Im Beispiel sind zwar die Gewährleistungsrechte gem. § 438 I Nr. 3, II BGB zwei Jahre nach Übergabe der Sache verjährt, während der Kaufpreisanspruch in der regelmäßigen Verjährungsfrist erst nach drei Jahren verjährt, § 195 BGB. Jedoch kann der Käufer die Einrede des nicht erfüllten Vertrags gem. § 320 BGB erheben und muss den Kaufpreis daher erst nach Mängelbeseitigung bezahlen. (Die Anwendbarkeit des § 320 BGB nach Übergabe ist umstritten.)

693   ▶ Kann sich der Inhaber eines Pfandrechts aus einem gepfändeten Gegenstand befriedigen, obwohl der durch das Pfandrecht gesicherte Anspruch verjährt ist?

Da es sich bei der Verjährung nur um eine rechtshemmende Einrede handelt, bleibt der durch das Pfandrecht, die Hypothek oder in anderer Weise gesicherte Anspruch bestehen, so dass auch das akzessorische Pfandrecht fortexistiert und der Gläubiger daraus vorgehen kann, vgl. § 216 I BGB.

694   ▶ Wie ist dies bei einem Eigentumsvorbehalt, wenn der Kaufpreisanspruch bereits verjährt ist? Beispiel: V verkauft dem K unter Eigentumsvorbehalt eine Maschine. K zahlt den geforderten Kaufpreis nicht, so dass der Kaufpreisanspruch verjährt. Kann V dennoch seinen Eigentumsvorbehalt gegenüber K geltend machen?

Gem. § 449 II BGB kann der Vorbehaltsverkäufer auf Grund des Eigentumsvorbehalts die Sache nur herausverlangen, wenn er vom Vertrag zurückgetreten ist. Nach § 218 I 1 BGB ist der Rücktritt unwirksam, wenn der Erfüllungsanspruch verjährt ist und sich der Schuldner hierauf beruft. Anders ist dies aber beim Eigentumsvorbehalt, der mangels der Zulässigkeit eines besitzlosen Pfandrechts als Sicherungsmittel im Wirtschaftsverkehr von großer Bedeutung ist. Nach § 216 II 2 BGB kann der Vorbehaltseigentümer trotz Verjährung des Kaufpreisanspruchs vom Kaufvertrag zurücktreten. V kann also – nach erfolgten Rücktritt – von K die Herausgabe der Maschine gem. § 985 BGB verlangen.

▶ Kann das in Unkenntnis der Verjährung auf einen verjährten Anspruch Geleistete   **695**
zurückverlangt werden?

Nein. Zwar käme ein bereicherungsrechtlicher Anspruch aus §§ 813 I 1, 812 I 1 Fall 1 BGB in Betracht, wonach das zum Zweck der Erfüllung einer Verbindlichkeit Geleistete auch dann zurückverlangt werden kann, wenn dem Anspruch eine dauernde Einrede entgegenstand. Gem. § 813 I 2 und § 214 II 1 BGB ist dies aber für die Einrede der Verjährung ausgeschlossen, auch wenn der Schuldner keine Kenntnis hatte.

▶ Gibt es Fälle, in denen die Erhebung einer bestehenden Verjährungseinrede wir-   **696**
kungslos bleibt?

Das Verhalten eines Schuldners kann in einem besonderen Maße gegen Treu und Glauben verstoßen, so dass die Erhebung der Verjährungseinrede unter dem Gesichtspunkt der unzulässigen Rechtsausübung keine Wirkung entfaltet. Dies ist z. B. der Fall, wenn der Schuldner den Gläubiger durch sein Verhalten von der rechtzeitigen Verjährungshemmung durch Rechtsverfolgung abgehalten hat und der Gläubiger deswegen annehmen durfte, dass sein Anspruch auch ohne Rechtsstreit erfüllt werden würde. Hierbei sind jedoch sehr enge Grenzen zu beachten; der Einwand greift nur bei evidenten und groben Verstößen gegen Treu und Glauben.

15
Ausübung der Rechte, Selbstverteidigung, Selbsthilfe; Sicherheitsleistung

▶ Wo liegen die Grenzen der Ausübung eines subjektiven Rechts? Welche Rege-   **697**
lungen sieht das BGB vor? Aus welchen allgemeinen Grundsätzen ergeben sich
Schranken?

Für die Ausübung subjektiver Rechte bestehen Grenzen. Ausdrücklich gesetzlich
vorgesehen ist das Schikaneverbot in § 226 BGB, wonach die Ausübung eines
Rechts unzulässig ist, wenn sie nur dem Zweck haben kann, einem anderen zu schaden. Erforderlich ist somit, dass sie objektiv keinerlei Vorteil bringen und durch
kein – auch nur nebensächliches – berechtigtes Interesse begründet werden kann.
Nur in wenigen Fällen, u. a. der Verweigerung des Besuchs des elterlichen Grabes,
ist eine Rechtswidrigkeit nach § 226 BGB angenommen worden. Neben den durch
Rspr. und Gewohnheitsrecht begründeten Schranken ist er praktisch bedeutungslos.
Zu diesen Schranken zählen namentlich das Verbot sittenwidriger Rechtsausübung,
entwickelt aus dem Rechtsgedanken der §§ 138 und 826 BGB, und das aus Treu
und Glauben (§ 242 BGB) hergeleitete Verbot treuwidriger Rechtsausübung. Beide
Verbote sind einer umfassenderen Wertung zugänglich. Eine Rechtsausübung ist
sittenwidrig, wenn sie dem „Anstandsgefühl aller billig und gerecht Denkenden"
widerspricht. Nach § 242 BGB muss der Handelnde auf die berechtigten Interessen anderer Rücksicht nehmen, wobei auf Wertungen des Grundgesetzes, anderer
Gesetze und der Verkehrssitte abzustellen ist. Von besonderer Bedeutung sind hierbei die Fallgruppen der Verwirkung und des widersprüchlichen Verhaltens (venire
contra factum proprium).

▶ Welche Möglichkeiten hat der Einzelne, seine Rechte eigenmächtig durchzusetzen?   **698**

Aufgrund des staatlichen Gewaltmonopols ist die Rechtsdurchsetzung grundsätzlich Aufgabe des Staates, im Zivilrecht also der Zivilgerichte und ihrer Vollstre-
ckungsorgane. Ein „Faustrecht" würde den Grundsätzen des Rechtsstaates widersprechen.

Eine solche Gefahr besteht jedoch einerseits dort nicht, wo die Rechtsdurchsetzung nur „gedanklich" mittels juristischer Gestaltung stattfindet, etwa bei der

C. Armbrüster, *Examinatorium BGB AT*, Springer-Lehrbuch,
DOI 10.1007/978-3-642-45123-2_15, © Springer-Verlag Berlin Heidelberg 2015

Aufrechnung der eigenen Forderung mit eigenen Verpflichtungen der Gegenseite, oder bei anderen Gestaltungsrechten (vgl. Frage 53). Auch Zurückbehaltungsrechte wie die in §§ 273, 320, 1000 BGB normierten Rechte kann man in gewisser Weise als Instrumente der Rechtsdurchsetzung betrachten, da sie es erlauben, die andere Seite durch Verweigerung ihr zustehender Leistungen unter Druck zu setzen und so mittelbar zur Durchsetzung eigener Rechte beizutragen, auch wenn hierzu freilich weiterhin eine Mitwirkung des Gegners erforderlich ist.

Im Einzelfall kann freilich auch die private Rechtsdurchsetzung mittels Gewalt zulässig sein, wenn die Rechtsdurchsetzung anderenfalls vereitelt würde. Sie ist auf gesetzlich eng umgrenzte Fälle der Verteidigung subjektiver Rechte gegen Angriffe anderer oder die Selbsthilfe zur vorläufigen Durchsetzung oder Sicherung subjektiver Rechte beschränkt. Neben strafrechtlichen Rechtfertigungsgründen (§§ 32, 34 StGB, Notwehr und Notstand), die sich aufgrund der Einheitlichkeit der Rechtsordnung auch auf die zivilrechtlichen Folgen erstrecken können, speziellen Vorschriften z. B. in §§ 859 f., 562 b I, 592 S. 4, 704 BGB (Selbsthilfe des Besitzers, Vermieters, Verpächters und des Wirtes) und § 904 BGB (aggressiver Notstand) finden sich allgemeine Vorschriften hierzu in den §§ 227 ff. BGB: Notwehr (§ 227), sog. defensiver Notstand (§ 228) und Selbsthilfe (§§ 229 ff. BGB).

699   ▶ Welche Voraussetzungen hat das Notwehrrecht?

Das Notwehrrecht in § 227 BGB entspricht inhaltlich demjenigen des § 32 StGB. Es verlangt mithin einen gegenwärtigen rechtswidrigen Angriff eines Menschen gegen rechtlich anerkannte Interessen von sich selbst oder einer anderen Person (Nothilfe), beschränkt sich auf erforderliche Verteidigungshandlungen und setzt einen Verteidigungswillen voraus. Eine Abwägung zwischen den Gütern des Angreifers und denen des Verteidigers findet wie im Strafrecht nicht statt. Dafür spricht auch der Gesetzeswortlaut, der im Gegensatz zum Defensiv-Notstand in § 228 S. 1 BGB gerade nicht von Verhältnismäßigkeit spricht. Dennoch besteht auch hier die Grenze des Rechtsmissbrauchs in Fällen der „Notwehrprovokation", bei Handlungen gegen offensichtlich schuldlos Handelnde wie Kinder und Betrunkene und bei einem krassen Missverhältnis der Rechtsgüter wie beim Einsatz lebensgefährdender Verteidigungsmittel zum Schutz geringer Sachwerte.

700   ▶ Worin liegen die Unterschiede und Gemeinsamkeiten zwischen defensivem und aggressivem Notstand?

Beim defensiven Notstand (§ 228 BGB) richtet sich die Notstandshandlung gegen die Sache, von der die Gefahr ausgeht; beim aggressiven Notstand (§ 904 BGB) dagegen richtet sich die Handlung gegen eine unbeteiligte Sache. Zwar muss in beiden Fällen der Eingriff in fremdes Eigentum erforderlich sein, um eine Gefahr von einem anderen Rechtsgut abzuwenden, Unterschiede gibt es aber bei der – im Gegensatz zur Notwehr erforderlichen – Güterabwägung. Während beim Defensivnotstand der Schaden nur nicht außer Verhältnis zur Gefahr stehen, er also auch größer sein darf, muss beim Aggressivnotstand der durch die Gefahr drohende Schaden gegenüber dem aus der Einwirkung dem Eigentümer entstehenden Schaden unverhältnismäßig groß sein, denn dem Eigentümer sind zwar aufgrund der Allgemeinwohlbindung des Art. 14 II GG gewisse Beschränkungen zuzumuten, jedoch nur zum Schutz höherwertiger Interessen.

Beispiel   **701**

H bricht eine Latte aus dem Zaun seines Nachbarn N, um seinen alten Mischlingsrüden gegen den bissigen Rassehund des R zu schützen, der daraufhin verletzungsbedingt eingeschläfert werden muss. Ist H's Handeln gerechtfertigt? Wem gegenüber ist H ersatzpflichtig?

Die Beschädigung des Zauns stellt die Zerstörung einer Sache dar, von der keine Gefahr ausgeht. In Betracht kommt eine Rechtfertigung nach § 904 BGB. Eine Gefahr für ein Rechtsgut – den eigenen Hund des H – lag vor. Mangels anderer Abwehrgegenstände war das Abbrechen der Latte auch erforderlich, um die Gefahr abzuwenden. Der drohende Schaden für H war größer als der Schaden des N am Zaun, das Abreißen der Latte daher gerechtfertigt.

Die tödliche Verletzung des Hundes kann, da von ihm die Gefahr ausging, nach § 228 BGB gerechtfertigt sein. Eine Gefahr lag vor, die Abwehr gegen den Hund war auch erforderlich, um den eigenen zu schützen. Problematisch ist die Güterabwägung. Der Rassehund mag zwar höherwertig gewesen sein, da von ihm die Gefahr ausging, durfte der Schaden aber nur nicht außer Verhältnis stehen. Auch unter Berücksichtigung des immateriellen Wertes des Mischlingshundes, des Affektionsinteresses (vgl. auch die Wertungen des § 251 II 2 BGB) ist es daher gut vertretbar, hier noch nicht von einer Unverhältnismäßigkeit auszugehen. Auch die Verletzung des Rassehundes war demnach gerechtfertigt. Mangels rechtswidrigen Verhaltens ist H weder dem N noch dem R gegenüber zum Schadensersatz nach § 823 I BGB verpflichtet; N hat aber wegen des Zauns einen verschuldensunabhängigen Schadensersatzanspruch aus § 904 S. 2 BGB (Aufopferungsgedanke).

▶ Welche Möglichkeiten hat der Wirt W, seinen Zahlungsanspruch durchzusetzen,   **702**
wenn sich Gast G ohne zu zahlen verabschiedet?

In Betracht kommt Selbsthilfe nach §§ 229 ff. BGB. Sie setzt neben einem fälligen und durchsetzbaren Anspruch voraus, dass obrigkeitliche Hilfe nicht rechtzeitig zu erlangen ist und dass ohne sofortiges Eingreifen die Gefahr besteht, dass die Verwirklichung des Anspruchs vereitelt oder wesentlich erschwert wird. Der Zahlungsanspruch ergibt sich aus dem Bewirtungsvertrag. Da W den G mangels abweichender Anhaltspunkte nicht kennt, ist ohne sofortige Durchsetzung des Anspruchs damit zu rechnen, dass G nie zahlen wird. Andererseits ist gerichtlicher Arrest in diesem Fall nicht erreichbar. Er darf daher – soweit erforderlich, § 230 I BGB – z. B. eine Sache des G wegnehmen oder ihn festhalten, bis die herbeizurufende Polizei seine Personalien aufnehmen kann. Daneben kommt ein Festnahmerecht nach § 127 I StPO in Betracht, das aber eine „frische Tat" (nach h. M. reicht auch dringender Tatverdacht) voraussetzt, die hier in einem Betrug gem. § 263 StGB (Täuschung über die Zahlungsbereitschaft) bestehen kann. Die Sicherung ist nur vorläufiger Natur, wie sich aus den Verfahrensvorschriften zur Beantragung des Arrests etc. in § 230 BGB ergibt.

703   ▶ Was regeln die §§ 232 ff. BGB?

Diese Vorschriften regeln nur die Art und Weise der Sicherheitsleistung. Die Verpflichtung zu einer solchen Leistung aus Gesetz oder Vertrag setzen sie hingegen voraus. Regelmäßig wird freilich im Vertrag auch die Art der Sicherheitsleistung vereinbart, etwa (häufig) Bankbürgschaft oder die Zahlung auf ein Treuhandkonto, weshalb den §§ 232 ff. BGB nur geringe Bedeutung zukommt.

A. Grundlagen

▶ Wozu dient das Allgemeine Gleichbehandlungsgesetz (AGG)?   **704**

Schutzgut des AGG ist die Würde des Menschen. Sie soll gegen Angriffe auf dessen Achtungsanspruch durch Benachteiligungen im Rechtsverkehr geschützt werden.

Das AGG dient der Umsetzung der vier europäischen Gleichbehandlungsrichtlinien. Zwei dieser Richtlinien – nämlich die RahmenRL Beschäftigung (RL 2000/78/EG) sowie die revidierte GleichbehandlungsRL (RL 2002/73/EG) – betreffen alleine das Arbeitsrecht. Demgegenüber bezieht sich die GenderRL (RL 2004/113/EG) auf das allgemeine Zivilrecht, indem sie ein Verbot der Benachteiligung aufgrund des Geschlechts außerhalb der Arbeitswelt statuiert. Sowohl auf das Arbeits- als auch das allgemeine Zivilrecht bezieht sich die AntirassismusRL (RL 2000/43/EG), die ein Verbot der Diskriminierung aufgrund der Rasse und der ethnischen Herkunft beinhaltet.

▶ Inwiefern ist der deutsche Gesetzgeber über die Umsetzung der Richtlinienvorga-   **705**
ben hinausgegangen?

Der deutsche Gesetzgeber hat im Bereich des allgemeinen Zivilrechts nicht nur die europäischen Vorgaben umgesetzt, sondern das Diskriminierungsverbot auf die Merkmale Religion, Behinderung, Alter und sexuelle Identität ausgedehnt. Obgleich diese überschießende Umsetzung während des Gesetzgebungsverfahrens sehr umstritten war, hat sich der Gesetzgeber letztlich für einen umfassenden Diskriminierungsschutz entschieden. Aufgrund des eindeutigen Wortlauts von § 19 AGG ist jener Streit nunmehr freilich gegenstandlos und ein Gleichklang zum arbeitsrechtlichen Schutz vor Ungleichbehandlung nach § 7 I AGG hergestellt (mit Ausnahme des Merkmals „Weltanschauung", welches in § 19 AGG wegen der Sorge des deutschen Gesetzgebers, dass damit auch rechtsextreme Positionen geschützt sein könnten, nicht vorkommt). Da die Richtlinien lediglich einen Mindeststandard vorsehen, ist dies ist auch europarechtlich unbedenklich.

C. Armbrüster, *Examinatorium BGB AT,* Springer-Lehrbuch,
DOI 10.1007/978-3-642-45123-2_16, © Springer-Verlag Berlin Heidelberg 2015

706 ► Wie ist das AGG aufgebaut?

Das Gesetz ist in sieben Abschnitte unterteilt. Von besonderer Relevanz für die Rechtsanwendung sind der allgemeine Teil (§§ 1–5 AGG), der arbeitsrechtliche Benachteiligungsschutz (§§ 6–18 AGG) und das allgemeine zivilrechtliche Benachteiligungsverbot (§§ 19–23 AGG). Die Vorschriften des allgemeinen Teils gelten sowohl für das arbeits- als auch das allgemein zivilrechtliche Benachteiligungsverbot. So wird in § 1 AGG dessen Ziel definiert, Schutz vor Benachteiligungen aus Gründen der Rasse oder wegen der ethnischen Herkunft, des Geschlechts, der Religion oder Weltanschauung, einer Behinderung, des Alters oder der sexuellen Identität zu bieten. Während § 2 AGG dessen sachlichen Anwendungsbereich festlegt, definiert § 3 AGG die verschiedenen Benachteiligungsbegriffe. Die §§ 4 und 5 AGG enthalten schließlich Regelungen über die unterschiedliche Behandlung aufgrund mehrerer Merkmale (§ 4 AGG) sowie zulässige positive Maßnahmen (§ 5 AGG). Der arbeitsrechtliche Teil regelt den Schutz von Beschäftigten. Der zivilrechtliche Teil enthält neben dem zivilrechtlichen Benachteiligungsverbot (§ 19 AGG) verschiedene Rechtfertigungsgründe (§ 20 AGG) sowie Regelungen über die Rechtsfolgen eines Verstoßes gegen das Benachteiligungsverbot (§ 21 AGG). Hinzuweisen ist ferner auf die spezielle Beweislastregel des § 22 AGG (4. Abschnitt) sowie auf § 23 AGG, der die Unterstützung von Benachteiligten durch Antidiskriminierungsverbände regelt.

707 ► Wovor soll der Mensch durch das AGG geschützt werden?

Das AGG schützt den Menschen vor an bestimmten Merkmalen anknüpfenden, benachteiligenden Behandlungen (Ungleichbehandlungen) durch unmittelbare oder mittelbare Benachteiligung, durch Belästigungen, sexuelle Belästigungen sowie durch Anweisungen zur Benachteiligung. Die in § 1 AGG aufgezählten geschützten Merkmale – Rasse/ethnische Herkunft, Geschlecht, Religion und Weltanschauung, Behinderung, Alter und sexuelle Identität – sind deckungsgleich mit denjenigen in Art. 19 AEUV, gehen jedoch über diejenigen in Art. 3 II, III GG hinaus. Der arbeitsrechtliche Diskriminierungsschutz umfasst im Gegensatz zum zivilrechtlichen, der das Merkmal der Weltanschauung vom Benachteiligungsverbot ausnimmt, sämtliche Merkmale. Während das arbeitsrechtliche Verbot für alle Merkmale gleichermaßen gilt, stellt § 19 I, II AGG nur für das Merkmal Rasse/ethnische Herkunft ein umfassendes Verbot auf.

708 ► Wann liegt eine unmittelbare Benachteiligung iSv. § 3 I 1 AGG vor und wie ist diese zu ermitteln?

Eine unmittelbare Benachteiligung liegt nach § 3 I 1 AGG dann vor, wenn eine Person wegen eines in § 1 AGG genannten Grundes eine weniger günstige Behandlung erfährt, als eine andere Person in einer vergleichbaren Situation erfährt, erfahren hat oder erfahren würde.

Die benachteiligende Behandlung muss hierbei direkt an ein Merkmal iSv. § 1 AGG anknüpfen. Sie kann sowohl in einem Tun als auch in einem Unterlassen liegen. Der Benachteiligende muss dabei Kenntnis vom jeweiligen Merkmal haben. Ein Handeln in Benachteiligungsabsicht ist demgegenüber nicht erforderlich, da das AGG die Ausgrenzung und nicht den „bösen Willen" bekämpfen will. Die Prüfung, ob eine unmittelbare Benachteiligung vorliegt, erfolgt durch einen Vergleich zwischen dem Betroffenen und einer Vergleichsperson oder Vergleichsgruppe. Erforderlich ist dabei das Vorliegen einer „vergleichbaren Situation". Denn in Bezug zueinander gesetzt werden kann nur Gleiches bzw. Vergleichbares. Ausreichend ist, dass die Vergleichsperson in der Vergangenheit günstiger behandelt wurde oder dass eine fiktive Vergleichsperson günstiger behandelt würde.

Sofern eine Ungleichbehandlung bereits abgeschlossen ist oder erst künftig droht, liegt keine Benachteiligung vor (vgl. Präsensformulierung in § 3 I 1 AGG). Im Falle des Bestehens von Wiederholungsgefahr oder ernsthaft drohender Erstbegehungsgefahr kann jedoch ein Unterlassungsanspruch gem. § 21 I 2 AGG bestehen.

▶ Welchen Sonderfall regelt § 3 I 2 AGG?   **709**

Nach § 3 I 2 AGG liegt eine unmittelbare Benachteiligung wegen des Geschlechts auch dann vor, wenn eine Frau aufgrund ihrer Schwangerschaft oder Mutterschaft ungünstiger behandelt wird. Nach seinem Wortlaut bezieht sich diese Vorschrift nur auf das Arbeitsrecht. Daraus könnte der Umkehrschluss zu ziehen sein, im allgemeinen Zivilrecht stelle eine derartige Ungleichbehandlung keine unmittelbare Benachteiligung dar. In § 20 II AGG ist jedoch normiert, dass im Zusammenhang mit einer Schwangerschaft oder Mutterschaft stehende Kosten nicht zu höheren Versicherungsprämien führen dürfen. Jedenfalls bei der Privatversicherung stellt eine Schlechterbehandlung folglich eine unmittelbare Benachteiligung dar. Aber auch für das übrige Zivilrecht kann nichts anderes gelten. Der auf das Arbeitsrecht begrenzte Verweis des § 3 I 2 AGG erklärt sich dadurch, dass nur hierfür das Vorliegen einer unmittelbaren Benachteiligung durch den EuGH klargestellt wurde. Diese Wertung gilt indes in gleicher Weise auch für das allgemeine Zivilrecht, so dass in § 3 I 3 AGG ein Verweis auch auf § 2 I Nr. 8 AGG hineinzulesen ist.

▶ Wann liegt eine mittelbare Benachteiligung iSv. § 3 II AGG vor und wie wird diese   **710**
  ermittelt?

Eine mittelbare Benachteiligung iSv. § 3 II AGG liegt vor, wenn der Benachteiligende auf ein scheinbar neutrales Kriterium abstellt, das in seinem Vollzug eine Gruppe von Trägern eines bestimmten Merkmals besonders betrifft.

> Das Vorliegen einer mittelbaren Benachteiligung ist in drei Schritten zu ermitteln:
> 1. Prüfung, ob die scheinbar neutralen Vorschriften, Kriterien oder Verfahren zur Benachteiligung einer Person gegenüber anderen wegen eines geschützten Merkmals geeignet sind.

2. Prüfung anhand der Bildung von Vergleichsgruppen, ob die betroffene Personengruppe „in besonderer Weise" benachteiligt werden kann.
3. Prüfung, ob die betreffende Vorschrift etc. durch ein rechtmäßiges Ziel sachlich gerechtfertigt ist und die Mittel verhältnismäßig sind.

Anders als bei der unmittelbaren Benachteiligung stellt die fehlende sachliche Rechtfertigung also eine Tatbestandsvoraussetzung der mittelbaren Benachteiligung und nicht erst einen Rechtfertigungsgrund dar. Als sachliche Gründe für eine Rechtfertigung kommen insbesondere die in § 20 I 2 AGG genannten Regelbeispiele in Betracht. Dies bedeutet, dass das Vorliegen einer abstrakten Gefährdungslage nicht ausreichend ist, sondern dass die hinreichend konkrete Gefahr eines besonderen Nachteils bestehen muss.

711 ▶ Unter welchen Voraussetzungen liegt eine als Benachteiligung zu qualifizierende Belästigung vor?

Nach § 3 III AGG ist dies der Fall, wenn unerwünschte Verhaltensweisen, die mit einem in § 1 AGG genannten Grund in Zusammenhang stehen, bezwecken oder bewirken, dass die Würde der betreffenden Person verletzt und ein von Einschüchterungen, Anfeindungen, Erniedrigungen, Entwürdigungen oder Beleidigungen geprägtes Umfeld geschaffen wird.

Das Vorliegen einer Belästigung setzt also voraus, dass eine Verletzung der Würde der betreffenden Person entweder bewirkt oder aber bezweckt wird.

Eine Verletzung der Würde liegt dabei nur bei Eingriffen von einigem Gewicht vor. Die Intensität einer Verletzung der Menschenwürde iSv. Art. 1 I GG muss indes nicht erreicht werden.

Wird die Würde des Betroffenen tatsächlich verletzt (Würdeverletzung wird „bewirkt"), so kommt es auf einen diesbezüglichen Vorsatz des Handelnden nicht an. Wird eine Würdeverletzung hingegen „bezweckt" – wofür ausreichend ist, dass die Verletzung billigend in Kauf genommen wird –, so kommt es umgekehrt auf das tatsächliche Vorliegen einer solchen Verletzung nicht an. Es genügt dann ein Verhalten, dass zur Verletzung der Würde geeignet ist.

Belästigungen können sowohl verbaler als auch nonverbaler Art sein. Entgegen der Gesetzesbegründung wird ein einmaliges Verhalten in aller Regel keine Belästigung darstellen. Ein solches wird nämlich kaum das erforderliche durch Erniedrigungen gekennzeichnete Umfeld schaffen.

712 ▶ Welcher Sonderfall der Belästigung ist in § 3 IV AGG definiert?

In § 3 IV AGG ist die sexuelle Belästigung definiert. Nach dem Wortlaut erstreckt sich der Anwendungsbereich nur auf das Arbeitsrecht (§ 2 I Nr. 1–4 AGG). Da nach der GenderRL sexuelle Belästigungen jedoch auch beim Zugang zu und der Versorgung mit Gütern und Dienstleistungen als Diskriminierungen des Geschlechts verboten sind, ist § 3 IV AGG insofern richtlinienkonform auszulegen.

► Was gilt noch als Benachteiligung im Sinne des AGG? **713**

Auch die Anweisung zu einer Benachteiligung gilt nach § 3 V 1 AGG als Benachteiligung.

Wie bei der sexuellen Belästigung ist unklar, ob die Vorschrift auch für das allgemeine Zivilrecht gilt. Da § 3 V AGG bereits der Anweisung als solcher entgegenwirken soll und den Vollzug einer benachteiligenden Handlung nicht voraussetzt, bleibt der Schutz durch die §§ 31, 278, 831 BGB jedenfalls hinter demjenigen aus § 3 V AGG zurück. Für dessen Geltung sprechen ferner sowohl die Antirassismus- als auch die GenderRL. § 3 V AGG ist daher europarechtskonform dahingehend auszulegen, dass er sich auch auf das allgemeine Zivilrecht bezieht.

Eine Anweisung setzt das Bestehen eines Weisungsrechts voraus. Da der Anweisende nicht schuldhaft handeln muss, ist nicht erforderlich, dass ihm die Verbotswidrigkeit seines Verhaltens bewusst ist.

Für den Bereich Beschäftigung und Beruf enthält § 3 V 2 AGG ein Regelbeispiel. Dieses kann jedoch auch für das allgemeine Zivilrecht zur Konkretisierung des S. 1 dienen.

► Was ist vom Merkmal „Behinderung" iSv. § 19 I AGG umfasst? **714**

Dieses Merkmal ist europarechtlich bislang nicht legaldefiniert. Nach dem Verständnis des EuGH in der Rechtssache Chacón Navas handelt es sich bei einer Behinderung um eine Einschränkung, die insbesondere auf physische, geistige oder psychische Beeinträchtigungen zurückzuführen ist und die ein Hindernis für die Teilhabe des Betroffenen am Berufsleben über einen längeren Zeitraum bildet.

Im deutschen Recht enthält § 2 I SGB IX eine Legaldefinition des Behinderungsbegriffs. Hiernach sind Menschen behindert, wenn ihre körperliche Funktion, geistige Fähigkeit oder seelische Gesundheit mit hoher Wahrscheinlichkeit länger als sechs Monate von dem für das Lebensalter typischen Zustand abweichen und daher ihre Teilhabe am Leben in der Gesellschaft beeinträchtigt ist. Umstritten ist, ob der Behinderungsbegriff des § 2 I SGB IX auf § 19 I AGG übertragen werden kann.

Sowohl der europäische als auch der deutsche Behinderungsbegriff bestehen aus einem medizinisch-pathologischen („physische, geistige oder psychische Beeinträchtigung"/„Abweichung der körperlichen Funktion (…) von dem für das Lebensalter typischen Zustand") und einem partizipatorischen („Hindernis für die Teilnahme des Betroffenen am Berufsleben"/„Beeinträchtigung ihrer Teilhabe am Leben in der Gesellschaft") Element. Der partizipatorische Teil des Behinderungsbegriffs beruht auf dem Gedanken, dass die Behinderung vorrangig ein soziales Verhältnis und keine persönliche Eigenschaft darstellt, weil eine Wechselwirkung zwischen den gesundheitlichen Problemen einer Person und ihren umweltbedingten Kontextfaktoren besteht. Der Grad der Behinderung ist unerheblich; eine Schwerbehinderung iSv. § 2 II 2 SGB IX ist daher nicht erforderlich.

► Welche Diskriminierungsfälle betreffen das Merkmal „Geschlecht"? **715**

Das Merkmal „Geschlecht" erfasst die Eigenschaft als Mann oder Frau. Obgleich es überwiegend um die Benachteiligung von Frauen gegenüber Männern in vergleichbaren Situationen geht, sind vom Benachteiligungsverbot auch Benachteiligungen von Männern gegenüber Frauen erfasst. Das Merkmal „Geschlecht" stellt nur auf die objektive Geschlechtlichkeit einer Person ab, d. h. auf die objektive Einordnung als Mann, Frau oder einer medizinischen Zwischenform (Intersexualität), und nicht auf die individuelle geschlechtliche Ausrichtung des Einzelnen. Die in der Praxis sehr schwierig zu behandelnden Fälle transsexueller Menschen (mit oder ohne Geschlechtsangleichung) fallen nach h. M. auch unter das Merkmal „Geschlecht", nach a. A. fällt die Transsexualität hingegen unter das Merkmal „sexuelle Identität".

716 ► Wann ist eine Ungleichbehandlung nach dem AGG gerechtfertigt?

Das AGG enthält in den §§ 8–10 AGG spezielle Rechtfertigungsgründe für das Arbeitsrecht und in § 20 AGG solche für das Zivilrecht.

Zu beachten ist auch § 5 AGG, der bestimmt, dass eine unterschiedliche Behandlung ungeachtet der §§ 8–10, 20 AGG auch zulässig ist, wenn durch geeignete und angemessene Maßnahmen bestehende Nachteile wegen eines in § 1 AGG genannten Grundes verhindert oder ausgeglichen werden sollen. Unter diese so genannten „positiven Maßnahmen" fallen Maßnahmen zur Behebung bestehender Nachteile und auch präventive Maßnahmen zur Verhinderung künftiger Nachteile. Positive Maßnahmen sind nur dann zulässig, wenn sie verhältnismäßig sind. Sie müssen nicht nur geeignet und angemessen sein, sondern sind auch gegen die mit ihnen verbundenen negativen Auswirkungen auf die nicht begünstigten Personen abzuwägen. § 5 AGG stellt allerdings keinen Rechtfertigungsgrund dar, sondern verhindert bereits das tatbestandliche Vorliegen einer Benachteiligung.

Nach h. M. ist § 5 AGG verfassungskonform. Der insofern auf die Merkmale Geschlecht und Behinderung begrenzte Art. 3 GG stellt in der Tat nur einen besonderen Förderauftrag an den Staat dar, der durch die Erlaubnis weiterreichender Bevorzugungen im Privatrechtsverkehr nicht berührt wird.

Bezieht sich eine Benachteiligung auf mehrere durch § 1 AGG erfasste Merkmale („Mehrfachdiskriminierung"), so muss sich gem. § 4 AGG auch die Rechtfertigung auf sämtliche Benachteiligungsgründe erstrecken.

B. Schutz vor Ungleichbehandlung im Zivilrecht

717 ► Welchen Regelungszweck verfolgen die §§ 19 ff. AGG und worin liegt ihr wesentlicher Regelungsgehalt?

Die §§ 19 ff. AGG sollen einen umfassenden Schutz vor Benachteiligung im allgemeinen Geschäftsverkehr bieten und dienen, sofern es um Benachteiligungen wegen des Merkmals Rasse/ethnische Herkunft geht, der Umsetzung der AntirassismusRL.

Das Gleichbehandlungsgebot, das im Zivilrecht vorher nur durch die mittelbare Drittwirkung des Art. 3 GG galt, ist nunmehr gem. § 19 AGG eine unmittelbar geltende zivilrechtliche Pflicht. Flankiert wird der durch dieses Benachteiligungsverbot begründete Diskriminierungsschutz durch die im Falle seiner Verletzung nach § 21 AGG entstehenden Ansprüche des Benachteiligten. Deren besserer Durchsetzbarkeit wiederum soll die Beweiserleichterung des § 22 AGG dienen.

► Welche Schuldverhältnisse sind von den §§ 19 ff. AGG erfasst?   **718**

Zu differenzieren ist insofern zwischen Benachteiligungen aufgrund des Merkmals Rasse/ethnische Herkunft einerseits und der übrigen Merkmale andererseits. Während sich das Verbot der Benachteiligung wegen der Rasse oder der ethnischen Herkunft nach § 19 II AGG auf zivilrechtliche Verhältnisse in einem recht weiten Sinne bezieht, ist das Verbot des Abs. 1 auf dem deutschen Privatrecht zuvor fremden Begriff der Massengeschäfte des täglichen Lebens (§ 19 I Nr. 1 Fall 1), typischerweise ohne Ansehen der Personen zu vergleichbaren Bedingungen zustande kommende Geschäfte (§ 19 I Nr. 1 Fall 2) und privatrechtliche Versicherungen (§ 19 I Nr. 2) beschränkt. Diese Differenzierung basiert auf den im Hinblick auf das Merkmal Rasse/ethnische Herkunft strengeren Vorgaben der AntirassismusRL.

Das zivilrechtliche Benachteiligungsverbot bezieht sich nicht nur auf die Begründung des jeweiligen Schuldverhältnisses, sondern auch auf dessen Durchführung und Beendigung. Auch einseitige Rechtsgeschäfte und sogar die bloße invitatio ad offerendum fallen in seinen Anwendungsbereich.

| Beispiel: | **719** |

Der Gebrauchtwagenhändler A möchte einen alten Golf an den P verkaufen. Er erfährt kurz vor Vertragsabschluss, dass P gläubiger Protestant ist. Mit dem Hinweis, dass er als strenger Katholik keine Geschäfte mit Protestanten mache, beendet er die Vertragsverhandlungen. Verstößt A gegen § 19 I AGG?

A verstößt gegen § 19 I AGG, wenn es sich bei dem Geschäft um ein Massengeschäft iSv. § 19 I Nr. 1 Fall 1 AGG handelt. Dies ist dann der Fall, wenn es sich um ein Schuldverhältnis handelt, das typischerweise ohne Ansehen der Person in einer Vielzahl von Fällen zu gleichen Bedingungen zustande kommt.

Fraglich ist, ob es sich bei dem Kaufvertrag zwischen A und P um ein Schuldverhältnis handelt, das in einer Vielzahl von Fällen zustande kommt. Maßgeblich ist insofern die Sicht des Anbietenden, da sich das Benachteiligungsverbot nur gegen ihn richtet. A ist gewerblicher Gebrauchtwagenhändler. Für ihn ist der Verkauf eines Autos ein Geschäft, das er in einer Vielzahl von Fällen abwickelt. Im Gegensatz dazu ist der Verkauf eines Gebrauchtwagens durch einen Privaten ein eher außergewöhnliches, gerade nicht alltägliches Geschäft.

Vorliegend handelt es sich folglich um ein Massengeschäft iSv. § 19 I Nr. 1 Fall 1 AGG. P erfährt auch gerade wegen seiner Religion eine weniger günstige Behandlung als eine andere Person in einer vergleichbaren Situation erfahren würde. Somit verstößt A gegen § 19 I AGG.

720 ▶ Welche Erweiterung des Anwendungsbereiches sieht § 19 II AGG vor?

Nach § 19 II AGG erstreckt sich der Anwendungsbereich des Benachteiligungsverbots aus Gründen der Rasse oder der ethnischen Herkunft auf sämtliche Schuldverhältnisse iSv. § 2 I Nr. 5–8 AGG. Da Nr. 5–7 AGG sich überwiegend auf staatliche Leistungen beziehen, so dass insoweit in aller Regel öffentlich-rechtliche Vorschriften eingreifen werden, kommt besondere Bedeutung allein der Nr. 8 zu. Dieser betrifft den Zugang zu und die Versorgung mit Gütern und Dienstleistungen, die der Öffentlichkeit zur Verfügung stehen, einschließlich von Wohnraum. Umstritten ist hierbei insbesondere die Frage, ob der „Öffentlichkeit zur Verfügung stehende" Güter und Dienstleistungen bereits dann vorliegen, wenn sie öffentlich angeboten werden. Jedoch ist Nr. 8 auch dann relevant, wenn man diese Frage verneint und ein enges Verständnis zugrundelegt: nämlich im Zusammenhang mit Kreditverträgen. Denn diese werden in aller Regel nicht ohne Ansehen der Person abgeschlossen und fallen daher nicht unter § 19 I AGG.

721 ▶ Gilt das Benachteiligungsverbot uneingeschränkt auch für Mietverträge über Wohnraum?

Grundsätzlich ist das AGG auch auf die Vermietung von Wohnraum anwendbar. Nach § 19 III AGG ist eine unterschiedliche Behandlung indes zulässig, wenn dies zur Schaffung und Erhaltung sozial stabiler Bewohnerstrukturen und ausgewogener Siedlungsstrukturen sowie ausgeglichener wirtschaftlicher, sozialer und kultureller Verhältnisse geboten ist. Angesichts seiner Formulierung sowie seines systematischen Standorts ist davon auszugehen, dass es sich hierbei um keinen Rechtfertigungsgrund handelt (str.). Vielmehr liegt bei Vorliegen der Voraussetzungen des § 19 III AGG bereits tatbestandlich eine Benachteiligung nicht vor.

Aus dem Wortlaut und der systematischen Stellung des Abs. 3 folgt ferner, dass die Regelung auch für das Verbot der Benachteiligung wegen der Rasse oder der ethnischen Herkunft aus Abs. 2 gilt. Problematisch ist allerdings, ob dies mit den Vorgaben der AntirassismusRL vereinbar ist, da der Wortlaut der Richtlinie keine entsprechende Einschränkung vorsieht. Jedoch kann auf den Sinn und Zweck der AntirassismusRL – nämlich die Förderung der sozialen Integration der Angehörigen verschiedener Ethnien – abgestellt werden. Verböte man bei der Bildung von Siedlungsstrukturen jegliche Differenzierung, entstünde die Gefahr der Ghettobildung. Dies liefe dem Ziel der AntirassismusRL zuwider. Deswegen ist das umfassende Diskriminierungsverbot teleologisch zu reduzieren, so dass § 19 III – bei enger Auslegung – richtlinienkonform ist.

Die Regelung betrifft nur Hausverwaltungen mit einer Vielzahl von Wohnungen, da nur sie gezielt Einfluss auf die Siedlungsstruktur nehmen können. Sie sollen nach Vermieter- und Mieterinteressen und allgemein anerkannten gesellschaftspolitischen Belangen unter den Bewerbern frei auswählen können. So ist es zum Beispiel zulässig, wenn die Hausverwaltung neue Mieter mit Rücksicht auf die Altersstruktur der schon vorhandenen Mieter auswählt.

▶ Welche Schuldverhältnisse unterliegen nicht dem Benachteiligungsverbot des AGG? **722**

Gem. § 19 IV AGG gilt das AGG nicht für Familien- und erbrechtliche Schuldverhältnisse. Grund für die Ausnahme ist das besondere Näheverhältnis zwischen den Vertragspartnern. Überdies unterliegen auch andere Schuldverhältnisse, bei denen ein besonderes Nähe- und Vertrauensverhältnis begründet wird, nach § 19 V AGG nicht dem Benachteiligungsverbot. Als Beispiel nennt § 19 V 2 AGG Mietverhältnisse, bei denen die Parteien oder ihre Angehörigen Wohnraum auf demselben Grundstück nutzen.

Sofern die Vorschrift des § 19 V 1 AGG auch für Benachteiligungen wegen der Merkmale Rasse/ethnische Herkunft und Geschlecht gelten soll, wird sie teilweise für richtlinienwidrig gehalten. Angesichts des Erwägungsgrundes 4 der AntirassismusRL und des Erwägungsgrundes 3 der GenderRL, nach denen „der Schutz der Privatsphäre und des Familienlebens sowie der in diesem Kontext getätigten Geschäfte gewahrt bleiben soll" und des Gemeinschaftsgrundrechts auf Schutz der Privatsphäre und des Familienlebens erscheint der Ausschlusstatbestand indes europarechtskonform (str.).

Beispiel **723**

Der Katholik K ist verärgert über den Glaubenswechsel seines ältesten Sohnes M zum Islam. Aufgrund dessen schließt er ihn aus seiner vorweggenommen Erbfolge aus. Ist das AGG anwendbar?

Die vorweggenommene Erbfolge sind Vermögensübertragungen unter Lebenden mit Rücksicht auf die künftige Erbfolge. Es handelt sich hierbei also um ein Schuldverhältnis. Jedoch ist dieses eine erbrechtliche Regelung, die nach § 19 IV AGG nicht dem Benachteiligungsverbot unterliegt. Dass der Erblasser noch nicht verstorben ist, spielt hierfür keine Rolle. Folglich unterliegt der Ausschluss des M aus der vorweggenommenen Erbfolge des K nach § 19 IV AGG nicht dem Benachteiligungsverbot.

▶ Ist die Rechtfertigung einer Benachteiligung hinsichtlich aller in § 1 genannten **724** Merkmale möglich?

Nein. Eine unmittelbare Benachteiligung aus Gründen der Rasse oder der ethnischen Herkunft ist stets unzulässig. § 20 AGG bietet insofern keine Rechtfertigungsmöglichkeit. Dieses absolute Benachteiligungsverbot entspricht den strengen Vorgaben der AntirassismusRL.

Eine mittelbare Benachteiligung liegt indes auch hinsichtlich des Merkmals Rasse/ethnische Herkunft nur im Falle der fehlenden sachlichen Rechtfertigung vor.

▶ Wann ist eine Benachteiligung gem. § 20 I AGG gerechtfertigt? **725**

Nach § 20 I AGG ist eine Verletzung des Benachteiligungsverbotes nicht gegeben, wenn für die unterschiedliche Behandlung ein sachlicher Grund vorliegt.

In § 20 I 2 Nr. 1–4 AGG sind einige mögliche – und praktisch bedeutsame – sachliche Gründe genannt. Unter bestimmten Umständen ist eine Ungleichbehandlung danach zulässig zur Gefahrvermeidung (Nr. 1), zum Schutz der Intimsphäre und der persönlichen Sicherheit (Nr. 2), zur Gewährung besonderer Vorteile (Nr. 3) oder hinsichtlich der Religion (Nr. 4). Hierbei handelt es sich um nicht abschließende Regelbeispiele, die zugleich einen Orientierungsmaßstab für weitere Fälle bieten.

Für die Rechtfertigung bedarf es einer Einzelfallbetrachtung nach Treu und Glauben. Obgleich § 20 I AGG – anders als § 3 II AGG – eine Verhältnismäßigkeitsprüfung nicht ausdrücklich verlangt, ist eine solche auch hier durchzuführen. Denn bereits nach den allgemeinen Regeln sind bei der Rechtfertigung durch einen sachlichen Grund auch die Erforderlichkeit sowie die Angemessenheit zu prüfen. Dies gebietet auch eine richtlinienkonforme Auslegung. Eine Ungleichbehandlung ist daher nur dann zulässig, wenn diese zur Erreichung des damit verfolgten Ziels angemessen und erforderlich ist. Rechtfertigende Wirkung kann insbesondere der Art des Schuldverhältnisses, konkreten Wünschen anderer Kunden eines Anbieters, Haftungsrisiken und überhaupt wirtschaftlichen Erwägungen zukommen.

726 ► Welche Besonderheit gilt hinsichtlich des Merkmals des Geschlechts?

Nach Art. 4 V der GenderRL müssen Güter und Dienstleistungen Frauen und Männern nicht in jedem Fall gleichermaßen angeboten werden, sofern dabei Angehörige eines Geschlechts nicht besser gestellt werden als die des anderen. Es kann also gerechtfertigt sein, Angebote geschlechtsspezifisch zu differenzieren, sofern diese Differenzierung auf sachlichen Kriterien beruht. So kann etwa eine nur Frauen zugängliche Sportveranstaltung zulässig sein.

727   Beispiel:

Freizeitparkbetreiber F schließt den körperlich behinderten A von der Teilnahme an Achterbahnfahrten aus. Zur Begründung verweist er auf ein erhöhtes Unfallrisiko. Krankenschwester K bietet an, den A auf der Fahrt zu begleiten. F lehnt das ab. Fällt dieses Verhalten unter das zivilrechtliche Benachteiligungsverbot?

In Betracht kommt ein Verstoß gegen das zivilrechtliche Benachteiligungsverbot des § 19 I AGG. Dazu müsste der F den A zunächst wegen eines in § 19 I AGG genannten Merkmals iSv. § 3 AGG benachteiligen. Der körperlich behinderte A ist behindert iSv. §§ 1, 19 I 1 AGG. Indem F den A von der Teilnahme an den Achterbahnfahrten ausschließt, erfährt A gerade wegen der Behinderung eine weniger günstige Behandlung als die nicht behinderten Gäste in dieser Situation erfahren. Folglich ist eine unmittelbare Benachteiligung wegen eines in § 19 I AGG genannten Merkmals zu bejahen.

Ferner müsste die Benachteiligung bei der Begründung, Durchführung oder Beendigung eines zivilrechtlichen Schuldverhältnisses iSv. § 19 I AGG erfolgen. Hier kann es sich um ein Massengeschäft iSv. § 19 I Nr. 1 Fall 1 AGG handeln. Nach der in dieser Vorschrift enthaltenen Legaldefinition ist ein Massengeschäft ein Schuldverhältnis, das typischerweise ohne Ansehen der Person in einer Vielzahl von Fällen zu gleichen Bedingungen zustande kommt. Ein solches liegt hier vor. Das Verhalten des F fällt somit unter das Benachteiligungsverbot des § 19 I AGG.

▶ Ist die Ungleichbehandlung im vorangegangenen Fall sachlich gerechtfertigt? **728**

Fraglich ist, ob die Ungleichbehandlung durch einen sachlichen Grund gem. § 20 AGG gerechtfertigt ist. Für einen körperlich behinderten Menschen begründet eine Achterbahnfahrt ein nicht unerhebliches Unfallrisiko. Durch den Ausschluss des A soll dieses Risiko vermieden werden. Er dient also der Vermeidung von Gefahren und damit einem sachlichen Grund iSv. § 20 I 2 Nr. 1 AGG. Problematisch ist, ob der Ausschluss auch verhältnismäßig ist. Er ist geeignet, das Unfallrisiko zu vermeiden. Da kein gleichwirksames Mittel ersichtlich ist, ist er auch erforderlich. Der Ausschluss des A könnte jedoch unangemessen sein. Dies wäre dann der Fall, wenn das erhöhte Unfallrisiko für behinderte Gäste durch ein dem F zumutbares Verhalten ausreichend reduziert werden könnte. Insofern ist das Angebot der Begleitung des A durch die K zu beachten. K kann dem A helfen, sich anzuschnallen und erscheint als ausgebildete Krankenschwester auch im Übrigen in der Lage zu sein, dass erhöhte Unfallrisiko weitestgehend auszuschalten. Der Ausschluss des A ist somit unangemessen und stellt damit eine unzulässige Benachteiligung iSv. § 19 I Nr. 1 Fall 1 AGG dar.

▶ Welche Ansprüche können dem Benachteiligten bei einem Verstoß gegen das **729**
  Benachteiligungsverbot zustehen?

Die möglichen Ansprüche ergeben sich aus § 21 AGG. Während § 21 I AGG einen verschuldensunabhängigen quasinegatorischen Beseitigungs- sowie Unterlassungsanspruch vorsieht, begründet § 21 II AGG einen verschuldensabhängigen Schadensersatz- und Entschädigungsanspruch.

▶ Welche Voraussetzungen hat der Beseitigungsanspruch aus § 21 I 1 AGG? **730**

Der Beseitigungsanspruch des § 21 I 1 AGG setzt zunächst einen objektiven Verstoß gegen das zivilrechtliche Benachteiligungsverbot voraus. Ein solcher liegt nicht vor, wenn eine Benachteiligung nach § 20 AGG zulässig ist. Die Benachteiligung muss bereits erfolgt sein.

Ähnlich wie bei § 1004 BGB ist ferner eine gegenwärtige Beeinträchtigung in Form eines gegenwärtig benachteiligenden Zustandes zu fordern. Der benachteiligende Zustand liegt dabei nicht allein in der ungünstigeren Behandlung des Benachteiligten, sondern vielmehr darin, dass diese gerade wegen des geschützten Merkmals erfolgt.

Der benachteiligende Zustand muss auch rechtswidrig sein. Wie bei § 1004 BGB ist die Rechtswidrigkeit indiziert, sobald ein Verstoß gegen das Benachteiligungsverbot vorliegt. Sie entfällt aber, wenn ein allgemeiner Rechtfertigungsgrund eingreift. Zu beachten ist indes, dass es im Falle des Vorliegens eines Rechtfertigungsgrundes des § 20 AGG schon an einem Verstoß gegen das Benachteiligungsverbot fehlt. Des Bewusstseins der Rechtswidrigkeit bedarf es nicht.

731 ▶ Welche Voraussetzungen hat der Unterlassungsanspruch aus § 21 I 2 AGG?

Voraussetzung für einen Unterlassungsanspruch nach § 21 I 2 AGG ist das Bestehen einer hinreichenden Wiederholungsgefahr oder – entgegen dem Gesetzeswortlaut des § 21 I 2 AGG („weitere Beeinträchtigungen") – Erstbegehungsgefahr.

Wiederholungsgefahr ist entsprechend den zu § 1004 I BGB entwickelten Grundsätzen dann gegeben, wenn ernsthaft zu befürchten steht, dass weitere Verstöße gegen das Benachteiligungsverbot erfolgen werden. Das Vorliegen einer Wiederholungsgefahr kann aufgrund eines vorangegangenen rechtswidrigen Verstoßes gegen das Benachteiligungsverbot vermutet werden.

Die vom Anspruchssteller darzulegende und zu beweisende Erstbegehungsgefahr liegt vor, wenn ernsthafte und greifbare tatsächliche Anhaltspunkte dafür vorhanden sind, der Anspruchsgegner werde sich in Zukunft in der näher bezeichneten Weise rechtswidrig verhalten.

732 ▶ Worauf ist der Beseitigungsanspruch aus § 21 I 1 AGG gerichtet?

Der Beseitigungsanspruch beinhaltet, dass die in der Benachteiligung liegende persönliche Herabwürdigung zu beheben ist.

Der Benachteiligende kann insbesondere verlangen, dass der Anbieter sich erneut mit seinem Anliegen befasst und darüber eine benachteiligungsfreie Entscheidung trifft.

Einen Anspruch auf die begehrte Gleichbehandlung hat der Benachteiligte dabei nur, wenn weiterhin eine Ungleichbehandlung wegen eines geschützten Merkmals vorliegt. Dies ist etwa dann nicht der Fall, wenn ein Diskothekenbetreiber jemandem unter alleinigem Hinweis auf seine ethnische Herkunft den Zutritt verweigert, der Interessent jedoch ohne Verstoß gegen das AGG unter Hinweis auf das fehlende Erreichen des zulässig festgelegten Mindesteintrittsalters abgewiesen werden könnte.

Umstritten ist, ob über den Beseitigungsanspruch ein Vertragsschluss erzwungen werden kann. § 21 AGG schweigt zu dieser Frage. Hieraus ist indes nicht ohne weiteres zu schließen, dass kein Kontrahierungszwang bestehen soll. So enthält § 21 AGG nämlich keine dem für das arbeitsrechtliche Benachteiligungsverbot geltenden § 15 VI AGG korrespondierende Regelung, die den Anspruch auf die Begründung eines Beschäftigungsverhältnisses ausschließt. Für einen Kontrahierungszwang wird vorgebracht, dass über einen Beseitigungsanspruch (ebenso wie im Wege des Schadensersatzes durch Naturalrestitution nach § 21 II AGG) ein solcher Zwang rein konstruktiv begründet werden könnte. Steht fest, dass der Benachteiligende einen Vertrag mit dem Interessenten geschlossen hätte, sei der Vertragsschluss als Ausgleich der Benachteiligung anzusehen. Zudem stelle der Kontrahierungszwang eine besonders effektive Sanktion dar.

Gegen die Annahme eines Kontrahierungszwanges spricht indes eine verfassungsorientierte Auslegung des § 21 AGG, stellt ein solcher doch einen schwerwiegenden Eingriff in die durch Art. 2 I GG geschützte Privatautonomie dar. Diese beinhaltet auch die negative Abschlussfreiheit, d. h. die Freiheit, einen Vertrag nicht abschließen zu müssen. Jener Grundsatz wird im geltenden Recht nur in seltenen Ausnahmefällen, in denen es um die Befriedigung von existenziellen Grundbedürfnissen der Marktteilnehmer geht, durchbrochen. Ein Kontrahierungszwang wäre daher nur dann anzunehmen, wenn es kein milderes Mittel gäbe, um die Benachteiligung effektiv zu sanktionieren. Ein derartiges Mittel besteht aber in Gestalt des Anspruchs auf Ersatz des immateriellen Schadens nach § 21 II 3 AGG. Die Geltendmachung dieses Entschädigungsanspruchs trifft den Benachteiligenden wirtschaftlich härter als ein Kontrahierungszwang, durch den sein Gewinninteresse gewahrt bliebe. Hinzu tritt, dass nur der Entschädigungsanspruch an der richtigen Stelle ansetzt – nämlich dort, wo das Anstößige am Verhalten des Benachteiligenden liegt: Es geht nicht um die Verweigerung des Vertragsschlusses als solchem, sondern um die in der Ungleichbehandlung liegende persönliche Herabwürdigung. Indem § 21 II 3 AGG Abstufungen hinsichtlich der Höhe des Anspruchs zulässt, ermöglicht er – anders als die pauschale Annahme eines Kontrahierungszwanges – zudem eine sachgerechte Beurteilung der Umstände des Einzelfalls. Schließlich sprechen rechtspraktische Argumente gegen die Annahme eines Kontrahierungszwanges: Der Nachweis, dass der Vertrag ohne das benachteiligende Verhalten zustandegekommen wäre, dürfte für den Benachteiligten mit erheblichen Schwierigkeiten verbunden sein. Und selbst wenn er ihm gelingt, ist kaum davon auszugehen, dass der dann erzwingbare Vertragsschluss die gewünschten stabilen Vertragsbeziehungen herbeiführen kann.

Folgt man dem, so begründet der Beseitigungsanspruch aus § 21 I 1 AGG keinen Kontrahierungszwang (dasselbe gilt dann für den Schadensersatzanspruch nach § 21 II 1 AGG).

▶ Welche Regeln gelten für die in § 21 II AGG vorgesehenen Ansprüche? **733**

§ 21 II 1 AGG sieht einen Anspruch auf Ersatz des materiellen Schaden vor. Der Anspruch setzt voraus, dass der Benachteiligende gegen das Benachteiligungsverbot verstoßen hat und, wie aus S. 2 hervorgeht, diesen Verstoß auch zu vertreten hat. Die Beweislast für das Vertretenmüssen liegt wie bei § 280 I 2 BGB beim Benachteiligenden. Die Höhe des Anspruchs richtet sich nach den §§ 249 ff. BGB.

Durch S. 3 wird ein immaterieller Schaden iSv. § 253 I BGB für ersatzfähig erklärt. Über die in § 253 II BGB genannten Rechtsgüter hinaus führt damit auch der Angriff auf den Achtungsanspruch des Benachteiligten zu einer Art Schmerzensgeldanspruch.

Nicht eindeutig aus § 21 II AGG abzulesen ist, ob der Entschädigungsanspruch verschuldensabhängig ist. Der vergleichbare arbeitsrechtliche Entschädigungsanspruch ist verschuldensunabhängig. Die Regelung des Vertretenmüssens in S. 2 legt nahe, dass sie sich allein auf den in S. 1 geregelten Schadensersatzanspruch bezieht. Eine solche Auslegung hätte indes zur Folge, dass an die Ersatzfähigkeit immaterieller Schäden geringere Anforderungen als an diejenige materieller Schäden zu stellen wären. Dafür ist kein sachlicher Grund ersichtlich, so dass auch der Entschädigungsanspruch Vertretenmüssen voraussetzt (str.).

Was die Höhe des Entschädigungsanspruches angeht, sind sowohl seine Genugtuungs- als auch seine Präventionsfunktion zu berücksichtigen. Anders als nach den von der Rspr. zur Verletzung des allgemeinen Persönlichkeitsrechts entwickelten Grundsätzen, nach denen nur schwerwiegende und anderweitig nicht auszugleichende Persönlichkeitsverletzungen ersatzfähig sind, entsteht ein Anspruch gem. § 21 II 3 AGG bereits bei weniger einschneidenden persönlichen Herabsetzungen. Eine uferlose Haftungsausweitung wie im Deliktsrecht steht beim regelmäßig (vor) vertragliche Beziehungen betreffenden Benachteiligungsverbot des AGG nämlich nicht zu befürchten.

734 ▸ Können neben § 21 I AGG weitere Ansprüche geltend gemacht werden?

Hinsichtlich des Verhältnisses der in § 21 AGG geregelten Ansprüche zu solchen aus allgemeinen zivilrechtlichen Vorschriften bestimmt § 21 III AGG, dass Ansprüche aus unerlaubter Handlung – also solche aus §§ 823 I, II, 826 BGB – unberührt bleiben. Zu beachten ist dabei, dass das Benachteiligungsverbot des § 19 AGG kein Schutzgesetz iSv. § 823 II BGB darstellt.

Über Abs. 3 hinaus sollen ausweislich der Gesetzesbegründung „die einschlägigen Bestimmungen des Bürgerlichen Rechts gelten", soweit § 21 AGG keine besonderen Vorschriften enthält. Danach können insbesondere Ansprüche aus § 280 BGB bzw. aus c.i.c. bestehen.

735 ▸ Was bedeutet die Regelung in § 21 IV AGG?

Nach § 21 IV AGG kann sich der Benachteiligende auf eine von dem Verbot abweichende Vereinbarung nicht berufen. Indem statt der Nichtigkeit der abweichenden Vereinbarung nur die fehlende Möglichkeit der Berufung auf diese bestimmt wird, soll § 139 BGB ausgeschlossen werden. Nicht durch Abs. 4 erfasst werden solche Vereinbarungen, durch die ein Benachteiligter auf einen bereits aufgrund der Benachteiligung entstandenen Anspruch verzichtet.

Der Existenz des § 21 IV AGG ist ferner zu entnehmen, dass das Benachteiligungsverbot des § 19 AGG nicht generell als Verbotsgesetz iSv. § 134 BGB zu qualifizieren ist. § 134 BGB tritt bei Rechtsgeschäften, die vom Benachteiligungsverbot des § 19 AGG abweichen, mithin hinter den spezielleren § 21 IV AGG zurück. Allerdings betrifft letzterer allein Vereinbarungen, nicht aber einseitige Rechtsgeschäfte. Diese sind daher im Falle des Verstoßes gegen das Benachteiligungsverbot gem. § 134 BGB nichtig. Zum Zuge kommt § 134 BGB auch bei Rechtsgeschäften mit Dritten, die auf eine Benachteiligung gerichtet sind. Es genügt insofern, dass das Geschäft mit dem Dritten auf einen Verbotsverstoß gerichtet ist.

736 ▸ Wann müssen die Ansprüche aus § 21 I, II AGG geltend gemacht werden?

Nach § 21 V AGG müssen die Ansprüche grundsätzlich innerhalb von zwei Monaten ab Entstehung des Anspruchs geltend gemacht werden. Eine schriftliche Geltendmachung ist nicht vorgeschrieben. Die Frist beginnt bereits mit dem Ende des
objektiven Verstoßes gegen das Benachteiligungsverbot zu laufen und nicht erst mit
der Kenntnis davon. Nach Ablauf der Frist kann der Benachteiligte den Anspruch
aus S. 2 nur geltend machen, wenn er ohne Verschulden an der Einhaltung der Frist
verhindert war. Dies ist etwa dann der Fall, wenn der Benachteiligte erst nach Fristablauf von den anspruchsbegründenden Tatsachen Kenntnis erlangt, ohne dass dies
von ihm zu vertreten ist. Um den Ausschluss des § 21 V AGG zu verhindern, muss
er den Anspruch in diesem Fall freilich unverzüglich geltend machen.

Für konkurrierende Ansprüche – insbesondere solche aus c.i.c. oder §§ 823 ff.
BGB – gilt die Frist des § 21 V AGG nicht.

▶ Sind die Vorschriften des AGG abdingbar?   **737**

Nach § 31 AGG kann von den Vorschriften des AGG nicht zuungunsten der geschützten Person abgewichen werden. Die Unabdingbarkeit erfasst alle Vorschriften des AGG und damit sowohl die Voraussetzungen einer unzulässigen Benachteiligung, die Rechtfertigungsgründe für eine unmittelbare Benachteiligung und die
Anforderungen an einen sachlichen Grund für eine mittelbare Benachteiligung nach
§ 3 II AGG als auch die Rechtsfolgen.

C. Schutz vor Ungleichbehandlung im Privatversicherungsrecht

▶ Wo ist das Benachteiligungsverbot im Privatversicherungsrecht geregelt und wieso   **738**
ist es (in der Regel) nicht von § 19 I Nr. 1 AGG erfasst?

Nach § 19 I Nr. 2 AGG dürfen Schuldverhältnisse, die privatrechtliche Versicherungen zum Gegenstand haben, nicht gegen das Benachteiligungsverbot verstoßen.
§ 19 I Nr. 1 Fall 1 AGG erfasst nur solche Versicherungen, bei denen aufgrund
ihres Versicherungsgegenstands auf eine individuelle Risikoprüfung verzichtet wird
(z. B. Reiserücktrittskostenversicherungen). Auch in diesem Fall ist § 19 I Nr. 2
AGG als lex specialis vorrangig. In der Regel findet bei privaten Versicherungen
eine Risikoprüfung statt. Es kommt somit in aller Regel gerade auf das Ansehen der
Person an, so dass kein Massengeschäft oder gleich gestelltes Geschäft vorliegt.

Dennoch unterwirft der Gesetzgeber derartige Versicherungen mit Risikoprüfung denselben Regeln wie den Massengeschäften. Das ist insofern bemerkenswert,
als die Privatversicherung – anders als die Sozialversicherung – auf Differenzierung geradezu angelegt ist. Das Prinzip risikoadäquater Prämienkalkulation ist hier
von fundamentaler Bedeutung. Die Anwendung des allgemeinen zivilrechtlichen
Benachteiligungsverbots auf private Versicherungsverträge dient daher, wie auch
die Gesetzesbegründung anerkennt, allein dem Schutz des Betroffenen vor Willkür,
während die Differenzierung nach dem individuellen Risiko gerade nicht unterbunden werden soll.

Freilich hatte der Gesetzgeber hinsichtlich der Merkmale Rasse/ethnische Herkunft sowie Geschlecht europarechtliche Vorgaben zu beachten.

739 ▶ Welche Besonderheiten gelten für die Rechtfertigung von Ungleichbehandlungen in privatrechtlichen Versicherungsverträgen?

Hinsichtlich der Rechtfertigung von Ungleichbehandlungen, die im Zusammenhang mit privatrechtlichen Versicherungsverträgen stehen, enthält § 20 II AGG besondere Rechtfertigungsmöglichkeiten.

Während § 20 II 1 AGG sich auf geschlechtsbezogene Ungleichbehandlungen bezieht, geht es in § 20 II 2 AGG um die Rechtfertigungsmöglichkeit von Ungleichbehandlungen wegen der Merkmale Religion, Behinderung, Alter und sexuelle Identität. Dabei ist zu beachten, dass der EuGH Art. 5 II der GenderRL, dessen Formulierung § 20 II 1 AGG a. F. aufgenommen hatte, in seinem Urteil in der Rechtssache Test-Achats für europarechtswidrig erklärt hat. Seit dem 21.12.2012 sind daher Ungleichbehandlungen aufgrund des Geschlechts demnach in Neuverträgen nicht mehr zu rechtfertigen (vgl. Frage 726). Die Lage ist mithin seit diesem Zeitpunkt ebenso wie hinsichtlich Ungleichbehandlungen aufgrund von Rasse oder ethnischer Herkunft.

Was die mittelbare Benachteiligung anbelangt, ist davon auszugehen, dass auch im Versicherungsbereich bereits ihr tatbestandliches Vorliegen das Fehlen einer sachlichen Rechtfertigung voraussetzt.

740 ▶ Warum dürfen Kosten im Zusammenhang mit Schwangerschaft und Mutterschaft nicht zu unterschiedlichen Prämien und Leistungen führen?

Nach § 20 II 1 AGG dürfen Kosten für Schwangerschaft und Mutterschaft auf keinen Fall zu unterschiedlichen Prämien oder Leistungen führen. Zur Rechtfertigung einer unterschiedlichen Behandlung aufgrund des Geschlechts muss der Versicherer daher nachweisen, dass die verwendeten Daten unabhängig von den Kosten von Schwangerschaft und Mutterschaft ermittelt worden sind. Die fehlende Rechtfertigungsmöglichkeit bezweckt es, die Verantwortung für die Fortpflanzung als gesellschaftliches Anliegen auf die Versichertengemeinschaft insgesamt zu verteilen und die Kosten gleichmäßig auf Männer und Frauen umzulegen.

Im Zusammenhang mit einer Schwangerschaft stehen Kosten dann, wenn die Schwangerschaft zumindest mitursächlich für ihre Entstehung gewesen ist. Der Begriff der Mutterschaft ist eng auszulegen: Es geht um die biologisch begründete Schwäche und Schutzbedürftigkeit der Mutter nach der Geburt. Der Schutz alleinerziehender Mütter im alltäglichen Leben hingegen ist nicht erfasst. Für ein solches Verständnis sprechen der fehlende korrespondierende Schutz der Vaterschaft sowie der systematische Zusammenhang mit dem Begriff der Schwangerschaft.

§ 20 II 1 AGG (§ 20 II 2 AGG a. F.) war ursprünglich als eine Rückausnahme von § 20 II 1 AGG a. F. vorgesehen. Nachdem die in jener Regel früher enthaltene Rechtfertigungsmöglichkeit für geschlechtsbezogene Ungleichbehandlungen aufgrund des Test-Achats-Urteils entfallen ist (vgl. § 33 V AGG), hat § 20 II 1 AGG in der jetzigen Fassung nur mehr klarstellende Funktion.

► Wann ist eine Benachteiligung aufgrund von Religion, Behinderung, Alter oder   **741**
sexueller Identität in Versicherungsverträgen gerechtfertigt?

Dies ist nach § 20 II 2 AGG der Fall, wenn die Ungleichbehandlung auf anerkannten
Prinzipien risikoadäquater Kalkulation beruht. Unklar ist jedoch, wann ein solches
Prinzip als „anerkannt" gelten kann. Für die Prinzipien risikoadäquater Kalkulation
gibt es kein formelles Anerkennungsverfahren, so dass insoweit ein gewisser Be-
urteilungsspielraum besteht.

Examensfälle

17

A. Fall 1

(vgl. BGHZ 137, 205 ff. = NJW 1998, 976 f. und BGHZ 67, 271 ff.).

Sachverhalt V will seinen Campingbus verkaufen. Er setzt eine Anzeige unter Angabe „Verhandlungsbasis 30.000 €" in die Zeitung. Es meldet sich K, mit dem ein Besichtigungstermin vereinbart wird. Die Preisvorstellungen sind sehr unterschiedlich. K will sich die Sache noch einmal überlegen. Mit Schreiben von Samstag, dem 26.8., bietet er dann doch 20.000 €, wobei er vierzehn Tage an das Angebot gebunden sein will. Das Schreiben erreicht V am 28.8. V schickt am Montag, dem 4.9. seine Zustimmung per Einschreiben an K. Als der Postbote das Einschreiben am 6.9. zustellen will, trifft er K nicht an. Er hinterlässt V deshalb eine schriftliche Mitteilung darüber, dass ein eingeschriebener Brief (dessen Absender nicht genannt wird) bei einer näher bezeichneten Postfiliale niedergelegt ist. K holt die Postsendung nicht ab, weil er keine Zeit hat, extra zur Post zu fahren. Am Donnerstag, dem 14.9. geht das Einschreiben mit dem Vermerk „Empfänger benachrichtigt, da nicht abgefordert nach Ablauf der Lagerfrist zurück" wieder an V zurück. V ruft sofort bei K an und beharrt darauf, das Angebot rechtzeitig angenommen zu haben. Er verlangt Zahlung des Kaufpreises Zug um Zug gegen Übergabe des Campingbusses. Zu Recht?

Lösung *Anspruch des V gegen K auf Zahlung des Kaufpreises Zug um Zug gegen Übergabe des Campingbusses aus Kaufvertrag (vgl. § 433 I 1 BGB).*
    V hat gegen K einen Anspruch auf Zahlung des Kaufpreises iHv. 20.000 € Zug um Zug gegen Übergabe des Busses, wenn zwischen V und K ein wirksamer Kaufvertrag zustande gekommen ist.

C. Armbrüster, *Examinatorium BGB AT,* Springer-Lehrbuch,
DOI 10.1007/978-3-642-45123-2_17, © Springer-Verlag Berlin Heidelberg 2015

I. Angebot

Mit der Anzeige in der Zeitung wollte sich V, auch wenn sie mit der Angabe des Kaufgegenstands und eines Preises, zu dem er verkaufen würde, die essentialia negotii enthielt, erkennbar noch nicht verpflichten, an jeden, der sich mit diesem Betrag einverstanden erklärt, zu leisten. Es handelte sich deshalb nur um eine Aufforderung zur Abgabe von Angeboten (invitatio ad offerendum). Auch während des Besichtigungstermins wurde kein verbindliches Angebot gemacht. K hat jedoch mit Schreiben vom 28.8. ein Angebot zum Abschluss eines Vertrages abgegeben.

II. Annahme

V muss dieses Angebot angenommen haben. Das Schreiben vom 4.9. erfüllt den Tatbestand einer Annahmerklärung. Fraglich ist aber, ob K die Annahme innerhalb der gesetzten Annahmefrist zugegangen ist, § 130 I 1 BGB.

1. Zugang

Eine Willenserklärung ist zugegangen, wenn sie so in den Machtbereich des Adressaten gelangt ist, dass bei Annahme gewöhnlicher Verhältnisse mit der Kenntnisnahme durch ihn zu rechnen ist.

Das Schreiben des V selbst hat K nie erreicht. Jedoch hat der Postbote einen Benachrichtigungsschein in K's Briefkasten hinterlassen. Ob und, wenn ja, unter welchen Voraussetzungen dies für einen Zugang ausreicht, ist streitig. Nach einer Ansicht tritt der Zugang bereits mit der Hinterlassung des Benachrichtigungsscheins ein. Hiergegen ist jedoch einzuwenden, dass die Erklärung selbst noch nicht in den Herrschaftsbereich des Empfängers gelangt ist. Für den Empfänger besteht daher noch nicht die für den Zugang einer Erklärung notwendige Möglichkeit der Kenntnisnahme von der Erklärung selbst.

Eine andere Ansicht knüpft ebenfalls an die Hinterlassung des Benachrichtigungszettels an. Der Zugang soll danach aber – soweit der Empfänger nicht bereits vorher das Schreiben abgeholt hat – erst in dem Zeitpunkt erfolgen, in dem unter normalen Umständen mit der Abholung des Einschreibens durch den Empfänger zu rechnen ist (idR. am nächsten Werktag). Die Abholung liege nämlich grds. in der Hand des Empfängers. Dagegen spricht aber, dass in diesem Fall nur eine Nachricht über die Existenz einer nicht näher bezeichneten Erklärung, nicht aber diese Erklärung selbst in den Machtbereich des Empfängers gelangt ist. Die Postfiliale ist – mangels unbeschränkter Zugriffsmöglichkeit des Empfängers – nicht der Machtbereich des Empfängers. Die Zugangswirkungen lassen sich aber nur rechtfertigen, wenn der Empfänger den Inhalt der Willenserklärung selbst in seinem Machtbereich zur Kenntnis nehmen kann. Daher muss das Einschreiben selbst in den Machtbereich des Empfängers gelangt sein. Bis dahin hat der Erklärende die Übermittlungsrisiken zu tragen. Bei Wahl der Übermittlung durch Übergabeeinschreiben gehört hierzu auch eine evtl. Verzögerung bei der Abholung durch den Empfänger, die der Erklärende, will er die Beweisvorteile des Einschreibens genießen, ebenfalls gegen sich gelten lassen muss. Außerdem sagt der Benachrichtigungsschein nichts über die Identität des Absenders und den Bezugspunkt des Einschreibens aus.

Die Rspr. und überwiegende Meinung in der Literatur gehen daher zu Recht davon aus, dass die Erklärung erst in dem Zeitpunkt zugegangen ist, in dem das Einschreiben tatsächlich abgeholt wird.

K hat das Einschreiben nicht abgeholt. Die Annahme des V ist K daher nicht zugegangen.

2. Zugangsfiktion gem. § 242 BGB

In Betracht kommt aber, dass K sich nach Treu und Glauben (§ 242 BGB) so behandeln lassen muss, als ob ihm die Annahme zugegangen wäre. Die Rspr. verlangt von demjenigen, der aufgrund bestehender oder angebahnter vertraglicher Beziehungen mit dem Zugang rechtserheblicher Erklärungen zu rechnen hat, dass er geeignete Vorkehrungen trifft, damit ihn derartige Erklärungen auch erreichen. Andernfalls handelt er sorgfaltspflichtwidrig.

Die Rechtsfolge dieses Sorgfaltsverstoßes ist jedoch nicht automatisch ein fingierter Zugang, sondern hängt von Verhalten und Schutzbedürftigkeit sowohl des Erklärenden als auch des Erklärungsempfängers ab. Hat der Empfänger (K) nur fahrlässig gehandelt, so ist auch er schutzbedürftig. Er muss es wissen, wenn er an eine neue Rechtslage, z. B. durch einen Vertragsschluss oder auch eine Kündigung, gebunden ist. Der Erklärende (V) muss deshalb nach Treu und Glauben alles Erforderliche und ihm Zumutbare tun, damit seine Erklärung den Adressaten erreichen kann. Dazu gehört idR., dass er nach Kenntnis von dem nicht erfolgten Zugang unverzüglich einen erneuten Zustellungsversuch unternimmt. In diesem Fall muss sich der Empfänger nach Treu und Glauben so behandeln lassen, als wäre schon das erste Schreiben zugegangen. Die erneute Zustellung wirkt also auf den Zeitpunkt der ersten, missglückten Zustellung zurück (dazu sogleich noch). Der Empfänger kann sich nicht auf deren evtl. Verspätung berufen.

Ein zweiter Zustellungsversuch des Erklärenden ist allerdings dann nicht erforderlich, wenn der Empfänger die Annahme einer an ihn gerichteten schriftlichen Mitteilung grundlos verweigert oder wenn er den Zugang der Erklärung arglistig vereitelt, weil der Empfänger dann nicht schutzwürdig ist. Auch in diesem Fall wird dem Empfänger eine Berufung auf den fehlenden Zugang der Erklärung oder ihre Verspätung als rechtsmissbräuchlich verweigert, ohne dass es eines erneuten Zustellungsversuchs bedürfte.

Die Nichtabholung des Einschreibens war insbesondere angesichts der laufenden Annahmefrist sorgfaltspflichtwidrig. K hat aber weder die Annahme des Einschreibebriefes verweigert, noch rechtfertigt sein Verhalten den Vorwurf der Arglist. Er musste nicht damit rechnen, dass der Einschreibebrief die Annahme seines Kaufangebotes enthielt, weil im Benachrichtigungszettel keine Angaben über den Absender vermerkt waren. K musste deshalb die Einschreibesendung nicht notwendig mit seinem Kaufangebot in Verbindung bringen. Es liegt also nur eine fahrlässige Zugangsvereitelung vor.

Deshalb bedurfte es unverzüglich eines erneuten Zustellungsversuchs durch V, damit sich K gem. § 242 BGB nicht auf den fehlenden Zugang berufen kann.

V hat K das Einschreiben zwar nicht erneut zugeschickt, er hat ihm jedoch schnellstmöglich telefonisch die Annahme mitgeteilt. Bei einer Erklärung am Telefon handelt es sich um eine mündliche Erklärung unter Anwesenden, so dass sie nach der herrschenden eingeschränkten Vernehmungstheorie dann zugegangen ist, wenn der Erklärende vernünftigerweise nicht daran zweifeln durfte, dass seine Erklärung vom Empfänger richtig und vollständig verstanden wurde. Die Annahme ist K also während des Telefonats am 14.9. zugegangen.

K kann sich daher nicht darauf berufen, dass die Erklärung ihm nicht zugegangen sei.

3. Rechtzeitigkeit der Annahme

Durch die Annahme ist nur dann ein Vertrag zustande gekommen, wenn das Angebot bei Zugang noch annahmefähig war. Dazu muss die Annahme dem K innerhalb der von ihm gem. § 148 BGB gesetzten Annahmefrist von vierzehn Tagen zugegangen sein; andernfalls ist das Angebot nach § 146 Fall 2 BGB erloschen.

a) Fristbeginn

Soweit sich aus dem Parteiwillen nichts anderes ergibt, richtet sich der Fristbeginn nach § 188 BGB. Maßgebend für den Fristbeginn ist hier der Antrag des K, in dem die Frist bestimmt wird. Aufgrund des Interesses des K an genauer Kenntnis des Fristablaufs und weil K wegen unsicherer Postlaufzeiten den Zugang seines Angebots bei V nicht präzise berechnen kann, ist die Fristbestimmung so auszulegen, dass die Frist mit der Abgabe des Angebots beginnt und nicht erst mit dem Zugang bei V. Die Abgabe des Angebots ist ein Ereignis, so dass gem. § 188 I BGB der Tag des Ereignisses bei der Berechnung des Fristbeginns nicht mitzählt. Fristbeginn ist danach, weil K das Angebot am 26.8. abgegeben hat, der 27.8. (0.00 Uhr). Dass dies ein Sonntag ist, ist unschädlich; die Feiertagsregelung des § 193 BGB gilt nur für das Fristende.

b) Fristende

Gem. § 188 I BGB endet eine nach Tagen bestimmte Frist mit Ablauf des letzten Tags der Frist. Demnach müsste die Frist am 9.9. um 24.00 Uhr enden. Dies ist jedoch ein Samstag. Gem. § 193 BGB endet die Frist deshalb erst am nächsten Werktag, also am Montag, dem 11.9. um 24.00 Uhr.

c) Einhaltung der Frist

Fraglich ist, ob diese Frist eingehalten wurde. Zugegangen ist die Annahme mündlich am 14.9., also erst nach Fristablauf. Zu diesem Zeitpunkt war das Angebot des K aber bereits nach §§ 146, 148 BGB erloschen, eine Annahme also grds. nicht mehr möglich. Etwas anderes ergibt sich aber aus der fahrlässigen Zugangsvereitelung durch K. Nach Treu und Glauben kann sich der Empfänger nicht auf die durch die Zugangsvereitelung verursachte Verspätung berufen. Daher wirkt die zweite Zustellung auf den Zeitpunkt zurück, in dem K die erste Annahmeerklärung unter gewöhnlichen Umständen, also bei sorgfaltsgemäßem Verhalten, zugegangen wäre. Geht man davon aus, dass Einschreiben üblicherweise am folgenden, spätestens aber am dritten Werktag abgeholt werden, und die Postfiliale auch am Samstag für die Abholung von Einschreiben geöffnet ist, wäre die Annahme des V normalerweise spätestens am Samstag, dem 9.9. zugegangen. Die Annahme wirkt daher auf den 9.9. zurück. Damit ist die Annahmefrist eingehalten.

d) Ergebnis

Das Angebot des K wurde durch V rechtzeitig angenommen. Ein Vertrag ist zwischen beiden zustande gekommen. V kann daher von K Zahlung des Kaufpreises Zug um Zug gegen Übergabe des Campingbusses aus Kaufvertrag verlangen.

(Hinweis: Ist etwa mangels zweiten Zustellungsversuchs keine rechtzeitige Annahme gegeben, ist bei Verschulden des K an einen Schadensersatzanspruch aus c.i.c., §§ 280 I, 311 II, 241 II BGB zu denken. Nach § 249 I BGB könnte V verlangen, so gestellt zu werden, wie er ohne die Pflichtverletzung stünde. Dann hätte K das Einschreiben rechtzeitig abgeholt; ein Vertrag wäre zustande gekommen und K hätte einen Kaufpreisanspruch. Dadurch würde aber die oben beschriebene Interessenabwägung umgangen, weshalb ein Ersatz des positiven Interesses nach überwiegender Ansicht nicht über c.i.c. erreicht werden kann.)

B. Fall 2

(vgl. BGHZ 127, 168 ff. = NJW 1994, 3346 f.; *Armbrüster*, JA 1998, 937, 942).

Sachverhalt A will sein Grundstück veräußern. Hiervon erfährt N, der das Grundstück gerne selbst erwerben möchte. Da N weiß, dass A aus persönlichen Gründen unter keinen Umständen an ihn verkaufen würde, bittet er seinen Bekannten S, das Grundstück als Strohmann im eigenen Namen zu erwerben. Anschließend soll S das Grundstück an N übertragen. Die erforderlichen Geldmittel will N rechtzeitig zur Verfügung stellen. S ist einverstanden.

A und S vereinbaren im notariell beurkundeten Kaufvertrag einen Kaufpreis von 200.000 €. Nachdem N diesen Betrag auf ein Konto des S überwiesen hat, zahlt S das Geld an A aus. Das Grundstück wird aufgelassen und S im Grundbuch als Eigentümer eingetragen. Als S feststellt, dass es sich um ein äußerst günstiges Geschäft gehandelt hat, will er das Grundstück behalten und N das verauslagte Geld zurückzahlen.

Welche Ansprüche hat N gegen S?

Lösung *Anspruch des N gegen S auf Herausgabe des Grundstücks aus § 667 Fall 2 BGB.*

N kann gegen S einen Anspruch auf Herausgabe des Grundstücks aus § 667 Fall 2 haben.

1. Dies setzt einen wirksamen Auftrag iSv. § 662 BGB voraus.

    a) N und S haben sich darüber geeinigt, dass S das Grundstück als Strohmann des N erwerben soll. Der Rechtsbindungswille ist, auch wenn kein Entgelt vereinbart wurde, auf Grund der wirtschaftlichen Bedeutung und des erkennbaren besonderen Interesses des N an der ordnungsgemäßen Durchführung des Geschäfts anzunehmen. Damit ist ein Auftrag zustande gekommen.

b) Der Auftrag könnte aber formwidrig und daher gem. § 125 S. 1 BGB unwirksam sein.

aa) Als gesetzliches Formerfordernis kommt hier § 311b I 1 BGB in Betracht. Voraussetzung ist, dass sich aus dem Auftragsverhältnis zwischen N und S eine Erwerbs- oder Übertragungspflicht eines Teils hinsichtlich des Grundstücks ergibt. Hier ist zwischen den verschiedenen Erwerbsvorgängen und den jeweiligen vertraglichen Pflichten zu differenzieren.

(1) Erwerbspflicht des S

Formbedürftig ist der Auftrag, wenn S sich durch ihn verpflichtet hat, das Grundstück des A zu erwerben. Zwar kann der Beauftragte gem. § 671 I BGB jederzeit kündigen. Jedoch erfasst § 311b I 1 BGB auch bedingte Erwerbsverpflichtungen, denen der hier zu beurteilende Fall sehr nahe kommt. Zudem kann die Kündigung eine existierende Erwerbspflicht lediglich mit Wirkung ex nunc beseitigen. Die sich aus dem Auftrag ergebende Erwerbspflicht des A stellt daher eine solche iSv. § 311b I 1 BGB dar. Damit bedurfte der Auftrag der notariellen Beurkundung, die hier unterblieben ist. Allerdings wurde dieser Mangel der Form gem. § 311b I 2 BGB durch Auflassung und Eintragung des S als Eigentümer in das Grundbuch geheilt.

(2) Übertragungspflicht des S

Die Formbedürftigkeit des Auftrags kann aber auch daraus resultieren, dass sich S als Beauftragter verpflichtet hat, das erworbene Grundstück an N zu übertragen. Der BGH lehnt dies mit dem Hinweis darauf ab, dass die Übertragungspflicht nicht aus dem Vertrag, sondern aus § 667 BGB und damit aus dem Gesetz folge. Auf gesetzliche Übertragungspflichten sei § 311b I 1 BGB aber nicht anwendbar. Diese Argumentation übersieht jedoch, dass § 667 BGB als Teil des dispositiven Rechts lediglich den mutmaßlichen Willen der Parteien konkretisiert. Werden diese Regeln nicht abbedungen, kann daher für sie nichts anderes gelten als für ausdrücklich oder stillschweigend vereinbarte Vertragsbestimmungen gleichen Inhalts. Damit begründet der Auftrag eine Veräußerungspflicht des S iSv. § 311b I 1 BGB.

Allerdings kann sich aus einer teleologischen Reduktion des § 311b I 1 BGB ergeben, dass der Auftrag unter dem Gesichtspunkt dieser Veräußerungsverpflichtung nicht formbedürftig ist. Sinn und Zweck jener Vorschrift ist es, denjenigen einer sachgerechten Beratung zuzuführen und vor Übereilung zu schützen, der das Eigentum an seinem Grundstück auf einen anderen übertragen will. Die Rechtfertigung dieses Schutzes ergibt sich daraus, dass es sich bei Grundstücken um einen besonders soliden Vermögenswert handelt, der sich gegenüber Mobilien dadurch auszeichnet, dass ein Untergang in aller Regel ausgeschlossen ist. Über eine solch stabile Position des eigenen Vermögens soll der Eigentümer nicht formlos verfügen. § 311b I 1 BGB soll daher lediglich denjenigen schützen, der auch wirtschaftlich Eigentümer des Grundstücks ist. Wer dagegen – wie S – lediglich als „Durchgangsstelle" hinsichtlich des Grundstücks fungiert, ist nicht auf den Schutz angewiesen:

Er begibt sich durch die Übertragung keiner besonderen Vermögensposition; ihm stand das Grundstück bei wirtschaftlicher Betrachtungsweise von vornherein nicht zu. Die Formbedürftigkeit nach § 311b I 1 BGB ergibt sich mithin auch nicht aus der vertraglich begründeten Veräußerungsverpflichtung des S.

(3) Erwerbspflicht des N

Die Formbedürftigkeit des Auftrags kann sich allerdings aus einer Erwerbsverpflichtung des N ergeben. N und S haben zwar nicht ausdrücklich vereinbart, dass N das Grundstück erwerben muss; geregelt wurde nur die Übertragungspflicht des S. Allerdings war S erkennbar daran gelegen, dass ihm N das Grundstück auch abnimmt, nachdem er es erworben hat: S sollte ja nur als Durchgangsstation fungieren und nicht dauerhaft die Mühen und Belastungen auf sich nehmen, die mit dem Eigentum an einem Grundstück (auch) verbunden sein können. Daher ist von einer Erwerbspflicht des N auszugehen. Der Auftrag bedurfte somit der Form des § 311b I 1 BGB. Diese Form ist nicht eingehalten. Auch eine Heilung nach § 311b I 2 BGB ist nicht eingetreten, da das Grundstück nicht an N aufgelassen und N als Eigentümer ins Grundbuch eingetragen wurde.

bb) Der Auftrag ist damit gem. § 125 S. 1 BGB nichtig, wenn die Berufung auf den Formmangel nicht ausnahmsweise nach § 242 BGB ausgeschlossen ist. Grds. beanspruchen die Formgebote im Interesse der Rechtssicherheit unbedingte Geltung, unabhängig davon, ob ihr Zweck im Einzelfall bedeutsam ist oder nicht. Nur in besonders gelagerten Ausnahmefällen kann es daher gem. § 242 BGB treuwidrig sein, sich auf den Formmangel zu berufen. Das kommt dann in Betracht, wenn sich der eine Teil auf eine ausschließlich dem Schutz des anderen Teils dienende Formvorschrift beruft. Darum geht es hier: Folgt die Formbedürftigkeit des Auftrags – wie hier – ausschließlich aus der Erwerbspflicht des Auftraggebers, kann ihr Zweck auch nur darin gesehen werden, allein den Auftraggeber vor einem übereilten Entschluss zu bewahren. Beruft sich daher der von diesem Schutzzweck nicht erfasste Beauftragte auf die Missachtung der Form, so ist dies treuwidrig iSv. § 242 BGB. Das muss zumindest dann gelten, wenn – wie hier – der Beauftragte das Grundstück mit Mitteln des Auftraggebers erworben hat. Folglich kann sich S auf den Formmangel gem. § 242 BGB nicht berufen. Die Voraussetzungen des § 667 BGB liegen damit vor.

cc) Der Auftrag ist daher wirksam.

2. Gem. § 667 BGB hat der Beauftragte das aus der Ausführung des Auftrags Erlangte an den Auftraggeber herauszugeben. S hat Eigentum an dem Grundstück erlangt. Die in die Auflassung eingegangenen Erklärungen von S und A sind, da beide Parteien (insbesondere auch S) die Übertragung des Grundstücks tatsächlich wollten, wenn auch der Eigentumserwerb auf Seiten des S nur vorübergehend sein sollte, auch nicht nach § 117 I oder § 118 BGB unwirksam.

3. Ergebnis: N hat also gegen S einen Anspruch auf Übereignung des Grundstücks aus § 667 BGB.

C. Fall 3

(vgl. BGH NJW 2002, 2325 ff.; NJW 2005, 2985 ff.; ZIP 2009, 559 ff.; alle zu Art. 1
§ 1 I RBerG).

Sachverhalt A möchte im Rahmen eines Bauträgermodells eine Eigentumswohnung
erwerben. Die B-Bauträger-AG – jeweils vertreten durch eigene bevollmächtigte
Angestellte – schließt mit A einen notariell beglaubigten Geschäftsbesorgungsvertrag. Darin erteilt A der B-AG eine Vollmacht zur Vornahme aller Rechtsgeschäfte,
Rechtshandlungen und Maßnahmen, die für den Erwerb des Eigentums an der Wohnung erforderlich und zweckdienlich erscheinen. Die Vollmacht umfasst auch den
Abschluss des Kaufvertrags und von Darlehensverträgen zur Finanzierung. Unter
Vorlage einer Kopie des Geschäftsbesorgungsvertrages sowie einer ebenfalls von A
unterzeichneten Selbstauskunft zur Erlangung eines Kredits und einer Einzugsermächtigung nimmt die B-AG im Namen des A ein Darlehen in Höhe von 300.000 €
bei der C-Bank auf. Das Darlehen wird an A ausgezahlt. Dieser tilgt das Darlehen
zunächst vereinbarungsgemäß. Ist der Darlehensvertrag wirksam?

Auszug aus dem Rechtsdienstleistungsgesetz (RDG; vgl. bis 30.6.2008 Art. 1
§ 1 I RBerG):

§ 3 Befugnis zur Erbringung außergerichtlicher Rechtsdienstleistungen.

Die selbstständige Erbringung außergerichtlicher Rechtsdienstleistungen ist nur
in dem Umfang zulässig, in dem sie durch dieses Gesetz oder durch oder aufgrund
anderer Gesetze erlaubt wird.

Lösung Wirksamkeit des Darlehensvertrages (§ 488 I BGB) zwischen A und B.

I. Zustandekommen

Der Darlehensvertrag (§ 488 I BGB) ist durch zwei übereinstimmende Willenserklärungen der B-AG im Namen des A einerseits und der C andererseits zustande
gekommen.

II. Wirksamkeit

Fraglich ist, ob dieser auch wirksam ist.

1.   Unwirksamkeit des Darlehensvertrags nach § 177 I BGB
Gem. § 164 I BGB müsste die B-AG mit Vertretungsmacht gehandelt haben. Andernfalls ist der Vertrag nach § 177 I BGB (schwebend) unwirksam.

a) Vollmachtserteilung
A hat der B eine Vollmacht erteilt (§ 167 I BGB). Problematisch ist jedoch, ob die
Vollmachtserteilung wirksam ist.

aa) Unwirksamkeit der Vollmacht nach §§ 125 S. 1, 311 b I 1 BGB

Die im Geschäftsbesorgungsvertrag erteilte Vollmacht wurde nur notariell beglaubigt. Der abzuschließende Grundstückskaufvertrag bedarf nach § 311 b I 1 BGB der notariellen Beurkundung. Für die Vollmachtserteilung ist aber nach § 167 II BGB grds. nicht die für das Rechtsgeschäft bestimmte Form einzuhalten; etwas anderes gilt nur dann, wenn eine unwiderrufliche Vollmacht erteilt wird oder bereits eine faktische Bindung besteht. Das war hier nicht der Fall. Eine Formnichtigkeit entfällt somit.

bb) Unwirksamkeit der Vollmacht nach § 3 RDG, §§ 134, 139 BGB

Die Vollmacht kann nach § 3 RDG iVm. § 134 BGB nichtig sein.

(1) Verbotsgesetz

Dies setzt voraus, dass es sich bei § 3 RDG um ein Verbotsgesetz handelt. Verbotsgesetze sind Gesetze, die sich gegen die Vornahme eines Rechtsgeschäfts richten. Nach dem RDG sollen nur solche Personen zum Abschluss eines Rechtsberatungsvertrags berechtigt sein, die über eine entsprechende Erlaubnis verfügen. Anderen soll der Abschluss dieser Verträge untersagt sein. Daher ist § 3 RDG ein Verbotsgesetz iSv. § 134.

(2) Verstoß

Ein Verstoß setzt voraus, dass es sich bei der Tätigkeit der B-AG für A um die Besorgung fremder Rechtsangelegenheiten handelte. Die B-AG sollte A nicht nur wirtschaftlich beraten. Die Vollmacht bezog sich vielmehr auf ein ganzes Bündel von Verträgen, die B für A abschließen sollte. Dabei ging es nicht nur um ganz einfache Hilfsgeschäfte. Vielmehr sollte A umfassende Hilfestellung bei der Gestaltung eines Teilbereichs seiner Rechtsverhältnisse erhalten. B schuldete daher auch eine umfassende rechtliche Betreuung. Bei einer solchen Tätigkeit handelt es sich um die selbstständige Erbringung außergerichtlicher Rechtsdienstleistungen iSv. § 3 RDG.

Allerdings ist ein Rechtsgeschäft grds. nur dann gem. § 134 BGB nichtig, wenn beide Parteien gegen das Verbotsgesetz verstoßen, weil dem sich rechtmäßig verhaltenden Vertragspartner nicht die vertraglichen Ansprüche genommen werden sollen. Bei der Vollmachtserteilung handelt es sich aber um ein einseitiges Rechtsgeschäft des Vollmachtgebers, der gar nicht Adressat des gesetzlichen Verbotes ist. Der Verstoß geht nur von der B-AG aus. Das Erfordernis eines beiderseitigen Verbotsverstoßes gilt jedoch dann nicht, wenn der Zweck des Verbotsgesetzes etwas anderes verlangt. Sinn und Zweck von § 3 RDG ist einerseits die Ordnung der Rechtsberatung, andererseits der Schutz des Vertragspartners vor fehlerhafter Rechtsberatung und unsachgemäßer Erledigung seiner rechtlichen Angelegenheiten. Damit wäre es unvereinbar, wenn der unbefugte Rechtsberater rechtlich – bei Wirksamkeit der Ausführungsvollmacht – in den Stand gesetzt würde, seine gesetzlich missbilligte Tätigkeit zu Ende zu führen: Wenn der Rechtsberater Rechtsgeschäfte zu Lasten des Geschützten abschließt, ist der Rechtsuchende allein auf Schadensersatzansprüche gegen diesen angewiesen. Folglich verstößt auch die Erteilung der Vollmacht gegen § 3 RDG.

(3) Rechtsfolge

Die Vollmacht ist daher nichtig, sofern sich aus dem Verbotsgesetz nichts anderes ergibt (§ 134 Hs. 2 BGB). Letzteres ist nicht der Fall: Der geschilderte Schutzzweck, aus dem sich schon das Verbot der Vollmachtserteilung ergibt, erfordert die Nichtigkeit der Bevollmächtigung. Somit ist die Vollmacht gem. § 134 BGB nichtig.

Hinweis:

Da die Vollmacht schon unmittelbar nach § 134 BGB nichtig ist, war nicht mehr auf die Frage einzugehen, ob die Nichtigkeit des Geschäftsbesorgungsvertrages nach § 139 BGB auch die Nichtigkeit der Vollmacht nach sich ziehen kann (dafür BGH NJW 2002, 2325, 2326; offen gelassen von BGHZ 153, 214, 220 = NJW 2003, 1252, 1254). Selbst wenn man insoweit ein einheitliches Rechtsgeschäft annimmt, fehlt es nach der hier vertretenen Lösung an der „Teilnichtigkeit". Nur wenn die Vollmacht für sich betrachtet wirksam ist, kommt es auf § 139 BGB an. Dabei ist zu beachten, dass das Abstraktionsprinzip grds. gegen eine Einheitlichkeit von Vollmacht und Grundgeschäft spricht; anders ist es nur bei Vorliegen besonderer Umstände, die für eine Einheit sprechen.

---

b) Rechtsscheinvollmacht

aa) §§ 171 I, 172 I BGB

In Betracht kommt jedoch gem. §§ 171 I, 172 I BGB eine Vertretungsmacht nach Rechtsscheingrundsätzen. Dazu müssen die §§ 171 ff. BGB zunächst auch auf den Fall anwendbar sein, dass eine Vollmacht nach § 134 BGB nichtig ist. Dagegen könnte man – wie im Fall der rechtsgeschäftlich erteilten Vollmacht – den Schutzzweck des § 3 RDG anführen. Indes gebietet es der Schutz des Rechtsverkehrs, die §§ 171 ff. BGB, grds. ohne Rücksicht darauf anzuwenden, aus welchen Gründen eine Bevollmächtigung unwirksam ist. Das gilt auch für den Fall der Nichtigkeit der Vollmacht nach § 3 RDG iVm. § 134 BGB. Auch hier kommt daher eine Rechtsscheinvollmacht nach Maßgabe der §§ 171 I, 172 I 2 BGB in Betracht.

Fraglich ist aber, ob die Voraussetzungen einer Rechtsscheinhaftung nach § 172 BGB mit der Vorlage einer Kopie des Vertrags erfüllt sind. Man könnte schon daran zweifeln, ob ein hinreichender Anknüpfungspunkt für ein Vertrauen in die Wirksamkeit der Vollmacht vorliegt, wenn sich wie hier der Verstoß gegen das RDG.

G schon aus dem Wortlaut der Vollmacht, nämlich aus der umfassenden Bevollmächtigung zur Rechtsbesorgung an eine Person ohne entsprechende Erlaubnis ergibt. Jedenfalls verlangt der an die Vorlage einer Vollmachtsurkunde anknüpfende Rechtsschein die Vorlage der Urkunde im Original. Anderenfalls würde der Vertretene mit einem sehr weitreichenden Missbrauchsrisiko belastet. Ein Rechtsschein nach §§ 171 I, 172 I BGB besteht daher nicht.

bb) Duldungsvollmacht

Ein Rechtsschein könnte nach den Regeln der Duldungsvollmacht bestehen. Nach h. M. handelt es sich bei der Duldungsvollmacht nicht um eine konkludent erteilte rechtsgeschäftliche Vollmacht, sondern um eine Vollmacht kraft Rechtsscheins. Die Grundsätze über die Duldungsvollmacht sind daher bei Nichtigkeit der Vollmachtserteilung nach § 134 BGB ebenso anwendbar wie die §§ 172 ff. BGB; auch hier geht der Schutz des Geschäftsverkehrs dem Schutzzweck des RDG vor. Eine Rechtsscheinhaftung setzt voraus, dass der Vertretene es wissentlich geschehen lässt, dass ein anderer für ihn als Vertreter auftritt, er aber in zurechenbarer Weise nichts dagegen unternimmt, und dass der Vertragspartner dieses Dulden dahin versteht und nach Treu und Glauben auch verstehen darf, dass der als Vertreter Handelnde bevollmächtigt ist.

(1) Ein den Rechtsschein erzeugendes Verhalten liegt nicht in der Vorlage der Kopie des Geschäftsbesorgungsvertrags. Anderenfalls würde implizit die Vollmachtsurkunde zum Gegenstand des Rechtsscheins gemacht und § 172 BGB umgangen.

(2) Fraglich ist, ob die Vorlage der Selbstauskunft des A und der Einzugsermächtigung einen hinreichenden Rechtsschein begründet. Das ist nicht der Fall: Die Selbstauskunft dient nur der Vorprüfung, ob jemand überhaupt kreditwürdig ist. Die Einzugsermächtigung ist lediglich für die Abwicklung eines noch zu schließenden Darlehensvertrags gedacht. Beides enthält keinen Bezug zu B. Deren Bevollmächtigung, ohne weitere Beschränkung Darlehensverträge abzuschließen, ist diesen Erklärungen des A daher nicht zu entnehmen.

(3) Zuletzt könnte die Tilgung des Darlehens durch A einen Rechtsschein begründen. Das vertrauensbegründende Verhalten muss jedoch bereits vor Vertragsschluss vorliegen. Die Tilgung erfolgte erst nach Abschluss des Vertrages und genügt daher nicht für eine Duldungsvollmacht.

Darüber hinaus verlangt die bewusste Duldung nicht nur die Kenntnis des Vertretenen von dem Handeln des Vertreters, sondern auch die Kenntnis von dessen vollmachtslosem Handeln. A wusste aber als juristischer Laie nichts von der Erlaubnispflicht für die Rechtsbesorgung und damit von der Vollmachtlosigkeit der B. Sein Verhalten kann daher auch aus diesem Grund nicht als Dulden ausgelegt werden.

cc) Anscheinsvollmacht

Auch iR der Anscheinsvollmacht begründen die genannten Unterlagen keinen Rechtsschein. Zudem müsste die B-AG mit einer gewissen Dauer oder Häufigkeit für den A gehandelt haben, was bei einer einmaligen Darlehensaufnahme nicht der Fall ist. Schließlich müsste für A zunächst erkennbar gewesen sein, dass die B-AG ohne Vollmacht handelte. Dagegen spricht, dass A als juristischer Laie die Erlaubnispflichtigkeit der Rechtsbesorgung und damit die Vollmachtlosigkeit der B nicht erkennen konnte – jedenfalls schlechter als die C, die regelmäßig durch eine eigene Rechtsabteilung beraten ist. Sollten daher der Anschein einer Vollmacht und deren Zurechenbarkeit wegen mangelnder Sorgfalt des A noch bejaht werden, so läge jedenfalls eine grob fahrlässige Unkenntnis der Bank bzgl. der Erlaubnispflicht und damit der Nichtigkeit der Vollmacht und des Handelns ohne Vertretungsmacht vor (vgl. § 173 BGB). Eine Rechtsscheinvollmacht würde spätestens an dieser Voraussetzung scheitern.

dd) Zwischenergebnis

Die B-AG handelte also ohne Vertretungsmacht, so dass der Darlehensvertrag schwebend unwirksam ist.

c) Genehmigung

In der Tilgung des Darlehens könnte aber die Genehmigung des Vertrags durch A liegen, §§ 177 I, 184 I BGB. Eine Genehmigung durch schlüssiges Verhalten setzt voraus, dass das Verhalten des Genehmigenden bei Auslegung nach dem objektiven Empfängerhorizont als Zustimmung zu verstehen ist. Aus der schlichten Durchführung des unwirksamen Geschäftes allein ergibt sich nicht eindeutig, dass das rechtliche Schicksal des Vertrags geändert werden soll. Daher müsste der Genehmigende zumindest erkennbar Zweifel an der Wirksamkeit haben. Daran fehlt es hier. Selbst wenn man die Darlehenstilgung objektiv als schlüssige Genehmigung versteht, fehlte A jedenfalls das Erklärungsbewusstsein. Zwar kann ausnahmsweise auch schlüssiges Verhalten ohne Erklärungsbewusstsein als wirksame Erklärung zu werten sein. Dies setzt aber voraus, dass der Erklärende bei Anwendung der im Verkehr erforderlichen Sorgfalt hätte erkennen und vermeiden können, dass seine Äußerung nach Treu und Glauben und der Verkehrssitte als Willenserklärung aufgefasst werden durfte, und dass der Empfänger sie auch tatsächlich so verstanden hat. Die Nichtigkeit des Geschäftsbesorgungsvertrages und der Vollmacht waren aber für A nicht erkennbar. Folglich liegt keine Genehmigung vor. Der Vertrag wurde somit ohne Vertretungsmacht abgeschlossen und ist schwebend unwirksam.

2. Unwirksamkeit des Darlehensvertrags gem. § 3 RDG iVm. § 134 BGB

Unabhängig von einer wirksamen Stellvertretung des A könnte der Darlehensvertrag selbst nichtig sein, nämlich als sog. Folgevertrag nach § 3 RDG iVm. § 134 BGB im Hinblick darauf, dass er von einem unzulässig tätig gewordenen Rechtsbesorger als Vertreter abgeschlossen wurde. Dafür spricht, dass ein enger Zusammenhang zwischen der untersagten Erbringung von Rechtsdienstleistungen und den durch sie zustande gebrachten Verträgen mit Dritten besteht. Jedoch ist ein Rechtsgeschäft nicht schon deshalb nach § 134 BGB nichtig, weil die Umstände, unter denen es zustande gekommen ist, gegen ein gesetzliches Verbot verstoßen, soweit der Erfolg nicht rechtlich missbilligt wird. Nichtig nach § 134 BGB ist der Darlehensvertrag daher nicht.

III. Ergebnis

Der von der B-AG im Namen des A mit C abgeschlossene Darlehensvertrag ist mangels wirksamer Vertretung schwebend unwirksam.

A. Einführung

Bei der Fallbearbeitung ist in aller Regel folgende Frage zu beantworten: „**Wer** (= Gläubiger) will **was** (= Leistungsgegenstand) von **wem** (= Schuldner) **woraus** (= Anspruchsgrundlage)?"

1. Bei der Frage, **wer** welche Ansprüche geltend machen kann und von **wem** er etwas verlangen kann, geht es um die **Fähigkeit** von Gläubiger und Schuldner, Träger von Rechten und Pflichten zu sein. Dies ist bei natürlichen Personen, Personengesellschaften und juristischen Personen der Fall (vgl. Übersicht S. 11).
2. Bei der Frage, **was** der Gläubiger **woraus** verlangen kann, liegt in der Regel der Schwerpunkt der Klausur.

Ausgangspunkt der Prüfung muss eine **Anspruchsgrundlage** sein. Auf der Suche nach einer für den konkreten Fall passenden Anspruchsgrundlage ist vom Begehren des Gläubigers auszugehen. Geht dieses nicht ausdrücklich aus dem Sachverhalt hervor, so ist mit dem für den Gläubiger (wirtschaftlich) interessantesten Anspruch zu beginnen. Die Rechtsfolge der Anspruchsgrundlage muss das Gläubigerbegehren ganz oder zumindest zum Teil abdecken. Es werden vertragliche, vertragsähnliche und gesetzliche Anspruchsgrundlagen unterschieden:

Vertragliche Ansprüche	Vertragsähnliche Ansprüche	Gesetzliche Ansprüche
z. B.	z. B.	
Erfüllung	Schadensersatz aus §§ 280 I, 311 II, 241 II BGB (c.i.c.)	Dingliche Ansprüche
Nacherfüllung (z. B. § 439 BGB)	Ansprüche aus GoA (§§ 677 ff.)	Bereicherungsrechtliche Ansprüche
Schadensersatz (z. B. §§ 280 I, 311a II, 536a I BGB)		Deliktische Ansprüche
Herausgabe (z. B. §§ 546 I, 604 I, 667)		
Aufwendungsersatz (z. B. §§ 536a II, 539, 670 BGB)		

C. Armbrüster, *Examinatorium BGB AT*, Springer-Lehrbuch,
DOI 10.1007/978-3-642-45123-2_18, © Springer-Verlag Berlin Heidelberg 2015

Die im Allgemeinen Teil des BGB thematisierten Bereiche, insbesondere die Rechts-
geschäftslehre, spielen eine besondere Rolle im Rahmen der Prüfung vertraglicher
Ansprüche. Für vertragliche Erfüllungsansprüche wird daher nachfolgend (unter
II.) eine Prüfungsübersicht abgedruckt. Die Fragen nach Zustandekommen und
Wirksamkeit von Rechtsgeschäften können aber auch in anderen Fallkonstellationen von Bedeutung sein: Vertragliche Schadensersatzansprüche setzen ebenso wie
Erfüllungsansprüche einen wirksamen Vertrag voraus. Sämtliche rechtshindernden
und solche rechtsvernichtenden Einwendungen, die sich gegen das Rechtsgeschäft
als solches richten, können daher auch im Rahmen der vertraglichen Schadensersatzansprüche Bedeutung erlangen. Da Leistungen infolge nicht zustande ge-
kommener oder nichtiger Verträge regelmäßig über das Bereicherungsrecht rück-
abgewickelt werden, spielen Hindernisse beim Zustandekommen des Vertrags oder
Wirksamkeitshindernisse auch im Rahmen der Prüfung gesetzlicher Ansprüche,
etwa des fehlenden Rechtsgrundes bei § 812 I 1 Fall 1 BGB, eine Rolle. Auch für
diese Bereiche kann daher in Ausschnitten auf die untenstehende Prüfungsübersicht
zurückgegriffen werden. Ausführlichere und weitere Übersichten finden sich bei
Armbrüster/Leske, JA 2002, 130–139.

Die Übersichten sind eine gedankliche Stütze. Nicht auf alle Prüfungspunkte
muss in jeder Falllösung eingegangen werden, sondern nur, wenn der Sachverhalt
Anhaltspunkte dazu enthält.

B. Prüfungsübersicht: vertraglicher Erfüllungsanspruch

Anspruchsgrundlage der vertraglichen Erfüllungsansprüche ist der Vertrag, wobei
die entsprechenden „Definitionsnormen" des BGB – soweit vorhanden – zu zitieren
sind.

Wichtige Beispiele:
- § 433 I 1 BGB: Anspruch auf Eigentumsverschaffung undÜbergabe
- § 433 II BGB: Anspruch auf Zahlung des Kaufpreises und auf Abnahme der
  Kaufsache
- § 535 I 1 BGB: Anspruch auf Gebrauchsüberlassung
- § 535 II BGB: Anspruch auf Miete
- § 611 I Hs. 1 BGB: Anspruch auf Dienstleistung
- § 611 I Hs. 2 BGB: Anspruch auf die Zahlung der vereinbarten Vergütung
- § 631 I Hs. 1 BGB: Anspruch auf Herstellung eines (mangelfreien) Werkes
- § 631 I Hs. 2 BGB: Anspruch auf Werklohn
- Erfüllungsansprüche aus gemischttypischen Verträgen, z. B. Beherbergungsver-
  trag, Leasingvertrag, Factoringvertrag

I. Anspruch entstanden

Für den vertraglichen Erfüllungsanspruch bedarf es eines **wirksamen Vertrages**.
Ein wirksamer Vertrag setzt zwei korrespondierende, auf Abschluss des Vertrages

gerichtete wirksame Willenserklärungen (Angebot und Annahme) voraus (= Zustandekommen des Vertrags). Außerdem dürfen keine Wirksamkeitshindernisse auf der Ebene des Rechtsgeschäfts vorliegen (= Wirksamkeit des Vertrags).

a) Zustandekommen des Vertrags

  aa) Willenserklärung

- Die Willenserklärung lässt sich in einen **inneren** Tatbestand (Handlungswille, Erklärungsbewusstsein, Geschäftswille) und einen **äußeren** Tatbestand (Schaffung eines Erklärungstatbestandes) zerlegen, vgl. Fragen 154 ff. und Übersicht S. 77. Willenserklärungen sind nach Maßgabe des **objektiven Empfängerhorizonts auszulegen** (§§ 133, 157 BGB, Fragen 176 ff.). Problemfall: fehlendes Erklärungsbewusstsein (Frage 133).
- Die Willenserklärung muss mit dem Willen abgeben werden, sich rechtlich zu binden (Rechtsbindungswillen). Maßstab ist der objektive Empfängerhorizont. Problemfälle: invitatio ad offerendum (Frage 488), Gefälligkeitsverhältnisse (Fragen 160 ff.), Auskunftserteilung (Frage 167), Anerkennung einer Schuld.
- Eine **nicht empfangsbedürftige Willenserklärung** wird mit ihrer Abgabe wirksam.
- Eine **empfangsbedürftige Willenserklärung** wird wirksam, wenn sie abgegeben und dem Adressaten zugegangen ist (vgl. § 130 I 1), ohne dass spätestens gleichzeitig ein Widerruf erfolgt ist (§ 130 I 2 BGB), vgl. Fragen 189 ff.
- Zur Bindung an den Antrag und zur Rechtzeitigkeit der Annahme s. §§ 145–153 BGB, vgl. Fragen 487 ff.
- Bei **Stellvertretung** gem. §§ 164 ff. BGB: eigene Willenserklärung des Vertreters im Namen des Vertretenen (die Vertretungsmacht ist erst im Rahmen der Wirksamkeit zu prüfen, vgl. b) cc)); Rechtsfolge, wenn der Vertreter nicht in fremdem, sondern in eigenem Namen handelt: der Vertrag kommt mit dem Vertreter, nicht mit dem Vertretenen zustande, § 164 II BGB.
- In Fällen des **bewussten Auseinanderfallens von Wille und Erklärung** kann mangels Rechtsbindungswillen die Willenserklärung nichtig sein (Fragen 214 ff.):
    (1) § 116 S. 1 BGB: Geheimer Vorbehalt ist unbeachtlich.
    (2) § 116 S. 2 BGB: Geheimer Vorbehalt ist ausnahmsweise beachtlich, wenn der andere diesen erkennt.
    (3) § 117 I BGB: Scheingeschäfte sind nichtig.
    (4) § 118 BGB: Nichtigkeit der Willenserklärung, wenn sie in der Erwartung abgegeben wird, der andere werde den Mangel an Ernstlichkeit nicht verkennen.
- **Unbewusstes** Auseinanderfallen von Wille und Erklärung hindert den Vertragsschluss grundsätzlich nicht, berechtigt aber den Erklärenden unter Umständen zur Anfechtung, siehe 2.a).
- Fehlende Geschäftsfähigkeit:

- § 105 I i. V. m. § 104 Nr. 1 und 2 BGB: Nichtigkeit von Willenserklärungen eines Geschäftsunfähigen.
- § 105 II BGB: Nichtigkeit einer Willenserklärung, die im Zustand vorübergehender Geistesabwesenheit abgegeben wurde.

bb) Willenseinigung (Konsens)
  - Einigung der Parteien über die wesentlichen Vertragsbestandteile (sog. essentialia negotii), vgl. Frage 485. Dabei kann der tatsächliche Wille übereinstimmen (faktischer Konsens) oder der normative Wille der Parteien (normativer Konsens), der sich durch Auslegung der Willenserklärungen nach dem objektiven Empfängerhorizont ergibt.
  - Fehlt diese (faktische oder normative) Einigung, liegt ein (Total-)Dissens vor, ein Vertrag ist nicht zustande gekommen. Betrifft der Dissens dagegen nur Nebenabreden (accidentalia negotii) so bestimmen sich die Rechtsfolgen nach den §§ 154, 155 BGB, je nachdem, ob den Parteien der Einigungsmangel bewusst ist oder nicht (vgl. Fragen 512 ff.).

b) Keine Wirksamkeitshindernisse (rechtshindernde Einwendungen)
  aa) Beschränkte Geschäftsfähigkeit, §§ 106 ff. BGB (Fragen 102 ff. und Übersicht S. 64)
  - Rechtlich vorteilhafte oder rechtlich neutrale Geschäfte sind wirksam (§ 107 BGB)
  - Einseitige Rechtsgeschäfte des Minderjährigen ohne vorherige Zustimmung seiner gesetzlichen Vertreter sind – sofern sie nicht nach § 107 BGB wirksam sind – nichtig (§ 111 S. 1 BGB, Beispiel: Kündigung)
  - Verträge ohne Zustimmung der gesetzlichen Vertreter sind gem. § 108 I BGB – sofern sie nicht nach § 107 BGB wirksam sind – schwebend unwirksam.
  Beachte:
  - § 110 BGB: „Taschengeldparagraph"
  - § 112 BGB: Selbstständiger Betrieb eines Erwerbsgeschäftes
  - § 113 BGB: Dienst- oder Arbeitsverhältnis
  bb) Nichtigkeit wegen Formmangels, § 125 ff. BGB (Fragen 295 ff.)
  - **§ 125 S. 1 BGB:** Nichtigkeit des Vertrags wegen Formmangels bei Verletzung gesetzlicher Formvorschriften
  - **§ 125 S. 2 BGB:** Im Zweifel Nichtigkeit wegen Formmangels bei vertraglichem Formerfordernis
  - **Formen:** z. B. Schriftform (§ 126 BGB), Elektronische Form (§ 126a BGB), Textform (§ 126b BGB), notarielle Beurkundung (§ 128).
  cc) Wirksame Stellvertretung gem. § 164 ff. BGB; § 177 I BGB
  - **§ 164 I 1 BGB:** die Erklärung des Vertreters hat Wirkung für und wider den Vertretenen, wenn der Vertreter mit Vertretungsmacht gehandelt hat.
  - Die Vertretungsmacht kann rechtsgeschäftlich (d. h. durch Vollmacht, §§ 167 ff. BGB), gesetzlich (Beispiel: Eltern, § 1629 I BGB) oder organschaftlich (Beispiel: Geschäftsführer, § 35 I GmbHG) begründet sein.

Daneben existieren geschriebene und ungeschriebene Rechtsscheintatbestände (vgl. Fragen 593 ff. und Übersicht S. 242).
- Rechtsfolge fehlender Vertretungsmacht: der Vertrag kommt mit dem Vertretenen zustande (s. o.: Handeln in fremdem Namen), ist aber schwebend unwirksam, § 177 I BGB.

dd) Nichtigkeit wegen Verstoßes gegen ein gesetzliches Verbot gem. § 134 BGB (Fragen 350 ff.)
- Vorliegen eines Verbotsgesetzes (durch Auslegung zu ermitteln)
- Verstoß des Rechtsgeschäfts gegen das Verbotsgesetz
- Verbotsgesetz erfordert seinem Sinn und Zweck nach Nichtigkeit des Rechtsgeschäfts

ee) Nichtigkeit wegen Sittenwidrigkeit, Wuchers gem. § 138 BGB (Fragen 381 ff. und Übersicht S. 182 f.)
- **§ 138 II BGB:** Wucher
  - Auffälliges Missverhältnis zwischen Leistung- und Gegenleistung (Anhaltspunkt: mehr als 100 % über dem Marktwert) und
  - Vorsätzliche Ausbeutung einer beim anderen Teil bestehenden Schwäche (strenge Anforderungen, daher im Zweifel: „wucherähnliches Geschäft" nach Abs. 1)
- **§ 138 I BGB:** Sittenwidrigkeit
  - objektiver Sittenverstoß (Sitte: „Anstandsgefühl aller billig und gerecht Denkenden")
  - subjektiv: es genügt Kenntnis des Handelnden von den Umständen, aus denen sich die Sittenwidrigkeit ergibt (str.).

ff) Weitere Nichtigkeitsgründe
- § 158 I BGB: endgültiger Nichteintritt einer aufschiebenden Bedingung
- § 311b II BGB: Vertrag über künftiges Vermögen
- § 311b IV 1 BGB: Vertrag über Nachlass eines lebenden Dritten

II. Anspruch nicht erloschen (keine rechtsvernichtenden Einwendungen)

a) Anfechtung (vgl. Fragen 224 ff. und Übersicht S. 125 f.)
Rechtsgeschäft ist gem. § 142 I BGB rückwirkend (ex tunc) nichtig, wenn es wirksam angefochten wurde. Aufgrund dieser Rückwirkung kann die Anfechtung auch als rechtshindernde Einwendung unter 1.b) geprüft werden.
Voraussetzungen der Anfechtung:
aa) **Anfechtungsgrund:** § 119 I und II; § 120, § 123 I BGB;
bb) **Anfechtungserklärung:** einseitige empfangsbedürftige Willenserklärung; richtiger Empfänger: § 143 II bis IV BGB;
cc) Einhaltung der **Anfechtungsfrist:** § 121 I bzw. § 124 (Anfechtung nach § 123 I BGB)

b) Erfüllung und Erfüllungssurrogate, §§ 362 I, 364 BGB

c) Aufrechnung, §§ 387 ff. BGB

d) Weitere Gestaltungsrechte

    aa)   **Widerrufsrecht (§ 355 BGB)** bei Verbraucherverträgen (z. B. § 312 I 1 BGB)

    bb)   **Rücktritt (§§ 346 ff. BGB)** beendet das Primärschuldverhältnis ex nunc; vertragliches oder gesetzliches Rücktrittsrecht; Rechtsfolge: Rückabwicklungsverhältnis gem. §§ 346 ff. BGB

    cc)   **Kündigung** beendet ein Dauerschuldverhältnis ex nunc (z. B. §§ 542 I, 543; 620 II, §§ 621 ff. BGB)

e) Erlassvertrag (§ 397 I BGB)

f) Leistungsstörungen des besonderen Schuldrechts

Beispiele

Vollständiges Erlöschen des Erfüllungsanspruchs durch Rücktritt, teilweises durch Minderung, sowie vollständiges oder teilweises Erlöschen durch Verlangen von Schadensersatz statt der Leistung im Rahmen der kauf- oder werkvertragsrechtlichen Gewährleistungsansprüche, §§ 437 oder 634 i. V. m. §§ 323 I, 441/638 oder 280 I, 281 IV BGB; Minderung, Schadensersatz und Kündigung im Mietvertragsrecht, §§ 536, 536a, 543 BGB.

g) Unmöglichkeit, § 275 BGB

Beachte:
- § 275 I BGB betrifft allein die Frage, ob der Schuldner der Sachleistung (der Kaufsache, des Werkes etc.) noch zur Leistung verpflichtet ist.
- § 326 BGB regelt demgegenüber, ob der Schuldner der Gegenleistung (also meist der Geldschuldner) noch zur Leistung verpflichtet ist. Innerhalb der Prüfung des § 326 I BGB ist dann auf § 275 BGB einzugehen, da § 326 BGB die Unmöglichkeit der Sachleistung voraussetzt.
- Unmöglichkeit nach § 275 II und III BGB muss vom Schuldner geltend gemacht werden, stellt also prozessual eine Einrede dar, die aber nach Geltendmachung zum Erlöschen und nicht nur zur fehlenden Durchsetzbarkeit führt und daher als rechtsvernichtende Einwendung einzuordnen ist.

h) Fehlen oder Wegfall der Geschäftsgrundlage (§ 313 BGB)
- Fehlen oder Wegfall der Geschäftsgrundlage führt grundsätzlich nur zur Vertragsanpassung.
- Unter den Voraussetzungen des § 313 III BGB kann der benachteiligte Teil zurücktreten oder – bei Dauerschuldverhältnissen, s. dazu auch § 314 BGB – kündigen.

III. Anspruch durchsetzbar (keine rechtshemmenden Einreden)

a) Verjährung, §§ 214 I BGB (Fragen 669 ff.)

   Grundsatz: Alle Ansprüche unterliegen der Verjährung (§ 194 I BGB).

   • Aus dem **Verjährungstatbestand** folgt die **Verjährungsfrist**:
     – spezialgesetzliche Fristen des Besonderen Schuldrechts (z. B. §§ 438 I, 548, 634a I BGB) und in § 196–198 BGB
     – regelmäßige Verjährungsfrist des § 195 BGB: 3 Jahre
   • **Verjährungsbeginn** ist anhand des Verjährungstatbestandes festzulegen: z. B. § 438 II „Ablieferung"; § 634a II „Abnahme"; ansonsten § 199 I BGB für die regelmäßige Verjährungsfrist: ab dem Schluss des Jahres, in dem der Anspruch entstanden ist und der Gläubiger von den anspruchsbegründenden Umständen und der Person des Schuldners Kenntnis erlangt hat oder hätte erlangen können (= subjektiv; beachte objektive Höchstfristen in § 199 II bis IV BGB).
   • **Berechnung der Verjährung:** Es gelten die allgemeinen Regeln zur Fristberechnung:
     – § 187 I BGB Verjährungsbeginn;
     – § 188 II BGB Ablauf der Verjährungsfrist.
   • Hemmung (§ 209, Tatbestände in §§ 203–208 BGB) und Neubeginn (§ 212 BGB) der Verjährung.

b) Zurückbehaltungsrechte
   – Allgemeines Zurückbehaltungsrecht (§ 273 BGB)
   – Einrede des nichterfüllten Vertrages (§§ 320, 322 BGB; nur bei gegenseitigen Verträgen)

c) Einrede fehlender Fälligkeit (vgl. § 271 BGB)

d) Sonstige Einreden
   • Bereicherungseinrede (§ 821 BGB)
   • Arglisteinrede (§ 853 BGB)

Hinweise zur Systematik der Einwendungen und Einreden
Einwendungen iwS. umfassen:
• Einwendungen ieS.:
  – rechtshindernde Einwendungen
  – rechtsvernichtende Einwendungen
• Einreden

Man unterscheidet also **rechtshindernde** (z. B. §§ 134, 138), **rechtsvernichtende** (z. B. §§ 362 I, 275 BGB) und **rechtshemmende Einwendungen**.

Liegen die Voraussetzungen einer rechtshindernden oder rechtsvernichtenden Einwendung vor (z. B.: es wird wirksam angefochten), entsteht der Anspruch gar nicht oder erlischt wieder, besteht also nicht (mehr). Diese Einwendungen sind auch dann zu beachten, wenn sich niemand darauf beruft.

Rechtshemmende Einwendungen ändern dagegen am Bestehen des Anspruchs nichts, sondern hindern nur seine Durchsetzbarkeit. Sie sind nur beachtlich, wenn sie erhoben werden. Sie werden daher als Einreden bezeichnet. Zu unterscheiden sind sog. **peremptorische** (= dauerhafte) Einreden (z. B. Verjährung, § 214 I BGB) und **dilatorische** (= vorübergehende) Einreden (z. B. allgemeines Zurückbehaltungsrecht, § 273 BGB).

Literatur

I. Allgemeine Literatur zum Bürgerlichen Recht

Grunewald, Barbara, Bürgerliches Recht, 8. Aufl. 2009
Medicus, Dieter/Petersen, Jens, Bürgerliches Recht, 24. Aufl. 2013
Musielak, Hans-Joachim/Hau, Wolfgang, Grundkurs BGB, 13. Aufl. 2013
Schwab, Dieter/Löhnig, Martin, Einführung in das Zivilrecht mit BGB-Allgemeiner Teil, Kauf- und Deliktsrecht, 19. Aufl. 2012

II. Literatur zum Allgemeinen Teil des BGB

1. Lehrbücher und Grundrisse
Bitter, Georg, BGB Allgemeiner Teil, 2. Aufl. 2013
Boecken, Winfried, BGB – Allgemeiner Teil, 2. Aufl. 2012
Bork, Reinhard, Allgemeiner Teil des Bürgerlichen Gesetzbuches, 3. Aufl. 2011
Brehm, Wolfgang, Allgemeiner Teil des BGB, 6. Aufl. 2008
Brox, Hans/Walker, Wolf-Dietrich, Allgemeiner Teil des Bürgerlichen Gesetzbuches, 37. Aufl. 2013
Enneccerus, Ludwig/Nipperdey, Hans Carl, Allgemeiner Teil des Bürgerlichen Rechts, 15. Aufl. 1960
Faust, Florian, Bürgerliches Gesetzbuch Allgemeiner Teil, 4. Aufl. 2014
Flume, Werner, Allgemeiner Teil des Bürgerlichen Rechts, Bd. II, Das Rechtsgeschäft, 4. Aufl. 1992
Hübner, Heinz, Allgemeiner Teil des Bürgerlichen Gesetzbuches, 2. Aufl. 1996 (Reprint 2013)
Köhler, Helmut, BGB, Allgemeiner Teil, 37. Aufl. 2013
Leenen, Dieter, BGB Allgemeiner Teil: Rechtsgeschäftslehre, 2011
Leipold, Dieter, BGB I: Einführung und Allgemeiner Teil: ein Lehrbuch mit Fällen und Kontrollfragen, 7. Aufl. 2013
Medicus, Dieter, Allgemeiner Teil des BGB, 10. Aufl. 2010
Pawlowski, Hans-Martin, Allgemeiner Teil des BGB: Grundlehren des Bürgerlichen Rechts, 7. Aufl. 2003
Rüthers, Bernd, Allgemeiner Teil des BGB, 17. Aufl. 2011
Schack, Haimo, BGB – Allgemeiner Teil, 14. Aufl. 2013
Wertenbruch, Johannes, BGB Allgemeiner Teil, 3. Aufl. 2014
Wolf, Manfred/Neuner, Jörg, Allgemeiner Teil des deutschen Bürgerlichen Rechts, 10. Aufl. 2012

C. Armbrüster, *Examinatorium BGB AT*, Springer-Lehrbuch,
DOI 10.1007/978-3-642-45123-2, © Springer-Verlag Berlin Heidelberg 2015

2. Fallsammlungen, Klausurtraining

Brehm, Wolfgang, Fälle und Lösungen zum Allgemeinen Teil des BGB, 3. Aufl. 2011

Fezer, Karl-Heinz, Klausurenkurs zum BGB Allgemeiner Teil, 9. Aufl. 2013

Fritzsche, Jörg, Fälle zum BGB Allgemeiner Teil, 4. Aufl. 2012

Grigoleit, Hans, Christoph/Herresthal, Carsten, BGB Allgemeiner Teil, 2. Aufl. 2010

Köhler, Helmut, BGB, Allgemeiner Teil – Prüfe dein Wissen, 26. Aufl. 2011

Lindacher, Walter F./Hau, Wolfgang, Fälle zum Allgemeinen Teil des BGB, 5. Aufl. 2010

Löwisch, Manfred/Neumann, Daniela, Allgemeiner Teil des BGB, 7. Aufl. 2004

Marburger, Peter, Klausurenkurs BGB – Allgemeiner Teil. Fälle und Lösungen nach höchstrichterlichen Entscheidungen, BGB-Allg. Teil, 8. Aufl. 2004

Schwab, Dieter, Falltraining im Zivilrecht 1: Ein Übungsbuch für Anfänger, 5. Aufl. 2012.

Werner, Olaf/Neureither, Georg, 22 Probleme aus dem BGB-AT, 7. Aufl. 2005

Sachverzeichnis

A

Abgabe einer Willenserklärung, 189 ff.
Abschlusszwang, 481 ff.
Abstraktionsprinzip, 9, *11–13*, 110, 235, 276,
    361, 471, 565, 623, 625, 656
accidentalia negotii, 485
Allgemeine Geschäftsbedingungen, 7, 61, 156,
    163, 208, 325, 329 f., *507*, 516, 520
    Auslegung, 184
    sich widersprechende, 516
    Verbot der geltungserhaltenden Reduktion,
        163 f.
Allgemeines Gleichbehandlungsgesetz
    (AGG), 704 ff.
Anfechtung, 7, 53, 172, 178, *224 ff.*, 661
    Anfechtungserklärung, 265 f.
    Anfechtungsfrist, 269 ff., 286 f., 661
    Anfechtungsgegner, 268
arglistige Täuschung, *248 ff.*, 346, 615 ff.
    beiderseitiger Eigenschaftsirrtum, 242
    Blankett, 232
    Culpa in contrahendo, 193 f., 284, 289
    Dritter, 256 ff., 615 f.
    Eigenschaftsirrtum, 238 ff.
    Erklärungsirrtum, 230
    fehlerhafte Gesellschaft/Arbeitsverhältnis,
        260, 273 f.
    Inhaltsirrtum, 230, 233 f., 247
    Irrtumsanfechtung, 172, 178, 180 f.
    Kalkulationsirrtum, 236 f., 246
    Konkurrenz Sachmängelgewährleistung,
        287 f.
    Motivirrtum, 231, 235 f., 249
    »Nicht–Dritter«, 256 ff.

nichtiges Rechtsgeschäft, 285 f.
Person des Täuschenden, 256 ff.
»Recht zur Lüge«, 253
Rechtsfolge Nichtigkeit, 272 ff.
Rechtsfolgenirrtum, 235
Schweigen, 158 f., 510
Teilanfechtung, 278, 283
Übermittlung, bewusst fehlerhafte, 245
Übermittlung, fehlerhafte, 243 ff., 539
Vertrauensschaden, 158, 172, 174, 194,
    215, 279, 613, 615
Vollmacht, 609 ff.
Voraussetzungen, 225
wertbildende Faktoren, 238, 242
widerrechtliche Drohung, 261 ff.
Zustimmung, 143
Angebot, 483, 487 ff.
    Abgrenzung invitatio ad offerendum →
        invitatio
    Bindung, 488, 491
    Erlöschen, 493 ff.
    freibleibendes Angebot, 492
    offerta ad incertas personas, 489, 505
    Selbstbedienungsladen, 490
    Selbstbedienungstankstelle, 489
Nahbereichsbürgschaft → *Sittenwidrigkeit,*
    Bürgschaft
Anlageberatung, 255, 260
Annahme, 483, 497 ff.
    abändernde, 498
    Annahmefrist, 493, 499 ff.
    bei (sukzessiver) notarieller Beurkundung,
        318
    Schweigen, 156, 501 ff., 508

Die Zahlen verweisen auf die Nummern der Fragen.

C. Armbrüster, *Examinatorium BGB AT*, Springer-Lehrbuch,
DOI 10.1007/978-3-642-45123-2, © Springer-Verlag Berlin Heidelberg 2015

verspätet zugegangene, 501, vgl. auch
Fall 1
Verzicht auf Zugang, 175, 502 ff.
Anrufbeantworter, 203, 311
Anspruch → *Recht*
Anspruchsgrundlagen Prüfungsaufbau, S. 315 ff.
Antrag → *Angebot*
Anwartschaftsrecht, *49*, 334, 524, 526, 650
arglistige Täuschung → *Anfechtung*
asset deal, 56
Aufklärungspflicht, 236, 249 ff. 289, 346
Auflassung, 46, 221 f., 235, 297, 318 ff.
334 ff., 521, 590, 592, 622 ff., 653, Fall 2
Aufrechnung, 521, 692, 698
Auftragsbestätigung, 508
Auslegung, *176 ff.*, 237, 266, 662
Andeutungstheorie, 182
ergänzende Vertragsauslegung, 186 ff., 340
geltungserhaltende Reduktion, 186
hypothetischer Parteiwille, 186 ff.
nicht empfangsbedürftige Willenserklärung, 503 f.
Schweigen, 156 f.
Verkehrssitte, 176 f., 179
automatisierte Willenserklärung, 246

B
Bedingung, 13, 378, *521 ff.*, 588
Anwartschaftsrecht, 524, 526
aufschiebende und auflösende, 523 f.
bedingungsfeindliche Geschäfte, 53, 521, 656
Potestativbedingung, 522, 656
Schutz des Berechtigten, 524, 526
Befristung, 523
Begründungszwang → *Privatautonomie*
bereicherungsrechtliche Rückabwicklung, 12, 47, 98, 101, 110, 122, 129, 272, 280, 525, 695 → *Sittenwidrigkeit*
Bestandteil, → *Sachen*
Bestätigung, 80, 362, 469, *476 ff.*
Betreuung, 76 f., 90 ff.
bewusste Willensmängel, 214 ff.
Blankett, 232, 305
Botenschaft, 96, 204, 243 ff.
Abgrenzung Stellvertretung, 538 ff.
bewusst fehlerhafte Übermittlung, 245, 642
Bürgerliches Gesetzbuch
Entstehung, 2–4
Bürgerliches Recht, 1
Bürgschaft, 174, 259, 504, 627, 703
Form, 296, 298 f., 305, 331 f., 338, 341
Sittenwidrigkeit, 414 ff. → *Sittenwidrigkeit*

C
Culpa in contrahendo, 82, 245, 349, 643 f., Fall 1 → *Anfechtung*

D
dauernde Einrede, 671, 695 f.
Deliktsfähigkeit, 19, 168
Diskriminierung, 5, 8, 253, 371, 384, *704 ff.*
Dissens, 512 ff.
faktischer und normativer, 512
offener, 514
sich widersprechende AGB, 516
Teildissens, 512, 515
Totaldissens, 512 f.
versteckter, 514
Doppelnichtigkeit, 285 f.
Durchsetzbarkeit des Anspruchs, 671

E
Eigentumsvorbehalt, 44, 49, 448 f., 650, 653 f.
Einigung → *Konsens*
Einrede, 240, 290, 671 f., 692 f., vgl. auch Prüfungsaufbau
Einrede des nicht erfüllten Vertrags, 692
Einschreiben, 199 ff., 208, 325, Fall 1
Einwendungen, 74, 460, 669, vgl. auch Prüfungsaufbau
Einwilligung, 60, 541 → *Zustimmung*, Geschäftsfähigkeit
Einziehungsermächtigung → *Einzugsermächtigung*
Einzugsermächtigung, 654 f.
E–Mail, 193, 203, 244, 246, 309 f. 313, 326
Empfängerhorizont → *Auslegung*
Ergänzungspfleger, 77, 90
Erklärungsbewusstsein, 133, 158, *172 ff.*, 193, 233, 503, 632
Ermächtigung → *Verfügungsermächtigung*
Ersitzung, 670
essentialia negotii → *Vertrag*
Europarecht, 5, 61, 64, 66, 68, 91, 253, 312
Diskriminierungsverbot, 5, 8, 253, 371
effet utile, 548
richtlinienkonforme Auslegung, 71, 548

F
»faktischer« Vertrag, 506
falsa demonstratio, 173, 177, 182, 327, 340, 512
Faustrecht, 698
Fax, 203, 308, 311, 326
Fehleridentität, 12 f., 275 ff., 287
Formerfordernisse, 295 ff.

Andeutung, 182, 340
Auflassung, 297
deklaratorische und konstitutive, 344
doppelte/qualifizierte Schriftformklausel, 329
»Edelmannfall«, 347 f.
Eigenhändigkeit des Testaments, 297
elektronische Signatur, 309
faktische Bindung, 337
Formfreiheit, 155, 295
Formzwang, 297, 325, 336
Funktionen, 182, *296*, 316, 327, 336, 340, vgl. auch Fall 2
Genehmigung, 338
gesetzliche Schriftform, 297 ff., 308, 324
gewillkürte/rechtsgeschäftlich vereinbarte Schriftform, 325 ff., 344
Heilung, 341 f., vgl. auch Fall 2
konkludente Aufhebung, 327, 344
Nebenabreden, 331
notarielle Beurkundung, 315 ff., 517
öffentliche Beglaubigung, 321 ff.
Paraphe, 302
Pseudonym, 302
Rechtsfolge von Formverstößen ,341 ff.
Textform, 297, 311 ff.
Umfang, 331 ff.
Vertragsaufhebung oder -änderung, 332 f.
Vollmacht, 338, vgl. auch Fall 3
Vorkaufsrecht, 336
Vorvertrag, 336
Fristen, 660 ff., vgl. auch Fall 1
Ausschlussfrist, 661, 675
Beginn, 108 f., 663
Ende, 664 f.
Ereignis, 663 ff.
Feiertagsregelung, 668
Vereinbarung, 661
Verjährungsfrist → *Verjährung*

G
Gebrauchtwagen, 67, 251, 255, 500, 547, 579
Gefälligkeit, 160 ff.
geheimer Vorbehalt, 214 ff., 223
geltungserhaltende Reduktion, 359 f., 458
Genehmigung, 645 → *Geschäftsfähigkeit, Stellvertretung, Zustimmung*
gentlemen's agreement, 484
Gesamtbetrachtung → *Insichgeschäft*
Geschäftsfähigkeit, 19, 72 ff.
Begründung eines Arbeitsverhältnisses, 115 ff.
beschränkte, 73, *75 f.*, 646
beschränkter Generalkonsens, 120, 128

einseitige Rechtsgeschäfte Minderjähriger, 149 f.
Einwilligung, 75, 81 f., 103, 139, 142 ff. → *auch Zustimmung*
Empfangszuständigkeit, 110, 118
Genehmigung, 130 → *auch Zustimmung*
Gesamtbetrachtung, 623 ff.
Geschäfte des täglichen Lebens (§ 105a BGB), 95 ff.
Geschäftsunfähigkeit, 73, 75 f., *78 ff.*
lucidum intervallum, 89
neutrales Geschäft, 112
partielle, 86, 91, 93, 115
rechtlicher Vorteil, 104, 622 ff.
relative, 87 f.
schwebende Unwirksamkeit, 75, 103, 113, 121, 123, 131, 138, 565
selbstständiger Betrieb eines Erwerbsgeschäfts, 115
Taschengeldparagraph, 120 ff.
Teilgeschäftsfähigkeit, 115 ff.
vorübergehende Störung der Geistestätigkeit, 85, 99 ff.
Zugang beim nicht voll Geschäftsfähigen, 209 f.
Zustimmung, 130 ff., 137, 493, 623
Gesellschaft bürgerlichen Rechts (GbR), 13 ff., 65
Gesetzliches Verbot (§ 134 BGB), 67, *350 ff.*, vgl. auch Fall 3
Abtretung von Honoraransprüchen, 367
Arbeitsrechtliche Schutzvorschriften, 371 f.
behördliche Zulassung, 346 ff.
einseitiger Verstoß, 355, 366, vgl. auch Fall 3
Erfolgshonorar, 368
fehlerhafte Gesellschaft, Arbeitsverhältnis, 358
Folgevertrag Fall 3
Gesetzesverstoß, einseitiger, 355
Gesetzesverstoß, schuldhafter, 356
Inhaltskontrolle von Rechtsgeschäften, 350, 461
Ladenschluss, 352
Ordnungsvorschriften, 352
Preisüberhöhung, 359
Rechtfertigung, 357 ff.
Rechtsdienstleistungsgesetz, 355, 365, vgl. Fall 3
Rechtsfolge Nichtigkeit, 358
Schwarzarbeit, 355, 366
Standesrecht, 353, 367 f., 454
Steuerhinterziehung, 366, 454

Strafbarkeit, 352, 355 f, 366 f., 369, 454
Umgehungsgeschäft, 363
Verbotsgesetz, 352 ff.
Gestaltungsfreiheit → *Vertragsfreiheit*
GmbH, 25, 30, 34 f., 56, 69, 274, 315, 358,
    424, 533, 552, 576, 626 f., 633
Grundbuchordnung, 321, 323
Grundrechte, 384 f., 700
Grundstück, 12, 41, 77, 238 f., 298, 315, 320,
    377 f., 419, 425, 431, 568, 574, 623 ff.,
    646, 653
Grundstückskaufvertrag, 46, 182, 221, 590
    Form, 296, 299, 331, 334 ff.
guter Glaube, 81, 148, 182, 651
gutgläubiger Erwerb, 286, 376, 651, 656, 658

H
Haakjöringsköd, 177, 512
Handelsregister, 25 f., 323, 553, 574 ff.
Herrschaftsrechte → *Rechte*

I
Immobilienfonds, 260, 548
Individualabrede, 184, 329
Informationspflichten, 7 f., 61, 69, 251
Inhaltskontrolle von Rechtsgeschäf-
    ten, 350, 401, 481 → *Allgemeine*
    Geschäftsbedingungen
Insichgeschäft, 77, 590, *619 ff.*
    Ausnahmen vom Verbot, 622
    Gesamtbetrachtung, 623, 625
    lediglich rechtlicher Vorteil, 622 ff.
    Rechtsfolge, 621
Internet, 60, 246, 313
Internet-Auktion, 520
invitatio ad offerendum, 168, 180 f., 246, 488,
    520, vgl. auch Fall 1
Irrtum → *Anfechtung*

J
juristische Person, 18 f., 25, 30

K
kaufmännisches Bestätigungsschreiben, 508
    ff., 516
Kausalgeschäft, 11, 13, 295 ff., 623
Konsens, 505, 512 ff. → *auch Vertrag,*
    Auslegung
Kontrahierungszwang, 481 f.
Körperschaft → *juristische Person*

L
Ladenangestellte, 583
Leistungsverweigerungsrecht, 661, 672
letter of intent, 336, 484

M
Machtbereich → *Zugang*
Makler, Provisionsanspruch, 292 ff., 337
Mehrfachvertretung → *Insichgeschäft*
memorandum of understanding, 336
Mentalreservation → *geheimer Vorbehalt*
Minderjähriger → *Geschäftsfähigkeit,*
    beschränkte

N
Name, *59*, 60
nasciturus, 22
natürliche Personen, 19, 22 f., vgl. auch
Nichtberechtigter, 650
Nichtigkeit
    → *Anfechtung/Rechtsfolge, Dissens,*
        Doppelnichtigkeit, bewusste Willens-
        mängel, Formerfordernisse/Rechtsfolge,
        Geschäftsunfähigkeit, gesetzliches Verbot/
        Rechtsfolge, Sittenwidrigkeit/Rechtsfolge,
        Teilnichtigkeit
Nothilfe, 699
Notstand, 699 ff.
    aggressiver, 700 f.
    defensiver, 699 ff.
Notwehr, 698 f.
Nutzungen, 47

P
pacta sunt servanda, 7, 185, 486
pactum de negotiando, 336
Parteifähigkeit, 20
peremptorische Einrede, 671
Personenvereinigungen, 19, 25 ff.
Pflichten und Obliegenheiten, 15
Postmortales Persönlichkeitsrecht, 24
Privatautonomie, 6 ff., 73, 92, 172, 178, 186,
    235 f., 251, 327, 384 f., 401, 481
protestatio facto contraria, 506

R
Realakte, 153, 168, 530
Recht,
subjektives, 14, 40, 48 ff.
    absolutes, 50
    Anspruch, 51, 678
    Anwartschaftsrecht, 13
    Gestaltungsrecht, 53, 698
    Herrschaftsrecht, 52
    Namensrecht, 48, 59 f.
    Persönlichkeitsrecht, 23, 48, 253, 264, 433,
        682, des Minderjährigen 78
    relatives, 50
Rechtfertigungsgründe, 698 ff.

Rechtsbindungswille, 154, 166 ff., 214 f., 217,
      484, 488 → *Gefälligkeit*
Rechtsfähigkeit, 17 ff.
Rechtsfolgeirrtum, 154, 166 ff. → *Gefälligkeit*
Rechtsgeschäft, 10, 14, 153 → *Vertrag,*
      Willenserklärung
      Beschluss, 480
      einseitiges, 53, 143, 153, 176, 265,
            268, 486, 493, 521, 563, 588, 612,
            619, 645 → *Geschäftsfähigkeit und*
            Stellvertretung
      Gesamtakt, 480
      mehrseitiges, 260, 479 f.
rechtsgeschäftsähnliche Handlung, 114, 310,
      618
Rechtsobjekte, 40 ff.
Rechtsscheinvollmacht, 593 ff. →
      Stellvertretung
Risikoverteilung, 67, 143, 162, 178, 201,
      203, 231 f., 236, 242, 245 f., 252, 393,
      436, 464, 578, 587 → *Sphärentheorie,*
      Übermittlungsrisiko
Rücktritt, 242, 293, 387, 429, 486, 675

S
Sachen, 40 ff., 239
      Sachgesamtheit, 45
      Wesentlicher Bestandteil, 44
      Zubehör, 46
Scheingeschäft, 217 ff.
Schenkung, 108 ff., 160, 209
      Form 296, 347
Scherzgeschäft, 172, 214 ff., 223
Schikaneverbot, 697
Schriftform → *Formerfordernisse*
Schuldanerkenntnis, 299
Schwarzarbeit → *gesetzliches Verbot*
Schwarzfahrt, 506
Schweigen, 134, 155 ff., 208, 508, 510, 602
      als Ablehnung einer Genehmigung, 156
      als Annahme, 157, 492, 501 f.
      als Täuschung, 252 → *Aufklärungspflicht*
      als Willenserklärung, 156 ff.
      beim kaufmännischen Bestätigungsschrei-
            ben, 509 f.
Selbsthilfe, 698, 702
Selbstkontrahierung → *Insichgeschäft*
SEPA-Lastschrift, 653
share deal, 56
Sicherheitsleistung, 703
Sittenwidrigkeit, 88, 291, *381 ff.*, 697
      auffälliges Missverhältnis, 393, 405, 437
      Ausbeutung, 399

bereicherungsrechtliche Rückabwicklung,
      461, 463 f.
Bürgschaft, 414
einseitiger Verstoß, 390
emotionale Verbundenheit, 422 ff.
Factoring, 451 f.
Freigabeanspruch, 440 f.
fehlerhaftes Arbeitsverhältnis, 456, 459
Geliebtentestament, 457
Globalzession, 435, 438, 443, 446 ff. →
      Sicherungsabtretung
Grundrechte, 385
Knebelungsverträge, 433 ff.
Konkurrenz, 138 I, II BGB 404
Konkurrenzen, 441 ff.
Leichtsinn, 398, 400
objektiver Sittenverstoß, 382
Prostitution, Telefonsex, 455 f.
Rechtsfolge, 458
Schuldbeitritt, 431
Sicherungsabtretung, 436 ff., 448 ff.
Sicherungsübereignung, 436 ff., 444, 458
Sitten, gute, 383
subjektiver Sittenverstoß, 388 f.
Teilverzichtsklausel, 450
Überforderung, krasse finanzielle, 417 ff.
Übersicherung, 436 ff.
Unerfahrenheit, 395
unlauterer Wettbewerb, 468
Urteilsvermögen, Mangel, 396
Verleitung zum Vertragsbruch, 446 ff.
Vermutung, 388, 406 ff., 422, 439
verwerfliche Gesinnung, 388 f.
Wettbewerbsverbot, 188, 445
Willensschwäche, erhebliche, 397
Wucher, 391 ff., 458, 467
Zinsen, 409 ff., 431
Zwangslage, 394, 423
SMS, 203, 313
sozialtypisches Verhalten, 506
Sphärengedanke/-theorie, 178, 189, 201, 231,
      246 → *Risikoverteilung*
Stellvertretung, 319, *528 ff.*
      § 15 HGB, 553, 576
      Abgrenzung Botenschaft, 538 ff.
      Abgrenzung mittelbare, 534 f.
      Abstraktheit der Vollmacht, 564 f.
      aktive und passive, 529
      Anfechtung der Vollmacht, 609 ff.
      Anfechtung des Rechtsscheins, 616, 618
      Anfechtungsgegner, 612
      Anscheinsvollmacht, 598, 605 ff.
      Außenvollmacht, 571 f.
      Beschränkung durch AGB, 330

Duldungsvollmacht, 601 ff., vgl. auch Fall
    3
durch Minderjährigen, 112 f., 565 f.
Eigengeschäftsführung, 554
einseitiges Rechtsgeschäft, 570, 628 f.
Einzelvollmacht, 571
entsprechende Anwendung der § 177 ff.
    BGB, 642
Erlöschen der Vollmacht, 564, 588 ff.
Evidenz, 578 ff.
fehlende Vertretungsmacht/falsus procura-
    tor, 320, 539, 555, 561, 580, 587, 608,
    613, *597 ff.*
Formerfordernisse, 338, 568 ff., vgl. auch
    Fall 3
Gattungsvollmacht, 571
gebundene Marschrichtung, 540
Genehmigung, 569, 628 ff.
Generalvollmacht, 571
Gesamtvertreter, gegenseitige Ermächti-
    gung, 79, 626
Gesamtvollmacht, 571
Geschäftsunfähigkeit oder Tod des Voll-
    machtgebers, 591
gesetzlicher Vertreter, 76 ff., 623
Handeln unter fremdem Namen, 561
Identitätstäuschung, 561
Innenvollmacht, 571, 573, 612, 615 f.
Kollusion, 446, 460, 578, 580
konkludente Genehmigung, 632 f., vgl.
    auch Fall 3
kundgegebene Innenvollmacht, 571 ff.,
    614, 616
Missbrauch der Vertretungsmacht, 578
Namenstäuschung, 561
offenes Geschäft für den, den es angeht,
    557
Offenkundigkeit, 534, 549 ff., 649
Organhandeln, 533
postmortale Vollmacht, 591
Prokura, 574 ff.
Realakte, 530
Rechtsscheinvollmacht, 552, *593 ff.*, 616
    ff., vgl. auch Fall 3
Schlüsselgewalt, 558 ff.
schwebende Unwirksamkeit, 621, 631
Spezialvollmacht, 571
transmortale Vollmacht, 591
Umfang der Vollmacht, 573 f.
unternehmensbezogenes Geschäft, 551
Untervollmacht, 571, 584 ff.
unwiderrufliche Vollmacht, 338, 568 f.
verdecktes Geschäft für den, den es angeht,
    556

Vertretungsmacht, 532
Vollmacht, *563 ff.*, 652
Vollmachtsurkunde, 597 ff.
Voraussetzungen, 531 f.
weisungsgebundener Vertreter, 543 ff.
Widerruf der Vollmacht, 588 ff., 609
Widerrufsrecht des Vertragspartners, 631,
    636
Willensmängel bei der Vollmachtsertei-
    lung, 609 ff.
Wissensvertreter, 546 f.
Zulässigkeit, 531
Zurechenbarkeit des Rechtsscheins, 593 f.
Zurechnung (§ 166 BGB), 174, 223, 257,
    267, *542 ff.*, 615
Stiftung, 25, 39
Strohmanngeschäft, 219

T
Täuschung → *Anfechtung*
Teilnichtigkeit, 13, 256, 331, 355, 366, *469 ff.*
Teilrechtsfähigkeit, 26, 38
Termin, 660
»Theorie des letzten Wortes«, 516
Tod
    Anbietender, 190, 494 f.
    Angebotsempfänger, 496
    Bevollmächtigter, 592
    Konvaleszenz (Ermächtigung), 658
    Rechtsfähigkeit, 23
    Vollmachtgeber, 591
    Zeitbestimmung, 523
Trennungsprinzip, 9 f., 12
Treu und Glauben, 176 f., 181, 186, 201, 213,
    216, 236, 251 f., 278, 346, 506, 578, 649,
    673, 696 f., vgl. Fall 1, Fall 2
Treuhandgeschäft, 218
Trierer Weinversteigerung, 172 →
    Erklärungsbewusstsein
Typenfreiheit, 481 → *Vertragsfreiheit*
Typenzwang, 351, 377

U
Übermittlungsfehler → *Anfechtung*
Übermittlungsrisiko, 205, 207
Umdeutung, 362, 469, 474 f.
Unternehmer, 63, 66 f.
Unterverbriefung, 221 ff.
Unwirksamkeit
    relative, 374
    schwebende, 79, 474, 655 → *Geschäftsfä-
        higkeit, Stellvertretung*

V

venire contra factum proprium, 66, 697
Verbraucher, 5, 7, 53, *61 ff.*, 312, 548
  Agenturgeschäft, 67
  Arbeitnehmer, 64
  Dual-use, 70
  Existenzgründer, 68
  Haustürwiderrufsrecht, 548
Verein, 25, *30 ff.*
  Haftung (§ 35 f. 31 BGB)
  nicht eingetragener Verein 38
  Organe, 32 ff.
  wirtschaftlicher Verein, 37
Verfügung eines Nichtberechtigten, 646 f.
  bereicherungsrechtliche Abwicklung, 648, 656
  Genehmigung, 655
  Konvaleszenz, 658 f.
Verfügungsermächtigung, 647 ff.
  Widerruf, 652
Verfügungsmacht/-befugnis, 650
Verfügungsverbot, 374 ff.
Verjährung, 669 ff.
  Ablaufhemmung, 690
  Anspruch, 678
  bei Eigentumsvorbehalt, 694
  bei Pfandrecht, 693
  bei Rechtsnachfolge, 684
  Dauerschuldverhältnis, 676
  dinglicher Herausgabeanspruch, 670
  Hemmung, 687 f.
  Höchstfristen, 681 f.
  Konkurrenz von Verjährungsregeln, 686
  Kulturgüter, 670
  Neubeginn, 687 f., 691
  regelmäßige Verjährungsfrist, 677, 679
  schadensauslösendes Ereignis, 682
  Sonderregeln, 683
  vereinbarte, 687
  Verstoß gegen Treu und Glauben, 696 f.
  Zweck, 669
Verkehrsschutz, 83 f., 172, 176, 189, 231, 278
Vernehmungstheorie → *Willenserklärung, mündliche*
Verpflichtungs- und Verfügungsgeschäfte, 12, 361, 458
Verpflichtungsermächtigung, 556, 558, 649
Versteigerung, 518 ff.
Vertrag, 6 f., 153, *479 ff.*
  essentialia negotii, 331, *485*, 487, 512
  »faktischer Vertrag«, 506
  Vertragstyp, 481, 485, 513
Vertragsfreiheit, 6 f., 481

Vertrauensschutz → *Verkehrsschutz*
Vertreter → *Stellvertretung*
Verwirkung, 673, 679
Vindikation, 670
Vollmacht → *Stellvertretung*
Vormundschaft, 90
Vorsorgevollmacht, 94
Vorvertrag, 336, 484

W

Wettbewerbsrecht, 7
Widerruf
  Stellvertretung (Vertragspartner des Minderjährigen), 631, 636
  Verbraucherrecht, 61, 64, 70
  Vollmacht, 588 ff.
  Willenserklärung, 211 ff., 491 f.
Willenserklärung, 152 ff., 483
  abhanden gekommene, 193
  empfangsbedürftige, 189, 191, 645
  Geschäftswille, 171, 327
  Handlungswille, 170
  konkludente/schlüssige, 77, 79, 103, 132, 155, 181, 295, 487, 497, 499 f., 502, 506 f., 513, 516, 549, 588, 602, 656
  mündliche, 207
  objektiver Tatbestand, 155 ff.
  Schweigen → *Schweigen*
  subjektiver Tatbestand, 169 ff.
  Wirksamwerden, 189, 206
Wohnsitz, 57 f.
Wucher → *Sittenwidrigkeit*

Z

Zeitbestimmung, 523
Zugang einer Willenserklärung, *192 ff.*, 664
  besondere Erfordernisse, 208, 325
  Empfangsbote, 204 f.
  Empfangsvertreter, 204 f.
  Erklärungsbote, 204 f.
  gegenüber einem Minderjährigen, 209
  unter Abwesenden, 189, 193 ff.
  unter Anwesenden, 206 f.
  Zugangsvereitelung, 200 f., 203, vgl. auch Fall 1
Zurückbehaltungsrecht, 692, 698
Zustimmung, 645 f. → *Einwilligung, Genehmigung,* gesetzlicher Vertreter → *Geschäftsfähigkeit*
  Verfügung eines Nichtberechtigten, 648, 651 f., 655

Printed by Printforce, the Netherlands